古典文獻研究輯刊

十三編

潘美月・杜潔祥 主編

第 4 冊

隋代以前類書之研究

雷 敦 淵 著

國家圖書館出版品預行編目資料

隋代以前類書之研究／雷敦淵 著 — 初版 — 新北市：花木蘭
文化出版社，2011〔民 100〕
序 4+ 目 2+324 面：19×26 公分
（古典文獻研究輯刊 十三編：第 4 冊）
ISBN：978-986-254-625-3（精裝）
1. 類書　2. 研究考訂
011.08　　　　　　　　　　　　　　　　　　　100015553

ISBN-978-986-254-625-3

古典文獻研究輯刊
十三編　第 四 冊　　　　　ISBN：978-986-254-625-3

隋代以前類書之研究

作　　者　雷敦淵
主　　編　潘美月　杜潔祥
總 編 輯　杜潔祥
企劃出版　北京大學文化資源研究中心
出　　版　花木蘭文化出版社
發 行 所　花木蘭文化出版社
發 行 人　高小娟
聯絡地址　新北市永和區中正路五九五號七樓
　　　　　電話：02-2923-1455／傳眞：02-2923-1452
網　　址　http://www.huamulan.tw 信箱 sut81518@gmail.com
印　　刷　普羅文化出版廣告事業
初　　版　2011 年 9 月
定　　價　十三編 20 冊（精裝）新台幣 31,000 元　　版權所有・請勿翻印

隋代以前類書之研究

雷敦淵　著

作者簡介

雷敦淵，祖籍湖南省湘潭縣，中華民國六十七年二月（1978.2）出生於臺北市。畢業於淡江大學歷史學系、東吳大學歷史研究所。

提　要

　　以往在探討「類書」這種文獻時，較常從類書的遠源、分類體系和架構、與西方百科全書間之同異、對文學發展之影響，或是專門探討某部類書等議題著手。它們的共同點在於取材的類書與相關文獻都是現今看得見的，是從完整或散失得較少的書開始著手，簡言之就是「以書究書」。因此探討先秦兩漢時期類書的遠源近流，以及隋唐以後的類書發展過程討論得較多，而三國至南北朝之間的部分就著墨得較少。畢竟這段時期的書別說是全帙，就連要找到隻字片語都有些困難。

　　本文以一位歷史研究所學生的觀點另闢蹊徑，從「以史究書」的角度嘗試討論此期類書之發展過程。只要史書中還留下任何人物、時間等相關線索，哪怕是僅有一鱗半爪也盡力搜羅；盡量將這些類書可能是什麼樣貌，以及各編纂者身處之時代背景、生平經歷說得再詳細清楚些，並在有限學力下試圖初步瞭解它們出現的歷史意義及與當時史學間之關聯。這是本文序言、第貳至肆章及餘論等部分想要試圖著墨的。

　　另外由於「類書」這種文獻並非現今歷史學系學生常接觸之圖書，因此在緒論中先羅列字辭典、百科全書以至研究論著等說法，原期盼由淺入深地說明何謂類書，卻驚覺有窒礙之處；繼而提出為何不易瞭解類書意涵之己見，並嘗試簡潔地介紹類書。

目次

序　言

　　本文的主題是「隋代以前類書之研究」。

　　「類書」這個名詞是一種圖書文獻的總稱，在傳統四部分類法的架構裡，類書也是其中一種子類的名稱、標題。清代編纂的《四庫全書總目》裡一開頭是這樣介紹類書的：〔註1〕

　　　　類事之書兼收四部，而非經、非史、非子、非集，四部之內乃無類可歸。

　　從這句話裡可知最晚至清代中葉時，人們就認爲類書的性質實際上已無法強歸於經、史、子、集的任何一部之內。可是因爲《七略》和四部等圖書分類的演變大抵可以觀察出歷代對於各項學術流變的看法，如果類書不隸或不偏向四部中的任一部的話，似乎意味著人們認爲類書是同時兼具「經史子集」性質的圖書文獻，不然不會對類書該屬何部這麼地猶豫。由於近現代學術分科日益纖細，多年來對類書瞭解較多的領域多屬中國文學系或是圖書資訊學系的研究者；中國文學系注重有關經、子、文學等等方面的範疇，圖書資訊學系則偏好於類書的分類體系。相較於對類書與經、子、文關聯的探討，類書與歷史或史學間有什麼樣的關聯等部分似乎就少了點。對於讀歷史的人們而言，類書可能會是什麼樣的圖書文獻，它與歷史之間會有什麼樣的關聯等等部分都讓人感到興趣。

〔註1〕　清・愛新覺羅永瑢、紀昀等，《欽定四庫全書總目》卷一百三十五（《子部》四十五）：《類書類》一，臺北市：商務印書館據國立故宮博物院藏清武英殿本景印（收入《武英殿本四庫全書總目提要》第三冊：《子部》），中華民國七十二年十月（1983.10），一板四行至五行（排印頁845）。

　　另外，在閱讀有關類書的演變史時可以發現漢代以前與隋唐以後的部分常被提出討論。漢代以前的部分多是著重於類書前身的討論，企圖瞭解類書是從哪些學術甚至是哪些專書演變而生的；而隋唐以後的部分則因爲大抵多是完整的全書，可以對之架構、內容等等部分進行全面的探討。相較之下，漢代以後至隋代以前，也就是三國兩晉南北朝時期的類書早期發展過程則著墨得不是很多。最主要的原因是沒有完整的全書流傳，它們絕大部分在宋代以前就亡佚，世人大多不能親眼得見；在不能從內容的角度討論之下，這段時期的類書是什麼及其相關的主題自然較不爲人所熟知。然而對於讀歷史的人們來說，縱然失去各書全帙，無法從原書內容展開進一步的探討相當可惜，但是這不代表完全沒有討論的可能性。將以上兩者結合起來即爲筆者想要瞭解討論的動機。

　　筆者希望能夠藉由此文的探討可以盡力補充類書發展史中一段較空白的區域，同時能夠以一個讀歷史的人的立場來看類書可能是種什麼樣的圖書、類書與歷史等等學問間會不會有什麼關係，是不是一開始就有關係等課題。這是筆者希望能夠看到的成果。

　　因爲隋代以前的類書沒有完整的全書，加上對於類書的意涵也得加以瞭解；所以主要將以考察史料、史書等圖書文獻爲主，希望能夠將隋代以前具有代表性的類書以及類書的意涵應該是什麼能夠說得清楚些。

　　雖然有關類書的研究主題很多，但是大部分的研究多爲中國文學系或圖書資訊學系等不同領域的研究學者所發表；因爲各個學界看相同事情的角度不同，所以無法做出價值上的判斷或評價。至於歷史學者提出的意見與成果有如鳳毛麟角，現暫以下列一篇文章和三本著作爲代表：

1. 勞榦，《說類書》，《新時代》第一卷第七期，中華民國五十年七月十五日（1961.7.15），頁 27-28。
2. 中國大陸　戚志芬，《中國的類書、政書與叢書》，臺北市：商務印書館（收入《中國文化史知識叢書》86），中華民國八十三年九月（1994.9）。
3. 中國大陸　彭邦炯，《百川匯海——古代類書與叢書》，臺北市：萬卷樓圖書有限公司（收入《中華文化寶庫學術思想類》30），中華民國九十年四月（2001.4）。
4. 吳蕙芳，《萬寶全書：明清時期的民間生活實錄》，臺北市：國立政治大學歷史學系（收入《政治大學史學叢書》6），中華民國九十年七月

（2001.7）。

　　勞榦先生在短短兩頁的文章裡一開頭就破題，點出類書的定義。接著勞榦先生認為雖然在四部分類裡類書長期被歸於子部之下，但其淵源流變來自經部或集部，再依詩（詩經）、賦（戰國、漢、晉賦）、字書為類書的源流。其次介紹編纂於三國魏文帝朝的《皇覽》以及條列各個朝代具有代表性的類書和分析《四庫全書總目》子部類書類小序的內容。最後勞榦先生認為類書有三項用處，一是備檢查利用，二是校勘，三是輯佚。總體言之，勞榦先生在分析類書的性質、淵源流變和功用時亦較偏重類書在經部、集部的位置，類書與史部書間的關係也是著墨較少，僅在類書有輯佚的用處裡列舉出從《永樂大典》裡輯佚《續資治通鑑長編》、《宋會要》、《全唐文》等與史籍有關的書為例子而已。

　　戚志芬的《中國的類書、政書與叢書》是商務印書館《中國文化史知識叢書》的其中一部，屬於總論性質的圖書。全書共一百三十八頁，前九十四頁介紹類書、九十五至一百一十五頁介紹政書、一百一十六頁至一百三十八頁介紹叢書，有關隋代以前類書的部分僅占全書的八頁多，篇幅相當有限。

　　彭邦炯的《百川匯海──古代類書與叢書》是萬卷樓《中華文化寶庫學術思想類》叢書的其中一部，它與戚志芬的書性質相近，也是屬於總論性質的圖書。全書頁數較戚氏的書為多，共有二百零八頁；其中前一百三十七頁介紹類書，一百四十一頁至二百零八頁則介紹叢書。有關隋代以前類書的部分前前後後加起來約二十頁上下，雖較戚氏的書為多；但由於編排架構的原因，相關內容稍微分散些。

　　吳蕙芳的《萬寶全書：明清時期的民間生活實錄》是她於八十八學年度發表的博士學位論文：《明清時期民間日用類書及其反映之生活內涵──以萬寶全書為例》的修訂本。該文是以探討明清兩代盛行的「民間日用類書」：《萬寶全書》著手藉以瞭解當時百姓的生活概況；也就是說萬寶全書不是討論的最重點，由它出發來研究明清社會才是最終的目的。所以有關類書的意涵為何以及明清以前類書的發展過程並非她所關注的焦點。

　　本文正文共分肆章。第壹章是「對於『類書』一詞與隋代以前類書的認識」，由於長期以來類書不被認為是屬於史部書的一支，因此需要將有關「類書」一詞的意涵及近現代的研究側重點做一介紹，此即第壹章的前二節。第三節則對隋代以前的類書進行概略的介紹，並且藉由多部史志、官簿和私家

藏書目錄的相互比對，選擇十部具有代表性的類書：《皇覽》、《史林》、《四部要略》、《壽光書苑》、《類苑》、《華林遍略》、《法寶聯璧》、《要錄》、《書圖泉海》和《修文殿御覽》以做爲下文繼續探討的開端。

第貳章和第參章分別是「自三國起至南朝梁武帝在位前期編纂的類書及其傳世過程」及「自南朝梁武帝在位中期起至陳、北朝編纂的類書及其傳世過程」，二章各舉五部具代表性的類書爲探討的對象。因爲這些書的原書早已失傳亡佚，所以改從各部類書的編纂過程、編者的簡歷與人際關係、流傳的概況、何時亡佚等數點，以現存典籍爲基礎，企圖嘗試將這幾部類書可能會是什麼模樣盡量再多說一些，再完整一些。

至於將十部類書分成「自三國起至南朝梁武帝在位前期」及「自南朝梁武帝在位中期至陳、北朝」二個部分的原因，除了是求章節數目的對稱之外，另外一個原因是因爲從製作部分編者的繫年簡表後可以發現前者和後者無論是年齡、人際關係還是人生歷練至少都已相差了一個輩份。第二章的類書編撰群除了《皇覽》的編者群之外或僅仕宦於南朝齊，或是橫跨於齊、梁二代；而第三章的類書主要編者群雖不乏生於宋、長於齊者，但活躍的主要時間較多集中於梁代。除了編者群的編纂時間不同外，這些類書對後世的影響程度不一亦是區別的因素。另外，十部類書所占的篇幅相差甚大；少則連一頁都不滿，多則卻能橫跨數十頁。除了表示保存至今的各書相關史料詳略不一之外，實際上也暗喻了此期類書的終始與盛衰。

第肆章是「餘論」，相對於前兩章以充實代表性類書的書史爲主，下文將試圖從這段時期的時代演變和現存類書殘文內容來探討隋代以前的類書。

由於歷來以文學的角度來瞭解類書的研究數量甚夥，加以自身學力對文學實不精熟；因此本文將不會多從文學的部分出發來討論隋代以前的類書。除此之外，由於本文討論的時間範圍是在隋代以前的三國兩晉南北朝時期，因此有關漢代以前類書前身的探討以及本文討論出來的些許看法是否能套用於隋唐以後的各部類書及類書整體的發展過程皆不列入本文涉獵的範圍。

第壹章　緒　論

　　類書，這個名詞對今日讀歷史的人們來說相信是有聽聞過的，然而可能不一定很熟悉。這或許是因爲現在似乎已經沒有人在編纂這種文獻，而且在傳統的圖書分類法中，「類書」也好像不常被歸類在史部書之下所致。

　　退求其次來看，如果表示像是《藝文類聚》、《太平御覽》、《冊府元龜》、《永樂大典》、《古今圖書集成》等等歷代較有名的圖書都是歸屬在「類書」類當中時，或許多少可以在讀者們的心中加深些印象。原來類書不僅僅是一個名詞，還是傳統圖書分類架構下一個子類的標題、類目。「類書」類下包括《藝文類聚》等諸部書，就如同「正史」類下包括《史記》、《漢書》、《後漢書》、……等書，「編年」類下包括《漢紀》、《後漢紀》、《資治通鑑》、……等書一般。前述提到的諸部類書在圖書館中都會被陳列在參考區的書架上，位置還不至於很偏僻，讀者們總會有經過甚至駐足瀏覽的時候；再加上古裝電視劇偶而會演出相關的情節，相信多少會在大眾的腦海中留下印象。

　　只是對於讀歷史的人們來說可能還是不夠的，畢竟我們對類書的瞭解和接觸大概不比對正史、編年、紀事本末等類的史部書籍爲多。然而歷史上既然出現了這種文獻，可見它有其價值存在。究竟「類書」的存在有什麼歷史意義？從讀歷史的人所持的角度來看「類書」可能會看到什麼？……。現今將試著從隋代以前〔註1〕的類書發展過程出發，藉由從試著多說一點這段時期編纂的各部類書及其傳世的過程中開始著手，希望能大致勾勒出箇中的輪廓。

〔註 1〕 說得再明確些，就是自漢獻帝延康元年（魏文帝黃初元年，220）起至南朝陳後主禎明三年（隋文帝開皇九年，589）爲止，約相當於三國兩晉南北朝時期。

第一節 「類書」一詞的意涵

在進行各項主題的深入探討之前，先將「類書」一詞的意思及內涵等相關方面加以說明是必要的。本文從「類」字的解釋著手，其次介紹類書的前身或者可說是近於同義的名詞──類事，接著摘要列舉民國以來各家對於「類書」這個詞的簡介和看法，最後再嘗試剖析「類書」一詞的意涵。

甲、「類」字的解釋

一般在尋找生字、生詞的解釋時，往往會先從尋找字典、辭典開始，因為字典、辭典比較容易取得；而且為了要使多數人能夠瞭解每個生字的字義、每組生詞的詞義，所用的句子不能艱澀到難以解釋的程度。本段先從漢代《說文解字》和清代《康熙字典》開始，接著列舉現代著名的各部字典、辭典中有關「類」字的解釋。為節省篇幅，以下列舉的書僅開列書目；如超過三種解釋時僅列舉前三種，相關引文則從略。

一、漢・許慎、清・段玉裁注，《說文解字》：〔註2〕

類：種類相似（「似」本字），唯犬為甚說从犬之意也。類本謂犬相似，引伸叚借為凡相似之稱。《釋詁》、《毛傳》皆曰：「類，善也。」釋類為善，猶釋不肖為不善也。《左傳》：「刑之頗類。」叚類為纇，从犬頪聲《廣韵》引無聲字。按此當云頪亦聲頪難曉也。力遂切十五部。

二、清・凌紹雯等纂修、民國・高樹藩重修，《康熙字典》：〔註3〕

1. (《爾雅釋詁》) 善也。(《詩・大雅》)
2. (《玉篇》) 種類也。(《易・乾卦》)、《繫辭》)
3. 比也。(《禮學記》)、《緇衣》、《左傳》襄九年)
......。

三、私立中國文化學院（大學）《中文大辭典》第卅七冊：〔註4〕

〔註2〕漢・許慎，清・段玉裁注，《說文解字注》，臺北市：黎明文化事業股份有限公司據經韵樓藏版景印，中華民國七十八年十月（1989.10）增訂五版，《第十篇上》卅三板九行至十一行（新頁481上半）。

〔註3〕清・凌紹雯等纂修、中華民國・高樹藩重修，《康熙字典》，臺北市：啓業書局，中華民國六十八年十一月（1979.11）再版，頁2195～2196。

〔註4〕張其昀監修，《中文大辭典》（第卅七冊），臺北市：中國文化學院出版部，中華民國五十七年八月（1968.8），頁16112～16113。

1. 本謂犬相似之意，引伸爲相似之稱。(《說文》、《正字通》、《左氏》莊九、《國語吳語》)

2. 類也。
   （1）種類也。(《廣韻》、《正字通》、《國語周語下》、《荀子禮論》)
   （2）同夥也，同列也。(《詩‧大雅‧桑柔》、《列子仲尼》)
   （3）群也。(《淮南子‧本經訓》)
   （4）眾也。(《淮南子‧要略訓》)

3. 比較也，品別也。(《禮記月令》、《禮記學記》、《禮記樂記》、《荀子非十二子》)

……。

四、三民書局《大辭典》：〔註5〕

1. 本義是說各種犬很相似，後引申爲一切事物相似之意。(《說文》、《左傳》莊八年、《淮南子‧說林訓》)

2. 種類。(《正字通》、《易乾文言》)

3. 族類。(《國語周語下》、《荀子禮論》)

……。

五、中國大陸《漢語大字典》第七冊：〔註6〕

1. 種類。許多相似或相同事物的綜合。(《說文犬部》、《玉篇‧犬部》、《易乾》、《論語衛靈公》、《天工開物乃粒稻工》、巴金《家》三)

2. 法式，法則。(《方言》卷十三、《書泰誓》下、《左傳》成公二年、《楚辭九章懷沙》)

3. 事理。(《禮記學記》、《呂氏春秋達鬱》)

……。

六、商務印書館《辭源》(大陸版排序略有不同，前三項解釋是爲「種類、相似、善」)：〔註7〕

〔註5〕三民書局大辭典編纂委員會，《大辭典》，臺北市：三民書局，中華民國七十四年八月（1985.8），頁5305。

〔註6〕中國大陸‧漢語大字典編輯委員會，《漢語大字典》（第七冊），湖北省、四川省：辭書出版社，中華民國七十九年五月（1990.5），頁4387～4388。

〔註7〕臺灣商務印書館編審委員會編，《辭源》，臺北市：商務印書館，中華民國八十年六月（1991.6）臺增修九版，戌部頁172。

1. 善也。（《詩大雅皇矣》）

2. 種類也。（《易繫辭》）

3. 相似也。（《左傳》莊公九年）

……。

七、中國大陸《漢語大詞典》第十二卷：〔註8〕

1. 種類。（《易乾》、唐韓愈《感二鳥賦》、巴金《家》三）

2. 指族類。（《國語周語》、宋孔平仲《續世說》、唐有爲《大同書》壬部）

3. 法式；法則。（《禮記‧緇衣》、《荀子非十二子》、《楚辭九章懷沙》）

……。

八、中華書局《辭海》：〔註9〕

1. 種類。（《易乾》、《繫辭》）

2. 相似。（《左傳》莊八年）

3. 善也。（《爾雅釋詁》、《詩大雅皇矣》）

……。

九、中國大陸《王力古漢語字典》：〔註10〕

1. 種類。（《荀子‧勸學》）

2. 相似，好像。（《左傳》莊公八年）

3. 法式，榜樣。（《楚辭》戰國屈原《九章懷沙》）

……。

從以上數部字典、辭典的記載中可以發現「種類、相似」是重複出現次數較多、較基本的解釋。先民前輩們長期觀察自然界的變化、動植物的生態以及人世間的現象後，歸納出有些是截然不同的（生物和礦物怎麼看都不會覺得很像），而有些雖然有差異但還是保存共同的特徵（許慎以犬爲例說明「類」字的起源）。將不同的事物區隔成各個種類，再將有相似特徵的事物排比在一起，既是「類」

〔註8〕 中國大陸‧漢語大詞典編輯委員會、漢語大詞典編纂處編，《漢語大詞典》（第十二卷），上海市：漢語大詞典出版社，中華民國八十二年十一月（1993.11），頁353。

〔註9〕 臺灣中華書局辭海編輯委員會編，《辭海》（下冊），臺北市：中華書局最新增訂本，中華民國八十七年五月（1998.5）九版，頁4834。

〔註10〕 中國大陸‧王力主編，《王力古漢語字典》，北平（京）市：中華書局，中華民國八十九年六月（2000.6），頁1650～1651。

字的主要解釋，也是類事、類書的意涵中最核心、最沒有引起爭議的部分。

乙、「類事」一詞的解釋

　　前文曾提及類書不僅僅是一個名詞，還是傳統圖書分類架構下的一個子標題、一個類目。然而類書不是一問世時就被命名為類書而且成為定制，它有一個前身或者可以說是近乎同義的名詞，稱做「類事」，一名「事類」。做為分類法下的子目，「類事」首見於《舊唐書經籍志》的子部中。由於該志只有總序而沒有編寫四部的大序及子類的小序，所以無法看出唐末五代時人對於類事的定義與特質提出什麼看法。本段只得列舉字典、辭典中有關「事」的解釋，再與「類」字進行結合，試圖略窺一二。

　　一、漢・許慎、清・段玉裁注，《說文解字》：〔註11〕

　　　　事：職也疊韵。職，記微也。古假借為士字，《鄭風》曰：「子不我恩，豈無他事？」《毛》曰：「事，士也。」今本依傳改經，又依經改傳，而此傳不可通矣。，从史之省聲……。

　　二、中華書局《辭海》：〔註12〕

　　　　1. 凡人類所作為皆曰事。《禮大學》：「事有終始。」

　　　　2. 變故也；如云天下無事、四方多事。

　　　　3. 猶件也；如一件亦曰一事。

　　　　……。

　　三、正中書局《國民常用標準字典》：〔註13〕

　　　　1. 事情，事實曰事；凡人類所作為、所成就、所遭遇者皆稱之。（《禮大學》）

　　　　2. 職曰事；職務、職事、工作之稱。（《禮祭法》）

　　　　3. 變故曰事；多指戰爭及政治劇變而言。（李格非《書洛陽名園記後》）

　　四、中國大陸《漢語大詞典》第十二卷：〔註14〕

　　　　1. （類事）即類書。宋高承《事物紀原》（卷四）《經籍藝文（部十

〔註11〕　《說文解字注》，《第三篇下》廿板十八行至廿一板二行（新頁117下半至118上半）。

〔註12〕　《辭海》（上冊），頁194。

〔註13〕　高樹藩編，《國民常用標準字典》，臺灣省臺北縣新店市：正中書局修訂版，中華民國九十年十一月（2001.11），頁20。

〔註14〕　《漢語大詞典》（第十二卷），頁354。

七）類事》：「證古類事，其始本出於梁沈約之徒，屬辭比事，往往成編，故白居易倣之爲《六帖》。」參見「類書」。

2. 謂分類記載典章制度等。《通典總序》：「書以類事，傳以著人。」從以上各書列舉的解釋中可知「事」是以職務和人類的所作所爲爲主，因此「類事」一詞應該也有二解：一是如《漢語大詞典》列舉的第二個解釋「分類記載典章制度」爲類事，一是結合類、事二字的解釋，將「人世間被記載下來的各項作爲、各件事情分成許多種類，再將性質相似的歸倂在同種類之下」定名爲類事。

丙、民國以來有關「類書」解釋的衆家說法

類書這個名詞（標題、類目）最早出現的時間應該不會晚於宋朝初年，其後編纂的目錄偶爾還是會見到使用「類事」（如《宋史·藝文志》）或是出現「類家」、「類編」的名稱，然而「類書」已經成爲通用詞了。從「類事」到「類書」，不僅是字的更換，在定義及收書範圍上也都有了更動。

中華民國建立以來，商務印書館於中華民國四年十月（1915.10）及廿年十二月（1931.12）分別出版《辭源》正、續編，中華書局亦於中華民國廿五年（1936）出版《辭海》。雖然後來經歷海峽兩岸的分裂以及多次增訂，「類書」詞條的解釋卻幾乎沒有更動過；它們可說是民國以來最早爲類書進行定義和解釋的文獻之一，茲錄出內文如下：

一、商務印書館《辭源》（大陸版僅在《太平御覽》後加上《玉海》、《淵鑑類函》兩書，餘全同）〔註15〕

採輯群書，或以類分，或以字分，便尋檢之用者，稱爲類書。

以類分之類書有二：甲、兼收各類，如《藝文類聚》、《太平御覽》（《玉海》、《淵鑑類函》等）。乙、專收一類，如《小名錄》、《職官分記》等。

以字分之類書有二：甲、齊句尾之字，如《韻海鏡源》、《佩文韻府》等是。乙、齊句首之字，如《駢字類編》是。

二、中華書局《辭海》〔註16〕

掊摭（拾取，採集之意）〔註17〕群書以類相從便於檢閱之書曰類書。

〔註15〕 《辭源》，戌部頁172。

〔註16〕 《辭海》（下冊），頁4835。

〔註17〕 「掊」字是動詞，有「拾：拾取」和「採：採集」的意義。「摭」字也是動詞，

《三國志・魏志・劉邵傳》載邵黃初中受集五經群書以類相從作《皇覽》，是爲類書之始。《隋書經籍志》雜家有《皇覽》百二十卷，注稱繆卜等撰，何承天、徐爰合之，蕭琛抄之。《唐書藝文志》始著類書之名，即以何承天等并合之《皇覽》居首，而以當時歐陽詢之《藝文類聚》、虞世南之《北堂書鈔》之類居後。自後歷代書志皆有類書之部，而類書之作，且亦有以字或以韻分者；以字分如《駢字類編》之類，以韻分如《佩文韻府》之類。古籍散亡，十不存一，遺文舊事，往往賴此以傳。

於此前後，西方的百科全書也從國外傳入我國，國人或是進行翻譯或是練習自編，逐漸影響國人編寫詞條的方式。近廿多年來，國人以及海峽對岸不斷有自力編纂的百科全書和新編的字典、辭典問世並且深入民間。它們之中多有編寫「類書」詞條，以一定篇幅介紹類書的意義、功能等內容；雖然我們多少可以從中看出部分淵源於《辭源》、《辭海》的軌跡，但是一方面在用字遣詞上更較口語化以便盡量能使不同年齡、教育程度、學科專長的人們看得懂，一方面也呈現出類書研究概況的縮影。茲列舉數例如下：

一、《21世紀世界彩色百科全書》第十冊〔註18〕

類書：我國書本形態之一種，爲求使用上的方便，從許多書本中抽出必要的部份，把它們分類而編集成的書。有如現代百科全書，有的依事項分類，有的依字分類。……。

二、私立中國文化大學《中華百科全書》第九冊〔註19〕（摘自喬衍琯編寫「類書」條）

把很多書籍中的資料，彙集起來，按各條目的內容分類排列，或是依照辭彙的字順排列，編成一書，稱爲類書。……。

三、《環華百科全書》〔註20〕（摘自《百科全書》條、《類書》條）

……。我國的類書，歐美學者認爲是百科全書的一種，並將其列爲世界

分別有「拾；拾取」、「擇；選取」、「採；採取」和「取與；取出付與」的意義。見《國民常用標準字典》，頁575、605。

〔註18〕《21世紀世界彩色百科全書》（第十冊），臺北市：百科文化事業股份有限公司國際中文二版，中華民國七十年十一月（1981.11），頁3082。

〔註19〕張其昀監修，《中華百科全書》（第九冊），臺北市：中國文化大學出版部，中華民國七十二年三月（1983.3）首刊紀念版，頁475（總頁5539）。

〔註20〕張之傑主編，《環華百科全書》，臺北市：環華出版事業股份有限公司出版部，中華民國七十二年十月（1983.10），頁236、469。

百科全書的三大派別之一，他們認為，我國第一部百科全書是魏文帝延康元年（案：應為漢獻帝延康元年或魏文帝黃初元年）（220）曹丕敕編的「《皇覽》」。……。

……。什麼叫類書？《辭源》（案：即為商務印書館版）的解釋是「採輯羣書，或以類分，或以字分，便尋檢之用者，是為類書。」換句話說，類書就是把每件事實、文章、辭句，從許多別的書（原本）抄錄下來（有時也滲入編者自己的觀點），依一定方式排列條目。……。

四、三民書局《大辭典》〔註21〕

採輯群書，依門類或字體編排，以便檢閱的書籍。

《三國志・魏志・劉邵傳》載「邵黃初中作《皇覽》」，是最早的類書。現存著名的類書有：唐代的《北堂書鈔》、《藝文類聚》、《初學記》，宋代的《太平御覽》、《太平廣記》、《冊府元龜》，明代的《永樂大典》，清代的《古今圖書集成》等。體例上有專收一類和綜合眾類兩種，後者居多。通常用分類編排，也有用分韻、分字的。有些類書所徵引的古籍，現多散佚，賴此而保存許多零篇單句，可供輯佚考證之用。

五、《簡明大英百科全書》第十五版中文版〔註22〕（摘自《百科全書》條）

東方的百科全書　中國編撰百科全書性質的類書有近 2000 年的歷史。不同於現代西方的百科全書，類書基本上是重要文獻的選輯，分類編排，主要是供仕途舉子採綴參考而編，有的還帶有某些辭書成分。……。

六、中國大陸《百科知識辭典》〔註23〕

類書：中國古代一種資料性的工具書。從古書中輯錄各種門類或某一門類資料（如史實典故、名物制度、詩賦文章、儷詞駢語等），按類按韻或按字編排，便于尋檢和引證。

始於魏文帝的《皇覽》，歷代著名類書有唐代的《藝文類聚》、宋代的《冊府元龜》、明代的《永樂大典》、清代的《古今圖書集成》等。中國古代

〔註21〕《大辭典》，頁 5305。

〔註22〕臺灣中華書局股份有限公司、美國大英百科全書公司編譯，《簡明大英百科全書》第十五版（第六冊），臺北市：中華書局中文版，中華民國七十七年八月（1988.8），頁 660。

〔註23〕中國大陸・中國大百科全書出版社上海分社辭書編輯部編，《百科知識辭典》，北平（京）市：中國大百科全書出版社，中華民國七十八年十二月（1989.12），頁 512。

的類書具有百科全書的性質。

七、中國大陸《中國大百科全書》(《新聞》、《出版》)〔註24〕(摘自方厚樞編寫:《類書》條)

類書:古籍中輯錄各種門類或某一門類的資料,按照一定的方法編排,便於尋檢、徵引的一種工具書。……。

八、中國大陸《中國大百科全書》(《圖書館學》、《情報學》、《檔案學》)〔註25〕(摘自吳格編寫:《類書》條)

類書:摘錄、匯輯多種文獻中的原文,按內容性質分門別類地編排組織,以供尋檢和徵引的工具書。中國古代類書為後人保存了大量的古代文獻,成為中國古籍輯佚、校勘和考證的重要來源。……。

九、中國大陸《漢語大詞典》第十二卷〔註26〕

類書:輯錄各門類或某一門類的資料,並依內容或字、韻分門別類編排供尋檢、徵引的工具書。

以門類分的類書有二:兼收各類的,如《藝文類聚》、《太平御覽》、《玉海》、《淵鑒類函》等;專收一類的如《小名錄》、《職官分記》等。以字分的類書亦有二:齊句尾之字,如《韻海鏡源》、《佩文韻府》等;齊句首之字,如《駢字類編》。

清阮葵生《茶餘客話文章分類》:「《唐志》:類事之書,始於《皇覽》。《通考》:類事之書,始於梁元帝《同姓名錄》。晁氏亦云:齊梁喜徵事,類書當起於此時。」魯迅《而已集魏晉風度及文章與藥與酒之關係》:「《典論》的零零碎碎,在唐宋類書中;一篇整的《論文》,在《文選》中可以看見。」

十、中國大陸《中國百科大辭典》〔註27〕

中國古代流傳下來的一種工具書。近似百科全書性質的資料匯編,有助

〔註24〕中國大陸・梅益總編輯,《中國大百科全書》(《新聞》、《出版》),臺北市:錦繡出版事業股份有限公司正體字版,中華民國八十二年四月(1993.4),頁189。

〔註25〕中國大陸・梅益總編輯,《中國大百科全書》(《圖書館學》、《情報學》、《檔案學》),臺北市:錦繡出版事業股份有限公司正體字版,中華民國八十二年十月(1993.10),頁241。

〔註26〕《漢語大詞典》(第十二卷),頁355。

〔註27〕中國大陸・徐惟誠總編輯,《中國百科大辭典》,北平(京)市:中國大百科全書出版社,中華民國八十八年九月(1999.9),頁3162。

於查檢掌故事物起源或詩文詞藻典故。與百科全書不同的是，它只擷拾古代群書，蒐集前人現成的材料，整篇地或部分地輯錄其中某一門類或各種門類的文獻資料的原文字句，加以編輯排比，匯集成卷。因其內容依性質分門別類，又以類相從，故名。……。它們的編排方式，有依分類排比的，有將各種事物名詞按照韻目排列的，也有以字首排列的，都是為了便於查檢。類書的編纂，原是備舊時封建帝王及貴族子弟臨事檢索、熟習典故或供文人學士詩文寫作、科舉應試之用，由於他們輯錄了眾多古書，特別是久失傳的佚書，使中國古代的典籍得以保存下來，對於後人學術研究和古籍整理（輯佚和校勘）大有幫助。

有別於推廣知識、用字遣詞務趨平易、以「博通」角度介紹類書的各式字典、辭典及百科全書，今日研究類書用力較多的領域是以文學領域為主、圖書資訊學領域次之，他們又是如何從他們的角度來看待類書呢？請看以下列舉的各種說法：

一、張滌華，《類書流別》〔註28〕

由今觀之，類書為工具書之一種，其性質實與近世辭典、百科全書同科，與子、史之書，相去秦越。語其義界，則凡薈萃成言，哀次故實，兼收眾籍，不主一家，而區分部類，條分件繫，利尋檢，資采掇，以待應時取給者，皆是也。

二、中國大陸・戴克瑜、唐建華主編，《類書的沿革》〔註29〕

什麼叫類書？我們認為，凡采輯群書，全面系統地收集某科、多科或各科知識，經加工整理，以類相從，標明出處，條分件繫，為便於人們翻檢知識和資料的工具，稱之為類書。

三、中國大陸・胡道靜，《中國古代的類書》〔註30〕

……類書性質的特點──兼「百科全書」與「資料匯編」兩者而有之。

四、中國大陸・劉葉秋，《類書簡說》，收入王國良、王秋桂主編，《中

〔註28〕 張滌華，《類書流別》，臺北市：大立出版社據重慶市商務印書館中華民國卅二年十二月（1943.12）版景印，中華民國七十四年四月（1985.4），頁5。

〔註29〕 中國大陸・戴克瑜、唐建華主編，《類書的沿革》，四川省：四川省圖書館學會，中華民國七十年（1981），頁2。

〔註30〕 中國大陸・胡道靜，《中國古代的類書》，北平（京）市：中華書局，中華民國七十一年二月（1982.2），頁1。

　　國圖書文獻學論集》〔註31〕

　　類書是一種分類彙編各種材料以供檢查之用的工具書，詩文、辭藻、人物、典故、天文、地理、典章、制度、飛禽、走獸、草木、蟲魚以及其他的許多事物，幾乎無所不包，內容範圍相當廣泛。

　　雖然文學和圖書資訊學領域在研究類書上可說獨領風騷數十年，不過仍然還是有研讀歷史的人們將他們對類書的認識和看法紀錄下來，現在以下列三本著作爲例：

一、中國大陸・戚志芬，《中國的類書、政書與叢書》〔註32〕

　　（類書）它是一種採輯羣書，將各種材料分類匯編，以供檢查資料用的。

二、中國大陸・彭邦炯，《百川匯海——古代類書與叢書》〔註33〕

　　所謂「類書」，就是輯錄各種古書的資料，或某一方面的資料，按照一定的方法，分門別類地加以編排，便於讀者查詢和徵引有關資料的一種材料匯編書；或者說，「類書」就是一種包括詩文、典故、人物以及各種事類在內，幾乎無所不包的一種有著廣泛用途的工具書。它和現代的辭海、詞典、百科全書有些相似。但和現代辭海、詞典比較，類書採摘的事類要豐富得多；現代百科全書的每個詞目，總是編寫的，一般不是專門把有關的原始材料輯錄下來放在一起，而類書恰好相反，是摘錄原書的原始材料。這就構成了我國古代類書的特點，即兼有辭書、百科全書與資料匯編的性質。由於這樣的特點，類書不僅是我們研究中國古代歷史文化的資料書，而且是我們了解古代知識全貌的一種有效工具書。

三、吳蕙芳，《萬寶全書：明清時期的民間生活實錄》〔註34〕

　　類書爲一分別類項之書，係將各種知識分門別類地刊載以方便查閱使用。

〔註31〕中國大陸・劉葉秋，《類書簡說》，收入王國良、王秋桂主編，《中國圖書文獻學論集》，臺北市：明文書局，中華民國七十五年十一月（1986.11）增訂新版，頁474。

〔註32〕中國大陸・戚志芬，《中國的類書、政書與叢書》，臺北市：商務印書館（收入《中國文化史知識叢書》86），中華民國八十三年九月（1994.9），頁3～4。

〔註33〕中國大陸・彭邦炯，《百川匯海——古代類書與叢書》，臺北市：萬卷樓圖書有限公司（收入《中華文化寶庫學術思想類》30），中華民國九十年四月（2001.4），頁5～6。

〔註34〕吳蕙芳，《萬寶全書：明清時期的民間生活實錄》，臺北市：國立政治大學歷史學系（收入《政治大學史學叢書》6），中華民國九十年七月（2001.7），頁19。

以上林林總總地列舉了那麼多關於「類書是什麼」的各家說法，即使無法將民國以來的所有資料搜羅淨盡，但是應該已經能為類書的意涵做出一個完整的說明，繼而展開有關隋代以前類書發展的探討，實則不然。在閱讀部分研究回顧時可以看到它們出現一些相似的狀況。

首先它們會界定什麼是類書，然後說明它有什麼特質、它和其它文獻有何不同、類書的源流有哪些……等等，可是爭論往往也就在此時出現。最常見的問題是「究竟哪些書是類書？哪些不是？」像是「《通典》是不是類書？《永樂大典》是不是類書？……是不是類書？……」的問題似乎很困擾著先前的研究者們，也使後來對這些文獻有興趣的讀者們看得眼花撩亂，如墜五里霧中。

在現今的研究過程裡，定義常常是研究者們最先著手的部分。以類書這個主題來說，定義和收書範圍是一體的兩面，定義如何下會影響到哪些書屬於類書；而從列舉的書目來觀察，多少也能推敲研究者的定義為何。如果不能將哪些書是類書的範圍界定清楚，就容易使類書和其它文獻間的區別模糊，進而動搖最初對類書的定義。然而事實上，「義界不明」一直是難以將類書的定義描述得更加完善的主因。像方師鐸就曾經針對商務印書館《辭源》和中華書局《辭海》的定義提出反駁：〔註35〕

> 《辭源》、《辭海》都說「類書」是：採輯群書，或以類分，或以字分，便於檢閱之書。這話也過於籠統。請問《辭源》、《辭海》這兩部書的本身，是不是也可以算作：「以字分」的「便於檢閱之書」呢？
> 若然，則《辭源》、《辭海》豈不也可以算作「類書」了？

研究者們先設定好思考的脈絡後開始進行研究，然而進行到這兒時產生歧異，以致在研究上走向不同的道路，最後得出迥異的成果。看著前述各家說法的內容，個個言之成理，可以看得出前人鑽研的苦心；可是想要嘗試將這些說法帶入本文，看看三國兩晉南北朝時期編纂的諸部類書是否符合這些說法時卻又總覺得哪裏不大對勁。怎麼會這樣呢？

丁、「類書」意涵難以瞭解之原因

讀歷史的人們聽到「正史」時，幾乎會立刻將它是紀傳體，內容至少包括

〔註35〕方師鐸，《傳統文學與類書之關係》，臺灣省臺中市：私立東海大學，中華民國六十年八月（1971.8），頁4～5。

本紀和列傳以及會獲得朝廷官方的承認等特色聯想在一起；提起「編年」，它以年繫月、以月繫日、以日繫事的排列方式可說井然有序；說到「地理」，山川人文形勢的種種介紹彷彿映入眼簾……。雖然大部分文獻都有它演變的進程，但是在發展成熟後，其編纂格式或是偏重內容會慢慢趨於穩定。像前述提到的史部書籍即是如此，然而今日我們所稱的類書卻不很符合這樣的情況。

　　類書是選擇以「分類」的方式將收集到的文獻資料內容從原書中鈔錄下來再重新排列組合成一書，光是這樣的過程就已經相當難說清楚了。以類書本身來看，類書有好幾種分類內容和條目的方式，比如以條列事件區分的、有用聲韻區分的、有按詞條字首或字尾是什麼字區分的……等等，不一而足。它們之間的區別相當明顯，當我們閱讀時就能看出其中內容及編排方式的差異所在，而且這些差異仍然保留在現代的圖書分類法中。〔註36〕雖然它們都被歸在「類書」這個類目之下，但它們各自獨立發展，不僅分類方式不同、發展的歷史不同、被認定是類書的時間不同；甚至還有原本長期劃歸類書之下，後來獨立成類的〔註37〕、前人都認為是類書，現代有人認為不是的〔註38〕、前人認為不是

〔註36〕今日國內圖書館使用最為普遍的圖書分類法：《中國圖書分類法》當中將類書與百科全書同屬一類（040~049），置於總類（0）之下；而有關類書的部分還可以析出好幾個子類：包括（040）類書總類、（041）分類類書、（042）摘錦類書、（043）韻目類書、（044）歲時類書、（045）檢字類書和（047）雜錄。可以看出這些子類是以內容和編排方式的不同而區分出來的。見劉國鈞原著、賴永祥編訂，《中國圖書分類法》，臺北市：文華圖書館管理資訊股份有限公司，中華民國九十年九月（2001.9）增訂八版，頁35。

〔註37〕從現今留存的史料來看，當王堯臣、王洙和歐陽修編修《崇文總目》時，始將杜佑的《通典》、王溥的《會要》三十卷（《五代會要》）、蘇冕的《會要》四十卷、王溥的《唐會要》一百卷劃入類書類；稍後歐陽修修纂的《新唐書藝文志》裡也將劉秩《政典》三十五卷、杜佑《通典》二百卷、蘇冕《會要》四十卷、《續會要》四十卷列入子部類書類。明代錢溥的《祕閣書目》裡雖然已有「政書」類，但是該目未採四部分類；收錄的書目中有部分是如「《吏學指南》」、「《牧民忠告》」等教人如何做官的書，也沒有將《通典》、《文獻通考》等書劃歸入類而繼續置於類書類中。直到清高宗朝編修《四庫全書薈要》時始將《通典》、《文獻通考》兩部書列進史部故事類，稍後全書修竣告成時，再收進《續通典》、《續文獻通考》、《唐會要》等書，史部政書類通制之屬才正式成立，中間的發展和轉變過程歷經約七百餘年的時間。
見宋・王堯臣、王洙、歐陽修編次、清・錢東垣輯釋，《崇文總目》（上冊），臺北市：商務印書館句讀本（收入《人人文庫》特號597），中華民國六十七年七月（1978.7）臺一版，頁176。
宋・歐陽修、宋祁，《（新）唐書》卷五十九（《志》第四十九）：《藝文》三，臺北市：鼎文書局新校本，中華民國七十四年二月（1985.2）四版，頁1563。

類書，現代有人卻認為是〔註39〕……等等的狀況，情形相當複雜、多變、不穩定。

更何況人類為了要認識這個世界得要有效地學習知識，瞭解萬事萬物的同異之處才能在地球上生存下去，早已廣泛地使用「分類」的方法。像是將人分成男女老少，食物分成五大類等日常生活上的常識；到學術分成自然科學、社會科學，圖書文獻有七略、四部、杜威、美國國會等等諸多分類法都是應用到分類的概念。「分類」既然不是類書獨有的特色，內容又多是抄錄自經史子集諸書，要與其它圖書文獻有明確的區隔確非易事。以上是難以瞭解「類書」意涵的原因之一：「內部體例複雜，發展歷程不一，共同特徵較少；而外部又由於架構和內容的因素不易與它種圖書文獻明確區分，要瞭解類書的意涵是什麼自然比較困難。」

明・錢溥，《祕閣書目》，收入中國大陸・馮惠民、李萬健選編，《明代書目題跋叢刊》，北平（京）市：書目文獻出版社，中華民國八十三年一月（1994.1），頁 672。

世界書局編輯部編，《欽定四庫全書薈要目錄》，臺北市：世界書局（收入據國立故宮博物院藏摛藻堂《欽定四庫全書薈要》原本景印第一冊），中華民國七十四年八月（1985.8），頁 25（第一冊總頁 53）。

〔註38〕 比如近人張滌華在撰寫《類書流別》的過程中，寫到劃分哪些文獻不應屬於類書時，原本將《永樂大典》排除在類書之外，改入叢書。原文如下：

此外薈叢古書，合為一帙，如《百川學海》、《永樂大典》之屬，是曰叢書，非類書也；……。

可是此說並不獲顧頡剛、程千帆兩位先生的同意，他們希望張滌華仍能將《永樂大典》重歸類書；只是當時抗戰軍興，無暇立即更改，仍然照原樣出版，張滌華只在跋中附記此事而已。原文如下：

書中踳駁尚彩，存佚一篇，尤不自慊，而年來旅食四方，得書匪易，終無暇重加整理，即《永樂大典》顧頡剛、程千帆兩先生僉主可以改屬類書者，亦未遑據以補入，草率成書，知不免覆瓿之誚。

直到民國七十年代進行第二次修訂時，才「按照顧頡剛先生生前的意見，把《永樂大典》也收列進來，還徵引了一些有關的文獻，作了必要的說明」。看來如果沒有前輩學者提出意見，張滌華是否會更改此說尚未可知。

見張滌華，《類書流別》，臺北市：大立出版社據重慶市商務印書館中華民國卅二年十二月（1943.12）版景印，中華民國七十四年四月（1985.4），頁 6、跋。又一部，北平（京）市，商務印書館，中華民國七十四年九月（1985.9）修訂本，《修訂本自序》頁 2。

〔註39〕 像是方師鐸認為原本列於集部總集類的幾部書應該要改隸類書。他說：

……。現在我們把純粹「類文」的《文章流別》、《昭明文選》、《文館詞林》、《文苑英華》，納入類書範圍之內，又有甚麼不妥呢？……。

見《傳統文學與類書之關係》，頁 26。

　　難以瞭解「類書」意涵的原因之二是因為「最早的原意已經亡佚，後人難以明瞭遵循」。本文要探討的範圍是隋代以前編纂的類書，不過總計約橫跨三百六十八年的三國兩晉南北朝實際上根本沒有使用過「類書」這個名詞。多數人雖然相信第一部類書是編纂於三國魏時的《皇覽》，可是當時的編者們可沒有想過他們要創造一種名為「類書」的新文獻體裁，不過他們確實創造了一種讓後人追隨模倣的新典型。在這三百餘年裡雖無類書之名出現，然而當時的人們已經覺察到的確有一種新文獻體裁正在形成，而且是以《皇覽》為首的。

　　唐朝初年，朝廷編修前代史書，集南朝梁、陳、北朝齊、周和隋朝有關「志」的部分合成《五代史志》，之後又將《五代史志》併入《隋書》。本文屢稱的《隋書經籍志》就是其一。以《皇覽》為首的諸部書在三國兩晉南北朝間有存有佚，它們在《隋書經籍志》中全被歸入子部雜家類，可見直到唐朝初年留下來的書籍沒有多到可以蔚然成家，獨立成類的狀態，只能暫時依附在時人認為性質最接近的子類（雜家）之下。〔註40〕

　　到了唐玄宗開元年間，元行冲編纂《羣書四部錄》二百卷；稍後毋煚又將之進行增刪，編成《古今書錄》四十卷，五代後晉編修《（舊）唐書》時即據《古今書錄》撰成《經籍志》。宋代以後《羣書四部錄》和《古今書錄》俱亡，但從《舊唐書經籍志》的總序和分類架構中可以看出最早大約在唐玄宗開元年間前後，以事區分條目的圖書文獻就已脫離雜家獨立成一類，此即本節乙段所稱的「類事」或「事類」。它是日後「類書」一詞涵蓋的眾多分類體例中歷史最悠久、最先脫離它類附庸的一種。

　　唐朝中葉以來只將以事區分內容和條目的圖書文獻列為「類事」類的情況，大約在五代後晉至宋仁宗朝之間發生了明顯變化，這一點可以從成書於宋仁宗慶曆元年（1041）的《崇文總目》中可以看得出來。〔註41〕不同於

〔註40〕清代學者姚振宗在觀察過《隋書經籍志》後認為子部雜家類大體可以再分成四個支屬，分別是：諸子、雜考（包括雜說、雜品、雜纂）、類事、釋家。自《皇覽》至《書鈔》（《北堂書鈔》）的部分是類事之屬。見清・姚振宗，《隋書經籍志考證》，臺北市：開明書店鉛字版（收入《二十五史補編》第四冊），中華民國四十八年（1959），頁478（總頁5516）。

〔註41〕在《崇文總目》之前，宋朝朝廷還曾編纂過《史館新定書目》、《館閣圖籍目錄》和《太清樓書目》等三部圖書目錄，只是皆已亡佚，無從得知其書目和分類方式，因此本文以《崇文總目》的內容為準。見昌彼得、潘美月，中國目錄學，臺北市：文史哲出版社，中華民國七十五年九月（1986.9），頁151

正史的經籍志或藝文志當中收錄的盡是前代書目，《崇文總目》收錄的是當時宋朝官方圖書館之一：崇文院的館藏。《崇文總目》的編纂者有王堯臣、王洙和歐陽修，其中爲各類標題撰寫敘釋者是歐陽修。十九年後，宋仁宗嘉祐五年（1060）由宋祁、歐陽修新修的《新唐書》告竣，宋祁撰列傳，歐陽修撰紀、表、志，因此《新唐書藝文志》亦出自歐陽修之手。《崇文總目》和《新唐書藝文志》是目前所知最早將「類事」改爲「類書」的兩部目錄。這不僅是名稱的改變，還包括意義、特質、分類方式、收書範圍等相關部分的改變與擴大。由於歐陽修撰寫過《崇文總目敘釋》，也就是針對什麼是易類、書類、……正史類、編年類、……、儒家類、道家類、……等提出看法，如果可以看到類書類的敘釋或許就能知道從類事到類書的轉換過程，對於類書的意涵爲何會有較合理的解釋。不過很遺憾的是現在已經看不到了。後來即使清代編修《四庫全書》時雖已盡力搜羅，仍無法恢復原貌。部分歐陽修撰寫的敘釋被保留在《歐陽文忠公文集》卷一百二十四，國內目前以商務印書館《四部叢刊初編》縮印元刊本爲最古；我國立國家圖書館有典藏南宋刊本，惜皆有殘缺，沒有收錄到南宋本的敘釋。保存在《歐陽文忠公文集》裡的敘釋起自易類迄於兵家類之間僅闕《孝經》類和目錄類二類，兵家類之後就是類書類，但就是沒有收錄在內；清代四庫館臣在文淵閣本《四庫全書》中亦載「謹按此類以下《歐陽修集》無敘釋」，〔註43〕也就是說包括類書、算術、藝術、醫書、卜筮、天文占書、曆數、五行、道書、釋書、總集、文集、文史，再加上先前的孝經和目錄共十五類敘釋已經不存。可惜就只差這麼一步，原本要知道「類書」最初的定義爲何不是沒有機會，但最後終究還是錯過了。

　　至於第三個原因則是「固定定義難以一體適用」。像類書這種內部情況複雜，外部難與它種圖書分別，早期意涵又失落的文獻，想要用簡單的一兩句話訂出固定的定義後就能涵蓋任何時期的任何類書眞的很不容易。丙段列舉出多家民國以來有關類書意涵爲何的主張，雖然這些可以幫助讀者初步認識類書，然而這些說法是否能一體適用於瞭解任何斷代或任何單一的類書或許得要再斟

〜152。

〔註43〕宋・王堯臣、王洙、歐陽修，《崇文總目》卷六，臺北市：商務印書館據國立故宮博物院藏清文淵閣本四庫全書景印（收入《四庫全書珍本別輯》148），中華民國六十四年（1975），十一板十二行。

酌一番。比如民國初年商務印書館《辭源》採取以編排方式爲類書下定義就很難套用在本文裡，因爲三國兩晉南北朝時期的類書沒有以字分類的，這定義就去除了一半；剩下一半以類分的部分，如果沒有針對各書進行探討，怎知它們是兼收各類還是專收一類呢？尤其是這種定義能夠成立的先決條件是要有完整的原書才能套用，如果原書已經失傳就很難使用這項定義解釋了。

　　後來的眾家解釋裡對於編排方法的部分著墨逐漸減少，改以「一定的方式」等含糊字眼帶過，而改採以類書的功能用途來爲它下解釋，最常出現的字眼就是「工具書」或是「參考書」。〔註44〕可是這是由西方圖書館學傳來的

〔註44〕在國立編譯館主編的《圖書館學與資訊科學大辭典》中，對於參考書或者工具書是什麼有二則解釋，一條是王錫章編寫的「參考書」，另一條是吳瑠璃編寫的「參考資源」。分別參見內文如下：

參考書（Reference Book/ Material）

參考書（Reference Book）與參考資料（Reference Material 或 Reference Source）之區別在於參考資料的範圍較廣。"Harrod's Librarions' Glossary" 一書解釋參考資料是：「可用以取得權威性資訊的任何出版品」；沈寶環教授的《西文參考資料》一書中把參考資料分爲三種類型：（1）專爲參考目的而編製的參考書；（2）具有參考價值的普通書籍；（3）非書資料。可見參考資料的範疇比狹義的參考書廣泛。

雖在目前圖書館界，參考資料一詞有時與參考書混用，圖書館學者所出版的「中文參考資料」、「西文參考資料」等書亦是以介紹狹義的參考書爲主。

參考書與普通書不同的是，絕大多數的參考書都是無須從頭閱讀，只是僅供部分查閱，以獲得某項知識或事實而已。由於這種書籍，大多以備查詢爲目的，因此編輯體例以能迅速獲得資料爲原則，因此內容排列有按部首、筆畫、字母順序的也有按分類、年代、地域等字列編排的。參考書的種類，大致可分爲百科全書、字典、辭典、書目、索引、摘要、年鑑、指南、手冊、法規、統計、名人錄、地圖……等幾種。張錦郎先生的《中文參考用書指引》一書中曾指出絕大部分的參考書都有下列四個特點：（1）解答問題，（2）部分閱讀，（3）編製體例不同，（4）內容廣闊；此四項特點，可明確顯示參考書的性質。參考書由於主要係供查檢之用，且通常價格較爲昂貴，在圖書館中通常不能借出館外，也闢有專室陳列（即參考室）。

圖書館界以外的人士則一般稱參考書爲工具書，如用參考工具書一詞，則當更爲周延。（王錫章）

參考資源（Reference Sources）

圖書館員在輔導讀者查尋資料，或答覆參考問題時所使用的資料，通稱爲參考資源或參考資料。

參考資料就其組成性質而言，有第一手資料（Primary Sources）、第二手資料（Secondary Sources）與第三手資料（Tertiary Sources）之別。第一手資料又稱原始資料，係指著者創作的作品，如期刊論文、專利文獻、會議紀錄、公文檔案等。第二手資料則爲整理第一手資料後的產品，作爲檢索資料的工具，

觀念，如果我們只將之視爲輔助工具應當無妨；不過如果是想要瞭解類書本身發展的過程以及與學術間是否有關的話或許要考慮一下，畢竟民國以前各代是沒有使用「工具書」或「參考書」這兩個生詞的。

照這樣看來，有關類書的意涵爲何應該也是要隨著時代而變的。前文提及眾多前人鑽研出來的說法可以做爲整體介紹類書時的概論，但是在這之下應要再隨時代或是各本類書加以權變，定出符合不同斷代和不同類書的定義或許才能更接近「類書」這種圖書文獻的眞正意涵。至於有關隋代以前編纂的諸部類書，現今除了瞭解當時它們是以事情做爲分類編排的方式之外，其它部分所知有限，惟有繼續查訪才有機會再多知道一些，而這是以下各章節所要嘗試進行的。

戊、類書好比中國古代的「搜尋引擎」

前文提及要將類書一詞的意涵解釋得清楚實在不容易。相較於各項學術在發展的過程中逐漸累積起深厚的內涵，類書的內容全爲鈔綴而來；它是一種分類體裁會隨時間變動增加的文獻，可是就算編纂體裁會不斷變化，放眼觸目可及的圖書，有什麼是不分類的呢？經過分類的圖書不是類書所獨有的特色，而是在於它會「變」；今日已經存在的類書解釋可以做爲在初步認識類書時的入門之用，可以用它爲輔助來研究許多課題，像是吳蕙芳的博士學位

如書目、索引、摘要等是。第三手資料則指利用第二手資料，分析、歸納第一手資料而編製的出版品，如教科書、參考工具書等是。也有人以一次文獻、二次文獻、三次文獻來辨別資料的性質，其含義與第一手資料、第二手資料、第三手資料相同。

廣義的參考資料，分爲三種類型：（1）專爲參考目的而編的參考書：亦稱工具書，其目的以供查檢爲主，編製體例特殊，方便局部閱讀，如索引、辭典、百科全書等；（2）具有參考價值的普通書籍：普通書籍多爲連續性閱讀而作，但有些也具有查考利用的功能，如叢書、史書、資料彙編、政府出版品等，這類資料通稱爲參考材料或資料書；（3）非書資料：種類繁多，內容新穎，如期刊、小冊子、唱片、錄影帶、光碟資料等皆是。

狹義的參考資料，專指參考工具書而言，分爲指引性及資料性兩種。指引性的參考資料有：書目、索引、摘要三種，其主要用途在指引資料的出處，循此找出更多的資料。資料性的參考資料則有：字典、辭典、類書、百科全書、年鑑、年表、名錄、手冊、傳記參考資料、地理參考資料等，從這些參考工具中，往往直接就可以獲得資料，解答疑難。（吳瑠璃）

見胡述兆總編輯，《圖書館學與資訊科學大辭典》，臺北市：漢美圖書有限公司，中華民國八十四年十二月（1995.12），頁 1578、1581。

論文《明清時期民間日用類書及其反映之生活內涵——以萬寶全書為例》即是從類書來瞭解百姓的日常生活與社會經濟概況即為其一。然而如果想要直接瞭解類書本身時，不管是從分類方式（以事件、字首、字尾，還是聲韻）來定義、從「工具書」的角度來定義，還是說它是「百科全書」和「資料彙編」的綜合體，其實多多少少有其窒礙難行之處，難以全面包括。再加上「類書」一詞不是刻意被設計出來而是經過一番長久的歷程才得以面世，早期的定義又已因為種種因素散亂亡失。所以要用一個「定義」——「固定的意義」就能將橫跨一千七百餘年歷史而且經歷許多「變動」的類書解釋清楚是相當困難的，凡事先要求定義的探討方式在面對這樣的灰色地帶恐怕不能盡用。或許將現存的說法視為是總括性的原則，但在進行更深入的討論時則依探討的時代不同再界定出符合各代特色的意涵或可做為另一種考量的選擇。

不過對於讀歷史的人們而言，類書這種文獻長年不隸於史部書之林，原本瞭解它的人們可能就不是很多；再加上現代日常生活裡難有使用類書的機會，讀歷史的人們對它更感隔膜。如果連它是什麼都沒法子講，怎能吸引讀歷史的人們接觸類書，又怎能探究類書在歷史上存在著什麼樣的道理呢？

今日如果想要試圖將本文的內容寫得更多一些、更詳細些的時候需要找尋相當多的史料。除了閱讀之外，在今日已經邁向資訊化的社會裡，以電腦（Computer）、網際網路（Internet）串連起來的電子資源也是有效蒐集材料的方式之一。在撰寫和蒐集並進的同時逐漸感受到昨日的類書與今日網際網路裡的「搜尋引擎（Search engine）」、「入口網站（Entrance website）」和「資料庫（Database）」竟有非常相似之處。

從一個使用者的角度來比較類書與搜尋引擎間的同異時，可以發現兩者的用途都是用來「分類並尋找檢索資料」、都會「條列收集到的材料」、都有「註明原來的出處」；如果原資料已經亡佚時，類書能夠保留些許殘文，而搜尋引擎也設有「頁面庫存」的功能，只要使用滑鼠點選該處就能看到保留下來的網頁頁面。

類書與搜尋引擎最大的不同在於一是以圖書的方式呈現，一是設於網際網路之內。紙本的類書篇幅和檢索方式比較固定，如果要擴編不如新修一部類書；而存在於網際網路裡的搜尋引擎、入口網站、資料庫只要網域空間足夠，不但可以時常更新、切換不同的檢索方式，還能附加許多服務功能。「呈現給讀者的方式不同」是類書與搜尋引擎的相異之處。

　　將類書與 Google（http://www.google.com）、雅虎奇摩（http://www.yahoo.com.tw）、蕃薯藤（http://www.yam.org.tw）、新浪網（http://www.sina.com.tw）、中華民國期刊論文索引影像系統（http://readopac.ncl.edu.tw/html/frame1.htm）、全國博碩士論文資訊網（http://etds.ncl.edu.tw/theabs/index.jsp）等相比擬，相信可以讓讀歷史的人，甚至可能是任何人建立起對類書最初步的概念。因為這樣的介紹方式會更能貼近現在人們的生活，使古今間的差距縮短不少；與其說「類書是工具書的一種」、「類書是『百科全書』與『資料彙編』的綜合」，倒不如說「類書好比是古代的搜尋引擎」可能會更快讓從未聽聞過類書的人們進入狀況。

　　由此觀之，類書的出現整合、保存了各代古人累積且珍視的知識並且提供一個尋找、檢索的管道。隋代以前的人們在沒有電腦、沒有網際網路，甚至沒有印刷術的時代，卻能發展出一套與今日搜尋引擎、資料庫等等相近的類書這套「系統」來薈聚學術成果以及從日常生活中積累的經驗以供人收藏、查詢。無論人們使用它來做什麼用途，這種新出現的文獻體裁經過三國兩晉南北朝的萌芽期後漸為隋代以降的人們所接受而且不斷發展更新，創造許多新的查詢方式，成為西力東漸以前我國聚集、尋找知識的寶庫之一。

第二節　近現代「類書」的研究側重點

　　最近數十年來，有關類書的研究成果不少；在這些文章當中，可以將它們的著重之處整理成以下三大點：

甲、探討主題眾多和注重時代貫通

　　有關類書的研究成果大致可以被歸類成幾個方面的主題，包含「類書的定義與分界」、「類書的多項起源」、「第一部類書為何」、「類書的分類方式有哪些」、「類書的用途」、「類書的優缺點」、「類書與工具書、百科全書、文學、科舉及政治間的關係」……等等。這些議題有些獨立成專著、專文，也有融鑄數項議題而成一書者。至於類書發展過程的部分則多是跨越各代，縱橫各朝，少有以斷代為界進行討論的。目前符合上述特徵又可在國內覓得的相關專著有以下九種十部：

　　一、張滌華，《類書流別》，臺北市：大立出版社據重慶市商務印書館中

華民國卅二年十二月（1943.12）版景印，中華民國七十四年四月
（1985.4）。

又一部，北平（京）市：商務印書館（中國大陸），中華民國七十四
年九月（1985.9）修訂。〔註45〕

二、方師鐸，《傳統文學與類書之關係》，臺灣省臺中市：私立東海大學，
中華民國六十年八月（1971.8）。

三、中國大陸・戴克瑜、唐建華主編，《類書的沿革》，四川省：四川省
圖書館學會，中華民國七十年（1981）。

四、王勝昌，《類書源流研究》，臺北市：石門圖書公司，中華民國七十
年六月（1981.6）。

五、中國大陸・胡道靜，《中國古代的類書》，北平（京）市：中華書局，
中華民國七十一年二月（1982.2）。〔註46〕

六、中國大陸・劉葉秋，《類書簡說》，收入王國良、王秋桂主編，《中國
圖書文獻學論集》，臺北市：明文書局，中華民國七十五年十一月
（1986.11）增訂新版。

七、中國大陸・戚志芬，《中國的類書、政書與叢書》，臺北市：商務印
書館（收入《中國文化史知識叢書》86），中華民國八十三年九月
（1994.9）。

八、中國大陸・彭邦炯，《百川匯海——古代類書與叢書》，臺北市：萬
卷樓圖書有限公司（收入《中華文化寶庫學術思想類》30），中華民
國九十年四月（2001.4）。

九、中國大陸・夏南強，《類書通論》，武漢三鎮（市）：湖北人民出版社，
中華民國九十年十二月（2001.12）。

〔註45〕 張滌華在《修訂本自序》中稱民國四十七年四月（1958.4）曾將該書修訂後，
交由中國大陸的商務印書館出版重印本；因筆者未見，故不列入正文。

〔註46〕 今天能見到的《中國古代的類書》的內容中明確列出的斷限範圍僅至北宋為
止，這並不是因為胡道靜只寫到北宋。大陸的中華書局在該書的《出版說明》
頁上這樣寫著：
《中國古代的類書》是胡道靜先生的舊作，原稿的下半部已於十年動亂（文
化大革命）中損失。
可見該書原有下半部，只是散失而已，不能算是特別選擇以某個斷代為界進
行類書研究的專著。

乙、對於類書的關注跨越學界

除了上述各本專著之外，還有以下數部專著和論文的內容中提及類書。比如：

一、民國・楊吉仁，《三國兩晉學校教育與選士制度》，臺北市：正中書局，中華民國五十九年五月（1970.5）二版。

二、民國・徐傳雄，《唐人類書引說文考》，臺北縣新莊市：私立天主教輔仁大學中國文學研究所碩士論文，中華民國五十九年（1970）。

三、中國大陸・馬明波，《類書與中國文化》，武漢三鎮（市）：武漢大學圖書情報學院碩士論文，中華民國七十七年（1988）。〔該本學位論文未曾親見，其論文摘要收錄於圖書情報知識編輯部編，圖書情報知識 1988 年 3 期（總第 31 期），武漢三鎮（市）：武漢大學圖書情報學院，中華民國七十七年九月十日（1988.9.10），頁 48。〕

四、民國・王三慶，《敦煌類書》，高雄市：麗文文化事業出版公司，中華民國八十二年（1993）。

五、民國・葉怡君，《類書之目錄部居探原》，臺灣省臺北縣新莊市：私立天主教輔仁大學圖書資訊學系碩士論文，中華民國八十六年七月（1997.7）。

六、民國・吳蕙芳，《萬寶全書：明清時期的民間生活實錄》，臺北市：國立政治大學歷史學系（收入《政治大學史學叢書》6），中華民國九十年七月（2001.7）。

七、民國・林威妏，《「雲笈七籤」文獻學研究》，私立天主教輔仁大學宗教學系碩士論文，中華民國九十年（2001）。

八、中國大陸・劉剛，《隋唐時期類書的編纂及分類思想研究》，東北師範大學古籍所碩士論文，中華民國九十三年五月一日（2004.5.1）。

以上八本專著和論文跨越教育史、文學、敦煌學、目錄學、明清社會經濟史和道教等領域，已經超越文學、圖書資訊學和歷史研究；各種領域的研究者們以他們各自的角度來研究類書，或是以類書爲媒介來研究各自領域內的專業問題。足見類書的影響範圍之廣，不是只有哪一個學界才能獨享探討的。

丙、專門探討某部類書

除了上述兩種切入的角度之外，還有專門鎖定某一部類書爲範圍，對它

進行全面而深入的探討者。比如：

一、民國・闓琴南，〈初學記研究〉，臺北市：私立中國文化大學中國文
　　學研究所博士論文，中華民國七十年十二月（1981.12）。

二、民國・陳香，〈萬卷類書「古今圖書集成」〉，〈中華文化復興月刊〉18
　　卷 10 期（211 期），中華民國七十四年十月（1985.10），頁 67～71。

三、民國・唐素珍，〈中國兩大類書「永樂大典」及「古今圖書集成」的
　　四個論題〉，《輔大中研所學刊》4 期，中華民國八十四年三月
　　（1995.3），頁 61～79。

四、中國大陸・傅梅嶺，〈我國最大的寫本類書──永樂大典〉，《淮北煤
　　師院學報》（社會科學版）1995 年 2 期，中華民國八十四年（1995），
　　頁 152～154。

五、中國大陸・張天俊，《論類書之祖──皇覽》，南通師範學院學報（哲
　　學社會科學版）11 卷 4 期，中華民國八十四年十二月（1995.12），
　　頁 98～101。

六、民國・吳青，《論虞世南「北堂書鈔」》，中國書目季刊 31 卷 1 期，
　　中華民國八十六年六月（1997.6），頁 51～59。

七、民國・吳蕙芳，〈民間日用類書的內容與運用──以明代「三臺萬用
　　正宗」為例〉，《明代研究通訊 3 期》，中華民國八十九年十月
　　（2000.10），頁 45～56。

八、民國・黃兆強，〈「冊府元龜・國史部」研究〉，《東吳歷史學報》7 期，
　　中華民國九十年三月（2001.3），頁 19～51。

九、民國・陳信利，〈「藝文類聚」研究〉，臺北縣新莊市：私立天主教輔
　　仁大學圖書資訊學系碩士論文，中華民國九十一年（2002）。

十、民國・趙麗莎，〈「古今圖書集成」評介〉，《景女學報》4 期，中華民
　　國九十三年一月（2004.1），頁 33～49。

　　以上三項列舉的是部分的書目、篇目，實際上已經發表的研究文章遠遠
超越這些數字，可見「類書」是受到許多研究者所青睞的。〔註47〕然而從這

──────────

〔註47〕如以國立中央（國家）圖書館建立的期刊論文電子資料庫：《中華民國期刊論文索
　　　　引系統》為例，自民國五十九年一月起至九十三年一月（1970.1～2004.1）為止，
　　　　在簡易查詢功能鍵入「類書」二字搜尋可找到約百餘篇文章，不過指明以探討三
　　　　國兩晉南北朝時期類書發展過程為主的文章可能沒有。而以大陸地區建立的期刊
　　　　論文電子資料庫：《中國期刊網》為例，自民國八十三年一月起至九十二年六月

些關注的焦點看來，相信讀歷史的人們仍然有可以發展切入的空間。由於觀點的不同，包括類書發展的歷史、類書與學術的關係、類書在各朝歷史中可能具有什麼樣的地位……等等，讀歷史的人們可能會得出不同的答案。

在文學領域來說，著重的是類書對文學發展的用途和幫助；在圖書資訊學或是文獻的領域來說，喜好的是類書的分類體系與架構。因為這樣的緣故，對於完整傳世或是稍有缺陷的類書研究得比較多、比較全面；對於像是隋代以前編纂的類書接觸就相對較少，畢竟絕大部分都已經亡佚消失。可是對於讀歷史的人們來說或許沒有這些問題，只要還有史料就有研究的可能性和機會，能夠切入的角度和範圍應該可以更廣，不一定非要有完整的原書才能加以研究。因此，不管是觀點還是材料，對於讀歷史的人們來說相信還有可以發展的空間。

第三節　隋代以前類書概說

歷代以來由於各家對何謂類書的看法不同、各本類書傳世存佚狀況不一等等原因，對於哪些書籍應隸於「類書」這一門類之下可謂意見紛歧。在三國兩晉南北朝的三百餘年中，雖然當時的人們感受得到有一新的文獻編纂體裁問世，但是尚未將之定名以別於其它的書籍，自然也沒有明確的解釋。在不能從定義進行探討的情形下，將各家整理的狀況進行比對來廓清隋代以前究竟哪些書籍是「類書」應是較為可行的辦法。

為收井然有序、一目瞭然之效，今先嘗試盡量混一各史志、官簿、私家目錄和現代學者的研究中被歸類為隋代以前編纂的類書並列表如下；因為囿於表格的寬度，筆者在列舉書目時僅能列舉書名而略去編者、編纂時代和卷數等相關資料，留待後文再加以討論：

編　者	書　　名	類　別	列　舉　書　目
晉・荀勗	《中經新簿》	丙部皇覽簿	《皇覽》
唐・魏徵等	《隋書》(《經籍志》)	子部雜家類	《皇覽》、《帝王集要》、《類苑》、《華林遍略》、《要錄》、《壽光書苑》、《科錄》、《書圖泉海》、《聖壽堂御覽》

（1994.1~2003.6）為止，僅設定「類書」二字做為篇名搜尋即可在資料庫裡找出九十七篇文章，然而指明要探討三國兩晉南北朝時期類書發展過程為主的文章恐怕也不會超過十篇。可知前人學者關注於此題者或許不多。見國立中央（國家）圖書館，中華民國期刊論文索引系統 WWW 版，http://163.13.35.22/ncl-cgi/ncl3 query.exe；中國大陸・中國期刊網，http://cnki.csis.com.tw:8080/index.jsp。

五代後晉・劉昫等	《(舊)唐書》(《經籍志》)	子部事類（類事）	《皇覽》、《類苑》、《壽光書苑》、《華林遍略》、《修文殿御覽》、……、《要錄》、《書圖泉海》
宋・王堯臣等	《崇文總目》	類書類	《修文殿御覽》、……、《語麗》、……、《要覽》
宋・歐陽修等	《(新)唐書》(《藝文志》)	子部類書類	《皇覽》、《類苑》、《壽光書苑》、《華林遍略》、《修文殿御覽》、……、《書圖泉海》、《要錄》
宋・鄭樵	《通志》(《藝文略》)	類書類	《皇覽》、《類苑》、《壽光書苑》、《華林遍略》、《修文殿御覽》、……、《書圖泉海》（不論存佚）
宋・晁公武	《郡齋讀書志》	子部類家類	《同姓名錄》、……、《古今刀劍錄》、……、《文章緣起》（附志）、《古今註》（附志）
宋・陳騤，中華民國・趙士煒輯	《中興館閣書目》	子部類書家	《要覽》、《修文殿御覽》
宋・陳振孫	《直齋書錄解題》	類書類	《語麗》、《修文殿御覽》
宋末元初・馬端臨	《文獻通考》(《經籍考》)	子類書	《同姓名錄》、《古今刀劍錄》、《語麗》、《修文殿御覽》
元・脫脫等	《宋史・藝文志》	子部類事類	《會要》、《語麗》、……、《修文殿御覽》
明・焦竑	《國史經籍志》	類家	《皇覽》、《要覽》、《金海》、《類苑》、《語麗》、《壽光書苑》、《華林遍畧》、《學苑》、《修文殿御覽》……、《書圖泉海》（不論存佚）
明末清初・黃虞稷	《千頃堂書目》	子部類書類	無
清・紀昀等	《四庫全書》	子部類書類	《古今同姓名錄》、……、《聖賢群輔錄（四八目）》（存目）、《錦帶》（存目）
清・侯康	《補三國藝文志》	子部雜家類	《皇覽》
清・姚振宗	《三國藝文志》	子部雜家類	《皇覽》
清・秦榮光	《補晉書藝文志》	子部類書類	《會要》、《聖賢群輔錄（四八目）》
清・張之洞	《書目答問》	子部類書	《皇覽》
清・周中孚	《鄭堂讀書記》	子部類書類	《皇覽》、《聖賢群輔錄（四八目）》、《古今同姓名錄》、《錦帶書》
清末民初・趙爾巽等	《清史稿》(《校註》)(《藝文志》)	子部類書類	《古今同姓名錄》

中華民國·聶崇岐	《補宋書藝文志》	子部雜家類	《皇覽》
中華民國·陳述	《補南齊書藝文志》	子部類書類	《四部要略》
中華民國·張滌華	《類書流別》		《皇覽》、《要覽》、《史林》、《四部要略》、《類苑》、《華林遍略》、《壽光書苑》、《法寶聯璧》、《學苑》、《鴻寶》、《語對》、《語麗》、《書圖泉海》、《帝王集要》、《修文殿御覽》（存疑、黜偽、補遺者略去）（不論存佚）
中華民國·彭國棟	《重修清史藝文志》	子部類書類	《古今同姓名錄》、《皇覽》一卷（孫馮翼輯）
中國大陸·胡道靜	《中國古代的類書》		《皇覽》、《壽光書苑》、《類苑》、《華林遍略》、《修文殿御覽》、《瑯玉集》
中華民國國立中央圖書館特藏組	《中國歷代藝文總志》（《子部》）	典故類類書之屬	《皇覽》、《纂要》、《部略》（四部要略）、《錦帶（書）》、《語對》、《語麗》、《語類》、《類苑》、《華林遍略》、《壽光書苑》、《要雅》、《採璧》、《書圖泉海》、《博覽》、《方類》、《要錄》、《帝王集要》、《科錄》、《修文殿御覽》（不論存佚）

在觀察完這張表格之後，可以發現到一些有趣的現象，特別是各代對於「三國兩晉南北朝時期的『類書』究竟有哪些？」似乎有著相當大的意見差距。如此現象即為歷代以來各家對何謂類書的看法不同、各書傳世存佚狀況又不一等等狀況下導致意見紛歧的具體反應。

筆者將表格中列舉出來的書目加以整理後，認為可以分為五類：

第一類是成書於三國兩晉南北朝時期，在史書文獻中記載著其與《皇覽》類例相似但未收於《隋書》者；再加上將《隋書經籍志》、《舊唐書經籍志》與《新唐書藝文志》等目錄交叉比對而成者。如《皇覽》、《史林》、《四部要略》、《壽光書苑》、《類苑》、《華林遍略》、《法寶聯璧》、《要錄》、《書圖泉海》、《修文殿御覽》等。

第二類是確在三國兩晉南北朝時期成書，但可能不屬於「類事（事類）」的分類方式，直到宋朝建立後才被納入「類書」體系下者。如《語麗》等。

第三類是原不應被劃入類書，但由於數量不豐無法析出一類，只得廁身於性質相近的類書之下者。如《古今同姓名錄》、《古今刀劍錄》等等。

　　第四類是疑似僞書者，如《聖賢群輔錄（四八目）》。

　　第五類是其它偶見於目錄書中認爲其應屬類書者，或者是疑似爲類書卻苦無更多證據者；以及近人從考古挖掘中發現殘卷，認爲其體例應歸類書之林者。

　　在以上五類中，以第一類最具代表性，因爲「史有明文」。以事分類的圖書文獻最早自雜家析出獨立，是後來整個類書體系下的骨幹。翻開兩《唐書》可以看到《皇覽》被推爲類事（類書）類之首，即使後人的研究當中或有其它意見；但是史書記載斑斑可考，是不容否認的事實。除此之外，南北朝時期幾部書籍的編纂，說明了《皇覽》在類書中的領導地位。如《史林》是「魏文帝《皇覽》之流也」〔註48〕、《四部要略》是「依《皇覽》例」〔註49〕、《法寶聯璧》要「以比王象、劉邵之《皇覽》」〔註50〕等等，在在說明即使當時沒有類書之名，可是逐漸發展出類書之實。《皇覽》是領導者，《史林》等書則是追隨者；從誕生到倣效，再從倣效到改良，類事之書的體系開始逐漸成形。

　　唐朝建立以後，雖然還沒有類事（事類、類書）之名，可是唐人的觀念已經顯示他們已逐漸將幾部傳世已久、以事分類的圖書文獻前後合稱，表示它們的性質相近。首先是《隋書經籍志》子部雜家類中已經將《皇覽》、《類苑》、《華林遍略》等書前後並列，不過因爲它們均位於雜家類之內，因此它們只能被看成雜家的一支而已。

　　到了唐高宗在位期間，一東宮僚屬崔融爲皇太子李哲（即唐中宗）起草《請修書表》時將成書於南北朝的《壽光書苑》、《華林遍略》、《修文殿御覽》和隋朝的《長洲玉鏡》、唐初的《藝文類聚》和《文思博要》並稱，表示它們都是性質相似的書籍。在此摘錄部分原文如下：〔註51〕

〔註48〕唐・李延壽，《南史》卷四：《齊本紀上》第四（高帝蕭道成），臺北市：鼎文書局新校本，中華民國八十七年十一月（1998.2）二版，頁113。

〔註49〕南朝齊～梁・齊子顯，《南齊書》卷四十《列傳》第二十一）：《武十七王》（《竟陵王子良》），臺北市：鼎文書局新校本，中華民國八十七年十一月（1998.11）二版，頁698。

〔註50〕唐・李延壽，《南史》卷四十八（《列傳》第卅八）：陸澄、陸慧曉子僔、孫繕、兄子閑、閑子絳、絳弟厥、厥弟襄、襄兄子雲公、雲公子瓊、瓊子從典、瓊從父弟琰、琰弟瑜、瑜從兄玠、從弟琛、陸杲子罩，臺北市：鼎文書局新校本，中華民國八十七年十一月（1998.11）二版，頁1205。

〔註51〕宋・李昉等奉敕編，《文苑英華》卷六百五（《表》五十三）：《太子公主上請僧請附》，臺北市：華聯出版社據國立中央（國家）圖書館及國立臺灣大學圖書館藏明穆宗隆慶年間（1567～1572）刻本景印，六板十行至六板十三行（新頁3729下半）。

《皇太子請修書表》　崔融

……。又近代書鈔寔繁，部帙至如《華林園徧略》、《修文殿御覽》、《壽光書苑》、《長洲玉鏡》及國家以來新撰《藝文類聚》、《文思博要》等竝包括弘遠，卒難詳悉；亦望錯綜群書，刪成一部。……。

另外，唐穆宗長慶二年（822），翰林侍讀學士韋處厚、路隨的《六經法言進表》裡也將數部隋代以前的類事之書（時「類事類」圖書分類已經出現）列舉出來。在此亦摘錄部分原文如下：〔註52〕

……。歷代帝王皆務纂（修）集，魏稱《皇覽》、梁著《進（通）略》（《華林遍略》）、鄴中則有《修文》之作（《修文殿御覽》），江左（右）則有《壽光》之書（《壽光書苑》），但誇耀於聞見（見聞），非垂謀於理本，……。

由於隋代以前編纂的各部類書至唐代多還能得見，因此唐人發表的議論應不是信口胡謅，大致應爲可信。雖然這兩篇文章的作者因要向皇帝建言，對前代類書或有貶意；但從另一角度看來，他們也寫出這些書籍確是性質相似，應該要歸爲同類的圖書。這些圖書爲什麼會相似呢？「取材來源眾多，一言難盡；內容全爲鈔錄，不摻己意」相信應是他們的答案。

至於第二類和第一類在宋代以後合在一起，類書一詞正式定名。然而在宋代以前它們與類事的這一系列並不相容，不但在圖書分類中仍然依附在它類之下，就連唐人的文章中也少見將《皇覽》等書與《語麗》同列者。這似乎表示雖然《語麗》確是著作於隋代以前，可是它的分類方式可能不是以事分類爲主；甚至或許是因爲隋代以前編纂的類書至宋代幾至不傳，爲了增加三國兩晉南北朝時期的代表性類書因此才將《語麗》、《要覽》等書納入其中。〔註53〕相對於第一類以類事的方式爲主而且聲名地位不若第一類明顯。至於

〔註52〕宋・王欽若、楊億等奉敕撰，《冊府元龜》卷六百七（《學校部》）：《撰集》，臺北市：中華書局據明刻初印本景印，中華民國五十六年五月（1967.5），十六板十二行至十八板六行（頁 7286 下半～7287 下半）；清・朱彝尊，《經義考》卷二百四十一：《群經》三，臺北市南港區：中央研究院中國文哲研究所籌備處點校補正本，中華民國八十八年四月（1999.4），第七冊頁 346～348。

〔註53〕以南宋陳振孫的《直齋書錄解題》爲例，成書於隋代以前的類書他僅取《語麗》和《修文殿御覽》二部並將《語麗》置於類書類之首；可是在撰寫提要時卻似乎又對《語麗》的介紹有貶抑之意，《語麗》能列於類書之首與陳振孫個人的看法應該有所關係。現錄原文如下：

《語麗》十卷。

第三至五類的地位自然更在其後。

　　囿於篇幅、學力的限制以及重要性等考量，本文僅擬就第一類的十部類書爲探討的範圍。從現今留存的史料出發，針對每部書的編纂者、編纂時代、資料取材及傳世過程等方面進行瞭解，嘗試將類書這種圖書文獻的早期發展過程能夠試著多說一些，並且希望從這些資料的解讀中能夠做更進一步的探討。

梁湘東王功曹參軍朱澹遠撰。採摭書語之麗者，爲四十門。案前志但有雜家而無類書，《新唐書志》始別出爲一類，此書乃猶列雜家；要之寔類書也，但其分門類無倫理。澹遠又有《語對》一卷，不傳。
見宋·陳振孫，《直齋書錄解題》卷十四：《類書類》，臺北市：商務印書館句讀本（收入《人人文庫》特號 582），中華民國六十七年五月（1978.5），頁 402。

第貳章 自三國起至南朝梁武帝在位前期編纂的類書及其傳世過程

　　有關為什麼會有類書、類書源於哪些學問以及何書為類書之首的話題,是先前許多探討類書的人們想要知道的。近人張滌華在《類書流別緣起篇》裡認為類書的遠源是來自春秋時期的鈔撮之學(如楚國鐸椒的《鐸氏微》)和秦李斯、趙高《蒼頡》、《爰歷》以降的小學體系,而近流是雜家和東漢重起的鈔撮之學。〔註1〕胡道靜在《中國古代的類書》中將成書於三國的《皇覽》推為類書之首,但他同時也表示有些人認為雜家或《爾雅》才是類書的源流。〔註2〕葉怡君在《類書之目錄部居探原》裡認為類書的遠源有《爾雅》和雜家二種說法,而中國的第一部類書則整理出《皇覽》、《同姓名錄》、《呂覽》、《淮南子》、以及劉向的《說苑》、《新序》、《洪範五行傳論》三書等五種說法。〔註3〕雖然各家說法眾多,但多是從鈔錄資料和分類事物等方向出發立論,《爾雅》、《呂覽》、《淮南》、《說苑》、《新序》、《皇覽》等書都有人主張支持,脈絡上較偏向於思想或是學術思想史的方向。

　　至於類書會在三國兩晉南北朝時期逐漸興盛的原因,許多研究大抵指向駢文興起,文人創作講究排偶和用典以求華麗新奇,所以需要大量整理、鈔錄資料以供使用之故。這樣的說法是從文學角度出發探討的且幾已成為定

〔註1〕 張滌華,《類書流別》,臺北市:大立出版社據重慶市商務印書館中華民國卅二年十二月(1943.12)版景印,中華民國七十四年四月(1985.4),頁8～18。

〔註2〕 《中國古代的類書》,頁5～8。

〔註3〕 葉怡君,《類書之目錄部居探原》,臺北縣新莊市:私立天主教輔仁大學,私立天主教輔仁大學圖書資訊學系碩士班學位論文,中華民國八十六年七月(1997.7),頁2～1 至2～4。

論，即使加上如帝王提倡、思想解放等部分，其基礎仍是奠基在文學之上的。

　　基於前述關於類書的學術源流以及興起原因的部分已有不少研究文章，因此不再多所贅述。以下將直接從考察隋代以前多部類書的書史出發做爲本文探討的根本。本章選取的是五部自三國起至南朝梁武帝在位前期編著的五部類書，它們分別是三國魏文帝黃初年間的《皇覽》、南朝齊高帝建元年間的《史林》、南朝齊武帝永明年間的《四部要略》以及南朝梁武帝在位前期的《壽光書苑》和《類苑》。〔註4〕將十部類書劃爲兩章是因爲從製作部分編者的繫年簡表後可以發現前者和後者無論是在年齡、人際關係還是人生歷練至少都已相差了一個輩份。本章的類書編撰群除了《皇覽》是編纂於三國、《史林》是編纂於齊高帝朝之外，或僅仕宦於齊，或是橫跨於齊、梁二代，又或者是受到這些橫跨齊、梁二代的人們所直接影響的人。這段時期的類書雖多已散佚，但在史書記載裡多少仍能勾勒出基本的輪廓，大致上是一個逐漸走向興盛的時期。

第一節　《皇覽》

　　縱然有些人對於中國的第一部類書是哪一部可能會產生疑問，可是從史有明文的角度來看，《皇覽》確是類書之首則是無疑的。然而相較於後世對《皇

〔註4〕　本章沒有選取任何編纂於晉代的類書，這是因爲晉代有沒有編纂類書的活動和成果不是相當肯定，得要審慎考量才是。或言陸機的《要覽》和陶淵明《聖賢群輔錄（四八目）》是類書，可是《要覽》是在《崇文總目》裡才被劃爲類書，在《崇文總目》前後的兩《唐書》都列入雜家，而且也少有見聞其與《皇覽》、《類苑》等書並列的記載，自晉代到五代之間的人們是否認爲它是與《皇覽》等書同鄰的圖書仍得要再加考察。至於陶淵明的《聖賢群輔錄》則被清高宗視爲是僞書，雖然有精於敦煌學的現代學者潘重規撰文澄清；但該書既然曾有被質疑的記錄，爲求謹慎考量仍以不列入討論爲宜。有關清高宗對《聖賢群輔錄》之質疑請參見《欽定四庫全書總目》卷一百三十七（《子部》四十四）：《類書類存目》一，臺北市：商務印書館據國立故宮博物院藏清武英殿本景印（收入《武英殿本四庫全書總目提要》第三冊：子部），中華民國七十二年十月（1983.10），一板三行至二板七行（排印頁888）。至於潘重規對《聖賢群輔錄》的辯白可參見潘重規講演、陳紹棠記錄，《聖賢羣輔錄眞僞辨》，中華民國五十二年三月二十九日（1963.3.29）講演於香港新亞研究所第四十次學術演講討論會，收入《新亞生活雙周刊》第七卷第十期，香港九龍：新亞研究所，中華民國五十三年十一月二十日（1964.11.20），頁4～6。
另外，南朝梁武帝自天監元年即位起至太清三年駕崩（502～549）爲止在位約四十八年；因此可以大約但不硬性規定的方式，將其在位期間各劃分三分之一來分出梁武帝在位之前、中、後期。

覽》的推崇，現存史書中有關《皇覽》的著墨卻是不尋常地稀少，因此從《皇
覽》可能是一部什麼樣的圖書、是哪些人著手編纂它、它的傳世過程又是如
何等等基本方面出發以嘗試對《皇覽》有較多的瞭解並考量能否可以做進一
步的探討是需要的。

甲、《皇覽》的編者群編纂過程與成書

　　今日從正史的記載中可以得知《皇覽》是在三國魏文帝曹丕在位期間被
編纂的。《三國志魏書文帝紀》寫著：〔註5〕

> 初，帝（三國魏文帝曹丕）好文學，以著述爲務，自所勒成垂百篇。
>
> 又使諸儒撰集經傳，隨類相從，凡千餘篇，號曰《皇覽》。

另外在《三國志魏書劉劭傳》中也記載：〔註6〕

> 黃初中，（劉劭）爲尚書郎、散騎侍郎。受詔集五經羣書，以類相從，
>
> 作《皇覽》。

以上兩條記錄顯示《皇覽》是魏文帝授意諸儒編纂的，劉劭是諸儒之一，還
有其他的編者們沒有被提及。《皇覽》約有千餘篇，內容主要取材自經傳，將
經傳中有相似特徵的部分集合且同時與相異的部分做出區隔，再將各自的部
分集合成一書。陳壽在《三國志》全書中只有這兩處提到《皇覽》，沒有再深
入提及它的分類體系；除了劉劭以外不曉得還有哪些編者，所謂的經傳究竟
範圍爲何也不清楚……。總而言之，有關《皇覽》究竟是部什麼樣的書其實
所知相當地有限。

　　因爲陳壽的《三國志》失於簡略，南朝宋文帝命裴松之爲《三國志》作
註解：〔註7〕

〔註5〕漢～晉・陳壽，《三國志》卷二（《魏書》二）：《文帝紀》第二，臺北市：鼎
　　　　文書局新校本，中華民國八十四年六月（1995.6）八版，頁 88。有關魏文帝
　　　　曹丕像可參見相傳爲唐代畫家閻立本所繪之《歷代帝王圖》，原畫今藏於美國
　　　　波士頓美術館（Museum of Fine Arts, Boston）

〔註6〕《三國志》卷二十一（魏書二十一）：《王（粲）、衛（覬）、二劉（劉廙、劉
　　　　劭）、傅（嘏）傳》第二十一，頁 618。

〔註7〕裴松之呈上《三國志注表》的時間是（南朝宋文帝）元嘉六年七月二十四日。
　　　　見晉～南朝宋・裴松之，《上三國志注表》，收入《三國志》，頁 1472；南朝
　　　　梁・沈約，《宋書》卷六十四（《列傳》第二十四）：《鄭鮮之、裴松之、何承
　　　　天》，臺北市：鼎文書局新校本，中華民國八十七年七月（1998.7）九版，
　　　　頁 1701。

上（南朝宋文帝）使（裴松之）注陳壽《三國志》，松之鳩集傳記，

增廣異聞，既成奏上。上善之，曰：「此爲不朽矣。」

裴松之在《三國志》注中增加三條與《皇覽》相關的史料。首先是引用《魏略》在《曹爽傳》中增補桓範的史事：〔註8〕

桓範字元則，世爲冠族。建安末，入丞相府。延康中，爲羽林左監。

以有文學，與王象等典集《皇覽》。明帝時爲中領軍尚書，遷征虜將

軍、東中郎將，使持節都督青、徐諸軍事，治下邳。……。

其次是據《典略》在《陳思王傳》（曹植）中增補楊修的史事：〔註9〕

《典略》曰：……。昔田巴毀五帝，罪三王，呰五伯於稷下，一旦

而服千人，魯連一說，便終身杜口……。

臣松之案……。田巴事出《魯連子》，亦見《皇覽》，文多故不載。

最後是據《魏略》在《楊俊傳》中增補王象的史事：〔註10〕

《魏略》曰：王象字義伯。既爲（楊）俊所知拔，果有才志。（漢獻

帝）建安中，與同郡荀緯等俱爲魏太子（曹丕）所禮待。及王粲、陳

琳、阮瑀、路粹等亡後，新出之中，惟（王）象才最高。魏有天下，

拜象散騎侍郎，遷爲常侍，封列侯。受詔撰《皇覽》，使象領祕書監。

象從（漢獻帝）延康元年始撰集，數歲成，藏於祕府，合四十餘部，

部有數十篇，通合八百餘萬字。……。象以帝言切，乃縮手。帝遂入，

決（楊）俊法，然後乃出。象自恨不能濟俊，遂發病死。

以上三條記載中，裴松之增加桓範和王象二位編者的名字，列舉一條《皇覽》收錄的材料以及交待開始編纂的時間是漢獻帝延康元年。漢獻帝建安二十五年約相當於西元 220 年，建安二十五年三月改元延康，十月曹丕篡位改元黃初。由於延康元年的時間甚短，又與黃初元年同年；在現存史料尚未能釐清的情形下，難以確實劃分開始編纂《皇覽》的時間。由於延康元年曹丕即已繼曹操位掌握漢朝實權，因此也無須硬性判斷《皇覽》的始纂時間，畢竟就今日得見的記載來說是無法百分之百地確定的。

至於《皇覽》成書的時間最晚可能不會超過黃初三年（漢昭烈帝章武二

〔註8〕 《三國志》卷九（《魏書》九）：《諸夏侯曹傳》第九，頁290。

〔註9〕 《三國志》卷十九（《魏書》十九）：《任城（威王曹彰）、陳（思王曹植）、蕭（懷王曹熊）王傳》第十九，頁560。

〔註10〕 《三國志》卷二十三（《魏書》二十三）：《和（洽）、常（林）、楊（俊）、杜（襲）、趙（儼）、裴（潛）傳》第二十三，頁664。

年、吳王孫權黃武元年，222）。前述《楊俊傳》的正文中提及楊俊的卒年是在黃初三年：〔註11〕

> 黃初三年，車駕（三國魏文帝）至宛，以市不豐樂，發怒收（楊）
> 俊。尚書僕射司馬宣王（司馬懿）、常侍王象、荀緯請俊，叩頭流血，
> 帝不許。俊曰：「吾知罪矣。」遂自殺。眾冤痛之。

楊俊因為先前曹丕和曹植在曹操繼承人的明爭暗鬥中選擇站在曹植這一方，因此遭到曹丕的記恨，日後曹丕篡位後才找理由將楊俊除去。由於王象曾受楊俊的提拔，所以企圖援救，未果；王象對自己不能盡力感到悔恨，不久也發病身亡。從上文裴松之引《魏略》原文的脈絡裡顯示王象死前《皇覽》已經完成，《皇覽》最晚成書於黃初三年當是合理判斷。

　　《皇覽》的編纂者不只劉劭（一作邵）、桓範和王象，約過了三百五十年後，北朝齊由一位名為祖珽的人領銜編成了一部類書：《修文殿御覽》。他在向當時的皇帝齊後主高緯奉表進呈全書的文章中提及第四位參與編纂《皇覽》者的名字：韋誕。現錄出部分原文如後：〔註12〕

> 齊主（齊後主高緯）如晉陽，尚書右僕射祖珽等上言：「昔魏文帝命
> 韋誕諸人撰著《皇覽》，包括群言，區分義別。……。」

唐朝初年修《五代史志》（後附於《隋書》）時，將《皇覽》列入經籍志子部雜家類，題為「繆卜」等撰；稍後司馬貞為《史記》作《索隱》時，稱《皇覽》「是魏人王象、繆襲等所撰也」。〔註13〕案《三國志》裡有繆襲無繆卜，應以繆襲為是。劉劭（邵）、桓範、王象、韋誕、繆襲等人即為我們現今所知參與編纂《皇覽》的「諸儒」。

　　現綜合《三國志》、《晉書》、《三國典略》等相關史料製成「《劉劭（邵）、桓範、王象、韋誕、繆襲繫年簡表》」於後以對五人生平做一說明介紹，至於本表及接下來後文各表在引用各正史卷名時所列舉的頁碼皆依鼎文書局新校本，不再另註出處。

〔註11〕同上註。

〔註12〕唐‧丘悅原著，中國大陸‧趙超、大不列顛及北愛爾蘭聯合王國‧杜德橋（Glen Dudbridge）輯校，《三國典略輯校》，臺北市：東大圖書，中華民國八十七年十一月（1998.11），頁173。

〔註13〕漢‧司馬遷、南朝宋‧裴駰集解、唐‧司馬貞索隱、張守節正義，《史記》卷一：《五帝本紀》第一，臺北市：鼎文書局新校本，中華民國八十四年十月（1995.10）九版，頁5。

劉劭（邵）桓範、王象、韋誕、繆襲繫年簡表

紀年	漢末三國國事	事　　蹟
漢靈帝中平三年（186）		繆襲　一歲。生。（據三國志魏書劉劭傳之裴松之注轉引文章志載其卒年和歲數反推而得）
漢靈帝中平四年（187）		繆襲　二歲。
漢靈帝中平五年（188）		繆襲　三歲。
漢靈帝中平六年、少帝弘農王光熹元年（昭寧元年）、獻帝永漢元年（189）		繆襲　四歲。
漢獻帝初平元年（190）		繆襲　五歲。
漢獻帝初平二年（191）		繆襲　六歲。
漢獻帝初平三年（192）		繆襲　七歲。
漢獻帝初平四年（193）		繆襲　八歲。
漢獻帝初平五年（興平元年）（194）		繆襲　九歲。
漢獻帝興平二年（195）		繆襲　十歲。
漢獻帝興平三年（建安元年）（196）		劉劭（邵） （漢獻帝）建安中，（劉劭）為計吏，詣許。太史上言：「正旦當日蝕。」劭時在尚書令荀彧所，坐者數十人，或云當廢朝，或云宜卻會。劭曰：「梓愼、裨竈，古之良史，猶占水火，錯失天時。禮記曰諸侯旅見天子，及門不得終禮者四，日蝕在一。然則聖人垂制，不為變（異）豫廢朝禮者，或災消異伏，或推術謬誤也。」或善其言。敕朝會如舊，

		日亦不蝕。（三國志魏書劉劭傳頁617-618，從裴松之注可知爲建安元年） 繆襲　十一歲。
漢獻帝建安二年（197）		繆襲　十二歲。
漢獻帝建安三年（198）		繆襲　十三歲。
漢獻帝建安四年（199）		繆襲　十四歲。
漢獻帝建安五年（200）		繆襲　十五歲。
漢獻帝建安六年（201）		繆襲　十六歲。
漢獻帝建安七年（202）		繆襲　十七歲。
漢獻帝建安八年（203）		繆襲　十八歲。
漢獻帝建安九年（204）		繆襲　十九歲。
漢獻帝建安十年（205）	夏四月，……。故安趙犢、霍奴等殺幽州刺史、涿郡太守。三郡烏丸攻鮮于輔於獷平。秋八月，公（曹操）征之，斬犢等，及渡潞河救獷平，烏丸奔走出塞。（冬十月）初，袁紹以甥高幹領并州牧，幹聞公討烏丸，乃以州叛，執上黨太守，舉兵守壺關口。遣樂進、李典擊之，幹還守壺關城。（三國志魏書武帝紀頁27-28）	王象 本郡王象，少孤特，爲人僕隸，年十七八，見使牧羊而私讀書，因被箠楚。（楊俊）嘉其才質，即贖象著家，聘娶立屋，然後與別。（三國志魏書和常楊杜趙裴傳之楊俊傳頁663） 案：王象、楊俊之生卒年實皆未知，因此傳文列於楊俊出仕之前，故暫附於曹操平并州之前一年。 繆襲　廿歲。
漢獻帝建安十一年（206）	十一年春正月，公（曹操）征（高）幹。幹聞之，乃留其別將守城，走入匈奴，求救於單于，單于不受。公圍壺關三月，拔之。幹遂走荊州，上洛都尉王琰捕斬之。（三國志魏書武帝紀頁28） 并土新附，（梁）習以別部司	王象 并州刺史高幹表（常林）爲騎都尉，林辭不受。後刺史梁習薦州界名士（常）林及楊俊、王淩、王象、荀緯，太祖（曹操）皆以爲縣長。（三國志魏書和常楊杜趙裴傳之常林傳頁659）

	馬領并州刺史。時承高幹荒亂之餘，……。習到官，誘諭招納，皆禮召其豪右，稍稍薦舉，使詣幕府；……邊境肅清，百姓布野，勤勸農桑，令行禁止。貢達名士，咸顯於世，語在常林傳。（三國志魏書劉司馬梁張溫賈傳之梁習傳頁469）	繆襲　廿一歲。
漢獻帝建安十二年（207）		繆襲　廿二歲。
漢獻帝建安十三年（208）		繆襲　廿三歲。
漢獻帝建安十四年（209）		繆襲　廿四歲。
漢獻帝建安十五年（210）		繆襲　廿五歲。
漢獻帝建安十六年（211）		繆襲　廿六歲。
漢獻帝建安十七年（212）		繆襲　廿七歲。
漢獻帝建安十八年（213）		繆襲　廿八歲。
漢獻帝建安十九年（214）		繆襲　廿九歲。
漢獻帝建安廿年（215）		繆襲　卅歲。
漢獻帝建安廿一年（216）		繆襲　卅一歲。
漢獻帝建安廿二年（217）	（漢獻帝建安）二十二年夏六月，丞相軍師華歆為御史大夫。（後漢書孝獻帝紀頁389、三國志魏書武帝紀頁49） 冬十月，……，以五官中郎將（曹）丕為魏太子。（三國志魏書武帝紀頁49、文帝紀頁57）	劉劭（邵） 御史大夫郗慮辟（劉）劭，會慮免，拜太子舍人，遷秘書郎。（三國志魏書劉劭傳頁618） 王象 （漢獻帝）建安中，（王象）與同郡荀緯等俱為魏太子所禮待。及王粲（廿二年卒）、陳琳（廿二年卒）、阮瑀（十七年卒）、路粹（十九年卒）等亡後，新

		出之中，惟象才最高。（三國志魏書和常楊杜趙斐傳之楊俊傳中裴松之注轉引魚豢魏略頁664） 案：此事之確實時間未詳，暫附於曹丕被立爲魏太子之年。 繆襲　卅二歲。
漢獻帝建安廿三年（218）		繆襲　卅三歲。
漢獻帝建安廿四年（219）		繆襲　卅四歲。
漢獻帝建安廿五年（延康元年） 魏高祖文帝黃初元年（220）	初，（三國魏文）帝好文學，以著述爲務，自所勒成垂百篇。又使諸儒撰集經傳，隨類相從，凡千餘篇，號曰皇覽。（三國志魏書文帝紀頁88）	劉劭（邵） （三國魏文帝）黃初中，（劉劭）爲尚書郎、散騎侍郎。受詔集五經羣書，以類相從，作皇覽。（三國志魏書劉劭傳頁618） 桓範 （漢獻帝）建安末，入丞相府。延康中，爲羽林左監。以有文學，與王象等典集皇覽。（三國志魏書諸夏侯曹傳之曹爽傳中裴松之注轉引魚豢魏略頁290） 王象 （三國魏文帝）黃初時，散騎常侍河內王象，亦與（衛）覬並以文章顯。（三國志魏書王衛二劉傅傳之衛覬傳頁612） 文帝踐阼，（楊俊）復在南陽。時王象爲散騎常侍，薦俊曰：……。（三國志魏書和常楊杜趙斐傳之楊俊傳頁663） 魏有天下，拜象散騎侍郎，遷爲常侍，封列侯。受詔撰皇覽，使象領祕書監。象從延康元年始撰集，數歲成，藏於祕府，合四十餘部，部有數十篇，通合八百餘萬字。（三國志魏書和常楊杜趙斐傳之楊俊傳中裴松之注轉引魚豢魏略頁664） 韋誕

		昔魏文帝命韋誕諸人撰著皇覽，包括群言，區分義別。（三國典略輯校頁173） **繆襲** 卅五歲。 記先代冢墓之處，宜皇王之省覽，故曰皇覽。是魏人王象、繆襲等所撰也。（史記五帝本紀之唐司馬貞索隱頁5） （漢）獻帝遜位之歲，（仲長）統卒，時年四十一。友人東海繆襲常稱統才章足繼西京董（仲舒）、賈（誼）、劉（向）、楊（雄）。（後漢書王充王符仲長統列傳頁1646） 及魏受命，改其（漢）十二曲，使繆襲為詞，述以功德代漢。……。（晉書樂志下頁701）
漢昭烈帝章武元年 魏高祖文帝黃初二年 （221）		**繆襲** 卅六歲。
漢昭烈帝章武二年 魏高祖文帝黃初三年 吳王孫權黃武元年(222)	（三國魏文帝）黃初三年，車駕至宛，以市不豐樂，發怒收（楊）俊。尚書僕射司馬宣王（司馬懿）、常侍王象、荀緯請俊，叩頭流血，帝不許。俊曰：「吾知罪矣。」遂自殺。眾冤痛之。（三國志魏書和常楊杜趙裴傳之楊俊傳頁664）	王象 （王）象自恨不能濟（楊）俊，遂發病死。（三國志魏書和常楊杜趙裴傳之楊俊傳中裴松之注轉引魚豢魏略頁664） **繆襲** 卅七歲。
漢昭烈帝章武三年(後主建興元年) 魏高祖文帝黃初四年 吳王孫權黃武二年(223)		**繆襲** 卅八歲。
漢後主建興二年 魏高祖文帝黃初五年 吳王孫權黃武三年(224)		**繆襲** 卅九歲。

漢後主建興三年 魏高祖文帝黃初六年 吳王孫權黃武四年（225）		繆襲　四十歲。
漢後主建興四年 魏高祖文帝黃初七年 吳王孫權黃武五年（226）	（三國）魏文帝黃初七年正月，命中宮蠶于北郊。按韋誕后蠶頌，則于時漢注已亡，更考撰其儀也。（宋書禮志一頁355） （三國魏文帝黃初七年夏五月）丁巳，（魏明帝）即皇帝位，大赦。……。十二月，以……司徒華歆爲太尉，……。（三國志魏書明帝紀頁91）	劉劭（邵） （三國魏）明帝即位，（劉劭）出爲陳留太守，敦崇教化，百姓稱之。（三國志魏書劉劭傳頁618） 桓範 （三國魏）明帝即位，封（徐宣）津陽亭侯，邑二百戶。中領軍桓範薦宣曰：「……。今僕射缺，宣行掌後事；腹心任重，莫宜宣者。」帝遂以宣爲左僕射，後加侍中光祿大夫。（三國志魏書桓二陳徐衛盧傳之徐宣傳頁646） 繆襲　四十一歲。 （魏）明帝即位，進封（華歆）博平侯，增邑五百戶，並前千三百戶，轉拜太尉。歆稱病乞退，讓位於（管）寧。帝不許。臨當大會，乃遣散騎常侍繆襲奉詔喻指曰：「……。君其力疾就會，以惠予一人。將立席几筵，命百官總己，以須君到，朕然後御坐。」又詔襲：「須歆必起，乃還」。歆不得已，乃起。（三國志魏書鍾繇華歆王朗傳頁404-405）
漢後主建興五年 魏烈祖明帝太和元年 吳王孫權黃武六年（227）		繆襲　四十二歲。 （三國魏）明帝太和初，詔曰：「……。武皇帝廟樂未稱，其議定廟樂及舞，……，務令詳備。……。」……。侍中繆襲又奏……。（宋書樂志一頁535-537、南齊書樂志頁178-179，繆襲另有對樂之相關言論，見魏書樂志頁2838-2839） 案：因稱太和初，故暫附於太和元年。
漢後主建興六年	（三國魏明帝太和二年十二月）遼東太守公孫恭兄子淵，	繆襲　四十三歲。

魏烈祖明帝太和二年 吳王孫權黃武七年（228）	劫奪恭位，遂以淵領遼東太守。（三國志魏書明帝紀頁94）	
漢後主建興七年 魏烈祖明帝太和三年 吳王孫權黃武八年（吳大帝黃龍元年）（229）		繆襲　四十四歲。
漢後主建興八年 魏烈祖明帝太和四年 吳大帝黃龍二年（230）	（三國魏明帝太和四年春二月癸巳以）遼東太守公孫淵爲車騎將軍。夏四月，太傅鍾繇薨。六月戊子，太皇太后（曹操妻卞氏）崩。（三國志魏書明帝紀頁97）	劉劭（邵） 徵拜（劉劭）爲騎都尉，與議郎庾嶷、荀詵等定科令，作新律十八篇，著律略論。遷散騎常侍。（三國志魏書劉劭傳頁618、晉書刑法志頁923，相關事可參見三國志魏書盧毓傳頁651） 案：作新律事未詳確實年代，劉劭傳列於公孫淵與吳交好及斬吳使事前，晉書刑法志列於鍾繇倡議恢復肉刑之後。因鍾繇薨於太和四年，提議恢復肉刑事當不晚於此年，而公孫淵事更在此之後。故將作新律事暫附於此，其時間範圍最小應介於太和四年至青龍二年間。 韋誕 魏武宣后（曹操妻卞氏）以太和四年六月崩，其月既葬，除服即吉。四時行事，而猶未禘。王肅、韋誕並以爲今除即吉，故特時祭。至於禘祫，宜存古禮。高堂隆亦如肅議，於是停不設祭。（魏書禮志二頁2762） 繆襲　四十五歲。
漢後主建興九年 魏烈祖明帝		繆襲　四十六歲。

太和五年 吳大帝黃龍 三年（231）		
漢後主建興 十年 魏烈祖明帝 太和六年 吳大帝嘉禾 元年（232）	（三國吳大帝嘉禾元年）冬十月，魏遼東太守公孫淵遣校尉宿舒、閬中令孫綜稱藩於（孫）權，並獻貂馬。權大悅，加淵爵位。（三國志吳書吳主權傳頁1136）	繆襲　四十七歲。
漢後主建興 十一年 魏烈祖明帝 太和七年(青 龍元年) 吳大帝嘉禾 二年（233）	（三國吳大帝嘉禾二年）春正月，詔曰：「……。今使持節督幽州領青州牧遼東太守燕王（公孫淵），久脅賊虜，隔在一方。……。特下燕國，奉宣詔恩，令普天率土備聞斯慶。」三月，遣（宿）舒、（孫）綜還，使太常張彌、執金吾許晏、將軍賀達等將兵萬人，金寶珍貨，九錫備物，乘海授（公孫）淵。舉朝大臣，自丞相（顧）雍已下皆諫，以爲淵未可信，而寵待太厚，但可遣吏兵數百護送舒、綜，權終不聽。淵果斬彌等，送其首于魏，沒其兵資。權大怒，欲自征淵，尚書僕射薛綜等切諫乃止。（三國志吳書吳主權傳頁1137-1138） （三國魏明帝青龍元年）十二月，公孫淵斬送孫權所遣使張彌、許晏首，以淵爲大司馬樂浪公。（三國志魏書明帝紀頁101）	劉劭（邵） 時聞公孫淵受（三國吳大帝）孫權燕王之號，議者欲留淵計吏，遣兵討之。劭以爲「昔袁尚兄弟歸淵父康，康斬送其首，是淵先世之效忠也。又所聞虛實，未可審知。古者要荒未服，脩德而不征，重勞民也。宜加寬貸，使有以自新。」後淵果斬送權使張彌等首。邵嘗作趙都賦，明帝美之，詔劭作許都、洛都賦。時外興軍旅，內營宮室，劭作二賦，皆諷諫焉。（三國志魏書劉劭傳頁618） 桓範 （三國魏）明帝時（桓範）爲中領軍尚書，遷征虜將軍、東中郎將，使持節都督青、徐諸軍事，治下邳。與徐州刺史鄭岐爭屋，引節欲斬岐，爲岐所奏，不直，坐免還。復爲兗州刺史，怏怏不得意。又聞當轉爲冀州牧。是時冀州統屬鎮北，而鎮北將軍呂昭才實仕進，本在範後。範謂其妻仲長曰：……。其妻曰：……。範忿其言屬實，乃以刀環撞其腹。妻時懷孕，遂墮胎死。範亦竟稱疾，不赴冀州。（三國志魏書諸夏侯曹傳之曹爽傳中裴松之注轉引魚豢魏略頁290） 案：桓範在魏明帝朝遷官狀況與時間不明。以三國志魏書任蘇杜鄭倉傳之杜恕傳中提及杜恕在太和中爲散騎黃門侍

		郎，而稍後稱「鎮北將軍呂昭又領冀州」故，將此期桓範遷官情形暫附於太和之末年。
		韋誕 （魏明帝）太和中，（韋）誕爲武都太守，以能書留補侍中，魏氏寶器銘題皆誕書云。（三國志王衛二劉傳之韋誕傳中裴松之注轉引文章敘錄頁621） 案：韋誕在魏明帝朝遷官狀況與時間不明，因僅知在大和年間，故暫附於太和之末年。 繆襲　四十八歲。
漢後主建興十二年 魏烈祖明帝青龍二年 吳大帝嘉禾三年（234）	（三國魏明帝青龍二年五月）（吳大帝）孫權入居巢湖口，向合肥新城，又遣將陸議、孫韶各將萬餘人入淮、沔。六月，征東將軍滿寵進軍拒之。寵欲拔新城守，致賊壽春，帝不聽，曰：……。秋七月壬寅，帝親御龍舟東征，權攻新城，將軍張穎等拒守力戰，帝軍未至數百里，權遁走，議、韶等亦退。（三國志魏書明帝紀頁103-104） （三國吳大帝嘉禾三年）夏五月，（吳大帝孫）權遣陸遜、諸葛瑾等屯江夏、沔口，孫韶、張承等向廣陵、淮陽，權率大眾圍合肥新城。是時蜀（漢）相諸葛亮出武功，權謂魏明帝不能遠出，而帝遣兵助司馬宣王（司馬懿）拒亮，自率水軍東征。未至壽春，權退還，孫韶亦罷。（三國志吳書吳主權傳頁1140）	劉劭（邵） （三國魏明帝）青龍中，吳圍合肥，時東方吏士皆分休，征東將軍滿寵表請中軍兵，並召休將士，須集擊之。（劉）劭議以爲「賊眾新至，心專氣銳。寵以少人自戰其地，若便進擊，不必能制。寵求待兵，未有所失也。以爲可先遣步兵五千，精騎三千，軍前發，揚聲進道，震曜形勢。騎到合肥，疏其行隊，多其旌鼓，曜兵城下，引出賊後，擬其歸路，要其糧道。賊聞大軍來，騎斷其後，必震怖遁走，不戰自破賊矣。」帝從之。兵比至合肥，賊果退還。（三國志魏書劉劭傳頁618-619） 時詔書博求眾賢。散騎侍郎夏侯惠薦劭曰：……。（三國志魏書劉劭傳頁619） 案：斷限未明，暫附於此。 繆襲　四十九歲。
漢後主建興十三年 魏烈祖明帝		繆襲　五十歲。

青龍三年 吳大帝嘉禾 四年（235）		
漢後主建興 十四年 魏烈祖明帝 青龍四年 吳大帝嘉禾 五年（236）		繆襲　五十一歲。
漢後主建興 十五年 魏烈祖明帝 青龍五年（景 初元年） 吳大帝嘉禾 六年（237）		劉劭（邵） （三國魏明帝）景初中，受詔作都官考課。劭上疏曰：「百官考課，王政之大較，然而歷代弗務，是以治典闕而未補，能否混而相蒙。陛下以上聖之宏略，愍王綱之弛頹，神慮內鑒，明詔外發。臣春恩曠然，得以啓矇，輒作都官考課七十二條，又作說略一篇。臣學寡識淺，誠不足以宣暢聖旨，著定典制。」（三國志魏書劉劭傳頁 619-620，相關事可參見杜畿傳附杜恕傳頁 498-500、傅嘏傳頁 622-623、崔林傳頁 681） 案：因未詳於景初何年，故暫附於景初之首。 繆襲　五十二歲。 初（魏明帝景初年間），侍中高堂隆論郊祀事，以魏爲舜後，推舜配天。（蔣）濟以爲舜本姓嬀，其苗曰田，非曹之先，著文以追詰隆。（三國志魏書程郭董劉蔣劉傳之蔣濟傳頁 454） 尋（蔣）濟難（高堂）隆，及與尚書繆襲往反，並有理據，文多不載。（三國志魏書程郭董劉蔣劉傳之蔣濟傳中裴松之注頁 456）
漢後主延熙 元年 魏烈祖明帝 景初二年		劉劭（邵） 尚書「禋于六宗」，諸儒互說，往往不同。……。及晉受命，司馬彪等表六宗之祀不應特立新禮，於是遂罷其祀。其後摯虞奏之，又以爲：「……。（三國魏明帝）景初二年，大議其神，朝士紛紜，

吳大帝嘉禾七年（赤烏元年）（238）		各有所執。惟散騎常侍劉邵以爲萬物負陰而抱陽，沖氣以爲和。……。」詔從之。（晉書禮志上頁596） 繆襲　五十三歲。
漢後主延熙二年 魏烈祖明帝景初三年 吳大帝赤烏二年（239）	（三國魏明帝景初三年春正月丁亥）帝崩于嘉福殿，時年三十六。（三國志魏書明帝紀頁114）	劉劭（邵） （劉劭）又以爲宜制禮作樂，以移風俗，著樂論十四篇，事成未上。會（三國魏）明帝崩，不施行。（三國志魏書劉劭傳頁620） 繆襲　五十四歲。
漢後主延熙三年 魏廢帝齊王正始元年 吳大帝赤烏三年（240）	（三國魏廢帝齊王）正始元年，（王肅）出爲廣平太守。公事徵還，拜議郎。頃之，爲侍中，遷太常。時大將軍曹爽專權，任用何晏、鄧颺等。肅與太尉蔣濟、司農桓範論及時政，肅正色曰：「此輩即弘恭、石顯（漢朝人，事見漢書佞幸傳）之屬，復稱說邪！」爽聞之，戒何晏等曰：「當共慎之！公卿已比諸君前世惡人矣。」（三國志魏書鍾繇華歆王朗傳之王肅傳頁418）	劉劭（邵） （三國魏廢帝齊王）正始中，執經講學，賜爵關內侯。凡所撰述，法論、人物志之類百餘篇。卒，追贈光祿勳。（三國志魏書劉劭傳頁620） 案：因未詳賜爵關內侯事是於正始何年，故附於正始之首。又傳中最後提及之年號爲正始，因之劉劭卒年應不晚於正始十年（249）。 桓範 （三國魏廢帝齊王）正始中拜大司農。範前在臺閣，號爲曉事，及爲司農，又以清省稱。範嘗抄撮漢書中諸雜事，自以意斟酌之，名曰世要論。蔣濟爲太尉，嘗與範會社下，臺卿列坐有數人，範懷其所撰，欲以示濟，謂濟當虛之觀之。範出其書以示左右，左右傳之示濟，濟不肯視，範心恨之。因論他事，乃論怒謂濟曰：「我祖薄德，公輩何似邪？」濟性雖疆毅，亦知範剛毅，睨而不應，各罷。範於沛郡，仕次在曹眞後。于時曹爽輔政，以範鄉里老宿，於九卿中特敬之，然不甚親也。（三國志魏書諸夏侯曹傳之曹爽傳中裴松之注轉引魚豢魏略頁290） 繆襲　五十五歲。

漢後主延熙 四年 魏廢帝齊王 正始二年 吳大帝赤烏 四年（241）		繆襲　五十六歲。
漢後主延熙 五年 魏廢帝齊王 正始三年 吳大帝赤烏 五年（242）		繆襲　五十七歲。
漢後主延熙 六年 魏廢帝齊王 正始四年 吳大帝赤烏 六年（243）		韋誕 （三國魏廢帝齊王）正始中，驃騎將軍趙儼、尙書黃休、郭彝、散騎常侍荀顗、鍾毓、太僕庾嶷、弘農太守何楨等遞薦（胡）昭……。（三國志魏書袁張涼國田王邴管傳之胡昭傳頁362） ……，有詔訪於本州評議。侍中韋誕駁曰：「禮賢徵士，王政之所重也，王政之所重也，古者考行於鄉。今顗等位皆常伯訥言，嶷爲卿佐，足以取信。附下罔上，忠臣之所不行也。昭宿德耆艾，遣逸山林，誠宜嘉異。」乃從誕議也。 （三國志魏書袁張涼國田王邴管傳之胡昭傳中裴松之注轉引高士傳頁363） 初，昭善史書，與鍾繇、邯鄲淳、衛覬、韋誕並有名，尺牘之迹，動見楷模焉。 （三國志魏書袁張涼國田王邴管傳之胡昭傳頁362） 繆襲　五十八歲。
漢後主延熙 七年 魏廢帝齊王 正始五年 吳大帝赤烏 七年（244）		繆襲　五十九歲。

漢後主延熙八年 魏廢帝齊王正始六年 吳大帝赤烏八年（245）		繆襲 六十歲。卒。
漢後主延熙九年 魏廢帝齊王正始七年 吳大帝赤烏九年（246）		
漢後主延熙十年 魏廢帝齊王正始八年 吳大帝赤烏十年（247）		
漢後主延熙十一年 魏廢帝齊王正始九年 吳大帝赤烏十一年（248）		
漢後主延熙十二年 魏廢帝齊王正始十年（嘉平元年） 吳大帝赤烏十二年（249）	（三國魏廢帝齊王正始十年）春正月甲午，車駕謁（魏明帝）高平陵。太傅司馬宣王（司馬懿）奏免大將軍曹爽、爽弟中領軍羲、武衛將軍訓、散騎常侍彥官，以侯就第。戊戌，有司奏收黃門張當付廷尉，考實其辭，爽與謀不軌。又尚書丁謐、鄧颺、何晏、司隸校尉畢軌、荊州刺史李勝、大司農桓範皆與爽通姦謀，夷三族。語在爽傳。（三國志魏書三少帝紀頁123、三國志魏書諸夏侯曹傳之曹爽傳與裴松之注頁286-292、晉書宣帝紀頁17-18）	

漢後主延熙 十三年 魏廢帝齊王 嘉平二年 吳大帝赤烏 十三年（250）		
漢後主延熙 十四年 魏廢帝齊王 嘉平三年 吳大帝赤烏 十四年（太元 元年）（251）	（三國魏廢帝齊王嘉平三年 三月）丙午，聞太尉王淩謀廢 帝，立楚王彪，太傅司馬宣王 （司馬懿）東征淩。五月甲 寅，淩自殺。六月，彪賜死。 （三國志魏書三少帝紀頁 124）	韋誕 天子（三國魏廢帝齊王）遣侍中韋誕持 節勞軍于五池。（晉書宣帝紀頁 19）

　　從裴松之轉引自《世語》之註文知道《皇覽》共分四十餘部，每部有數十篇，約八百餘萬字，最後典藏於祕府。祕府是宮廷保存圖書典籍之處，不過《皇覽》開始編纂與成書的時間恰在曹丕篡漢前後，而裴松之轉引自魚豢《魏略》之註文又稱魏「改長安、譙、許昌、鄴、洛陽為五都」〔註 14〕；所以《皇覽》成書之時，有可能典藏於立基之鄴都，或著開國後之洛陽，甚至五都可能都均有一套。惜今日史料闕漏，目前對當時之典藏、應用情況暫難以做進一步的考察。

乙、《皇覽》或《皇覽簿》：一字之差產生的爭論

　　魏立國不過四十四年就為晉所篡代，晉武帝司馬炎約在泰始末至咸寧初之間命荀勗為祕書監，讓他整理圖書典籍。〔註 15〕《晉書荀勗傳》記載：〔註 16〕

〔註14〕《三國志魏書文帝紀》，頁 77。有關鄴城相關圖畫介紹可參見「《曹魏鄴城（河北臨漳附近）復原想像圖》」，引自董鑒泓等編，《中國城市建設發展史》，臺北市：明文書局，中華民國七十七年三月三十日（1988.3）再版，頁 25；至於洛陽城則可參見《漢魏洛陽圖》，引自中國歷史地圖（下冊），頁 3。」

〔註15〕晉武帝司馬炎於魏元帝咸熙二年十二月篡位，改國號為晉，變年號為泰始；同年為吳帝烏程侯孫皓甘露元年，西元 265 年。泰始共十年，相當於吳帝烏程侯甘露元年至鳳皇三年（265～274）；咸寧共五年，相當於吳帝烏程侯天冊元年至天紀三年（275～279）。隔年吳亡，晉統一全國。

〔註16〕唐・房玄齡等，《晉書》卷三十九（列傳第九）：《王沈、荀顗、荀勗》，臺北

　　（荀勗）俄領祕書監，與中書令張華依劉向《別錄》，整理記籍。又
　　立書博士，置弟子教習，以鍾、胡爲法。咸寧初，……。及得汲郡
　　冢中古文竹書，詔勖撰次之，以爲《中經》，列在祕書。

此處的汲郡冢古文竹書即指包括今日所稱的《竹書紀年》、《穆天子傳》等的
簡牘竹書。《晉書束皙傳》稱：〔註17〕

　　初，（晉武帝）太康二年（281），汲郡人不準盜發魏襄王墓，或言安
　　釐王墓，得竹書數十車。其《紀年》十三篇，……。初發冢者燒策
　　照取寶物，及官收之，多燼簡斷札，文既殘缺，不復詮次。武帝以
　　其書付祕書校綴次第，尋考指歸，而以今文寫之。皙在著作，得觀
　　竹書，隨疑分釋，皆有義證。

　　荀勗在接下古文竹書並且校訂之後將之列入他編輯的圖書目錄，於太康
二年以後完成，命名爲《中經》（《新簿》）。《隋書經籍志總序》有交待其概略
規模：〔註18〕

　　魏氏代漢，采掇遺亡，藏在祕書中、外三閣。魏祕書郎鄭默，始制
　　中經，祕書監荀勗，又因中經，更著新簿，分爲四部，總括羣書。
　　一曰甲部，紀六藝及小學等書；二曰乙部，有古諸子家、近世子家、
　　兵書、兵家、術數；三曰丙部，有史記、舊事、皇覽簿、雜事；四
　　曰丁部，有詩賦、圖讚、汲冢書，大凡四部合二萬九千九百四十五
　　卷。但錄題及言，盛以縹囊，書用緗素。至於作者之意，無所論辯。

　　《中經新簿》是目前得知最早採用四部分類的圖書目錄，其開創之功不
言可喻。他改變原以《七略》區分的分法，使用天干爲圖書分類，甲乙丙丁
相當於經子史集。其中史書首自《六藝略》獨立出來，但當時次序猶在子部
書之後。其中有關丙部的部分引起後人相當的爭議，校讎學（目錄學）家和
研究類書者尤爲是，爭議的關鍵就在「皇覽簿」三字上。

　　前文提及《皇覽》編成後是典藏於祕府，荀勗編訂《中經新簿》時當必親
見也應該有歸類整理。「皇覽簿」三字爲何會引起爭議呢？這還得分成兩個說法
來看。一方的說法是：《皇覽簿》就是指整部《皇覽》，可是將《皇覽》與《史

　　市：鼎文書局新校本，中華民國八十四年六月（1995.6）八版，頁1154。

〔註17〕《晉書》卷五十一（《列傳》第二十一）：《皇甫謐、摯虞、束皙、王接》，頁
　　　　1432～1433。

〔註18〕唐・魏徵等，《隋書》卷三十二（《志》第二十七）：《經籍》一經，臺北市：鼎
　　　　文書局新校本，中華民國八十六年十月（1997.10）九版，頁906。

記》並列是不倫不類的,《皇覽》怎會列入丙部之中呢?〔註19〕另一方的說法是:所謂的「皇覽簿」指的僅是《皇覽》的部目而非《皇覽》全帙,所以能置於丙部。〔註20〕

　　由於史料散失,無法肯定以上兩種說法究竟何者爲是,但是兩者間的同異似仍可比較出來。它們相同的是無論是一部分還是全部,《皇覽簿》出自《皇覽》無可置疑。相異的是一方對於《皇覽》爲何能列於丙部之下感到不解和批評,另一方雖然能對《皇覽》置於丙部提出解釋,可是將一書剖成兩部分的說法是否能夠成立還有待查證;更何況如果《皇覽》的部目是獨立摘出放在丙部的話,《皇覽》全書究竟應該放在《中經新簿》的哪一部裡呢?

　　在檢索史籍後,發現「皇覽簿」好像僅出現在《中經新簿》的分類裡,因爲沒有其它的旁證,所以不能確定《皇覽簿》究竟是指《皇覽》的一部分還是全部。可是荀勖既能編成《中經新簿》而且沒有留存什麼批評的記載,大體可能顯示當時人的觀念是可以接受這樣的分法的,《皇覽》(不管是一部分還是全書)被劃入丙部在當時或許不是一個偶然或是錯誤,而是可以成立的;也就是說當時的人(至少荀勖本人)應該認爲《皇覽》具備了史書的特徵,它與史書是相近的。

　　這有可能嗎?《三國志》提到《皇覽》是「撰集經傳」、「集五經羣書」而成的,因爲《皇覽》不是只採錄六藝中的哪一部分而是兼採各說,因此不能特別劃入甲部的某一部分。在《中經新簿》編成以前,自西漢末到三國晚期中國的圖書分類是採取劉歆的《七略》分類法,史書是被歸入《六藝略春

〔註19〕比如現代學者姚名達在《中國目錄學史》裡即認爲《皇覽簿》就是《皇覽》:
　　　　(《中經新簿》)其有不可解者三:一、《兵書》與《兵家》何異?二、《皇
　　　　覽》何以與《史記》並列?三、《汲冢書》何以不入丙部而附於丁部?
　　　　見姚名達,《中國目錄學史》,臺北市:商務印書館,中華民國七十七年二月
　　　　(1988.2)臺九版,頁76。
〔註20〕像是清代學者姚振宗在《三國藝文志》裡將「《魏皇覽簿》」置於史部簿錄類,
　　　　「魏文帝《皇覽》千餘篇」則錄於子部雜家類。姚振宗認爲:
　　　　按:《皇覽》必有部目。《魏略》稱四十餘部,其總要也。部分數十篇,凡千
　　　　餘篇則其子目。荀氏取其門類部分編入《新簿》之。丙曰《皇覽簿》蓋即魏
　　　　之舊名。《隋志雜家》:梁有《皇覽目》四卷,則又從殘佚之餘鈔合其目也。
　　　　見清‧姚振宗,《三國藝文志》卷二:《史部》、卷三:《子部》,上海市:上海
　　　　古籍出版社據中華民國五年(1916)張氏刻《適園叢書》本景印(收入《續
　　　　修四庫全書》冊914),(卷二)一百四板五行至八行(新頁518下半)、(卷三)
　　　　四十八板八行至四十九板二十二行(新頁544)。

秋類》中;《皇覽》既在魏文帝在位期間被編纂,此處所稱的經傳、五經羣書相信是包含大量史書在內的。除此之外,裴松之的註解稱《皇覽》有「八百餘萬字」,這麼多的字數到底是怎麼達到的呢?一個來源可能是自經學本身的發展而來。因為東漢的經學走向章句之學,各經又有不同的家法傳承,註解少說數萬字,多則數十萬字,篇幅不可謂不高。另一來源可能就是史書,比如《史記太史公自序》稱「凡百三十篇,五十二萬六千五百字,為《太史公書》(《史記》)。」〔註21〕太史公以五十二萬六千百字寫成一部上起五帝,下迄漢武的通史,如《皇覽》全文以八百萬字計,《史記》約可占十六至十五分之一,已有一定的比重。依照當時的圖書分類和字數這兩點看來,劉劭等五人在徵集書目時應當不只限於《五經》及註解《五經》的書,還包括相當的史籍以充實內容。荀勖在翻閱《皇覽》時應當有閱讀到許多史事而不僅限於六藝的範圍,因此將之納入丙部之林。

再從《七略》和四部分類言之。秦火以後,史書數量銳減不足成類,劉歆編《七略》時將史書置於性質最相近的《六藝略春秋類》之內。《中經新簿》既能將史書獨立成丙部,代表自《七略》編成以後到三國時期史學不斷發展,史書相繼問世才能脫胎獨立,中國史學也進入一個新的階段。雖然今人將《皇覽》的地位推崇得很高,認為它是類書之首;可是實際上「類書」一詞是在宋代以後才出現,將《皇覽》與之後編纂的類書合稱也是南北朝以後的事。從《三國志》的記載看來,魏文帝下詔編纂《皇覽》時可沒有對劉劭等人表示他有特別的野心或自覺要他們動手創立一種名為「類書」的新文獻體裁以垂憲後世;而且將《三國志》正文和註解加起來有關《皇覽》的記載不過五條,撇開史料散失的因素不管,魏、晉兩代重不重視這部大書恐怕是還要多加討論的。站在今日的角度觀察,類書的發展史已有千餘年,心存類書的觀念再回頭反推,容易說不通為何《皇覽》與《史記》會並列的理由。可是如果放下尊崇《皇覽》是類書之首的想法,將之與史書脫離《六藝略春秋類》的情況相比擬或許比較能說得通。《皇覽》問世後,由於內容取材或其它因素與史書相似而且數量又稀少,所以被置於史部書下;後來以效法《皇覽》為本的圖書日益增多,逐漸凸顯它與史書間的差異,終於脫離史部之下改入子部雜家纇而再獨立成類。

〔註21〕《史記》卷一百三十:《太史公自序》第七十,頁 3319。

丙、《皇覽》的傳鈔與散亡

有晉一代的圖書流傳和保存甚為不易，《隋書牛弘傳》裡提到自先秦至南北朝，圖書凡經五厄。簡言之，秦皇焚書一厄，王莽之亂二厄，董卓之亂三厄，永嘉之禍四厄，梁元焚書五厄。〔註22〕《隋書經籍志總序》亦有提及歷代圖書聚散的概況。〔註23〕

在荀勖完成《中經新簿》後到裴松之呈獻《三國志注》間的百餘年裡，「《皇覽》」之名在歷史上完全消失，任何蛛絲馬跡都沒有。對於一部具有四十餘部，八百餘萬字的大書來說又是一件不尋常之事。由於情況不明，今日不能妄言；但是從永嘉之禍對圖書典籍的破壞力來看，像《皇覽》這樣一部藏於祕府內的大書能否不受損害地安抵江南，實在不無疑問。話雖如此，《皇覽》終究流傳到了江南。

因為據《隋書經籍志》子部雜家類的記錄顯示南朝梁時有六百八十卷本。可是《皇覽》成書時是四十餘部，部有十餘篇，非以卷為計數單位。南朝梁的版本是完整本還是已有殘缺無法詳查。

除此之外，南朝宋人何承天有一百二十三卷的抄錄並合本、徐爰有五十卷抄錄並合本及《皇覽目》四卷。南朝梁人蕭琛抄有二十卷《皇覽抄》，但是已經亡佚。雖然三人的傳記裡沒有提及他們何時抄錄《皇覽》，但將他們的生平事蹟製成《繫年簡表》後，仍能試著推敲他們的行動對稍後南北朝各代編纂類書所產生的影響。

何承天、徐爰、蕭琛繫年簡表

紀　　　年	晉、十六國、南北朝國事	事　蹟
晉廢帝海西公太和五年〔漢晉護羌校尉涼州刺史西平公張天錫太清七年、十六國鮮卑前燕幽帝慕容暐建熙十一年、氐前秦世祖苻堅建元六年、非十六國鮮卑代王拓跋涉（什）翼犍建國卅三年，370〕		何承天　一歲。生。（據宋書何承天傳載其卒年和歲數反推而得）

〔註22〕《隋書》卷四十九（《列傳》第十四）：《牛弘》，頁 1297～1299。
〔註23〕《隋書》卷三十二（《志》第二十七）：《經籍》一經，頁 906。

晉烈宗孝武帝寧康二年〔漢晉護羌校尉涼州刺史西平公張天錫太清十一年、十六國氐前秦世祖苻堅建元十年、非十六國鮮卑代王拓跋涉（什）翼犍建國卅七年，374〕		何承天　五歲。 （何）承天五歲失父，母徐氏，廣之姊也。聰明博學，故承天幼漸訓義，儒史百家，莫不該覽。叔父肜爲益陽令，隨肜之官。（宋書何承天傳頁1701） 案：徐廣於晉宋之際以史見長。事見晉書、宋書及南史徐廣傳。
晉烈宗孝武帝太元十八年〔十六國氐前秦太宗苻登太初八年、鮮卑前秦金城王（西秦大都督大將軍大單于河南王太初六年）乞伏（佛）乾歸、羌後秦太祖姚萇建初八年、氐（後涼）三河王呂光麟嘉五年、鮮卑後燕世祖慕容垂建興八年、非十六國鮮卑西燕帝慕容永中興八年、北朝魏太祖道武帝登國八年，393〕		何承天　廿四歲。 徐爰　一歲。生。（據宋書恩倖傳之徐爰傳載其卒年和歲數反推而得）
晉安帝隆安二年〔十六國羌後秦高祖姚興皇初五年、鮮卑（西秦）大都督大將軍大單于河南王乞伏（佛）乾歸太初十一年、氐後涼天王（太祖）呂光龍飛三年（隱王呂紹）、鮮卑（南涼）大都督大將軍大單于西平王（武威王）（烈祖）禿髮烏孤太初二年、漢（北涼）涼州牧建康公段業神璽二年、鮮卑後燕烈宗慕容寶永康三年（蘭汗青龍元年）（長樂	（晉安帝隆安二年秋七月）兗州刺史、豫州刺史庾楷、荊州刺史殷仲堪、廣州刺史桓玄、南蠻校尉楊佺期等舉兵反。……。（冬十月）壬午，仲堪等盟于尋陽，推桓玄爲盟主。（晉書安帝紀頁250,251）	何承天　廿九歲。 徐爰　六歲。

王）（中宗）慕容盛建平元年）、（南）燕王慕容德元年、北朝魏太祖道武帝天興元年，398〕		
晉安帝隆安三年〔十六國羌後秦高祖姚興弘始元年、鮮卑（西秦）大都督大將軍大單于河南王乞伏（佛）乾歸太初十二年、氐後涼靈帝呂纂咸寧元年、鮮卑（南涼）武威王（烈祖）禿髮烏孤太初三年、漢（北涼）涼王段業天璽元年、鮮卑後燕中宗慕容盛建平二年（長樂元年）、（南）燕王慕容德二年（世宗建平元年）、北朝魏太祖道武帝天興二年，399〕	（晉安帝隆安三年）十二月，桓玄襲江陵，荊州刺史殷仲堪、南蠻校尉楊佺期並遇害。（晉書安帝紀頁252）	何承天　卅歲。 徐爰　七歲。
晉安帝隆安四年〔十六國羌後秦高祖姚興弘始二年、鮮卑（西秦）大都督大將軍大單于河南王乞伏（佛）乾歸太初十三年、氐後涼靈帝呂纂咸寧二年、鮮卑（南涼）武威王（康王）禿髮利鹿孤建和元年、漢（北涼）涼王段業天璽二年、漢北涼持節、都督都興已西諸軍事、鎮西將軍、領護西夷校尉（西涼大都督、大將軍、涼公、領秦涼二州牧、護羌校尉（太祖）元年）李暠、鮮卑後燕庶民天（大）王慕容盛長樂二年、南燕世宗慕容德建平二年、北朝魏太祖道武帝天興三年，400〕		何承天　卅一歲。 （晉安帝）隆安四年，南蠻校尉桓偉（桓玄兄）命（何承天）為參軍。時殷仲堪、桓玄等互舉兵以向朝廷，承天懼禍難未已，解職還益陽。（宋書何承天傳頁1702） 徐爰　八歲。

晉安帝元興三年〔十六國羌後秦高祖姚興弘始六年、匈奴後秦鎮西大將軍沙州刺史西海侯（北涼涼州牧張掖公永安四年）沮渠（大且渠）蒙遜、漢（西涼）涼公（太祖）李暠五年、鮮卑後燕昭文帝慕容熙光始四年、南燕世宗慕容德建平六年、北朝魏太祖道武帝天賜元年，404〕	（晉安帝元興三年春二月）乙卯，建武將軍劉裕帥沛國劉毅、東海何無忌等舉義兵。（晉書安帝紀頁256）	何承天　卅五歲。義旗初，長沙公陶延壽以（何承天）爲其輔國府將軍，遣通敬於高祖（劉裕），因除瀏陽令，尋去職還都。（宋書何承天傳頁1702） 徐爰　十二歲。
晉安帝元興四年（義熙元年）〔十六國羌後秦高祖姚興弘始七年、匈奴後秦鎮西大將軍沙州刺史西海侯（北涼涼州牧張掖公永安五年）沮渠（大且渠）蒙遜、漢（西涼）涼公（太祖）李暠建初元年、鮮卑後燕昭文帝慕容熙光始五年、南燕帝慕容超太上元年、非十六國漢成都（後蜀）王譙縱元年、北朝魏太祖道武帝天賜二年，405〕	（晉安帝義熙元年）（三月）庚子，以瑯琊王德文爲大司馬，……。（五月癸未）桓玄故將桓亮、苻宏、刁預寇湘州，守將擊走之。（晉書安帝紀頁258-259）……。桓振復與苻宏自勛城襲陷江陵，與劉懷肅相持。（兗州刺史劉）毅遣部將擊振，殺之，並斬僞輔國將軍桓珍。毅又攻拔遷陵，斬（桓）玄太守劉叔祖於臨漳。其餘擁眾假號以十數，皆討平之。二州既平，以毅爲撫軍將軍。時刁預等作亂，屯於湘中，毅遣將分討，皆滅之。（宋書劉毅傳頁2206-2207）	何承天　卅六歲。撫軍將軍劉毅鎮姑孰，版（何承天）爲行參軍。毅嘗出行，而鄳陵縣史陳滿射鳥，箭誤中直帥，雖不傷人，依法棄市。承天議曰：……。出補宛陵令。趙恢爲寧蠻校尉、尋陽太守，請爲司馬。尋去職。（宋書何承天傳頁1702）案：何承天此期遷官次序時間應當介於晉安帝義熙元年至七年間。 徐爰　十三歲。
晉安帝義熙二年〔十六國羌後秦高祖姚興弘始八年、匈奴後秦鎮西大將軍沙州刺史西海侯（北涼涼州牧張掖公永安六年）沮渠（大且渠）蒙遜、漢（西涼）涼公李暠（太祖）建初二年、鮮卑後燕昭文帝慕容熙光始六年、南燕帝慕容超太上二年、非十六國	（晉安帝義熙二年）冬十月，論匡復之功，封車騎將軍劉裕爲豫章郡公、撫軍將軍劉毅南平郡公、右將軍何無忌安成郡公，自餘封賞各有差。（晉書安帝紀頁259）	何承天　卅七歲。 徐爰　十四歲。

漢成都（後蜀）王譙縱二年、北朝魏太祖道武帝天賜三年，406〕		
晉安帝義熙五年〔十六國羌後秦高祖姚興弘始十一年、匈奴後秦鎮西大將軍沙州刺史西海侯（北涼涼州牧張掖公永安九年）沮渠（大且渠）蒙遜、鮮卑西秦高祖乞伏（佛）乾歸更始元年、鮮卑南涼景王禿髮傉檀嘉平二年、漢（西涼）涼公（太祖）李暠建初五年、匈奴夏天王大單于劉勃勃龍昇三年、鮮卑後燕惠懿帝慕容（高）雲正始三年（漢北燕天王（太祖）馮跋太平元年）、南燕帝慕容超太上五年、非十六國漢成都（後蜀）王譙縱五年、北朝魏太宗明元帝永興元年，409〕	（晉安帝義熙五年春正月）庚戌，以撫軍將軍劉毅爲衛將軍、開府儀同三司，加輔國將軍何無忌鎮南將軍。（晉書安帝紀頁260）	何承天　四十歲。徐爰　十七歲。
晉安帝義熙七年〔十六國羌後秦高祖姚興弘始十三年、鮮卑後秦河南王（西秦高祖更始三年）乞伏（佛）乾歸、匈奴後秦鎮西大將軍沙州刺史西海侯（北涼涼州牧張掖公永安十一年）沮渠（大且渠）蒙遜、鮮卑南涼景王禿髮傉檀嘉平四年、漢（西涼）涼公（太祖）李暠建初七年、匈奴夏天王大單于劉勃勃龍昇五年、漢北燕天王（太祖）馮跋太平三年、非十六國漢成	（晉安帝義熙七年二月）改授（劉裕）太尉、中書監，乃受命。（宋書武帝紀中頁27）	何承天　四十二歲。徐爰　十九歲。

都（後蜀）王譙縱七年、北朝魏太宗明元帝永興三年，411〕		
晉安帝義熙八年〔十六國羌後秦高祖姚興弘始十四年、鮮卑後秦河南王（西秦高祖更始四年）乞伏（佛）乾歸（大將軍河南王乞伏（佛）熾磐（槃、盤）永康元年）、匈奴後秦鎮西大將軍沙州刺史西海侯（北涼涼州牧張掖公永安十二年、河西王（太祖）玄始元年）沮渠（大且渠）蒙遜、鮮卑南涼景王禿髮傉檀嘉平五年、漢（西涼）涼公（太祖）李暠建初八年、匈奴夏天王大單于劉勃勃龍昇六年、漢北燕天王（太祖）馮跋太平四年、非十六國漢成都（後蜀）王譙縱八年、北朝魏太宗明元帝永興四年，412〕	（晉安帝義熙八年九月）庚辰，（劉）裕矯詔曰：「劉毅苞藏禍心，……。」己丑，劉裕帥師討毅。裕參軍王鎮惡陷江陵城，毅自殺。（晉書安帝紀頁263）	何承天　四十三歲。高祖（劉裕）以（何承天）爲太尉行參軍。高祖討劉毅，留諸葛長民爲監軍。長民密懷異志，劉穆之屛人問（何）承天曰：……。承天曰：……。穆之曰：……。除太學博士。（宋書何承天傳頁1702）案：何承天此期遷官次序時間應當介於晉安帝義熙七年至十一年間。 徐爰　廿歲。
晉安帝義熙九年〔十六國羌後秦高祖姚興弘始十五年、匈奴後秦鎮西大將軍沙州刺史西海侯（北涼河西王（太祖）玄始二年）沮渠（大且渠）蒙遜、鮮卑西秦大將軍河南王乞伏（佛）熾磐（槃、盤）永康二年、鮮卑南涼景王禿髮傉檀嘉平六年、漢（西涼）涼公（太祖）李暠建初九年、匈奴夏天王大單于劉勃勃龍昇七年（赫連勃勃鳳翔元年）、漢北燕天王（太祖）馮跋太平五年、非十六	（晉安帝義熙）九年春三月丙寅，劉裕害前將軍諸葛長民及其弟輔國大將軍黎民、從弟寧朔將軍秀之。（晉書安帝紀頁263-264）	何承天　四十四歲。徐爰　廿一歲。

國漢成都（後蜀）王譙縱九年、北朝魏太宗明元帝永興五年，413〕		
晉安帝義熙十一年〔十六國羌後秦高祖姚興弘始十七年、鮮卑西秦太祖乞伏（佛）熾磐（槃、盤）永康四年、匈奴北涼河西王（太祖）沮渠（大且渠）蒙遜玄始四年、漢（西涼）涼公（太祖）李暠建初十一年、匈奴夏天王大單于赫連勃勃鳳翔三年、漢北燕天王（太祖）馮跋太平七年、北朝魏太宗明元帝神瑞二年，415〕		何承天　四十六歲。（晉安帝）義熙十一年，（何承天）爲世子征虜參軍，轉西中郎中軍參軍，錢唐令。（宋書何承天傳頁1702）案：何承天此期遷官次序時間應當介於晉安帝義熙十一年至十四年間。徐爰　廿三歲。
晉安帝義熙十二年〔十六國羌後秦高祖姚興弘始十八年（帝姚泓永和元年）、鮮卑西秦太祖乞伏（佛）熾磐（槃、盤）永康五年、匈奴北涼河西王（太祖）沮渠（大且渠）蒙遜玄始五年、漢（西涼）涼公（太祖）李暠建初十二年、匈奴夏天王大單于赫連勃勃鳳翔四年、漢北燕天王（太祖）馮跋太平八年、北朝魏太宗明元帝泰常元年，416〕	（晉安帝義熙十二年）秋八月，劉裕及瑯琊王德文帥眾伐（十六國後秦帝）姚泓。……。冬十月丙寅，姚泓將姚光以洛陽降。己丑，遣兼司空、高密王恢之修謁五陵。（晉書安帝紀頁265）劉裕之北征也，帝（大司馬瑯琊王司馬德文，即晉恭帝）上疏，請帥所蒞，啓行戎路，修敬山陵。朝廷從之，乃與裕俱發。……。及姚泓滅，歸于京都。（晉書恭帝紀頁268）	何承天　四十七歲。徐爰　廿四歲。（徐爰）初爲晉瑯琊王大司馬府中典軍，從北征。微密有意理，爲高祖（劉裕）所知。（宋書恩倖傳之徐爰傳頁2306）
晉安帝義熙十三年〔十六國羌後秦帝姚泓永和二年、鮮卑西秦太祖乞伏（佛）熾磐（槃、盤）永康六年、匈奴北涼河西王（太祖）沮渠（大且渠）蒙遜玄始六年、漢（西涼）涼公（太祖）李暠建初十三年（後主	（晉安帝義熙十三年）五月，劉裕克潼關。……。秋七月，劉裕克長安，執姚泓，收其彝器，歸諸京師。（晉書安帝紀頁266）	何承天　四十八歲。徐爰　廿五歲。

李歆嘉興元年）、匈奴夏天王大單于赫連勃勃鳳翔五年、漢北燕天王（太祖）馮跋太平九年、北朝魏太宗明元帝泰常二年，417〕		
晉安帝義熙十四年〔匈奴晉涼州刺史（北涼河西王（太祖）玄始七年）沮渠（大且渠）蒙遜、漢晉酒泉公（西涼公（後主）嘉興二年）李歆、十六國鮮卑西秦太祖乙伏（佛）熾磐（槃、盤）永康七年、匈奴夏天王大單于鳳翔六年（世祖昌武元年）赫連勃勃、漢北燕天王（太祖）馮跋太平十年、北朝魏太宗明元帝泰常三年，418〕	（晉安帝義熙十四年）夏六月，劉裕爲相國，進封宋公。（晉書安帝紀頁266）	何承天　四十九歲。 高祖（劉裕）在壽陽，宋臺建，召（何承天）爲尚書祠部郎，與傅亮共撰朝儀。（宋書何承天傳頁1702） 鼓吹鐃歌十五篇　何承天（晉安帝）義熙中私造。（宋書樂志四頁661） 案：因未詳何年所造，故附於義熙之末年。 徐爰　廿六歲。
晉恭帝元熙元年〔匈奴晉涼州刺史（北涼河西王（太祖）玄始八年）沮渠（大且渠）蒙遜、漢晉酒泉公（西涼公（後主）嘉興三年）李歆、十六國鮮卑西秦太祖乙伏（佛）熾磐（槃、盤）永康八年（建弘元年）、匈奴夏世祖赫連勃勃昌武二年（眞興元年）、漢北燕天王（太祖）馮跋太平十一年、北朝魏太宗明元帝泰常四年，419〕		何承天　五十歲。 徐爰　廿七歲。
晉恭帝元熙二年〔匈奴晉涼州刺史（北涼河西王（太祖）玄始九年）沮渠（大且渠）蒙遜、漢晉酒泉公（西涼公（後主）嘉興四年）李歆（冠	（南朝宋高祖武帝永初元年秋七月）癸酉，立王太子爲皇太子。（宋書武帝紀下頁55）	何承天　五十一歲。 徐爰　廿八歲。 （南朝宋）少帝在東宮，入侍左右。（宋書恩倖傳之徐爰傳頁2306）

軍將軍涼州刺史李恂永建元年）、十六國鮮卑西秦太祖乞伏（佛）熾磐（槃、盤）建弘二年、匈奴夏世祖赫連勃勃眞興二年、漢北燕天王（太祖）馮跋太平十二年、南朝宋高祖武帝永初元年、北朝魏太宗明元帝泰常五年，420〕		
（十六國鮮卑）西秦太祖（乞伏熾磐）（一作乞佛熾槃、乞佛熾盤）建弘三年〔十六國匈奴北涼河西王（太祖）沮渠（大且渠）蒙遜玄始十年、漢（西涼）冠軍將軍涼州刺史李恂永建二年、匈奴夏世祖赫連勃勃眞興三年、漢北燕天王（太祖）馮跋太平十三年、南朝宋高祖武帝永初二年、北朝魏太宗明元帝泰常六年，421〕		何承天　五十二歲。 徐爰　廿九歲。
（十六國鮮卑）西秦太祖（乞伏熾磐）（一作乞佛熾槃、乞佛熾盤）建弘四年〔十六國匈奴北涼河西王（太祖）沮渠（大且渠）蒙遜玄始十一年、匈奴夏世祖赫連勃勃眞興四年、漢北燕天王（太祖）馮跋太平十四年、南朝宋高祖武帝永初三年、北朝魏太宗明元帝泰常七年，422〕		何承天　五十三歲。 （南朝宋高祖武帝）永初末，(何承天)補南臺治書侍御史。（宋書何承天傳頁1702） 案：因僅稱「永初末」，故暫附於永初三年。 徐爰　卅歲。
（十六國鮮卑）西秦太祖（乞伏熾磐）（一作乞佛熾槃、乞佛熾盤）建弘五年〔十六國匈奴北涼河西王（太祖）沮渠		何承天　五十四歲。 徐爰　卅一歲。

（大且渠）蒙遜玄始十二年、匈奴夏世祖赫連勃勃眞興五年、漢北燕天王（太祖）馮跋太平十五年、南朝宋少帝景平元年、北朝魏太宗明元帝泰常八年，423〕		
（十六國鮮卑）西秦太祖（乞伏熾磐）（一作乞佛熾槃、乞佛熾盤）建弘六年〔十六國匈奴北涼河西王（太祖）沮渠（大且渠）蒙遜玄始十三年、匈奴夏世祖赫連勃勃眞興六年、漢北燕天王（太祖）馮跋太平十六年、南朝宋少帝景平二年（太祖文帝元嘉元年）、北朝魏世祖太武帝始光元年，424〕	（南朝宋少帝景平二年夏五月）乙酉，皇太后令曰：……。扶（少帝）出東閣，就收璽綬，羣臣拜辭，送於東宮，遂幽於吳郡。（宋書少帝紀頁65, 66）少帝既廢，司空徐羨之錄詔命，以（謝）晦行都督荊湘雍益寧南北秦七州諸軍事、撫軍將軍、領護南蠻校尉、荊州刺史，……。（宋書謝晦傳頁1348） （南朝宋太祖文帝元嘉元年）秋八月丁酉，大赦天下，改景平二年爲元嘉元年。……庚子，以行撫軍將軍、荊州刺史謝晦爲撫軍將軍、荊州刺史。……癸卯，……，撫軍將軍、荊州刺史謝晦進號衛將軍，……。（宋書文帝紀頁73）	何承天　五十五歲。謝晦鎮江陵，請（何承天）爲南蠻長史。時有尹嘉者，家貧，母熊自以身貼錢，爲嘉償責。坐不孝當死。承天議曰：……。事未判，值赦並免。晦進號衛將軍，（何承天）轉諮議參軍，領記室。（宋書何承天傳頁1702-1703） 徐爰　卅二歲。（南朝宋）太祖（文帝）初，（徐爰）又見親任，歷治吏勞，遂至殿中侍御史。（宋書恩倖傳之徐爰傳頁2306）案：因僅稱「太祖初」，故暫附於元嘉元年。
（十六國鮮卑）西秦太祖（乞伏熾磐）（一作乞佛熾槃、乞佛熾盤）建弘七年〔十六國匈奴北涼河西王（太祖）沮渠（大且渠）蒙遜玄始十四年、匈奴夏世祖赫連勃勃眞興七年（帝赫連昌承光元年）、漢北燕天王（太祖）馮跋太平十七年、南朝宋太祖文帝元嘉二年、北朝魏世祖太武帝始光二年，425〕		何承天　五十六歲。徐爰　卅三歲。

（十六國鮮卑）西秦太祖（乞伏熾磐）（一作乞佛熾槃、乞佛熾盤）建弘八年〔十六國匈奴北涼河西王（太祖）沮渠（大且渠）蒙遜玄始十五年、匈奴夏帝赫連昌承光二年、漢北燕天王（太祖）馮跋太平十八年、南朝宋太祖文帝元嘉三年、北朝魏世祖太武帝始光三年，426〕	（南朝宋太祖文帝元嘉）三年春正月丙寅，司徒、錄尚書事、揚州刺史徐羨之，尚書令、護軍將軍、左光祿大夫傅亮，有罪伏誅。遣中領軍到彥之征北將軍檀道濟討荊州刺史謝晦，上親率六師西征。大赦天下。……。（二月）戊辰，到彥之、檀道濟大破謝晦於隱磯。……。己卯，擒晦於延頭，送京師伏誅。（宋書文帝紀頁74）	何承天　五十七歲。……。時朝廷處分異常，其謀頗洩。（南朝宋太祖文帝元嘉）三年正月，（謝）晦弟黃門侍郎瞻馳使告晦，晦猶謂不然，呼諮議參軍何承天，示以（傅）亮書，曰：……。承天曰：……。晦尚謂虛妄，使承天豫立答詔啓草，言伐虜宜須明年。……。晦死時，年三十七。庾登之、殷道鸞、何承天並皆原免。（宋書謝晦傳頁1349,1361、何承天傳頁1703）……。及到彥之至馬頭，（何）承天自詣歸罪，彥之以其有誠，宥之，使行南蠻府事。（宋書何承天傳頁1703） 徐爰　卅四歲。
（十六國鮮卑）西秦太祖（乞伏熾磐）（一作乞佛熾槃、乞佛熾盤）建弘九年〔十六國匈奴北涼河西王（太祖）沮渠（大且渠）蒙遜玄始十六年、匈奴夏帝赫連昌承光三年、漢北燕天王（太祖）馮跋太平十九年、南朝宋太祖文帝元嘉四年、北朝魏世祖太武帝始光四年，427〕		何承天　五十八歲。 徐爰　卅四歲。
（十六國鮮卑）西秦王（乞伏暮末）（一作乞佛茂蔓）永弘元年〔十六國匈奴北涼河西王（太祖）沮渠（大且渠）蒙遜承元元年、匈奴夏帝赫連昌承光四年（帝（平原王）赫連定勝光元年）、漢北燕天王（太祖）馮跋太平廿年、南朝宋		何承天　五十九歲。 徐爰　卅五歲。

太祖文帝元嘉五年、北朝魏世祖太武帝神䴥元年，428〕		
（十六國鮮卑）西秦王（乞伏暮末）（一作乞佛茂蔓）永弘二年〔十六國匈奴北涼河西王（太祖）沮渠（大且渠）蒙遜承元二年、匈奴夏帝（平原王）赫連定勝光二年、漢北燕天王（太祖）馮跋太平廿一年、南朝宋太祖文帝元嘉六年、北朝魏世祖太武帝神䴥二年，429〕		何承天　六十歲。 徐爰　卅六歲。
（十六國鮮卑）西秦王（乞伏暮末）（一作乞佛茂蔓）永弘三年〔十六國匈奴北涼河西王（太祖）沮渠（大且渠）蒙遜承元三年、匈奴夏帝（平原王）赫連定勝光三年、漢北燕天王（太祖）馮跋太平廿二年、南朝宋太祖文帝元嘉七年、北朝魏世祖太武帝神䴥三年，430〕	（南朝宋太祖文帝元嘉七年）三月戊子，遣右將軍到彥之北伐，水軍入河。……。（冬十月）戊午，立錢署，鑄四銖錢。……。（十一月）壬辰，遣征南大將軍檀道濟北討，右將軍到彥之自滑臺奔退。（宋書文帝紀頁 78, 79） 先是（南朝宋太祖文帝）元嘉中（七年），鑄四銖錢，輪郭形制，與五銖同，用費損，無利，故百姓不盜鑄。（宋書顏竣傳頁 1960，後事參見孝武帝孝建三年）	何承天　六十一歲。 （南朝宋太祖文帝元嘉）七年，（到）彥之北伐，請（何承天）爲右軍錄事。及彥之敗退，承天以才非軍旅，得免刑責。以補尚書殿中郎，兼左丞。吳興餘杭民薄道舉爲劫。制同籍朞親補兵。道舉從弟代公、道生等並爲大功親，非應在補謫之例，法以代公等母存爲朞親，則子宜隨母補兵。承天議曰：……。故司徒掾孔邈奏事未御，邈已喪殯，議者謂不宜仍用邈名，更以見官奏之。承之又議曰：……。（宋書何承天傳頁 1704） 徐爰　卅七歲。
（十六國鮮卑）西秦王（乞伏暮末）（一作乞佛茂蔓）永弘四年〔十六國匈奴北涼河西王（太祖）沮渠（大且渠）蒙遜義和元年、匈奴夏帝（平原王）赫連定勝光		何承天　六十二歲。 徐爰　卅八歲。

四年、漢北燕天王（昭成帝）馮弘太興元年、南朝宋太祖文帝元嘉八年、北朝魏世祖太武帝神䴥四年，431〕		
（十六國漢）北燕天王（昭成帝）（馮弘）太興二年〔十六國匈奴北涼河西王（太祖）沮渠（大且渠）蒙遜義和二年、南朝宋太祖文帝元嘉九年、北朝魏世祖太武帝延和元年，432〕	（南朝宋太祖文帝元嘉九年秋七月）庚午，以領軍將軍殷景仁爲尚書僕射，……。（宋書文帝紀頁81）	何承天　六十三歲。 （何）承天爲性剛愎，不能屈意朝右，頗以所長侮同列，不爲僕射殷景仁所平，出爲衡陽內史。昔在西與士人多不協，在郡又不公清，爲州司所糾，被收繫獄，值赦免。（宋書何承天傳頁1704） 案：以上事應當介於宋文帝元嘉九年至十五年間。 徐爰　卅九歲。
（十六國漢）北燕天王（昭成帝）（馮弘）太興三年〔十六國匈奴北涼河西王（太祖）沮渠（大且渠）蒙遜義和三年（哀王沮渠（大且渠）茂虔（牧犍）永和元年、南朝宋太祖文帝元嘉十年、北朝魏世祖太武帝延和二年，433〕（433）		何承天　六十四歲。 徐爰　四十歲。
（十六國漢）北燕天王（昭成帝）（馮弘）太興四年〔十六國匈奴北涼河西王（哀王）沮渠（大且渠）茂虔（牧犍）永和二年、南朝宋太祖文帝元嘉十一年、北朝魏世祖太武帝延和三年，434〕		何承天　六十五歲。 徐爰　四十一歲。
（十六國漢）北燕天王（昭成帝）（馮弘）太興五年〔十六國匈奴北涼河西王（哀王）沮渠（大		何承天　六十六歲。 徐爰　四十二歲。 （南朝宋太祖文帝）元嘉十二年，轉南臺侍御史，始興

且渠）茂虔（牧犍）永和三年、南朝宋太祖文帝元嘉十二年、北朝魏世祖太武帝太延元年，435〕		王濬後軍行參軍。復侍太子於東宮，遷員外散騎侍郎。（宋書恩倖傳之徐爰傳頁2306-2307）
（十六國漢）北燕天王（昭成帝）（馮弘）太興六年〔十六國匈奴北涼河西王（哀王）沮渠（大且渠）茂虔（牧犍）永和四年、南朝宋太祖文帝元嘉十三年、氐宋武都王（自號大秦王建義元年）楊難當、北朝魏世祖太武帝太延二年，436〕		何承天　六十七歲。徐爰　四十三歲。
（十六國匈奴）北涼河西王（哀王）（沮渠茂虔）（一作大且渠茂虔、大沮渠茂虔、沮渠牧犍）永和五年〔非十六國氐大秦王楊難當建義二年、南朝宋太祖文帝元嘉十四年、北朝魏世祖太武帝太延三年，437〕		何承天　六十八歲。徐爰　四十四歲。
（十六國匈奴）北涼河西王(哀王)(沮渠茂虔)（一作大且渠茂虔、大沮渠茂虔、沮渠牧犍）永和六年（非十六國氐大秦王楊難當建義三年、南朝宋太祖文帝元嘉十五年、北朝魏世祖太武帝太延四年，438）	（南朝宋太祖文帝）元嘉十五年，徵（雷）次宗至京師，開館於雞籠山，聚徒教授，置生百餘人。會稽朱膺之、潁川庾蔚之並以儒學，監總諸生。時國子學未立，上留心藝術，使丹陽尹何尚之立玄學，太子率更令何承天立史學，司徒參軍謝元立文學，凡四學並建。（宋書隱逸傳之雷次宗傳頁2293-2294）	何承天　六十九歲。徐爰　四十五歲。
（十六國匈奴）北涼河西王(哀王)(沮渠茂虔)（一作大且渠茂虔、大沮渠茂虔、沮渠牧犍）	（南朝宋太祖文帝）元嘉中，東海何承天受詔纂宋書，其志十五篇，以續（司）馬彪漢志，其證引該博者，即而因之，亦	何承天　七十歲。（南朝宋太祖文帝元嘉）十六年，（何承天）除著作佐郎，撰國史。承天年已老，

永和七年（非十六國氐大秦王楊難當建義四年、南朝宋太祖文帝元嘉十六年、北朝魏世祖太武帝太延五年，439）	由班固、（司）馬遷共爲一家者也。（宋書志序頁205-206）	而諸佐郎並名家年少，潁川荀伯子譏之，常呼爲嬭。承天曰：「卿常云鳳凰當九子，嬭母何言邪！」尋轉太子率更令，著作如故。時丹陽丁況等久喪不葬，承天議曰：……。尋轉太子率更令，著作如故。（宋書何承天傳頁1704-1705） 宋故著作郎何承天始撰宋書，草立紀傳，止於武帝功臣，篇牘未廣。其所撰志，唯天文、律曆，自此外，悉委奉朝請山謙之。（宋書自序頁2467） 徐爰　四十六歲。
（十六國匈奴）北涼河西王（沮渠無諱）（一作大且渠無諱、大沮渠無諱）元年〔非十六國氐大秦王（降號武都王）楊難當建義五年、南朝宋太祖文帝元嘉十七年、北朝魏世祖太武帝太延六年（太平眞君元年），440〕		何承天　七十一歲。 徐爰　四十七歲。
（十六國匈奴）北涼河西王（沮渠無諱）（一作大且渠無諱、大沮渠無諱）二年（非十六國氐武都王楊難當建義六年、南朝宋太祖文帝元嘉十八年、北朝魏世祖太武帝太平眞君二年，441）	（南朝）宋（太祖）文帝元嘉十八年秋七月，天有黃光，洞照于地。太子率更令何承天謂之榮光，太平之祥，上表稱慶。（宋書五行志五頁990） 宋文帝元嘉十八年八月庚午，會稽山陰商世寶獲白鳩，眼足並赤，揚州刺史始興王濬以獻。太子更率令何承天上表曰：……。（宋書符瑞志下頁848-849）	何承天　七十二歲。 徐爰　四十八歲。
（十六國匈奴）北涼河西王（沮渠無諱）（一作	（南朝宋太祖文帝元嘉）十九年正月乙巳，詔曰：「……。	何承天　七十三歲。 （南朝宋太祖文帝元嘉）十

		九年，立國子學，（何承天）以本官領國子博士。皇太子講孝經，承天與中庶子顏延之同爲執經。頃之，遷御史中丞。時索虜（北魏）侵邊，太祖訪臺臣威戎御遠之略，承天上表曰：……。（宋書何承天傳頁1705-1710）
大且渠無諱、大沮渠無諱）三年（非十六國氐武都王楊難當建義七年、南朝宋太祖文帝元嘉十九年、北朝魏世祖太武帝太平眞君三年，442）	永初受命，……，有詔典司，大啟庠序，而頻遘屯夷，未及修建。……。今方隅乂寧，戎夏慕嚮，廣訓胄子，實維時務。便可式遵成規，闡揚景業。」（宋書文帝紀頁89）	徐爰　四十九歲。
（十六國匈奴）北涼河西王（沮渠無諱）（一作大且渠無諱、大沮渠無諱）四年（南朝宋太祖文帝元嘉廿年、北朝魏世祖太武帝太平眞君四年，443）	（南朝宋太祖文帝元嘉廿年冬十二月）壬午，詔曰：「國以民爲本，民以食爲天。……。朕當親率百辟，致禮郊甸，庶幾誠素，將被斯民。」（宋書文帝紀頁90-91、禮志一頁354-355） （南朝）宋太祖（文帝）頗好曆數，太子率更令何承天私撰新法。元嘉二十年上表……。有司奏：「……。承天曆術，合可施用。宋二十二年，普用元嘉曆。」詔可。（宋書律曆志中頁260-264，相關事參見頁228, 231、律曆志下頁306-317）	何承天　七十四歲。 徐爰　五十歲。
（十六國匈奴）北涼河西王（沮渠無諱）（一作大且渠無諱、大沮渠無諱）五年（南朝宋太祖文帝元嘉廿一年、北朝魏世祖太武帝太平眞君五年，444）	（南朝宋太祖文帝元嘉二十一年二月）己丑，司徒、錄尙書事江夏王義恭進位太尉，領司徒。（宋書文帝紀頁91） 二十一年，（江夏文獻王義恭）進太尉，領司徒，餘如故。義恭既小心恭愼，且戒義康之失，雖爲總錄，奉行文書而已，故太祖安之。相府年給二千萬，它物倍此，而義恭性侈，用常不足，太祖又別錢年千萬。（宋書武三王傳之江夏文獻王傳頁1644）	何承天　七十五歲。 （何）承天與尙書左丞謝元素不相善，二人競伺二臺之違，累相糾奏。太尉江夏王義恭歲給資費錢三千萬，布五萬匹，米七萬斛。義恭素奢侈，用常不充。（南朝宋太祖文帝元嘉）二十一年，逆就尙書換明年資費。而舊制出錢二十萬，布五百匹以上，並應奏聞，元輒命議以錢二百萬給太尉。事發覺，元乃使令史取僕射孟顗命。元時新除太尉諮議參軍，未拜，爲承天所糾。上大怒，

		遣元長歸田里，禁錮終身。元時又舉承天賣茭四百七十束與官屬，求貴價，承天坐白衣領職。（宋書何承天傳頁1710-1711） 徐爰　五十一歲。
（十六國匈奴）北涼河西王（沮渠安周）（一作大且渠安周、大沮渠安周）元年（南朝宋太祖文帝元嘉廿二年、北朝魏世祖太武帝太平真君六年，445）	（南朝宋太祖文帝元嘉）二十二年春正月辛卯朔，改用御史中丞何承天元嘉新曆。（宋書文帝紀頁93） 宋文帝元嘉二十二年四月，皇太子講孝經通，釋奠國子學，如晉故事。（宋書禮志四頁485） 御史中丞何承天論渾象體曰：「……。」（宋書天文志一頁677） 案：此事斷限未詳，暫附於此。	何承天　七十六歲。 徐爰　五十二歲。
（十六國匈奴）北涼河西王（沮渠安周）（一作大且渠安周、大沮渠安周）二年（南朝宋太祖文帝元嘉廿三年、北朝魏世祖太武帝太平真君七年，446）	（南朝宋太祖文帝）元嘉二十三年七月，白衣領御史中丞何承天奏：「尚書刺：『海鹽公主所生母蔣美人喪。海鹽公主先離婚，今應成服，……。』」（宋書禮志二頁399-401）	何承天　七十七歲。 徐爰　五十三歲。
（十六國匈奴）北涼河西王（沮渠安周）（一作大且渠安周、大沮渠安周）三年（南朝宋太祖文帝元嘉廿四年、北朝魏世祖太武帝太平真君八年，447）	先是患貨重，鑄四銖錢，民間頗盜鑄，多翦鑿古錢以取銅，上（南朝宋太祖文帝）患之。（元嘉）二十四年，錄尚書江夏王義恭建議，……。（何）尚之議曰：「……，若申明舊科，禽獲即報，畏法希賞，不日自定矣。……。」吏部尚書庾炳之、侍中太子左衛率蕭思話、中護軍趙伯符、御史大夫何承天、太常郗敬叔並同尚之議。中領軍沈演之以為：……。上從演之議，遂以	何承天　七十八歲。卒。 （南朝宋太祖文帝元嘉）二十四年，（何）承天遷廷尉，未拜，上欲以為吏部，已受密旨，承天宣漏之，坐免官，卒於家，年七十八。（宋書何承天傳頁1711） 徐爰　五十四歲。

	一錢當兩，行之經時，公私非便，乃罷。（宋書何尚之傳頁1734-1736）	
（十六國匈奴）北涼河西王（沮渠安周）（一作大且渠安周、大沮渠安周）四年（南朝宋太祖文帝元嘉廿五年、北朝魏世祖太武帝太平眞君九年，448）		徐爰　五十五歲。
（十六國匈奴）北涼河西王（沮渠安周）（一作大且渠安周、大沮渠安周）五年（南朝宋太祖文帝元嘉廿六年、北朝魏世祖太武帝太平眞君十年，449）		徐爰　五十六歲。
（十六國匈奴）北涼河西王（沮渠安周）（一作大且渠安周、大沮渠安周）六年（南朝宋太祖文帝元嘉廿七年、北朝魏世祖太武帝太平眞君十一年，450）	（南朝宋太祖文帝元嘉廿七年）秋七月庚午，遣寧朔將軍王玄謨北伐。太尉江夏王義恭出次彭城，總統諸軍。……。冬閏月癸亥，玄謨攻滑臺，不克，爲虜（北魏）所敗，……。十二月戊午，內外纂嚴。乙丑，冗從僕射胡崇之、太子積弩將軍臧澄之、建威將軍毛熙祚於盱眙與虜戰敗，並見殺。庚午，虜僞主（北朝魏世祖太武帝）率大眾至瓜步。壬午，內外戒嚴。（宋書文帝紀頁99）	徐爰　五十七歲。時太祖（南朝宋文帝）遣員外散騎侍郎徐爰乘驛至彭城取米穀定最，爰既去，城內遣騎送之。（北朝魏世祖太武帝拓跋）燾聞知，即遣數百騎急追，爰已過淮，僅得免。初爰去，城內聞虜遣追，慮爰見禽，失米最，虜知城內食少，義恭憂懼無計，猶欲奔走。爰既免，其日虜大眾亦至彭城。（宋書張暢傳頁1599-1600，相關事可參見宋書武三王傳之江夏文獻王傳頁1644）太祖每出軍行師，（徐爰）常懸授兵略。（宋書恩倖傳之徐爰傳頁2307）
（十六國匈奴）北涼河西王（沮渠安周）（一作大且渠安周、大沮渠安周）七年〔南朝宋太祖文帝元嘉廿八年、北朝魏世祖太武帝太平眞君	（南朝宋太祖文帝元嘉廿八年二月）壬午，車駕幸瓜步，是日解嚴。……。（三月）壬辰，征北將軍始興王濬解南兗州。（宋書文帝紀頁100）	徐爰　五十八歲。

十二年（正平元年），451〕	廬陵王紹以疾患解揚州，時江夏王義恭外鎮，濬謂州任自然歸己，而上以授南譙王義宣，意甚不悅。乃因員外散騎侍郎徐爰求鎮江陵，又求助於尚書僕射徐湛之。……。（宋書二凶傳頁 1436）	
（十六國匈奴）北涼河西王（沮渠安周）（一作大且渠安周、大沮渠安周）八年（南朝宋太祖文帝元嘉廿九年、北朝魏世祖太武帝正平二年（帝南安王永平元年、高宗文成帝興安元年），452）	（南朝宋太祖文帝元嘉廿九年六月己酉）撫軍將軍蕭思話率眾北伐。……。八月丁卯，蕭思話攻磧礚，不拔，退還。（宋書文帝紀頁 101）	徐爰　五十九歲。 ……（南朝宋太祖文帝元嘉廿九年）七月，（蕭）思話及眾軍並至磧礚，治三攻道。太祖遣員外散騎侍郎徐爰宣旨督戰。（宋書蕭思話傳頁 2015） 二十九年，重遣王玄謨等北伐，配（徐）爰五百人，隨軍向磧礚，銜中旨，臨時宣示。（宋書恩倖傳之徐爰傳頁 2307）
（十六國匈奴）北涼河西王（沮渠安周）（一作大且渠安周、大沮渠安周）九年（南朝宋太祖文帝元嘉卅年、北朝魏高宗文成帝興安二年，453）	（南朝宋太祖文帝元嘉卅年春正月）甲子，上崩于含章殿。（宋書文帝紀頁 102，因元凶劉劭謀而遇弒，事見宋書二凶傳） （三月）二十一日，義軍至新亭。……。二十五日（江夏文獻王）義恭單馬南奔，自東掖門出，於冶渚過淮。……。（元凶劉）劭遣騎追討，騎至冶渚，義恭始得渡淮。（宋書二凶傳頁 2433） （四月）戊辰，上（武陵王劉駿）至于新亭。己巳，即皇帝位（即南朝宋世祖孝武帝）。（宋書孝武帝紀頁 110）	徐爰　六十歲。 世祖（武陵王劉駿）至新亭，大將軍江夏王義恭南奔，（徐）爰時在殿內，誑（元凶劉）劭追義恭，因得南走。時世祖將即大位，軍府造次，不曉朝章，爰素諳其事，既至，莫不喜說，以兼太常丞，撰立儀注。（宋書恩倖傳之徐爰傳頁 2307）
（十六國匈奴）北涼河西王（沮渠安周）（一作大且渠安周、大沮渠安周）十年〔南朝宋世祖孝武帝孝建元年、北朝魏高宗文成帝興安三年	（南朝宋世祖孝武帝孝建元年春正月）壬戌，更鑄四銖錢。（宋書孝武帝紀頁 114）	徐爰　六十一歲。 （南朝宋世祖孝武帝）孝建初，（徐爰）補尚書水部郎，轉為殿中郎，兼右丞。（宋書恩倖傳之徐爰傳頁 2307） 案：因僅稱「孝建初」，故暫

（興光元年），454〕		附於孝建元年。
（十六國匈奴）北涼河西王（沮渠安周）（一作大且渠安周、大沮渠安周）十一年〔南朝宋世祖孝武帝孝建二年、北朝魏高宗文成帝興光二年（太安元年），455〕	（南朝）宋（世祖）孝武帝孝建二年十一月乙巳，有司奏：「侍中祭酒何偃議：『自今臨軒，乘輿法服，蕭華蓋，登殿宜廟齋以夾御，侍中、常侍夾扶上殿，及應爲王公興，又夾扶，畢，還本位。』求詳議。」曹郎中徐爰參議：「宜如省所稱，以爲永准。」詔可。（宋書禮志五頁 522）	徐爰　六十二歲。
（十六國匈奴）北涼河西王（沮渠安周）（一作大且渠安周、大沮渠安周）十二年（南朝宋世祖孝武帝孝建三年、北朝魏高宗文成帝太安二年，456）	（南朝宋世祖）孝武帝孝建三年五月丁巳，詔以第四皇子出紹江夏王太子叡爲後。有司奏：「皇子出後，檢未有先廟先例，輒勒二學禮官議正，應告與不？告者爲告幾室？」……兼右丞殿中郎徐爰議以爲：……參議以爰議爲允。詔可。（宋書禮志四頁 464）	徐爰　六十三歲。 （南朝宋世祖孝武帝）孝建三年，索虜（北魏）寇邊，詔問臺臣防禦之策，爰議曰：……。尋即眞，遷左丞。（宋書恩倖傳之徐爰傳頁 2307-2308） 案：宋書禮志四於五月時仍稱徐爰爲「兼右丞殿中郎」，可得知徐爰遷官當在五月丁巳日之後。又，除徐爰傳稱左丞外，其他志傳多稱爲尚書右丞，不知何者爲是。 先是（南朝宋太祖文帝）元嘉中（七年），鑄四銖錢，……。及世祖即位，又鑄建孝建四銖。三年，尚書右丞徐爰議曰：「……。謂應式遵古典，收銅繕鑄，納贖刊刑，著在往策，今宜以銅贖刑，隨罰爲品。」詔可。……。於是民間盜鑄者雲起，……。乃立品格，薄小無輪郭者，悉加禁斷。……。（宋書顏竣傳頁 1960-1961）
（十六國匈奴）北涼河西王（沮渠安周）（一作大且渠安周、大沮渠安周）十三年（南朝宋世	（南朝宋世祖孝武帝大明元年）六月己卯，以前太子步兵校尉劉祇子歆繼南豐王朗。（宋書孝武帝紀頁 120）	徐爰　六十四歲。 （徐）爰便僻善事人，能得人主微旨。頗涉書傳，尤悉朝儀。元嘉初便入侍左右，

祖孝武帝大明元年、北朝魏高宗文成帝太安三年，457）	有司奏：「朗先嗣營陽，告廟臨軒。檢繼體爲舊，不告廟臨軒。」下禮官議正。……殿中郎徐爰議：……。參詳，爰議爲允。詔可。（宋書禮志四頁 464-465）	預參顧問，既長於附會，又飾以典文，故爲太祖所任遇。大明世，委寄尤重，朝廷大禮儀注，非爰議不行，雖復當時碩學所解過人者，既不敢立異議，所言亦不見從。（宋書恩倖傳之徐爰傳頁 2310）
（十六國匈奴）北涼河西王（沮渠安周）（一作大且渠安周、大沮渠安周）十四年（南朝宋世祖孝武帝大明二年、北朝魏高宗文成帝太安四年，458）	（南朝宋世祖孝武帝）大明二年正月丙午朔，有司奏：「今月六日南郊，輿駕親奉。至時或雨。……。若得遷日，應更告廟與不？」……右丞徐爰議以爲：「郊祀用辛，有礙遷日，禮官祠曹，考詳已備。……。」眾議不同。參議：……。詔可。（宋書禮志三頁 428-430） （南朝宋世祖）孝武（帝）時，青州人發古冢，銘云「青州世子，東海女郎」。帝問學士鮑照、徐爰、蘇寶生，竝不能悉。（賈）淵對曰：「此是司馬越女，嫁苟晞兒。」檢訪果然。由是見遇。（南齊書文學傳之賈淵傳頁 906） 案：從宋書孝武帝紀頁 122、宋書顏竣傳頁 1958 推得蘇寶（生）卒於大明二年秋七月甲辰，故得知此事應不晚於此日。	徐爰　六十五歲。
（十六國匈奴）北涼河西王（沮渠安周）（一作大且渠安周、大沮渠安周）十五年（南朝宋世祖孝武帝大明三年、北朝魏高宗文成帝太安五年，459）	（三國吳大帝）太元元年十一月，祭南郊，其地今秣陵縣南十餘里郊中是也。晉氏南遷，立南郊於巳地，非禮所謂陽位之義也。宋孝武大明三年九月，尚書右丞徐爰議：「……。」傅士司馬興之、傅郁、太常丞陸澄並同爰議。乃移郊兆於秣陵牛頭山西，正在宮之午地。（宋書禮志一頁 346）	徐爰　六十六歲。

（十六國匈奴）北涼河西王（沮渠安周）（一作大且渠安周、大沮渠安周）十六年（南朝宋世祖孝武帝大明四年、北朝魏高宗文成帝和平元年，460）	（南朝宋世祖孝武帝）大明四年九月，有司奏：「陳留國王曹虔秀長兄虔嗣早卒，秀襲封之後，生子銑以繼虔嗣。今依例應拜世子，未詳應以銑爲世子？爲應立次子鍇？」……。詔如爰議。（宋書禮志二頁410-411） 有司奏：「安陸國土雖建，而奠酹之所，未及營立，四時薦饗，故祔江夏之廟。宣王所生夫人，當應祠不？」……。右丞徐爰議：……。參議以爰議爲允。詔可。（宋書禮志四頁476）	徐爰　六十七歲。
南朝宋世祖孝武帝大明五年（北朝魏高宗文成帝和平二年，461）	（南朝宋世祖孝武帝大明五年）閏（九）月戊子，皇太子妃何氏薨。（宋書孝武帝紀頁128） 大明五年閏月，有司奏：「依禮皇太后服太子妃小功五月，皇后大功九月。」右丞徐爰參議：……。皇太子朞服內，不合作樂及鼓吹。（宋書禮志二頁398） 十月甲寅，有司奏：「今月八日烝祠二廟，公卿行事。有皇太子妃獻妃服。」……。右丞徐爰議以爲：……。詔可。（宋書禮志四頁467）	徐爰　六十八歲。 〔（南朝宋世祖孝武帝）大明五年，敕（丘巨源）助徐爰撰國史。（南齊書文學傳之丘巨源傳頁894）〕 案：宋書恩倖傳之徐爰傳稱徐爰續修南朝宋史是在大明六年，此稱五年不知是否有誤，但爲存史事而仍暫附於此。
南朝宋世祖孝武帝大明六年（北朝魏高宗文成帝和平三年，462）	（南朝宋世祖孝武帝）大明六年十月丙寅，有司奏：「故晉陵孝王子雲未有嗣，安廟後三日，國臣從權制除釋，朔望周忌，應還臨與不？祭之日，誰爲主？」……。右丞徐爰參議，以（太常丞庾）蔚之議爲允。詔可。（宋書禮志四頁467-468）	徐爰　六十九歲。 先是元嘉中（十六年），使著作郎何承天草創國史，（南朝宋）世祖（孝武帝）初，又使奉朝請山謙之、南臺御史蘇寶生踵成之。（大明）六年，又以（徐）爰領著作郎，使終其業。爰雖因前作，而專爲一家之書。上表曰：「……。」於是內外博議，太宰江夏王義恭等三十五人

		同爰議，宜以義熙元年爲斷。散騎常侍巴陵王休若、尙書金部郎檀道鸞二人謂宜以元興三年爲始。太學博士虞龢謂宜以開國爲宋公元年（晉安帝義熙十二年）。詔曰：「項籍（西楚霸王項羽）、聖公（漢更始帝劉玄），編錄二漢，前史已有成例。桓玄傳宜在宋典，餘如爰議。」（宋書恩倖傳之徐爰傳頁2308-2309）
南朝宋世祖孝武帝大明七年（北朝魏高宗文成帝和平四年，463）	（南朝宋世祖孝武帝）大明七年正月庚子，有司奏：「故宣貴妃加殊禮，未詳應立廟與不？」……。左丞徐爰議：……。參詳以（太學博士虞）龢、爰議爲允。詔可。（宋書禮志四頁477、孝武十四王傳之始平孝敬王傳頁2063-2065） 二月甲寅，車駕巡南豫、南兗二州。……。壬申，車駕還宮。……。（冬十月）戊申，車駕巡南豫州。（宋書孝武帝紀頁130） 三月戊戌，有司奏：「新安王服宣貴妃齊衰朞，十一月練，十三月縞，十五月祥，心喪三年。未詳宣貴妃祔廟，應在何時？入廟之日，當先有祔，爲但入新廟而已？若在大祥及禫中入廟，遇四時便得祭不？新安王在心制中，得親奉祭不？」……。左丞徐爰議以：……。參議，龢議大體與爰不異，宜以爰議爲允。詔可。（宋書禮志四頁477-478） 十一月癸未，有司奏：「晉陵國刺：孝王廟依廬陵等國例，	徐爰　七十歲。 （南朝宋世祖孝武帝大明）七年，（徐）爰遷游擊將軍。其年，世祖南巡，權以本官兼尙書左丞，車駕還宮，罷。（宋書恩倖傳之徐爰傳頁2309） 大明末，新安王子鸞以母嬖有盛寵，太子在東宮多過失，上微有廢太子，立子鸞之意，從容頗言之。（袁）顗盛稱太子好學，有日新之美。（宋書袁顗傳頁2149）帝怒，振衣而入，顗亦屬色而出。左丞徐爰言於帝，請宥之，帝意解。（南史袁湛傳附袁顗傳頁700）案：因僅稱「大明末」，故暫附於大明七年。

	一歲五祭。二國以王有衡陽王服，今年內不祠。尋國未有嗣王，三卿主祭。應同有服之例與不？」……。兼左丞徐爰議：……。參議以爰議爲允。詔可。（宋書禮志四頁478）	
南朝宋世祖孝武帝大明八年（北朝魏高宗文成帝和平五年，464）	（南朝宋世祖孝武帝）大明八年正月壬辰，有司奏：「故齊敬王子羽將來立後，未詳便應作主立廟？爲須有後之日？未立廟者，爲於何處祭祀？」游擊將軍徐爰議以爲：……。通關博議，以爰議爲允。令便立廟。（宋書禮志四頁478） （夏閏五月）庚申，帝崩於玉燭殿，時年三十五。秋七月丙午，葬丹陽秣陵縣巖山景寧陵。（宋書孝武帝紀頁134）	徐爰　七十一歲。 明年（南朝宋世祖孝武帝大明八年），（徐爰）又兼（尚書）左丞，著作兼如故。……。世祖崩，公除後，晉安王子勛侍讀博士咨爰宜習業與不？爰答：「居喪讀喪禮，習業何嫌。」少日，始安王子眞博士又咨爰，爰曰：「小功廢業，三年喪何容讀書。」其專斷乖謬皆如此。（宋書恩倖傳之徐爰傳頁2310）
南朝宋前廢帝永光元年（景和元年）、太宗明帝泰始元年（北朝魏高宗文成帝和平六年，465）	（南朝宋前廢帝）景和元年，……下詔曰：「……，游擊將軍、領著作郎、兼尚書左丞徐爰，誠心內款，參聞嘉策，匡贊之效，實監朕懷。宜甄茅社，以獎義概。……，爰可封吳平縣子，食邑各五百戶。」（宋書袁顗傳頁2149） （十一月）戊午（二十九日）夜，帝於華林園竹林堂射鬼。時巫覡云：「此堂有鬼。」故帝自射之。壽寂之懷刀直入，姜產之爲副。帝欲走，寂之追而殞之。時年十七。（宋書前廢帝紀頁146） （南朝宋太宗明帝）泰始元年冬十二月丙寅，上即皇帝位。詔曰：「……。其昏制謬封，並皆刊削。」（宋書明帝紀頁153-154）	徐爰　七十二歲。 （南朝宋）前廢帝凶暴無道，殿省舊人，多見罪黜，唯（徐）爰巧於將迎，始終無迕。誅臺公後，以爰爲黃門侍郎，領射聲校尉，著作如故。封吳平縣子，食邑五百戶。寵待隆密，臺臣莫二。帝每出行，常與沈慶之、山陰公主同輦，爰亦預焉。……。爰秉權日久，上（宋太宗明帝）昔在藩，素所不說。及景和世，屈辱卑約，爰禮敬甚簡，益銜之。（宋書恩倖傳之徐爰傳頁2310） 太宗即位，例削封，以黃門侍郎改領長水校尉，兼尚書左丞。（宋書恩倖傳之徐爰傳頁2310）
南朝宋太宗明帝泰始二年（北朝魏顯祖獻文帝	（南朝宋太宗明帝泰始二年春正月辛亥）吳郡太守顧琛、	徐爰　七十三歲。 時齊王（蕭道成），與張永、

天安元年，466）	吳興太守王曇生、義興太守劉延熙、晉陵太守袁標、山陽太守程天祚並舉兵反。……二月乙丑（七日），……曲赦吳、吳興、義興、晉陵四郡。……，吳興太守張永、右軍將軍齊王（蕭道成）東討，平晉陵。（宋書明帝紀頁156） 明帝泰始二年十一月辛酉，詔曰：「朕新載寶命，仍離多難，……。今九服既康，百祀咸秩，宜聿遵前典，郊謁上帝。」有司奏檢，未有允准。黃門侍郎徐爰議：……。尚書令建安王休仁等同爰議。參議為允。詔可。（宋書禮志三頁430-431）	劉亮、杜幼文、沈懷明等於晉陵九里西結營，與東軍相持。……。其（二）月三日（辛酉），（南臺御史王）道隆與齊王、張永共議：「（程）捍宗城既未立，可以藉手。上副聖旨，下成眾氣。」道隆便率所領急攻之，俄頃城陷，斬捍宗首。劉亮果勁便刀楯，朝士先不相悉，上（宋明帝）亦弗聞，唯尚書左丞徐爰知之，白太宗稱其驍，敢至是每戰以刀楯直盪，往輒陷決，張永嫌其過稅，不令居前。……（宋書孔顗傳頁2159-2160） 明年（泰始二年），（徐爰）除太中大夫，著作並如故。（宋書恩倖傳之徐爰傳頁2310）
南朝宋太宗明帝泰始三年〔北朝魏顯祖獻文帝天安二年（皇興元年），467〕		徐爰　七十四歲。 （南朝宋太宗明帝）泰始三年，詔曰：「……，（徐爰）可特原罪，徙付交州。」爰既行，又詔曰：「八議緩罪，……。可特除廣州統內郡。」有司奏以為宋隆太守。（宋書恩倖傳之徐爰傳頁2310-2312）
南朝宋太宗明帝泰始四年（北朝魏顯祖獻文帝皇興二年，468）	（南朝宋太宗明帝泰始四年三月戊辰）以……，南譙太守孫奉伯為交州刺史，交州人李長仁據州叛。妖賊攻廣州，殺刺史羊希，龍驤將軍陳伯紹討平之。（宋書明帝紀頁162-163）	徐爰　七十五歲。 除（宋隆太守）命既下，（徐）爰已至交州，值刺史張牧病卒，土人李長仁為亂，悉誅北來流寓，無或免者。長仁素聞爰名，以智計誑誘，故得無患。（宋書恩倖傳之徐爰傳頁2312）
南朝宋太宗明帝泰始五年（北朝魏顯祖獻文帝皇興三年，469）		徐爰　七十六歲。

南朝宋太宗明帝泰始六年（北朝魏顯祖獻文帝皇興四年，470）		徐爰　七十七歲。
南朝宋太宗明帝泰始七年〔北朝魏顯祖獻文帝皇興五年（高祖孝文帝延興元年），471〕		徐爰　七十八歲。
南朝宋太宗明帝泰豫元年（北朝魏高祖孝文帝延興二年，472）	（南朝宋太宗明帝泰豫元年夏四月己亥）是日，上崩于景福殿，時年三十四。（宋書明帝紀頁169）	徐爰　七十九歲。 久之聽還，（徐爰）仍除南康郡丞。（南朝宋）太宗（明帝）崩，（徐爰）還京都，以爰爲南濟陰太守，復除中散大夫。（宋書恩倖傳之徐爰傳頁2312）
南朝宋後廢帝元徽元年（北朝魏高祖孝文帝延興二年，473）		徐爰　八十歲。
南朝宋後廢帝元徽二年（北朝魏高祖孝文帝延興四年，474）		徐爰　八十一歲。
南朝宋後廢帝元徽三年（北朝魏高祖孝文帝延興五年，475）		徐爰　八十二歲。卒。（宋書恩倖傳之徐爰傳頁2312）
南朝宋後廢帝元徽四年〔北朝魏高祖孝文帝延興六年（承明元年），476〕		
南朝宋後廢帝元徽五年、順帝昇明元年（北朝魏高祖孝文帝太和元年，477）		
南朝宋順帝昇明二年（北朝魏高祖孝文帝太和二年，478）		
南朝宋順帝昇明三年、齊太祖高帝建元元年（北朝魏高祖孝文帝太和三年，479）		

南朝齊太祖高帝建元二年（北朝魏高祖孝文帝太和四年，480）		蕭琛　一歲。生。（據梁書武帝紀下與蕭琛傳載其卒年和歲數反推而得）
南朝齊太祖高帝建元三年（北朝魏高祖孝文帝太和五年，481）		蕭琛　二歲。
南朝齊太祖高帝建元四年（北朝魏高祖孝文帝太和六年，482）	（南朝齊太祖高帝在位期間）又詔東觀學士撰史林三十篇，魏文帝皇覽之流也。（南史齊本紀上頁113）（見第貳章第二節史林）	蕭琛　三歲。（琛年數歲，從伯惠開撫其背曰：「必興吾宗。」（梁書蕭琛傳頁396））案：依宋書蕭惠開傳（頁2303）載其卒於宋太宗明帝泰始七年（471），兩人不可能相見。不知何處有誤？
南朝齊世祖武帝永明元年（北朝魏高祖孝文帝太和七年，483）		蕭琛　四歲。
南朝齊世祖武帝永明二年（北朝魏高祖孝文帝太和八年，484）	（南朝齊世祖武帝永明）二年，（王儉）領國子祭酒、丹陽尹，本官如故。（南齊書王儉傳頁436）	蕭琛　五歲。
南朝齊世祖武帝永明三年（北朝魏高祖孝文帝太和九年，485）	（南朝齊世祖武帝永明）三年，（王儉）領國子祭酒。……。又領太子少傅，本州中正，解丹陽尹。（南齊書王儉傳頁436）	蕭琛　六歲。（蕭琛）起家齊太學博士。時王儉當朝，琛年少，未為儉所識，負其才氣，欲候儉。時儉宴于樂遊苑，琛乃著虎皮靴，策桃枝杖，直造儉坐，儉與語，大悅。儉為丹陽尹，辟為主簿，舉為南徐州秀才，累遷司徒記室。（梁書蕭琛傳頁396）
南朝齊世祖武帝永明四年（北朝魏高祖孝文帝太和十年，486）		蕭琛　七歲。
南朝齊世祖武帝永明五年（北朝魏高祖孝文帝太和十一年，487）	（南朝齊世祖武帝永明）五年，（竟陵王蕭子良）正位司徒，給班劍二十人，侍中如故。移居雞籠山（西）邸，集學士抄五經、百家，依皇覽例為四部要略千卷。（南齊書武	蕭琛　八歲。竟陵王子良開西邸，招文學，高祖（蕭衍）與沈約、謝朓、王融、蕭琛、范雲、任昉、陸倕等並遊焉，號曰八友。（梁書武帝紀上頁2、

	十七王傳頁 698、南史齊武帝諸子傳頁 1103） （見第貳章第三節四部要略）	梁書沈約傳頁 233）
南朝齊世祖武帝永明六年（北朝魏高祖孝文帝太和十二年，488）		蕭琛 九歲。
南朝齊世祖武帝永明七年（北朝魏高祖孝文帝太和十三年，489）		蕭琛 十歲。
南朝齊世祖武帝永明八年（北朝魏高祖孝文帝太和十四年，490）		蕭琛 十一歲。
南朝齊世祖武帝永明九年（北朝魏高祖孝文帝太和十五年，491）	（南朝齊世祖武帝永明）九年，（北魏）遣使李道固（李彪）、蔣少游（遊）報使。（南齊書魏虜傳頁 990） （北朝魏高祖孝文帝太和十五年夏四月）甲戌，詔外散騎常侍李彪、尚書郎公孫阿六頭使於蕭賾（南朝齊武帝）。……。（冬十月戊寅）詔假通直散騎常侍李彪、假散騎侍郎蔣少遊使蕭賾（南朝齊武帝）。（魏書高祖紀下頁 168） （南朝齊世祖武帝永明九年）秋八月己亥，使司徒參軍蕭琛于魏。（南史齊本紀上頁 124） （北朝魏高祖孝文帝太和十五年）九月（辛巳），（南朝齊武帝）又遣司徒參軍蕭琛、范縝朝貢（使）。（魏書高祖紀下頁 168、島夷蕭道成傳頁 2164）	蕭琛 十二歲。 （南朝齊世祖武帝）永明九年，魏始通好，（蕭）琛再銜命至桑乾，還爲通直散騎侍郎。時魏遣李道固（李彪），齊帝讌之，琛於御筵舉酒勸道固，道固不受，曰：「公庭無私禮，不容受勸。」琛徐答曰：「詩所謂『雨我公田，遂及我私。』」座者皆服，道固乃受琛酒。遷司徒右長史。出爲晉熙王長史、行南徐州事。還兼少府卿、尚書左丞。（梁書蕭琛傳頁 396）
南朝齊世祖武帝永明十年（北朝魏高祖孝文帝太和十六年，492）	（南朝齊世祖武帝永明）十年（十二月乙巳），上遣司徒參軍蕭琛、范雲北使。（南齊書魏虜傳頁 991、南史齊本紀上頁 124）	蕭琛 十三歲。

	（北朝魏高祖孝文帝太和十六年十二月）是月，蕭賾（南朝齊武帝）遣使朝貢（魏書高祖紀下頁171）	
	（李憲）稍遷散騎侍郎，接對蕭衍（此處誤，應爲南朝齊武帝）使蕭琛、范雲。（魏書李順傳附李憲傳頁835）	
	（裴宣）與（南朝齊武帝）蕭賾使顏幼明、劉思效、蕭琛、范雲等對接。（魏書裴駿傳附裴宣傳頁1023）	
	（崔辯）受敕接（南朝齊武帝）蕭賾使蕭琛、范雲，……。（魏書崔辯傳附崔景儁傳頁1251）	
南朝齊世祖武帝永明十一年（北朝魏高祖孝文帝太和十七年，493）		蕭琛　十四歲。
南朝齊廢帝鬱林王隆昌元年、廢帝海陵恭王延興元年、高宗明帝建武元年（北朝魏高祖孝文帝太和十八年，494）		蕭琛　十五歲。
南朝齊高宗明帝建武二年（北朝魏高祖孝文帝太和十九年，495）		蕭琛　十六歲。
南朝齊高宗明帝建武三年（北朝魏高祖孝文帝太和十九年，496）		蕭琛　十七歲。
南朝齊高宗明帝建武四年（北朝魏高祖孝文帝太和廿年，497）		蕭琛　十八歲。
南朝齊高宗明帝永泰元年（北朝魏高祖孝文帝太和廿一年，498）	（南朝齊高宗明帝）永泰元年七月己酉，高宗崩，太子（廢帝東昏侯）即位。（南齊書東昏侯紀頁97）	蕭琛　十九歲。永泰元年，有司議應廟見不？尚書令徐孝嗣議：「嗣君即位，竝無廟見之文，蕃支纂業，乃有虔謁之禮。」左丞蕭琛議：「……。豈有正位居尊，繼業承天，而不虔覲

		祖宗,格于太室？……。宜遠纂周、漢之盛範,近黜晉、宋之乖義,展誠一廟,駿奔萬國。」奏可。(南齊書禮志上頁135-136、梁書蕭琛傳頁396)
南朝齊廢帝東昏侯永元元年(北朝魏高祖孝文帝太和廿三年,499)		蕭琛　廿歲。
南朝齊廢帝東昏侯永元二年(北朝魏世宗宣武帝景明元年,500)		蕭琛　廿一歲。
南朝齊廢帝東昏侯永元三年、和帝中興元年(北朝魏世宗宣武帝景明二年,501)	(南朝齊廢帝東昏侯永元三年)十二月丙寅,新除雍州刺史王珍國、侍中張稷率兵入殿廢帝,時年十九。(南齊書東昏侯紀頁102)	蕭琛　廿二歲。高祖(蕭衍)定京邑,引(蕭琛)為驃騎諮議,領錄事,遷給事黃門侍郎。(梁書蕭琛傳頁396)
南朝齊和帝中興二年、梁高祖武帝天監元年(北朝魏世宗宣武帝景明三年,502)	(南朝齊和帝中興二年春正月)甲寅,詔大司馬梁王(蕭衍)進位相國,總百揆,揚州牧,封十郡為梁公,備九錫之禮,加遠遊冠,位在諸王上,加相國綠綟綬。(南齊書和帝紀頁114) (南朝梁高祖武帝)天監元年夏四月丙寅,高祖即皇帝位於南郊。……改齊中興二年為天監元年。(梁書武帝紀中頁33,34)	蕭琛　廿三歲。梁臺建,(蕭琛)為御史中丞。 天監元年,遷庶子,出為宣城太守。徵為衛尉卿,俄遷員外散騎常侍。(梁書蕭琛傳頁396) (南朝梁高祖武帝)御華光殿,詔(太子舍人到)洽及(到)沆、蕭琛、任昉侍讌,賦二十韻詩,以洽辭為工,賜絹二十匹。(梁書到洽傳頁404) 案:蕭琛此期遷官之確實時間未詳,應當介於天監元年至三年間。 始琛在宣城,有北僧南度,惟齎一葫蘆,中有漢書序傳。僧曰:「三輔舊老相傳,以為班固真本。」琛固求得之,其書多有異今者,而紙墨亦古,文字多如龍舉之

		例，非隸非篆，琛甚祕之。（梁書蕭琛傳頁 397） 案：此事亦應介於天監元年至三年間。 宣城宛陵有女子與母同牀寢，母爲猛虎所搏，女號叫挐虎，虎毛盡落，行十數里，虎乃棄之，女抱母還，猶有氣，經時乃絕。太守蕭琛賻焉；表言其狀，有詔旌其門閭。（梁書孝行傳之徐普濟傳附後頁 648） 案：此事亦應介於天監元年至三年間。
南朝梁高祖武帝天監二年（北朝魏世宗宣武帝景明四年，503）		蕭琛　廿四歲。 初，（裴）子野曾祖松之，宋元嘉中受詔續修何承天宋史，未及成而卒。子野常欲繼成先業。及齊永明末，沈約所撰宋書既行，子野更刪撰爲宋略二十卷。其敘事評論多善，約見而歎曰：「吾弗逮也。」蘭陵蕭琛、北地傅昭、汝南周捨咸稱重之。（梁書裴子野傳頁 442-443） 案：裴子野傳載國子博士范縝於天監二年向朝廷建請赦宥裴子野時即稱其著宋略，可知宋略問世不晚於天監二年，故附於此。又從梁書儒林傳之范縝傳（頁 664）得知蕭琛爲范縝之外弟（表弟），且「琛名曰口辯，每服縝簡詣」。
南朝梁高祖武帝天監三年（北朝魏世宗宣武帝正始元年，504）	劉杳始出仕，編纂壽光書苑時間應不早於此年。 （見第貳章第四節壽光書苑）	蕭琛　廿五歲。 （南朝梁高祖武帝天監）三年，（蕭琛）除太子中庶子、散騎常侍。（梁書蕭琛傳頁 396-397） （侍中謝）覽頗樂酒，因醮席與散騎常侍蕭琛相詆毀，

		爲有司所奏。高祖（梁武帝）以覽年少不直，出爲中權長史。（梁書謝朏傳附謝覽傳頁265） 昭明太子（蕭統）敬耆老，（陸）襄母年將八十，與蕭琛、傅昭、陸杲每月常遣存問，加賜珍羞衣服。（梁書陸襄傳頁409） 案：以上事當介於天監三年至九年蕭琛爲散騎常侍之期間。
南朝梁高祖武帝天監四年（北朝魏世宗宣武帝正始二年，505）		蕭琛　廿六歲。
南朝梁高祖武帝天監五年（北朝魏世宗宣武帝正始三年，506）		蕭琛　廿七歲。
南朝梁高祖武帝天監六年（北朝魏世宗宣武帝正始四年，507）		蕭琛　廿八歲。
南朝梁高祖武帝天監七年〔北朝魏世宗宣武帝正始五年（永平元年），508〕	（南朝梁高祖武帝天監七年五月）癸卯，以平南將軍、江州刺史安成王秀爲平西將軍、荊州刺史，……。 （八月）甲戌，平西將軍、荊州刺史安成王秀進號安西將軍，……。（梁書武帝紀中頁47） 七年，（安成康王蕭秀）遭慈母陳太妃憂，詔起視事。尋遷都督荊湘雍益寧南北梁南北秦九州諸軍事、平西將軍、荊州刺史。其年，遷號安西將軍。立學校，招隱逸。（梁書太祖五王傳頁343） 劉峻始編纂類苑時間應不早於此年。（參見梁書文學傳下頁701-707、南史劉懷珍傳附	蕭琛　廿九歲。

	劉峻傳頁 1218-1220） （見第貳章第五節類苑）	
南朝梁高祖武帝天監八年（北朝魏世宗宣武帝永平二年，509）	北朝魏人陽休之生，後參與編纂北朝齊聖壽堂御覽（修文殿御覽）。 （見第參章第五節修文殿御覽）	蕭琛　卅歲。
南朝梁高祖武帝天監九年（北朝魏世宗宣武帝永平三年，510）		蕭琛　卅一歲。 （南朝梁高祖武帝天監）九年，（蕭琛）出爲寧遠將軍、平西長史、江夏太守。（梁書蕭琛傳頁397） 及沮水暴長，頗敗民田，（安成康王蕭）秀以穀二萬斛贍之。使長史蕭琛簡府州貧老單丁吏，一日散遣五百餘人，百姓其悅。（梁書太祖五王傳之安成康王蕭秀傳頁344） 案：此事當介於天監九年至十一年間，蕭琛爲長史後至安成康王離任荊州刺史前所發生事。 天監中，太守蕭琛、刺史安成王秀、鄱陽王恢並禮異（諸葛璩）焉。（梁書處士傳之諸葛璩傳頁744） 案：此事之時間斷限未詳，以傳僅稱三人職稱、王位故而暫附於此。
南朝梁高祖武帝天監十年（北朝魏世宗宣武帝永平四年，511）		蕭琛　卅二歲。
南朝梁高祖武帝天監十一年〔北朝魏世宗宣武帝永平五年（延昌元年），512〕	（南朝梁高祖武帝天監十一年）十二月己未，以安西將軍、荊州刺史安成王秀爲（侍中、）中衛將軍（，領宗正卿、石頭戍事），鄱陽王恢爲平西將軍、荊州刺史。（梁書武帝紀中頁52）	蕭琛　卅三歲。 （鄱陽王蕭恢）顧謂長史蕭琛曰：「……。今之王侯，不守藩國，當佐天子臨民，清白其優乎！」坐賓咸服。（梁書太祖五王傳之鄱陽忠烈王蕭恢傳頁344）

		案：此事當介於天監十一年至十三年鄱陽王蕭恢任荊州刺史時所發生事。
南朝梁高祖武帝天監十二年（北朝魏世宗宣武帝延昌二年，513）		蕭琛 卅四歲。
南朝梁高祖武帝天監十三年（北朝魏世宗宣武帝延昌三年，514）	（南朝梁高祖武帝天監十三年春正月）癸亥，以平西將軍、荊州刺史鄱陽王恢為鎮西將軍、益州刺史。丙寅，以翊右將軍安成王秀為安西將軍、郢州刺史。（梁書武帝紀中頁54）	蕭琛 卅五歲。 及是行也，（蕭琛）以書（漢書序傳）饟鄱陽王範，範乃獻于東宮。（梁書蕭琛傳頁397、梁書劉子遴傳頁573） 琛尋遷安西長史、南郡太守，母憂去官，又丁父艱。起為信武將軍、護軍長史，俄為貞毅將軍、太尉長史。出為信威將軍、東陽太守，遷吳興太守。郡有項羽廟，土民名為憤王，甚有靈驗，遂於郡廳事安施牀幕為神座，公私請禱，前後二千石皆於廳拜祠，而避居他室。琛至，徙神還廟，處之不疑。又禁殺牛解祀，以脯代肉。琛頻蒞大郡，不治產業，有闕則取，不以為嫌。（梁書蕭琛傳頁397） 案：此期蕭琛遷官之確實時間未詳，惟應介於天監十三年至普通元年間。又對照梁書太祖五王傳和劉之遴傳後，似覺鄱陽王蕭恢在獲得漢書後並非立刻獻於東宮，而是其子蕭範嗣位後才獻書。而當時的皇太子可能是昭明太子蕭統亦或日後的簡文帝蕭綱。
南朝梁高祖武帝天監十四年（北朝魏世宗宣武帝延昌四年，515）		蕭琛 卅六歲。
南朝梁高祖武帝天監十五年（北朝魏肅宗孝明	南朝梁劉峻編纂之類苑最晚可能於南朝梁高祖武帝天監	蕭琛 卅七歲。

帝熙平元年，516）	十五年成書。之後梁武帝敕太子詹事徐勉舉學士入華林撰遍略，勉舉何思澄、顧協、劉杳、王子雲、鍾嶼等五人以應選。（參見南史文學傳之何思澄傳頁 1782-1783（參見南史文學傳之何思澄傳頁 1782-1783）〕 （見第參章第一節華林遍略）	
南朝梁高祖武帝天監十六年（北朝魏肅宗孝明帝熙平二年，517）		蕭琛　卅八歲。
南朝梁高祖武帝天監十七年〔北朝魏肅宗孝明帝熙平三年（神龜元年），518〕		蕭琛　卅九歲。
南朝梁高祖武帝天監十八年（北朝魏肅宗孝明帝神龜二年，519）		蕭琛　四十歲。
南朝梁高祖武帝普通元年〔北朝魏肅宗孝明帝神龜三年（正光元年），520〕		蕭琛　四十一歲。 （南朝梁高祖武帝）普通元年，徵爲宗正卿，遷左民尚書，領南徐州大中正，太子右衛率。徙度支尚書，左驍騎將軍，領軍將軍，轉秘書監、後軍將軍，遷侍中。高祖在西邸，早與琛狎，每朝讌，接以舊恩，呼爲宗老。……。（梁書蕭琛傳頁 397） 案：此期遷官之確實時間未詳，惟應介於普通元年至大通二年間。
南朝梁高祖武帝普通二年（北朝魏肅宗孝明帝正光二年，521）	（劉峻卒）門人謚曰玄靖先生。（梁書文學傳下頁 707）	蕭琛　四十二歲。
南朝梁高祖武帝普通三年（北朝魏肅宗孝明帝正光三年，522）		蕭琛　四十三歲。

南朝梁高祖武帝普通四年（北朝魏肅宗孝明帝正光四年，523）	（南朝梁高祖武帝普通）四年，（晉安王蕭綱，後爲太宗簡文帝）徙爲使持節、都督雍梁南北秦四州郢州之竟陵司州之隨郡諸軍事、平西將軍、寧蠻校尉、雍州刺史。（梁書簡文帝本紀頁 103-104） 初，簡文（即簡文帝蕭綱）在雍州，撰法寶聯璧，（陸）罩與羣賢並抄掇區分者數歲。中大通六年而書成，命湘東王（蕭繹，即日後的南朝梁世祖元帝）爲序。其作者有侍中國子祭酒南蘭陵蕭子顯等三十人，以比王象、劉邵之皇覽焉。（南史陸杲傳附陸罩傳頁 1205） 案：由此知編纂法寶聯璧之始年不早於普通四年（523）。 （見第參章第二節法寶聯璧）	蕭琛　四十四歲。
南朝梁高祖武帝普通五年（北朝魏肅宗孝明帝正光五年，524）	（經過）八年乃書（華林遍略）成，合七百卷。（參見南史文學傳之何思澄傳頁 1783） （見第參章第一節華林遍略） （南朝梁高祖武帝）普通五年，（傅昭）遷散騎常侍、金紫光祿大夫，中正如故。（梁書傅昭傳頁 394）	蕭琛　四十五歲。
南朝梁高祖武帝普通六年〔北朝魏肅宗孝明帝正光六年（孝昌元年），525〕		蕭琛　四十六歲。
南朝梁高祖武帝普通七年（北朝魏肅宗孝明帝孝昌二年，526）	（南朝梁高祖武帝）普通七年冬十月辛未，以丹陽尹湘東王繹爲荊州刺史。（梁書武帝紀下頁 70）	蕭琛　四十七歲。 湘東王（蕭繹）時爲京尹（丹陽尹），與朝士宴集，屬（王）規爲酒令。規從容對曰：「自江左以來，未有茲舉。」特進蕭琛、金紫傅昭在坐，並謂爲知言。（梁書王規傳頁 582）

		案：依梁書武帝紀與傅昭傳而推此事應介於普通五年至七年之間，惟此時蕭琛並非特進。現將此事暫附於普通七年，以湘東王蕭繹遷官時間載於武帝紀，應不晚於遷官之後發生故也。
南朝梁高祖武帝普通八年（大通元年）（北朝魏肅宗孝明帝孝昌三年，527）		蕭琛　四十八歲。
南朝梁高祖武帝大通二年〔北朝魏肅宗孝明帝孝昌四年（武泰元年）、幼主、敬宗孝莊帝建義元年（永安元年），528〕		蕭琛　四十九歲。（南朝梁高祖武帝）大通二年，（蕭琛）爲金紫光祿大夫，加特進，給親信三十人。（梁書蕭琛傳頁398）
南朝梁高祖武帝大通三年（中大通元年）（北朝魏敬宗孝莊帝永安二年，529）	（南朝梁高祖武帝中大通元年十一月丙戌）加金紫光祿大夫蕭琛、陸杲並特進。（梁書武帝紀下頁73）	蕭琛　五十歲。（南朝梁高祖武帝）中大通元年，（蕭琛）爲雲麾將軍、晉陵太守，秩中二千石，以疾自解，改授侍中、特進、金紫光祿大夫。（梁書蕭琛傳頁398）
南朝梁高祖武帝中大通二年（北朝魏敬宗孝莊帝永安三年、廢帝長廣王建明元年，530）		蕭琛　五十一歲。
南朝梁高祖武帝中大通三年（北朝魏廢帝長廣王建明二年、節閔帝普泰元年、廢帝安定王中興元年，531）	（南朝梁高祖武帝中大通三年二月）乙卯，特進蕭琛卒。（梁書武帝紀下頁74）	蕭琛　五十二歲。卒。（蕭琛）卒，年五十二。遺令諸子，與妻同墳異藏，祭以蔬荣，葬日止車十乘，事存率素。乘輿臨哭甚哀。詔贈本官，加雲麾將軍，給東園祕器，朝服一具，衣一襲，賻錢二十萬，布百匹。諡曰平子。（梁書蕭琛傳頁398）

　　從上表可知三人的經歷當中，何承天、徐爰除參與晉、宋兩代之多項政治事件外，對貨幣、律曆、禮制等議題亦多發言立論，在對照《南齊書》、《南史》等正史後，可知對南北朝及後世都有影響。除此之外，他們均有治史經

驗，雖然作品亦亡佚卻也促成沈約《宋書》的問世。另有一點是本《繫年簡表》所沒有著錄的，是何承天除抄錄《皇覽》外還整理過禮制方面的文獻。史載「《禮論》有八百卷，承天刪減並合，以類相從，凡為三百卷」，〔註 24〕表示何承天曾撰寫以「禮」為專題且採「以類相從」方式做為其體裁的圖書經驗。至於蕭琛生於齊、長於梁，從其生長環境、經歷、人際關係觀察，與後節數部類書編纂的時間有所重疊，其中有些許關聯性可待後節再行考察。

　　《皇覽》在南朝流傳的卷數和內容逐漸減少，到唐人司馬貞取《皇覽》為《史記》作索隱時，稱其書是「記先代冢墓之處，宜皇王之省覽，故曰《皇覽》」。〔註 25〕這樣的說法與《三國志》記載的《皇覽》已經有相當大的落差。《舊唐書經籍志》子部事類（類事）著錄何承天本有一百二十二卷，徐爰並合本有八十四卷；卷數與《隋書經籍志》又有出入，南朝梁的六百八十卷本亦未載，可能已經失傳。至北宋前期《崇文總目》編成時已完全沒有收錄，表示《皇覽》最晚在唐末五代時即已完全亡佚。直到清代中葉，在三位輯佚家王謨、孫馮翼和黃奭的分別努力下，各自於《史記三家注》、《水經注》、《太平御覽》等書裡鈔出《皇覽》的殘文，成為今日得見的三家《皇覽》輯本。雖然可能僅餘萬字上下，但多少仍找回了點《皇覽》的一鱗半爪。

　　茲將現在有關《皇覽》的認識重新寫成以下的簡介：

　　《皇覽》，後世推崇為中國的第一部類書，由三國魏文帝曹丕下令劉劭（邵）、桓範、王象、韋誕、繆襲等人採集五經羣書合編而成，其中應當也包含大量的史書在內。《皇覽》共分四十餘部，各部有數十篇，約有八百餘萬字。劉劭等人於漢獻帝延康元年（三國魏文帝黃初元年，220）開始編纂，最晚約在黃初三年（漢昭烈帝章武二年、吳王孫權黃武元年，222）編成；歷時約有二年，全書告峻後典藏於祕府之內，但典藏與流通方式不明。晉武帝在泰始末年至咸寧初年間命荀勖為祕書監以整理圖書典籍，太康二年（281）汲冢竹書被發現，荀勖在收到這批竹書並加以校補後收入他編輯的圖書目錄裡，此即《中經新簿》。中經新簿是首部採取四部分類的目錄，其中丙部（史部）中有一「皇覽簿」類，引起後人對《皇覽》為何會與史書（如《史記》）並列的爭議。自《中經新簿》編成至南朝宋裴松之完成《三國志注》的百餘年間，《皇覽》之名在史籍裡完全消失，傳世典藏的狀況完全不明。雖無法確定當時是

────────────

〔註 24〕　《宋書》卷六十四（《列傳》第二十四）：鄭鮮之、裴松之、何承天，頁 1711。
〔註 25〕　《史記》卷一：《五帝本紀》第一，頁 5。

否完好如初，但確知並未在永嘉之禍時完全滅絕而是傳到了東晉和南朝，南朝宋時何承天、徐爰及南朝梁時的蕭琛曾先後鈔錄並合皇覽。然而至唐朝司馬貞著《史記索隱》時對《皇覽》的印象已與三國時期的《皇覽》大不相同，終致在唐末五代間完全亡佚。清代中葉，在三位輯佚家王謨、孫馮翼和黃奭分別努力下，輯出三家《皇覽》輯本。雖然這與最初的八百餘萬字相差甚遠，無法遙想當日規模，但終究還是尋回了點類書之首的榮耀。

第二節　《史林》

《史林》一名不見於南北朝七書。唐初李延壽在《南史》中增刪有關南朝齊高帝蕭道成的史實時加入一事：〔註26〕

> 又詔東觀學士撰《史林》三十篇，魏文帝《皇覽》之流也。

全文僅有短短的二十字，沒有再附上任何說明或註解。《隋書經籍志》未收此書，或許傳世未久即已消亡。此處的「流」字可以解釋成「派別」或「等列」，〔註27〕表示《史林》有可能是參考《皇覽》編寫的，兩者間的相似程度或許不低。

這件史事後來亦被轉錄在《冊府元龜》、《通志》、《玉海》、《駢字類編》、《佩文韻府》等書中，不過唯有《玉海》內記載的部分和上文有所出入。《玉海》是這樣寫的：〔註28〕

> 齊《史林》
>
> 《南史》：齊太祖建元四年詔東觀學士撰《史林》三十篇，魏文《皇覽》之流也。

《玉海》的記載在時間點上有疑，因為此處標明撰寫《史林》的時間是在南朝

〔註26〕《南史》卷四：《齊本紀上》第四（高帝蕭道成），頁113。有關南朝齊高帝蕭道成像，可見明憲宗成化十一年（1475）刊本之《歷代古人像贊》，原畫今藏於中國大陸之國家（北京）圖書館。收入中國大陸　鄭振鐸編，《中國古代版畫叢刊》第一冊，上海市：古籍出版社，中華民國七十七年八月（1988.8），頁421。

〔註27〕《辭海》（中冊），頁2662。

〔註28〕宋·王應麟，《玉海》卷四十九：《藝文（論史）》，臺北市：華聯出版社據國立中央（國家）圖書館藏元惠宗（順帝）至元三年（1337）慶元路儒學刊本景印，中華民國五十三年一月（1964.1），十七板六行至八行（新頁975上半）。

齊太祖高帝建元四年（北朝魏高祖孝文帝太和六年，482），可是《南史》原文沒有標明確切時間，不知王應麟的根據為何？如果不是他引用的史料已經亡佚就是有筆誤。因為齊高帝即在該年三月壬戌日駕崩，即便下詔編纂，是否能親眼看到全書告竣恐怕很有問題。此外，《南齊書齊高帝本紀》和《南史齊本紀》中採用相同的敘述方法，二書都是先以紀年繫事，將齊高帝的一生大事按時間順序寫完之後，再描述齊高帝的喜好、個性、日常生活等事蹟，再交待有關代宋前後的種種符瑞異象。編纂《史林》這件事沒有放在紀年繫事的段落，而是放在記述齊高帝的日常生活之後，表示要察知究竟何時開始撰寫已經不知，只能將範圍縮小到齊高帝在位的三年多（僅有建元年號，稱四年，實則三年餘，479～482）之間而已。由於《南史》在建元四年紀事不多，如未細看很容易將前後內容相混而發生失誤。因此《玉海》提出的說法恐怕有誤。

另外，王應麟放置這條史事的位置是在「《藝文》」部的「《論史》」類之下並給予「齊《史林》」的標題。王應麟藉韓愈和李翱的話來解釋什麼是「論史」：〔註29〕

> 韓愈《論史》云：「後之作者，在據事跡實錄，則善惡自見。」李翱
> 謂：「指事載功，則賢不肖易見。」

而該子類收錄的各條史事標題依序是：漢《史要》、晉譙周《古史考》、蜀諸葛亮《論前漢事》、晉《漢書集解》、齊《史林》、梁阮孝緒《正史削繁》、唐《御銓定漢書》、唐《漢書》學、唐《史記至言》、……等等。從這樣的編排順序中可以感覺到王應麟是將《史林》視為一部史書，而且是與《史記》、《漢書》等相仿的紀傳體史書。

但是這樣的想法是相當有趣，值得再加思考的。理由有三：

一、《史記》、《漢書》是行雲流水的紀傳體史書，《皇覽》是以類相從鈔錄各書原文而成，條列分明的類書。一部書怎會同時具有兩種完全不同的行文方式和寫作體裁呢？

二、自三國以降，史職已逐漸轉由著作郎等官員主掌，怎會突然出現「東觀」？這裡指的東觀是指什麼呢？

三、從後《漢書》至《南齊書百官志》皆無「東觀學士」的記載，這會是史官的職銜嗎？

事實上，《南史》原文中的「東觀」和東漢三國時的東觀根本毫不相干，「東

〔註29〕《玉海》卷四十九：《藝文（論史）》，十五板三行至四行（新頁974上半）。

觀學士」也不是史官而是橫跨南朝宋、齊兩代朝廷的學官。想要瞭解東觀學士
爲何就不能不提起國子學的沿革，因爲它與國子學之間有相當的關聯。國子學
始創的時間有二說：一是晉武帝咸寧二年（276）夏五月（《晉書武帝紀》、《宋
書禮志》），〔註30〕一是晉武帝咸寧四年（278）（《晉書職官志》）。〔註31〕自此
我國中央官學開始走向太學（平民）和國子學（貴族）並立分流的道路。

　　晉代中央官學時立時廢。南朝宋初建時曾議建國學，但沒有成功。《宋書
范泰傳》記載：〔註32〕

　　　　高祖（宋武帝劉裕）受命，拜（范泰）金紫光祿大夫，加散騎常侍。
　　　　明年（永初二年，421）議建國學，以泰領國子祭酒。泰上表曰：「……。」
　　　　時學竟不立。

《宋書禮志》亦載：〔註33〕

　　　　宋高祖受命，詔有司立學，未就而崩。太祖（宋文帝劉義隆）元嘉
　　　　二十年，復立國子學，二十七年廢。

《宋書禮志》稱宋文帝元嘉二十年（443）復立國子學，但《何承天傳》則記
爲十九年（442）並以何承天（就是前節提到刪節並合《皇覽》的何承天）領
國子博士。《宋書文帝紀》雖未明言，但錄詔書內文，國子學立於元嘉十九年
亦不無可能。原文如下：〔註34〕

　　　　（元嘉）十九年正月乙巳，詔曰：「夫所因者本，聖哲之遠教；本立
　　　　化成，敎學之爲貴。故詔以三德，崇以四術，用能納諸義方，致之
　　　　軌度。盛王聖世，咸必由之。永初受命，憲章弘遠，將陶鈞庶品，

〔註30〕《晉書》卷三（《帝紀》第三）：《武帝》，頁66。原文如下：
　　　　（晉武帝咸寧二年）夏五月，……。立國子學。
　　　　又見《宋書》卷十四（《志》第四）：《禮》一，頁356。原文如下：
　　　　……。咸寧二年，起國子學，蓋《周禮》國之貴遊子學所謂國子，受教於師
　　　　氏者也。……。
〔註31〕《晉書》卷二十四（《志》第十四）：《職官》，頁736。原文如下：
　　　　太常，……。
　　　　晉初承魏制，置博士十九人。及咸寧四年，武帝初立國子學，定置國子祭酒，
　　　　定置國子祭酒、博士各一人，助教十五人，以教生徒。博士皆取履行清淳，
　　　　通明典義者，若散騎常侍、中書侍郎、太子中庶子以上，乃得召試。……。
〔註32〕《宋書》卷六十（《列傳》第二十）：《范泰、王准之、王韶之、荀伯子》，頁
　　　　1616、1618。
〔註33〕《宋書》卷十四（《志》第四）：《禮》一，頁367。
〔註34〕《宋書》卷四（《本紀》第四）：《文帝》，頁89。

> 混一殊風，有詔典司，大啓庠序，而頻遘屯夷，未及修建。永瞻前
> 猷，思敷鴻烈。今方隅乂寧，戎夏慕嚮，廣訓胄子，實維時務。便
> 可式遵成規，闡揚景業。」

此次建國子學的時間不長，至元嘉二十七年（450）三月戊寅日即罷廢，〔註35〕
立學不過七、八年而已。自此以後，雖然職官中仍有國子祭酒、國子博士的名
銜，但是已經沒有講學的機構了。〔註36〕

又過了二十年，因為國學久廢，所以宋明帝劉彧立總明觀以彌補，而總
明觀就是東觀。總明觀自建至撤共十五年，橫跨南朝宋、齊兩代，在國學廢
立無常之際扮演著當時中央官學的角色。現綜合《宋書》、《南齊書》、《梁書》
和《南史》原文製成「總明觀大事簡表」加以說明。

總明觀大事簡表（國子學興廢附）

紀　　年	事　　蹟	備　　註
南朝宋太宗明帝泰始六年（北朝魏顯祖獻文帝皇興四年，470）	九月戊寅，立總明觀，徵學士以充之。置東觀祭酒（訪舉各一人，舉士二十人，分為儒、道、文、史、陰陽五部學，言陰陽者遂無其人）。（《宋書明帝紀》頁167，《南史宋本紀》下頁82） 太常。 府置丞一人，五官、功曹、主簿，九府九史皆然。領官如左：……。 總明觀祭酒一人。 右太（泰）始六年，以國學廢，初置總明觀，玄、儒、文、史四科，科置學士各十人，正令史一人，書令史二人，幹一人，門吏一人，典觀吏二人。（《南齊書百官志》頁315～316） 宋時國學頹廢，未暇修復，宋明帝泰始六年，置總明觀以集學士，或謂之東觀，置東觀祭酒一人，總明訪舉郎二人；儒、玄、文、史四科，	（王諶）出為臨川內史，還為尚書左丞。尋以本官領東觀祭酒，即明帝所置總明觀也。（《南齊書王諶傳》頁617） （王諶）後為尚書左丞，領東觀祭酒，即明帝所置總明觀也。（《南史王諶傳》頁1212） 案：南朝宋後廢帝元徽二年十月壬寅日議昭太后廟毀置時（見《宋書禮志四》頁473-474），仍稱王諶為左丞，故王諶領東觀祭酒事至少應可界定於泰始六年至元徽二年間。

〔註35〕《宋書》卷四（《本紀》第四）：《文帝》，頁98。
〔註36〕《宋書》卷三十九（《志》第二十九）：《百官》上，頁1228。原文如後：
　　　自宋世若不置學，則助教唯置一人，而祭酒、博士常置也。

	科置學士十人，其餘令史以下各有差。(《南史王曇首傳》附《王儉傳》頁 595)	
南朝宋太宗明帝泰始七年〔北朝魏顯祖獻文帝皇興五年(高祖孝文帝延興元年)，471〕		(裴昭明)從祖弟顗，字彥齊。少有異操。泰始中，於總明觀聽講，不讓劉秉席，秉用為參軍。(《南齊書良政傳》頁 919) 案：劉秉原為太子詹事，泰始七年秋七月辛未日，宋明帝以為南徐州刺史(見《宋書明帝紀》頁 168)。裴顗事或發生於此時。
南朝宋太宗明帝泰豫元年(北朝魏高祖孝文帝延興二年，472)		會明帝崩，……。(傅昭)尋為總明學士、奉朝請。(《梁書傅昭傳》頁 393，《南史傅昭傳》頁 1469)
南朝宋後廢帝元徽元年(北朝魏高祖孝文帝延興三年，473)		
南朝宋後廢帝元徽二年(北朝魏高祖孝文帝延興四年，474)		
南朝宋後廢帝元徽三年(北朝魏高祖孝文帝延興五年，475)		
南朝宋後廢帝元徽四年〔北朝魏高祖孝文帝延興六年(承明元年)，476〕		
南朝宋後廢帝元徽五年、順帝昇明		

元年（北朝魏高祖孝文帝太和元年，477）		
南朝宋順帝昇明二年（北朝魏高祖孝文帝太和二年，478）		
南朝宋順帝昇明三年、齊太祖高帝建元元年（北朝魏高祖孝文帝太和三年，479）	建元中，（總明觀）掌治五禮。（《南齊書百官志》頁 315）	
南朝齊太祖高帝建元二年（北朝魏高祖孝文帝太和四年，480）	上（齊高帝）又以（劉）瓛兼總明觀祭酒，除豫章王驃騎記室參軍，（彭城郡）丞如故，瓛終不就。（《南齊書劉瓛傳》頁 678，《南史劉瓛傳》頁 1236）	案：劉瓛以母老闕養，重拜彭城郡丞，時間未確定；但齊高帝於建元二年親祀太廟六室時，因對儀注有疑而詢問劉瓛，當時他即爲彭城丞（見《南齊書禮志》上頁 130）。又，建元三年時齊高帝遣劉瓛爲武陵王蕭曄講《五經》（見《南齊書高祖十二王傳》頁 625）。所以劉瓛不就總明觀祭酒事宜入建元二年。
南朝齊太祖高帝建元三年（北朝魏高祖孝文帝太和五年，481）		
南朝齊太祖高帝建元四年（北朝魏高祖孝文帝太和六年，482）	四年春正月壬戌，詔曰：「……。今關燧無虞，時和歲稔，遠邇同風，華夷慕義。便可式遵前准，脩建敩學，精選儒官，廣延國胄。」（《南齊書高帝紀》頁 37-38）建元四年正月，詔立國學，置學生百五十人。其有位樂入者五十人。生年十五以上，二十以還，取王公已下至三將、著作郎、廷尉正、太子舍人、領護諸府司馬諮議經除敕	（齊高帝）又詔東觀學士撰《史林》三十篇，魏文帝《皇覽》之流也。（南史齊本紀上頁 113）案：因未能確認齊高帝下詔編纂《史林》之時間，故附於其在位之末年。

	者、諸州別駕治中等、見居官及罷散者子孫。悉取家去郡二千里爲限。太祖崩，乃止。（《南齊書禮志》上頁 143）建元四年，有司奏置國學，祭酒准諸曹尙書，博士准中書郎，助教准南臺御史。……。其夏，國諱廢學（齊高帝崩於三月壬戌日），有司奏省助教以下。（《南齊書百官志》頁 315） 四年，初立國學，以（張）緒爲太常卿，領國子祭酒，常侍、中正如故。（《南齊書張緒傳》頁 601） 九月丁巳，以國哀故，罷國子學。（《南齊書武帝紀》頁 46，《南史齊本紀上》頁 118）	
南朝齊世祖武帝永明元年（北朝魏高祖孝文帝太和七年，483）		
南朝齊世祖武帝永明二年（北朝魏高祖孝文帝太和八年，484）	永明二年，總明觀講，勅朝臣集聽。（張）融扶入就榻，私索酒飲之，難問既畢，乃長嘆曰：「嗚呼！仲尼獨何人哉！」爲御史中丞到撝所奏，免官，尋復。（《南齊書張融傳》頁 727，《南史張邵傳》附《張融傳》頁 835～836）	
南朝齊世祖武帝永明三年（北朝魏高祖孝文帝太和九年，485）	春正月辛卯，詔曰：「……。今遐邇一體，車軌同文，宜高選學官，廣延冑子。」（《南齊書武帝紀》頁 49～50） 永明三年正月，詔立學，創立堂宇，召公卿子弟下及員外郎之胤，凡置生二百人。其年秋中悉集。……。（《南齊書禮志》上頁 143～144） 永明三年，立（國子）學，尙書令王儉領祭酒。（《南齊書百官志》頁 315） 是月（夏五月），省總明觀。（《南齊書武帝紀》頁 50，《南史齊本紀》	

上頁 120） 永明三年，國學建，省（總明觀）。 （《南齊書百官志》頁 315）是歲， 省總明觀，於（王）儉宅開學士館， 悉以四部書充儉家，又詔儉以家爲 府。（《南齊書王儉傳》頁 436） 是歲，以國學既立，省總明觀，於 （王）儉宅開學士館，以總明四部 書充之。又詔儉以家爲府。（《南史 王曇首傳》附《王儉傳》頁 595）	

　　無論《宋書》、《南齊書》還是《南史》，皆意指「東觀」即爲總明觀，置有儒、玄、文、史四科學士各十人，與東漢三國時掌史職的東觀截然不同。因此《史林》是出自學官之手的書，同時亦可從中推斷撰寫《史林》的資料取材應該也與四科學士的專長有關。而分成四科的近源又可上推至宋文帝元嘉十五年（438）雷次宗開館於雞籠山，及何尚之、謝元、何承天分立玄、文、史三學之事（參見前節之《繫年簡表》）。王應麟其實知道此處的東觀是指總明觀，但出自學官之手的書不代表它不算是史書，當時的《史林》可能兼具史書和類書的性質，故而置於史書之林。不過它與紀傳體史書間會不會有什麼樣的關係，由於史料缺乏恐怕無法開展更進一步的討論。

　　茲將現在有關《史林》的認識重新寫成以下的簡介：

　　《史林》三十篇，南朝齊太祖高皇帝蕭道成詔總明觀（東觀）學士三十人撰。總明觀分儒、玄、文、史四科學士各十人，共四十人；今稱《史林》作者有三十人，該是從中篩選而來。《史林》之取材、體例皆未詳，但從學士分儒、玄、文、史，而《南史》稱該書屬「魏文帝《皇覽》之流」看來；其範圍應當集四科圖書，以事類相從。齊高帝代宋自立，年號建元，享國三年餘（479～482），《史林》的纂修時間當不逾此。其書傳世狀況不明，僅見於《南史齊本紀》；《隋書經籍志》亦未收，恐怕在南北朝時即已消亡。

第三節　《四部要略》

　　今日有關《四部要略》的相關史料可見於《南齊書》和《南史》。〔註37〕

〔註37〕南北朝時期定「《四部要略》」爲書名者不只有在南朝齊時編纂的這一部。大
　　　約在北朝魏孝武帝在位的期間，曾命裴景融撰一部相同書名的圖書，但是似

《南齊書武十七王傳》中寫著：〔註38〕

> （南朝齊世祖武帝永明）五年（北朝魏高祖孝文帝太和十一年，487），（竟陵王蕭子良）正位司徒，給班劍二十人，侍中如故。移居雞籠山邸，集學士抄《五經》、百家，依《皇覽》例為《四部要略》千卷。

《南史齊武帝諸子傳》亦同，惟「雞籠山」和「邸」字之間增一「西」字，即改為「移居雞籠山西邸，集學士抄五經百家，依《皇覽》例為《四部要略》千卷。」而已。〔註39〕

從上述記載中可看出《四部要略》之所以能夠成書與一個人的關係極大，他就是當時的竟陵文宣王蕭子良；如果沒有他的倡議和召集，大概不會有這部書出現。因此下文就以主事者蕭子良為中心出發進行介紹。

甲、南朝齊竟陵文宣王蕭子良生平

南朝齊竟陵文宣王蕭子良字雲英，是南朝齊的第二位皇帝：齊武帝蕭賾的次子，文惠太子長懋同母弟。他在幼年時就已顯露出聰敏的模樣，與武帝偶有智對。當時南朝宋國勢漸衰，變亂廢立迭起，父祖常在軍旅，生活不甚穩定；只知當時子良曾經歷過晉安王和桂陽王亂，它事留傳不多。在祖父蕭道成篡宋改齊前後，子良亦年屆弱冠，自此之後的事蹟才由略轉詳。

在《南齊書》和《南史》的本傳中是這樣形容子良的：〔註40〕

> 少有清尚，禮才好士，居不疑之地，傾意賓客，天下才學皆遊集焉。
> 善立勝事，夏月客至，為設瓜飲及甘果，著之文教。士子文章及朝

乎沒有成書。《魏書裴延儁傳》記載：

出帝（北朝魏孝武帝）時，議孝莊諡，事遂施行。時詔撰《四部要略》，令（裴）景融專典，竟無所成。

見北朝魏～齊・魏收，《魏書》卷六十九（《列傳》第五十七）：《崔休、裴延儁、袁翻》，臺北市：鼎文書局新校本，中華民國八十七年九月（1998.9）九版，頁1534。由於史料僅此一條，無法確定它與類書間是否有所關聯，故本文不擬嘗試進行討論，僅附於此。

〔註38〕《南齊書》卷四十（《列傳》第二十一）：《武十七王》（竟陵王子良），頁698。

〔註39〕《南史》卷四十四（《列傳》第三十四）：《齊武帝諸子》（竟陵王子良），頁1103。

〔註40〕《南齊書》卷四十（《列傳》第二十一）：《武十七王》（竟陵王子良），頁694。

貴辭翰，皆發教撰錄。

由此而知蕭子良是位喜交友、好文藝的人，而且兩者互爲表裡。子良喜好文藝，交友範圍自然以同好爲主；而能夠交流互動的朋友，文藝往往也成爲共同的話題。雖然子良自己的作品在《南齊書》和《南史》中被評爲「雖無文采，多是勸戒」，但是子良在他們的團體當中扮演的角色不在於自己的實力有多強，而是他能集合眾多文士相互交遊，進而使他們激發出燦爛的火花。子良是團體的中心，文士們則圍繞著他旋轉；《梁書》記載的「八友」〔註41〕或者後人所稱的「永明文學」即以此基礎發展開來。當時除了朝廷官方之外，只有他有這樣的能力可以讓這麼多人聚集在一起，看來號稱千卷的《四部要略》可以被編纂出來恐怕不是一件偶然的事。

在《南齊書》和《南史》的本傳中又說蕭子良是個「敦義好古」的人，敦義的部分舉一百姓朱百年的事情爲例，好古的部分則並見於好幾卷傳記中，比如《南齊書陸澄傳中》就有一例：〔註42〕

> （陸澄）轉散騎常侍，祕書監，吳郡中正，光祿大夫。加給事中，中正如故。尋領國子祭酒。以竟陵王子良得古器，小口方腹而底平，可將七八升，以問澄，澄曰：「北名服匿，單于以與蘇武。」子良後詳視器底，有字髣髴可識，如澄所言。

又比如科學家祖冲之也知道蕭子良好古：〔註43〕

> 永明中，竟陵王子良好古，（祖）冲之造欹器（古勸戒之器）獻之。

除此之外，子良與他的兄長文惠太子都篤信佛教。原本他們的手足情感就很好，再加上共同的宗教信仰，使他們的關係更加密切。信仰佛教對於子良的個性和行事作爲產生了很大的影響。《南齊書文惠太子傳》記載：〔註44〕

> （文惠）太子（蕭長懋）與竟陵王子良俱好釋氏，立六疾館以養窮民。

蕭子良的本傳當中也如此寫著：〔註45〕

〔註41〕所謂的「八友」或是「竟陵八友」是指沈約、謝朓、王融、蕭琛、范雲、任昉、陸倕和蕭衍（梁武帝）八人，當然在以蕭子良爲中心的文士團體中的名人不只於此，不過他們是最常被提到的。見南朝陳～隋‧姚察、唐‧姚思廉，梁書卷一（《本紀》第一）：《武帝》上，臺北市：鼎文書局新校本，中華民國八十八年五月（1999.5）二版，頁2。

〔註42〕《南齊書》卷三十九（《列傳》第二十）：《劉瓛弟璡、陸澄》，頁685。

〔註43〕《南齊書》卷五十二（《列傳》第三十三）：《文學》，頁906。

〔註44〕《南齊書》卷二十一（《列傳》第二）：《文惠太子》，頁401。

〔註45〕《南齊書》卷四十（《列傳》第二十一）：《武十七王》（竟陵王子良），頁700。

> 又與文惠太子同好釋氏，甚相友悌。子良敬信尤篤，數於邸園營齋
> 戒，大集朝臣眾僧至於賦食行水或躬親其事，世頗以爲失宰相體。
> 勸人爲善，未嘗厭倦，以此終致盛名。

身爲一位佛教徒，子良對於行善助人不餘遺力，可是有時他禮佛敬僧的行動似乎又使人認爲頗失身份；也因爲他是一位佛教徒，不免希望他所接觸的人也能認同佛教。然而如果對方的身分是非佛教徒時，彼此之間的交流難免就會產生一些不平順的狀況。《南齊書高逸傳》就出現這樣的情節：〔註46〕

> 文惠太子、竟陵王子良竝好釋法。吳興孟景翼爲道士，太子召入玄圃
> 園。眾僧大會，子良使景翼禮佛，景翼不肯，子良送《十地經》與之。

與下面蕭子良與范縝的對話摘錄相比，上述孟景翼的反應已經算是很平和的了。有關蕭子良和范縝的對話見於《梁書儒林傳》：〔註47〕

> 初，（范）縝在齊世，嘗侍竟陵王子良。子良精信釋教，而縝盛稱無
> 佛。子良問曰：「君不信因果，世間何得有富貴，何得有賤貧？」縝
> 答曰：「人之生譬如一樹花，同發一枝，俱開一蒂，隨風而墮，自有
> 拂簾幌墜於茵席之上，自有關籬牆落於糞溷之側。墜茵席者，殿下
> 是也，落糞溷者，下官是也。貴賤雖復殊途，因果竟在何處？」子
> 良不能屈，深怪之。縝退論其理，著《神滅論》曰：「……。」
> 此論出，朝野諠譁，子良集僧難之而不能屈。

子良的好佛，卻能促成范縝《神滅論》的問世，或許是子良與范縝辯論的當時難以想像到的。

在政治方面，子良的資歷豐富，他在禮制、法律、朝廷施政以及對武帝的行爲多所建言，比如在法律的修正上遇到刑度輕重的部分時，他的意見「多使從輕」（見《南齊書孔稚珪傳》）。然而相對於他在文學和佛教上的努力，他在朝廷的活動以及他的建言是否對當時政局產生什麼很大的影響是比較不明顯的。

在他的生命後期，南朝齊的朝廷內部似乎發生一場很大的政治風暴。先是他的兄長文惠太子薨，其父齊武帝立長孫昭業爲皇太孫；數月之後，齊武帝亦崩。在齊武帝彌留前後，各方勢力覬覦皇位，彼此相互傾軋。包括皇太孫蕭昭業、西昌侯蕭鸞、武陵王蕭曄以及蕭子良自己。原本局勢對子良相當有利，因爲當時他距離武帝最近，如果要使用非常手段或許會成功；不過最後他和他的

〔註46〕《南齊書》卷五十四（《列傳》第三十五）：《高逸》，頁934。
〔註47〕《梁書》卷四十八（《列傳》第四十二）：《儒林》，頁665，670。

勢力敗下陣來，武帝的遺詔中確立由皇太孫繼位，子良和蕭鸞居以輔政的地位。隔年也就是廢帝鬱林王隆昌元年，他也走完他人生的旅程，得年三十五歲。

　　蕭子良過世以後，門客任昉爲他撰寫「《齊竟陵文宣王行狀》」，〔註48〕後來爲南朝梁昭明太子蕭統收入《昭明文選》。有關竟陵王蕭子良身後遺留著作包括：《淨住子》二十卷、《義記》二十卷、《齊竟陵王子良集》四十卷（見《隋書經籍志》）、《止足傳》十卷（見《新唐書藝文志》），以上著作自兩唐書以下逐漸散佚。至明思宗崇禎年間張溥編輯《漢魏六朝百三家集》時，始將零散的子良著作重新整理集合成《南齊竟陵王集》兩卷，成爲現在眾人所見的版本。現將其可查考及能縮至一定時間範圍之生平事蹟製成繫年簡表於後：

南朝齊竟陵王蕭子良年譜

紀　　年	南北朝國事	事　　蹟
南朝宋世祖孝武帝大明四年（北朝魏高宗文成帝和平元年，460）		一歲。生。（據南齊書武十七王傳載其卒年和歲數反推而得）
南朝宋世祖孝武帝大明五年（北朝魏高宗文成帝和平二年，461）		二歲。
南朝宋世祖孝武帝大明六年（北朝魏高宗文成帝和平三年，462）	徐爰（在世時抄合皇覽成五十卷者）領著作郎。（宋書恩倖傳之徐爰傳頁2308-2309）（見第貳章第二節皇覽）	三歲。

〔註48〕行狀：漢時祇謂之狀，自六朝以後則謂之行狀，所以述死者之行誼及其爵里生卒年月，爲乞人撰文而作，故謂之行狀。見《辭海》（下冊），頁3952。

南朝宋世祖孝武帝大明七年（北朝魏高宗文成帝和平四年，463）		四歲。
南朝宋世祖孝武帝大明八年（北朝魏高宗文成帝和平五年，464）		五歲。 武帝（蕭賾）爲贛縣時，與裴后（妻裴惠昭）不諧，遣人船送后還都，已登路，（蕭）子良時年小，在庭前不悅。帝謂曰：「汝何不讀書？」子良曰：「孃今何處？何用讀書？」帝異之，即召后還縣。（南史齊武帝諸子傳頁1101） 案：不知齊武帝何年始任贛令亦不知蕭子良年歲，但南齊書桓康傳稱「宋大明中，隨太祖爲軍容。從世祖在贛縣。」（頁557）故將此事列於大明末年。
南朝宋前廢帝永光元年（景和元年）、太宗明帝泰始元年（北朝魏高宗文成帝和平六年，465）	（泰始元年十二月戊寅）鎮軍將軍、江州刺史晉安王子勛舉兵反，鎮軍長史鄧琬爲其謀主，雍州刺史袁顗率眾赴之。（宋書明帝紀頁155）	六歲。
南朝宋太宗明帝泰始二年（北朝魏顯祖獻文帝天安元年，466）	正月七日，（鄧琬）奉（晉安王劉）子勛爲帝，即僞位於尋陽城，年號義嘉元年，備置百官，四方並響應，威震天下。（宋書孝武十四王傳頁2060） ……。時齊王（蕭道成）率眾東北征討，而齊王世子（蕭賾）爲南康贛令，（鄧）琬遣使（南康相沈肅之）收世子，世子腹心蕭欣祖、桓康等數十人，奉世子長子（蕭長懋）奔	七歲。 泰始初，世祖（蕭賾）起義，爲郡所繫，眾皆散。（桓）康裝檐，一頭貯文惠太子（蕭長懋）及竟陵王（蕭）子良，自負置山中。與門客蕭欣祖、楊璨之、皋分喜、潛三奴、向思奴四十餘人相結，破郡獄出世祖。……（南齊書桓康傳頁557、南史桓康傳頁1151）

	竄草澤，召募得百餘人，攻郡出世子。……（宋書鄧琬傳頁 2140，亦可見南齊書武帝紀頁 43） 八月己卯，司徒建安王休仁率眾大破賊，斬偽尚書僕射袁顗，進討江、郢、荊、雍、湘五州，平定之。晉安王子勛、安陸王子綏、臨海王子頊、邵陵王子元並賜死，同黨皆伏誅。（宋書明帝紀頁 158）	
南朝宋太宗明帝泰始三年〔北朝魏顯祖獻文帝天安二年（皇興元年），467〕		八歲。
南朝宋太宗明帝泰始四年（北朝魏顯祖獻文帝皇興二年，468）		九歲。
南朝宋太宗明帝泰始五年（北朝魏顯祖獻文帝皇興三年，469）		十歲。
南朝宋太宗明帝泰始六年（北朝魏顯祖獻文帝皇興四年，470）	夏四月癸亥，以第六皇子燮爲晉熙王。（宋書明帝紀頁 166）	十一歲。 齊文惠太子（蕭長懋）、竟陵王（蕭）子良幼時，高帝（蕭道成）引（范）述曾爲之師友。起家爲宋晉熙王國侍郎。……。（梁書良吏傳頁 769、南史循吏傳頁 1714） 案：因不知范述曾何年被引爲蕭子良師友，故將此事列於晉熙王受封之年。

南朝宋太宗明帝泰始七年〔北朝魏顯祖獻文帝皇興五年（高祖孝文帝延興元年），471〕		十二歲。
南朝宋太宗明帝泰豫元年（北朝魏高祖孝文帝延興二年，472）		十三歲。
南朝宋後廢帝元徽元年（北朝魏高祖孝文帝延興三年，473）		十四歲。
南朝宋後廢帝元徽二年（北朝魏高祖孝文帝延興四年，474）	五月壬午，太尉、江州刺史桂陽王休範舉兵反。庚寅，內外戒嚴。加中領軍劉勔鎮軍將軍，加右衛將軍齊王（蕭道成）平南將軍，前鋒南討，出屯新亭。……。 壬辰，賊奄至，攻新亭壘。齊王拒擊，大破之。越騎校尉張敬兒斬休範。……。 丁酉，……。是日解嚴，大赦天下，文武賜位一等。……。 秋七月庚辰，立第七皇弟友爲邵陵王。（宋書後廢帝紀頁181-182）	十五歲。 宋世，太祖（蕭道成）爲文惠太子（蕭長懋）納后（娶王寶明爲妻），桂陽賊至，太祖在新亭，傳言已沒，宅復爲人所抄掠，文惠太子（蕭長懋）、竟陵王子良奉穆后（母裴惠昭）、庾妃（叔父蕭嶷之妻，稱叔母）及后（王寶明，分稱妻、嫂）挺身送后兄昺之家，事平乃出。（南齊書皇后傳頁392）
南朝宋後廢帝元徽三年（北朝魏高祖孝文帝延興五年，475）		十六歲。

南朝宋後廢帝元徽四年〔北朝魏高祖孝文帝延興六年（承明元年），476〕		十七歲。 （母裴惠昭）性剛嚴，竟陵王（蕭）子良妃袁氏布衣時有過，后加訓罰。（南齊書皇后傳頁391、南史后妃傳上頁329） 案：因斷限不明而將此事附於蕭子良出仕前一年。
南朝宋後廢帝元徽五年、順帝昇明元年（北朝魏高祖孝文帝太和元年，477）	十二月丁巳，……。車騎大將軍、荊州刺史沈攸之反。……。 庚午，新除左衛將軍齊王世子（蕭賾）奉新除輔軍將軍、揚州刺史晉熙王燮鎮尋陽之盆城。（宋書順帝紀頁195） 從帝（宋順帝）立，徵晉熙王燮爲撫軍、揚州刺史，以上（蕭賾）爲左衛將軍，輔燮俱下。沈攸之事起，未得朝廷處分，上以中流可以待敵，即據盆口城爲戰守之備。太祖（蕭道成）聞之，喜曰：「此眞我子也！」上表求西討，不許，乃遣偏軍援郢。（南齊書武帝紀頁44）	十八歲。 初，沈攸之難，（蕭子良）隨世祖（父蕭賾）在盆城，板寧朔將軍。仍爲宋邵陵王左軍行參軍，轉主簿，安南記室參軍，邵陵王友，王名友，不廢此官。遷安南長史。（南齊書武十七王傳頁692、南史齊武帝諸子傳頁1101）
南朝宋順帝昇明二年（北朝魏高祖孝文帝太和二年，478）	春正月，沈攸之遣將公孫方平據西陽。 辛酉，建寧太守張謨擊破之。 丁卯，沈攸之自郢城奔散。 己巳，華容縣民斬送之。……。 辛未，……，荊州平，同逆皆伏誅。 丙子，解嚴。……。 丁丑，以江州刺史邵陵王友爲安南將軍、南豫州刺史。左衛將軍齊王世子（蕭賾）爲江州刺史，……。（宋書順帝紀頁196）	十九歲。 世祖（蕭賾）自尋陽還，遇（鄱陽縣侯劉）悛於舟渚閒，歡宴敘舊，停十餘日乃下。遣文惠太子及竟陵王子良攝衣履，脩父友之敬。（南齊書劉悛傳頁650、南史殷孝祖、劉勔傳附劉悛傳頁1003）
南朝宋順帝昇明三年、齊太祖高帝建元元年（北朝魏高祖孝文帝太和	宋世元嘉中，皆責成郡縣；孝武徵求急速，以郡縣遲緩，始遣臺使，自此公役勞擾。太祖（南朝齊高帝蕭道成）踐阼，（蕭）子良陳之曰：……。（南齊書武十七王傳頁692-693、南史齊武帝諸子傳頁1101）	廿歲。 （南朝宋順帝）昇明三年，（蕭子良）爲使持節、都督會稽東陽臨海永嘉新安五郡、輔國將軍、會稽太守。……。 太祖（南朝齊高帝蕭道成）踐阼，……。封（蕭子良）聞喜縣公，

三年，479）		邑千五百戶。（南齊書武十七王傳頁 692-693、南史齊武帝諸子傳頁 1101）
南朝齊太祖高帝建元二年（北朝魏高祖孝文帝太和四年，480）	秋七月……。戊午，皇太子妃裴氏（裴惠昭）薨。（南齊書高帝紀下頁 36） 皇太子穆妃服，尚書左丞兼著作郎王逡問左僕射王儉：「中軍南郡王（蕭昭業，即日後之齊廢帝鬱林王，裴惠昭爲其祖母）小祥，應待聞喜（公蕭子良）不？穆妃七月二十四日薨，聞喜公八月發哀，計十一月之限，應在六月。……。」儉曰：「……。中軍祥縞之日，聞喜致哀而已，不受弔慰。……。」司徒褚淵等二十人並同儉議爲允，請以爲永制。詔「可」。（南齊書禮志下頁 161-162、南史齊武帝諸子傳 1102）	廿一歲。 （母）穆妃（裴惠昭）薨，（蕭子良）去官。仍爲征虜將軍、丹陽尹。開私倉賑屬縣貧民。（南齊書武十七王傳頁 694、南史齊武帝諸子傳頁 1102）
南朝齊太祖高帝建元三年（北朝魏高祖孝文帝太和五年，481）	夏四月辛亥，始制東宮臣僚用下官禮敬聞喜公子良等。（南史齊本紀上頁 112、南史齊本紀上頁 112）	廿二歲。 （蕭子良）上表曰：「京尹雖居都邑，而境壤兼跨，廣袤周輪，幾將千里。……。」上納之。會遷官，事寢。（南齊書武十七王傳頁 694）
南朝齊太祖高帝建元四年（北朝魏高祖孝文帝太和六年，482）	五月乙丑，（齊武帝）以丹陽尹聞喜公子良爲南徐州刺史。……。 （六月丙申）進封聞喜公子良爲竟陵王，……。（南齊書武帝紀頁 45、南史齊本紀上頁 118） （時高帝已崩，武帝嗣位，尚未改元） （南朝齊太祖高帝在位期間）又詔東觀學士撰史林三十篇，魏文帝皇覽之流也。（南史齊本紀上頁 113） （見第貳章第二節史林）	廿三歲。 世祖即位，封（蕭子良）竟陵郡王，邑二千戶。爲使持節、都督南徐兗二州諸軍事、鎮北將軍、南徐州刺史。（南齊書武十七王傳頁 694、南史齊武帝諸子傳頁 1102） 世祖即位，（安陸昭王蕭緬）遷五兵尚書，領前軍將軍，仍出爲輔國將軍、吳郡太守，少時，大著風績。竟陵王子良與緬書曰：「竊承下風，數十年來未有此政。」（南齊書宗室傳頁 794、南史齊宗室傳頁 1044）

		案：此事斷限不明，參酌南齊書武帝紀與宗室傳後附此。
南朝齊世祖武帝永明元年（北朝魏高祖孝文帝太和七年，483）	（春正月壬子）鎮北將軍竟陵王子良爲南兗州刺史。〔南齊書武帝紀頁46，亦可見南齊書高祖十二王傳（長沙威王）頁623〕 世祖永明初，加玉輅爲重蓋，又作麒麟頭，采畫，以馬首戴之。竟陵王子良啓曰：「臣聞車旗有章，載自前史，器必依禮，服無舛法。……」（南齊書輿服志頁324-325。因斷限不明，暫附於此。）	廿四歲。 （蕭子良）徙爲侍中、都督南兗兗徐青冀五州、征北將軍、南兗州刺史，持節如故。給油絡車。（南齊書武十七王傳頁694、南史齊武帝諸子傳頁1102） 永明初，竟陵王子良請（劉瓛）爲征北司徒記室。（南齊書劉瓛傳頁678、南史劉瓛傳頁1236。） 永明元年，表置友、學官，以（何）昌寓爲竟陵王文學，以清信相得，意好甚厚。（南齊書何昌寓傳頁762） 永明元年，徵（何點）中書郎。豫章王命駕造門，點從後門逃去。竟陵王子良聞之，曰：「豫章王尚不屈，非吾所議。」（南齊書高逸傳頁938、南史何尚之傳附何點傳頁788） 齊初，（范述曾）至南郡王國郎中令，遷尚書主客郎、太子步兵校尉，帶開陽令。述曾爲人謇諤，在宮多所諫爭，太子雖不能全用，然亦弗之罪也。竟陵王深相器重，號爲「周舍」。（梁書良吏傳頁769-770、南史循吏傳頁1714。因斷限不明，暫附於此。）
南朝齊世祖武帝永明二年（北朝魏高祖孝文帝太和八年，484）	（春正月乙亥）征北將軍竟陵王子良爲護軍將軍兼司徒。（南齊書武帝紀頁48、南史齊本紀上頁120）	廿五歲。 （蕭子良）入爲護軍將軍，兼司徒，領兵置佐，侍中如故。鎮西州。（南齊書武十七王傳頁694、南史齊武帝諸子傳頁1102） 會（稽）土邊帶湖海，民丁無士庶皆保塘役，（會稽太守王）敬則以功力有餘，悉評斂爲錢，送臺庫以

		爲便宜，上許之。竟陵王子良啓曰：「伏尋三吳內地，國之關輔，百度所資。……。」上（齊武帝）不納。（南齊書王敬則傳頁482-484）
南朝齊世祖武帝永明三年（北朝魏高祖孝文帝太和九年，485）	（豫章文獻王蕭）嶷常慮盛滿，又因（言）〔宮〕宴，求解揚州授竟陵王子良。上（齊武帝）終不許，曰：「畢汝一世，無所多言。」（南齊書豫章文獻王傳頁413、南史齊武帝諸子傳上頁1063）	廿六歲。給（蕭子良）鼓吹一部。（南齊書武十七王傳頁694） 詔徵（劉虯）爲通直郎，不就。竟陵王子良致書通意。……。（南齊書高逸傳頁939、南史劉虯傳頁1248）
南朝齊世祖武帝永明四年（北朝魏高祖孝文帝太和十年，486）	（春正月甲子）護軍將軍兼司徒竟陵王子良進號車騎將軍。（南齊書武帝紀頁51）	廿七歲。（蕭子良）進號車騎將軍。（南齊書武十七王傳頁694、南史齊武帝諸子傳頁1102） 是時上新親政，水旱不時。子良密啓曰：……。（南齊書武十七王傳頁694-697、南史齊武帝諸子傳頁1102-1103）
南朝齊世祖武帝永明五年（北朝魏高祖孝文帝太和十一年，487）	（春正月戊子）車騎將軍竟陵王子良爲司徒。（南齊書武帝紀頁53、南史齊本紀上頁121） 冬，（文惠）太子（蕭長懋）臨國學，親臨策試諸生，於坐門少傅王儉曰：「曲禮云『無不敬』。尋下之奉上，可以盡禮，上之接下，慈而非敬。今總同敬名，將不爲昧？」……竟陵王子良曰：「禮者敬而已矣。自上及下，愚謂非嫌。」……（南齊書文惠太子傳頁399-400、南史齊武帝諸子傳頁1099） 初太子內懷惡明帝（蕭鸞），密謂竟陵王子良曰：「我意色中殊不悅此人，當由其福德薄所致。」子良便苦救解。後明帝立，果大相誅害。（南	廿八歲。（蕭子良）正位司徒，給班劍二十人，侍中如故。移居雞籠山（西）邸，集學士抄五經、百家，依皇覽例爲四部要略千卷。招致名僧，講語佛法，造經唄新聲，道俗之盛，江左未有也。（南齊書武十七王傳頁698、南史齊武帝諸子傳頁1103） 世祖（齊武帝）好射雉，子良諫曰：……。雖不盡納，而深見寵愛。（南齊書武十七王傳頁698-700、南史齊武帝諸子傳頁1103因斷限不明，暫附於此。） 永平樂歌者，竟陵王子良與諸文士造奏之。（南齊書樂志頁196。因斷限不明，暫附於此。）竟陵王子良聞（王）僧祐善彈琴，於座取琴

	齊書文惠太子傳頁 402、南史齊武帝諸子傳頁 1101） 案：此事時間不明，因本年有太子事，故並附於此。	進之，不肯從命。（南齊書王秀之傳頁 801、南史王弘傳附王僧祐傳頁 580。因斷限不明，暫附於此。） 永明中，敕（王）抗品綦，竟陵王子良使（蕭）惠基掌其事。（南齊書蕭惠基傳頁 811、南史蕭思話傳附蕭惠基傳頁 500。因斷限不明，暫附於此。）
南朝齊世祖武帝永明六年（北朝魏高祖孝文帝太和十二年，488）		廿九歲。 （武陵昭王蕭曄）以公事還過竟陵王子良宅，冬月道逢乞人，脫襦與人。子良見曄衣單，薦襦於曄。曄曰：「我與向人亦復何異！」（南齊書高祖十二王傳頁 626、南史齊高帝諸子傳下頁 1083。） 案：此事斷限不明，參酌南齊書武帝紀與高祖十二王傳後附此。
南朝齊世祖武帝永明七年（北朝魏高祖孝文帝太和十三年，489）	（永明）七年，竟陵王子良領國子祭酒，世祖敕王晏曰：「吾欲令司徒辭祭酒以授張緒，物議以為如何？」子良竟不拜。以緒領國子祭酒，光祿、師、中正如故。（南齊書張緒傳頁 601、南史張裕傳附張緒傳頁 810） 尚書刪定郎王植撰定律章表奏之，曰：「臣尋晉律，文簡辭約，旨通大綱，事之所質，取斷難釋。……。」從之。於是公卿八座參議，考正舊注。有輕重處，竟陵王子良下意，多使從輕。（南齊書孔稚珪傳頁 835-836、南史孔珪傳頁 1215）	卅歲。 （蕭子良）尋代王儉領國子祭酒，辭不拜。（南齊書武十七王傳頁 700） （劉瓛）住在檀橋，瓦屋數間，上皆穿漏。學徒敬慕，不敢指斥，呼為青溪焉。竟陵王子良親往脩謁。（永明）七年，表世祖為瓛立館，以揚烈橋故主第給之，生徒皆賀。……。未及徙居，遇病，子良遣從瓛學者彭城劉繪、從陽范縝將廚於瓛宅營齋。及卒，門人受學〔者〕並弔服臨送。（南齊書劉瓛傳頁 679、南史劉瓛傳頁 1237～1238）
南朝齊世祖武帝永明八年（北朝魏高祖孝文帝太和十四年，490）		卅一歲。 給（蕭子良）三望車。（南齊書武十七王傳頁 700、南史齊武帝諸子傳頁 1103）

南朝齊世祖武帝永明九年（北朝魏高祖孝文帝太和十五年，491）		卅二歲。 京邑大水，吳興偏劇，（蕭）子良開倉賑救貧病不能立者，於第北立廨收養，給衣及藥。（南齊書武十七王傳頁 700、南史齊武帝諸子傳頁 1103）
南朝齊世祖武帝永明十年（北朝魏高祖孝文帝太和十六年，492）	（春正月戊午）司徒竟陵王子良領尚書令。（南齊書武帝紀頁 59、南史齊本紀上頁 124） 夏四月辛丑，大司馬豫章王嶷薨。（南齊書武帝紀頁 59） 五月己巳，司徒竟陵王子良為揚州刺史。（南齊書武帝紀頁 59）	卅三歲。 （蕭子良）領尚書令。尋為使持節、都督揚州諸軍事、揚州刺史，本官如故。尋解尚書令，加中書監。（南齊書武十七王傳頁 700、南史齊武帝諸子傳頁 1103） 永明末，京邑人士盛為文章談義，皆湊竟陵王西邸。（南齊書劉繪傳頁 841、南史殷孝祖、劉勳傳附劉繪傳頁 1009。） 案：此事列於豫章王薨前，故暫列於此。 （豫章文獻王蕭嶷）薨，年四十九。……。竟陵王子良啓上曰：「臣聞春秋所以稱王母弟者，以尊其所重故也……。」（南齊書豫章文獻王傳頁 415）
南朝齊世祖武帝永明十一年（北朝魏高祖孝文帝太和十七年，493）	（春正月）丙子，皇太子長懋薨。（南齊書武帝紀頁 60、南史齊本紀上頁 125） 文惠太子薨，世祖檢行東宮，見太子服御羽儀，多過制度，上大怒，以子良與太子善，不啓聞，頗加嫌責。（南齊書武十七王傳頁 700、南齊書齊武帝諸子傳頁 1101） （秋七月）戊寅，（齊武帝）大漸。詔曰：「……。子良善相毗輔，思弘治道；內外眾事無大小，悉與（蕭）鸞（後為齊明帝）參懷共下意。……。」是日，崩。（南齊書武帝紀頁 61、南齊書武十七王傳頁	卅四歲。 三月，震于東齋，棟崩。左右密欲治繕，竟陵王子良曰：「此豈可治，留之志吾過，且旌天之愛我也。」明年，子良薨。（南齊書五行志頁 379） 大行（齊武帝）在殯，竟陵王子良在殿內，太孫未立，眾論喧疑。（武陵昭王蕭）曄眾中言曰：「若立長則應在我，立嫡則應在太孫。」（南齊書高祖十二王傳頁 626、南史齊高帝諸子傳下頁 1083）

	700，亦可見南史齊本紀上頁125-126）	進位太傅，增班劍爲三十人，本官如故。解侍中。（南齊書武十七王傳頁701、南史齊本紀下頁134）
	（八月）癸未，（齊廢帝鬱林王）以司徒竟陵王子良爲太傅。（南齊書廢帝鬱林王紀頁69、南史齊本紀下頁134） （時武帝已崩，廢帝鬱林王嗣位，尚未改元）	
南朝齊廢帝鬱林王隆昌元年（北朝魏高祖孝文帝太和十八年，494）	隆昌元年春正月丁未，改元，大赦。加太傅竟陵王子良殊禮。（南齊書廢帝鬱林王紀頁70、南史齊本紀下頁134） （夏四月戊子）太傅竟陵王子良薨。（南齊書廢帝鬱林王紀頁71、南史齊本紀下頁134）	卅五歲。 隆昌元年，劍履上殿，入朝不趨，贊拜不名。進督南徐州。其年疾篤，謂左右曰：「門外應有異。」遣人視，見淮中魚萬數，皆浮出水上向城門。尋薨，時年三十五。（南齊書武十七王傳頁701）

乙、《四部要略》之可能編纂者

前文提到竟陵王蕭子良是位喜交友、好文藝的人，這使他成爲同好團體的中心，能群聚眾文士於一堂，《四部要略》的被編纂恐怕不是偶然。不過無論是《南齊書》或是《南史》，在有關《四部要略》的記載裡都只提及子良之名，至於除了他之外還有誰參與這項編書的工作則未提及。如果要嘗試尋找可能有哪些人隱身其後，自然仍得從蕭子良爲中心向外察訪以尋找可能親身參與編纂《四部要略》者。現在將正史中記載曾於子良屬下任事者整理出來列於下表，以便進行接下來的探索。

各正史記載曾於南朝齊竟陵王蕭子良屬下任事者表

人　名	事　　蹟〔註49〕	卷　名
周山圖	世祖踐阼，遷竟陵王鎮北司馬，帶南平昌太守，將軍如故。	《南齊書》卷二十九（《列傳》第十），543、《南史》卷四十六（《列傳》第三十六），1156
褚炫	出爲竟陵王征北長史，加輔國將軍，尋徙爲冠軍長史、江夏內史，將軍如故。	《南齊書》卷三十二（《列傳》第十三），582

〔註49〕編號1至48的事蹟內文錄自《南齊書》、《梁書》、《陳書》、《周書》，編號49至52則錄自《南史》。

王延之	（建元）四年，遷中書令、右光祿大夫、本州大中正。轉左僕射，光祿、中正如故。尋領竟陵王師。	《南齊書》卷三十二（《列傳》第十三），586、《南史》卷二十四（《列傳》第十四），653
謝超宗	世祖即位，使掌國史，除竟陵王征北諮議參軍，領記室。	《南齊書》卷三十六（《列傳》第十七），636、《南史》卷十九（《列傳》第九），543
劉悛	征北竟陵王子良帶南兗州，以悛爲長史，加冠軍將軍、廣陵太守。	《南齊書》卷三十七（《列傳》第十八），651
蕭穎冑	除竟陵王司徒外兵參軍，晉熙王文學。	《南齊書》卷三十八（《列傳》第十九），665、《南史》卷四十一（《列傳》第三十一），1046
劉瓛	永明初，竟陵王子良請爲征北司徒記室。	《南齊書》卷三十九（《列傳》第二十），678、《南史》卷五十（列傳第四十），1236
王摛	時東海王摛，亦史學博聞，歷尚書左丞。竟陵王子良校試諸學士，唯摛問無不對。	《南齊書》卷三十九（《列傳》第二十），686、《南史》卷四十九（《列傳》第三十九），1213
張融	又爲長沙王鎮軍、竟陵王征北諮議，並領記室，司徒事中郎。	《南齊書》卷四十一（《列傳》第二十二），727、《南史》卷三十二（《列傳》第二十二），835
蕭坦之	除竟陵王鎮北征北參軍，東宮直閣，以勤直爲世祖所知。	《南齊書》卷四十二（《列傳》第二十三），748
江祏	宋末，解褐晉熙國常侍，太祖徐州西曹，員外郎，高宗冠軍參軍，帶瀰陽令，竟陵王征北參軍，尚書水部郎。	《南齊書》卷四十二（《列傳》第二十三），750
江斅	永明初，仍爲豫章王太尉諮議，領錄事，遷南郡王友，竟陵王司徒司馬。	《南齊書》卷四十三（《列傳》第二十四），758、《南史》卷三十六（《列傳》第二十六），942
何昌寓	永明元年，竟陵王子良表置友、學官，以（何）昌寓爲竟陵王文學，以清信相得，意好甚厚。	《南齊書》卷四十三（《列傳》第二十四），762
謝顥	永明初，高選友、學，以顥爲竟陵王友。	《南齊書》卷四十三（《列傳》第二十四），762～763、《南史》卷二十（《列傳》第十），560～561
王思遠	建元初，爲長沙王後軍主簿，尚書殿中郎，出補竟陵王征北記室參軍，府遷司徒，仍爲錄事參軍。遷太子中舍人，文惠太子與竟陵王子良素好士，並蒙賞接。	《南齊書》卷四十三（《列傳》第二十四），765

徐孝嗣	建元初，……。未拜，爲寧朔將軍、聞喜公子良征虜長史，遷尙書吏部郎，太子右衛率，轉長史。……。 （竟陵王）子良好佛法，使孝嗣及廬江何胤掌知齋講及眾僧。……。	《南齊書》卷四十四（《列傳》第二十五），772
蔡　約	轉鄱陽王友，竟陵王鎮北征北諮議，領記室，中書郎，司徒右長史，黃門郎，領本州中正。	《南齊書》卷四十六（《列傳》第二十七），804
陸慧曉（子爲陸倕）	（陸慧曉）遷始興王前將軍安西諮議，領冠軍錄事參軍，轉司徒從事中郎，遷右長史。時陳郡謝朓爲左長史，府公竟陵王子良謂王融曰：「我府二上佐，求之前世，誰可爲比？」融曰：「兩賢同時，便是未有前例。」子良於西邸抄書，令慧曉參知其事。	《南齊書》卷四十六（《列傳》第二十七），806、《南史》卷四十八（《列傳》第三十八），1191
蕭惠基	當時能棊人琅邪王抗第一品，……。永明中，敕抗品棊，竟陵王子良使（蕭）惠基掌其事。	《南齊書》卷四十六（《列傳》第二十七），811、《南史》卷十八（《列傳》第八），500
王　融	竟陵王司徒板法曹行參軍，遷太子舍人。……。 （齊武帝永明十一年）會虜動，竟陵王子良於東府募人，板融寧朔將軍、軍主。融文辭辯捷，尤善倉卒屬綴，有所造作，援筆可待。子良特相友好，情分殊常。晚節大習騎馬。才地既華，兼藉子良之勢，傾意賓客，勞問周款，文武翕習輻湊之。招集江西傖楚數百人，竝有幹用。世祖疾篤暫絕，子良在殿內，太孫未入，融戎服絳衫，於中書省閤口斷東宮仗不得進，欲立子良。上既蘇，太孫入殿，朝事委高宗。融知子良不得立，乃釋服還省。歎曰：「公誤我。」鬱林深忿疾融，即位十餘日，收下廷尉獄，……。融請救於子良，子良憂懼不敢救。	《南齊書》卷四十七（《列傳》第二十八），817，823，825、魏書卷九十八（《列傳》第八十六），2164～2165、《南史》卷二十一（《列傳》第十一），577
劉　繪	永明末，京邑人士盛爲文章談義，皆湊竟陵王西邸。（劉）繪爲後進領袖，機悟多能。	《南齊書》卷四十八（《列傳》第二十九），841
王智深	（齊廢帝鬱林王）隆昌元年，敕索其書（《宋紀》三十卷），（王）智深遷爲竟陵王司徒參軍，坐事免。	《南齊書》卷五十二（《列傳》第三十三），897、《南史》卷七十二（《列傳》第六十二）：文學，1772

賈淵（南史避諱，稱賈希鏡）	永明初，轉尚書外兵郎，歷大司馬司徒府參軍。竟陵王子良使（賈）淵撰《見客譜》，出爲句容令。	《南齊書》卷五十二（《列傳》第三十三），907、《南史》卷七十二（《列傳》第六十二）：文學，1776
茹法亮	（永明）七年，除臨淮太守，轉竟陵王司徒中兵參軍。	《南齊書》卷五十六（《列傳》第三十七），977、《南史》卷七十七（《列傳》第六十七）：恩倖，1929
蕭　衍（梁武帝）	竟陵王子良開西邸，招文學，高祖（梁武帝蕭衍）與沈約、謝朓、王融、蕭琛、范雲、任昉、陸倕等並遊焉，號曰八友。	《梁書》卷一（《本紀》第一），2、《南史》卷六（《梁本紀》上第六）168
范　雲（從父兄即爲范縝）	齊建元初，竟陵王子良爲會稽太守，（范）雲始隨王，王未之也。會遊秦望，使人視刻石文，時莫能識，雲獨誦之，王悅，自是寵冠府朝。王爲丹陽尹，召爲主簿，深相親任。……。子良爲司徒，又補記室參軍事，尋授通直散騎侍郎、領本州大中正。……。 初，雲與高祖（梁武帝蕭衍）遇於齊竟陵王子良邸（《南史》稱即爲西邸），又嘗接里閈，高祖深器之。 ……。事竟陵王子良恩禮甚隆，雲每獻損益，未嘗阿意。子良嘗啓齊武帝論雲爲郡。帝曰：「庸人，聞其恒相賣弄，不復窮法，常宥之以遠。」子良曰：「不然。雲動相規誨，諫書具存，請取以奏。」既至，有百餘紙，辭皆切直。帝歎息，因謂子良曰：「不謂雲能爾。方使彌汝，何宜出守。」……。	《梁書》卷十三（《列傳》第七），230，231～232、《南史》卷五十七（《列傳》第四十七），1416～1418
沈　約	時竟陵王亦招士，（沈）約與蘭陵蕭琛、琅邪王融、陳郡謝朓、南鄉范雲、樂安任昉等皆遊焉，當世號爲得人。……。 高祖（梁武帝蕭衍）在西邸，與約遊舊，……。	《梁書》卷十三（《列傳》第七），233、《南史》卷五十七（《列傳》第四十七），1410，1411
任　昉	遷司徒刑獄參軍事，入爲尚書殿中郎，轉司徒竟陵王記室參軍，以父憂去職。……。 高祖（梁武帝蕭衍）克京邑，霸府初開，以（任）昉爲驃騎記室參軍。始高祖與昉遇竟陵王西邸，從容謂昉曰：「我登	《梁書》卷十四（《列傳》第八），252，253、《南史》卷五十九（《列傳》第四十九），1452，1453～1454

	三府，當以卿爲記室。」昉亦戲高祖曰：「我若登三事，當以卿爲騎兵。」謂高祖善騎也。至是，故引昉符昔言焉。……。	
王　亮	齊竟陵王子良開西邸，延才俊以爲士林館，使工圖畫其像，（王）亮亦預焉。	《梁書》卷十六（《列傳》第十），267、《南史》卷二十三（《列傳》第十三），623
宗　夬	齊司徒竟陵王集學士於西邸，並見圖畫，（宗）夬亦預焉。	《梁書》卷十九（《列傳》第十三），299、《南史》卷三十七（《列傳》第二十七），972～973
王　瞻	又爲齊南海王友，尋轉司徒竟陵王從事中郎，王甚相賓禮。……。	《梁書》卷二十一（《列傳》第十五），317
王　志	累遷鎮北竟陵王功曹史、安陸南郡二王友。	《梁書》卷二十一（《列傳》第十五），318～319
王　峻	起家著作佐郎，不拜，累遷中軍廬陵王法曹行參軍，太子舍人，邵陵王文學，太傅主簿。府主齊竟陵王子良甚相賞遇。遷司徒主簿，以父憂去職。	《梁書》卷二十一（《列傳》第十五），320
張　充	後爲司徒諮議參軍，與琅邪王思遠、同郡陸慧曉等，並爲司徒竟陵王賓客。	《梁書》卷二十一（《列傳》第十五），330、《南史》卷三十一（《列傳》第二十一），812
柳　惲	初，宋世有嵇元榮、羊蓋，並善彈琴，云傳戴安道之法，（柳）惲幼從之學，特窮其妙。齊竟陵王聞而引之，以爲法曹行參軍，雅被賞狎。王嘗置酒後園，有晉相謝安鳴琴在側，以授惲，惲彈爲雅弄。子良曰：「卿巧越嵇心，妙臻羊體，良質美手，信在今辰。豈止當世稱奇，足可追蹤古烈。」	《梁書》卷二十一（《列傳》第十五），331、《南史》卷三十八（《列傳》第二十八），987～988
范　岫	累遷臨海、長城二縣令，驃騎參軍，尚書刪定郎，護軍司馬，齊司徒竟陵王子良記室參軍。	《梁書》卷二十六（《列傳》第二十），391
傅　昭	齊永明中，累遷員外郎、司徒竟陵王子良參軍、尚書儀曹郎。	《梁書》卷二十六（《列傳》第二十），393
蕭　琛	（王）儉爲丹陽尹，辟爲主簿，舉爲南徐州秀才，累遷司徒記室。……。高祖（梁武帝蕭衍）在西邸，早與琛狎，每朝讌，接以舊恩，呼爲宗老。	《梁書》卷二十六（《列傳》第二十），396，397

陸　杲	久之，以爲司徒竟陵王外兵參軍，遷征虜宜都王功曹史，驃騎晉安王諮議參軍，司徒從事中郎。	《梁書》卷二十六（《列傳》第二十），398
陸　倕（父爲陸慧曉）	刺史竟陵王子良開西邸延英俊，倕亦預焉。	《梁書》卷二十七（《列傳》第二十一），401、《南史》卷四十八（《列傳》第三十八），1193
王僧孺	仕齊，……。司徒竟陵王子良開西邸招文學，（王）僧孺亦遊焉。……。初，僧孺與樂安任昉遇竟陵王西邸，以文學友會，及是將之縣（出爲錢唐令），昉贈詩，其略曰：「……。」其爲士友推重如此。	《梁書》卷三十三（《列傳》第二十七），469、470、《南史》卷五十九（《列傳》第四十九），1460
孔休源	琅邪王融雅相友善，乃薦之（孔休源）於司徒竟陵王，爲西邸學士。	《梁書》卷三十六（《列傳》第三十），519、《南史》卷六十（《列傳》第五十），1471
江　革	司徒竟陵王聞（江革）其名，引爲西邸學士。	《梁書》卷三十六（《列傳》第三十），523、《南史》卷六十（《列傳》第五十），1474
范　縝	永明年中，……。于時竟陵王子良盛招賓客，（范）縝亦預焉。……。義軍至，縝墨絰來迎。高祖（梁武帝蕭衍）與縝有西邸之舊，見之甚悅。……。 初，縝在齊世，嘗侍竟陵王子良。子良精信釋教，而縝盛稱無佛。子良問曰：「君不信因果，世間何得有富貴，何得有賤貧？」縝答曰：「人之生譬如一樹花，同發一枝，俱開一蔕，隨風而墮，自有拂簾幌墜於茵席之上，自有關籬牆落於糞溷之側。墜茵蓆者，殿下是也，落糞溷者，下官是也。貴賤雖復殊途，因果竟在何處？」子良不能屈，深怪之。縝退論其理，著《神滅論》曰：「……。」此論出，朝野諠譁，子良集僧難之而不能屈。	《梁書》卷四十八（《列傳》第四十二）：《儒林》，665，670、《南史》卷五十七（《列傳》第四十七），1421～1422
謝　璟	齊竟陵王子良開西邸，招文學，（謝）璟亦預焉。	《梁書》卷五十（《列傳》第四十四）：文學下，717、《南史》卷十九（《列傳》第九），530
沈　瑀	司徒竟陵王子良聞（沈）瑀名，引爲府（行）參軍，領揚州部傳從事。時建康	《梁書》卷五十三（《列傳》第四十七）：《良吏》，767，768、

	令沈徽孚恃勢陵瑀，瑀以法繩之，眾憚其強。子良甚相知賞，雖家事皆以委瑀。子良薨，瑀復事刺史始安王遙光。……。 初，瑀在竟陵王家，素與范雲善。……。	《南史》卷七十（《列傳》第六十）：《循吏》，1712，1713
馬靈慶	齊竟陵王錄事參軍。	《陳書》卷十九（《列傳》第十三），264、《南史》卷七十六（《列傳》第六十六）：《隱逸》下，1907
褚長樂	齊竟陵王錄事參軍。	《周書》卷四十七（《列傳》第三十九）：《藝術》，849
李元履	（李安人）字元履，幼有操業，甚閑政體，為司徒竟陵王子良法曹參軍。	《南史》卷四十六（《列傳》第三十六），1149
蕭文琰 丘令楷 江　洪	……。蕭文琰，蘭陵人。丘令楷，吳興人。江洪，濟陽人。竟陵王子良嘗夜集學士，刻燭為詩，四韻者則刻一寸，以此為率。文琰曰：「頓燒一寸燭，而成四韻詩，何難之有。」乃與令楷、江洪等共打銅缽立韻，響滅則詩成，皆可觀覽。……。	《南史》卷五十九（列傳四十九），1463

　　要尋找這些人當中哪些可能會與《四部要略》有關，其中一個要素是有沒有在西邸活動過，因為《南齊書》和《南史》的記載中顯示《四部要略》是在蕭子良移居西邸後才開始編纂的。在西邸裡服務的人是不屬於南朝齊朝廷內的編制，完全是由蕭子良延攬而來。從上表中可以得知符合其中要素的包括：「八友（沈約、謝朓、王融、蕭琛、范雲、任昉、陸倕和蕭衍）」、陸慧曉、劉繪、王亮、宗夬、王僧孺、孔休源、江革、范縝、謝璟共十七人。另有四位沒有出現「西邸」字樣但具有「學士」頭銜同時聽從子良命令的人，分別是王摛、蕭文琰、丘令楷和江洪。如此前後總計共有二十一人。

　　在這二十一人當中，抄書者是陸慧曉，後進是劉繪，文學是「八友」、王僧孺、謝璟，才俊（士林館）有王亮，西邸學士者有宗夬、孔休源、江革，沒有載明的是范縝。除此之外，「八友」中的陸倕還被稱為英俊。在這二十一人中可以先刪除不論的是范縝和劉繪。就范縝而言，一來史書沒有明載他在西邸中的地位；二來他曾和子良在宗教問題上採取對立的立場，或許會使子良考慮不要重用他。劉繪被稱為後進領袖，表示他或許不是在西邸開館時就

加入的，無法確定是否加入編纂群之列。

　　至於「八友」、王僧孺和謝璟的情況就不能很肯定，四位學士也因爲不知他們是何時與子良交遊，所以也無法確定他們是不是編者群之一。不過這些人當中仍有值得注意者，就是身爲「八友」之一，在世時編《皇覽抄》二十卷的蕭琛（事見第貳章第一節《皇覽》）。現存史料未明言蕭琛與《四部要略》間的關係，但是蕭琛編《皇覽抄》、《四部要略》是依《皇覽》例編成、蕭琛與西邸間往來密切等數點則是有記載的；雖不知是《四部要略》的編纂影響了蕭琛編《皇覽抄》，還是《皇覽抄》影響到《四部要略》的內容體例，但如從以上數點推論蕭琛與《四部要略》間可能有所關聯，甚至是可能編纂者之一應仍尙屬合理的推測。

　　扣除不予討論的范縝和劉繪以及是否加入編纂群尙有疑問的四學士之後，參與編寫的可能人選包括負責抄書工作的陸慧曉和有明確記載爲西邸學士的孔休源、江革。宗夬站在學士群的圖畫當中可知他也是學士；王亮的傳記中雖未明載，但從他也能立於圖畫裡表示他可能也是學士之一。雖然他們的本傳沒有確實的記錄能與子良的本傳相對照，但從他們的資歷來看，相信他們幾位參與編寫《四部要略》的可能性應該是不低的。

丙、《四部要略》其書

　　閱讀《南齊書》和《南史》的記載，除了知道編纂《四部要略》的主事者是竟陵王蕭子良，藉由搜羅史料可以縮小編纂群的身分之外，我們還可以立刻判斷的訊息是：

　　一、開始編纂《四部要略》的時間是在南朝齊武帝永明五年，但完成時
　　　　間不詳。

　　二、地點是雞籠山西邸。〔註50〕

〔註50〕雞籠山，一名龍山，明、清以降再改稱雞鳴山；明朝時因爲曾在山上興建觀星
　　　臺，所以又名欽天山。從行政區劃來看，它應位於六朝時期建康城外偏西北方
　　　向。因爲歷代城市位置略有不同，轄下規模又異，所以各部典籍記載的位置亦
　　　隨之更動；如以山川形勢的位置來看，它北面玄武湖，東鄰覆舟山（皆爲今名）。
　　　宋人樂史所著的《太平寰宇記》是以唐朝的行政區劃爲本，雞籠山位在江南
　　　東道昇州上元縣內。原文如下：
　　　雞籠山在縣西北九里，東連龍山、西接落星岡、北臨棲元塘。輿地志云：「其
　　　山狀如雞籠，以此爲名。」晉元帝等五陵並在山之陽。
　　　宋・張敦頤的《六朝事迹編類》載：

三、資料取材於《五經》、百家。

四、編纂體例依《皇覽》例。

雖然從《南齊書》和《南史》的記載中可以判斷《四部要略》有類書的性質，不過也有人持不同的看法。比如王應麟在《玉海》中就將《四部要略》廁身於《藝文門書目類》中，認為它應該是一部簿錄（目錄），這或許是因為書名中有「四部」，使人容易聯想到甲、乙、丙、丁（經、史、子、集）

……。《輿地志》云：「雞籠山在覆舟山之西二百餘步，其狀如雞籠，因以為名。」按南史宋文帝元嘉十五年立儒館于北郊，命雷次宗居之。次宗因開館于雞籠山，齊高帝嘗就次宗受《禮》及《左氏春秋》。……。又按宋文帝元嘉中改為龍山，以黑龍嘗見真武湖，此山正臨湖上因以為名。今去縣六里，晉元帝、明帝、成帝、哀帝四陵皆在山南，中有佛寺五所。

宋·周應合的《景定建康志》載：

鷄籠山在城西北六、七里，高三十丈，周迴一十里。……。

事跡：……。宋改名龍山，以黑龍常見真武湖，此山正臨湖上故名。……。

清·黃之雋等人編纂的《江南通志》將雞籠（鳴）山劃歸於江蘇省江寧府內。

原文如下：

雞鳴山在府東北、覆舟山之西，其北臨元武湖。……。明初於山巔建觀星臺，賜名欽天山；左右列十廟，繚以朱垣。其東為雞鳴寺，有普濟壙。國朝（清）康熙二十三年（1684），聖祖南巡幸雞鳴山登北極，御書「曠觀」二字。

見宋·樂史，《太平寰宇記》卷九十：《江南東道昇州》，臺灣省臺北縣永和鎮（市）：文海出版社，出版日期、據何板景印皆未詳，十板六行至八行（新頁678下半）。

宋·張敦頤，《六朝事迹編類》卷下：《山岡門》第六，臺北市：藝文印書館據明·吳琯校刊《古今逸史》本景印（收入《百部叢書集成》九：十六），中華民國五十五年（1966），四板一行至十行。

宋·周應合，《景定建康志》卷十七（《山川志》一）：《山阜》，臺北市：商務印書館據國立故宮博物院藏清文淵閣鈔本《四庫全書》景印（收入《四庫全書珍本九集》冊148），中華民國六十八年（1979），十二版六行至十四行。

清·黃之雋等，《江南通志》卷十一：《輿地志》（《山川》一江寧一府），臺北市：京華書局據清高宗乾隆二年（1737）重修本景印，中華民國五十六年八月（1967.8），四板九行至十八行（新頁272下半）。

中華民國·謝壽昌等編，《中國古今地名大辭典》，臺北市：商務印書館，中華民國四十九年四月（1960.4）增續編版，頁1335、1336。

中華民國·程光裕、徐聖謨主編，《中國歷史地圖》（下冊）：《南京沿革圖》、《明代南京圖》，臺北市士林區：中國文化大學出版部，中華民國七十三年十月（1984.10），頁7。

有關雞籠山美景之介紹，可見明代朱之蕃著《金陵圖詠》之「雞籠雲樹」圖，收入《中國方志叢書》（《華中地方第439號》），臺北市：成文出版社據明熹宗天啟三年（1623）刊本影印，頁27。

所致。對於類書與目錄學之間有什麼樣的關聯性，近人姚名達在撰寫《中國目錄學史》時曾提出如此看法：〔註51〕

> 著者認爲類書爲主題目錄之擴大。蓋分類之道有時而窮，惟以事物爲主題，彙列參考資料於各主題之下，使學者一目瞭然，盡獲其所欲見之書。此其功用較分類目錄爲進一步。倘刪其繁文，僅存書目，即現代最進步之主題目錄也。

這樣看來，《四部要略》好像是一部同時兼具類書與目錄性質的圖書。然而再仔細觀察，王應麟的說法其實還是有些疑點。首先，《隋書經籍志總序》的內容顯示四部（甲、乙、丙、丁）分類出現的時間是在《皇覽》成書之後；雖然現在也沒有辦法得知《皇覽》的編纂體例爲何，但應該不是使用經、史、子、集做第一層的區分。以此類推，「依《皇覽》例」編纂的《四部要略》是不是使用四部分類，能不能算是簿錄（目錄）之一恐怕是有疑問的。另外，史書中只提到《四部要略》取材於《五經》百家（經、子），沒有出現相當於史部和集部書的字眼。雖然不能排除它們被包涵在《五經》百家之內的可能性，不過在史無明言的情形下實不宜多做妄斷。

　　《四部要略》本身的傳世情形不詳，即使在任昉撰寫的行狀中也只提到書名而已。其書不見錄於《隋書經籍志》，可知最晚在唐初撰寫《五代史志》時就已亡佚；但清代學者姚振宗爲《隋書經籍志》進行考證時，認爲子部雜家中的「《部略》十五卷」應是《四部要略》的一部分。姚振宗是這樣寫的：〔註52〕

> **《部略》十五卷　不著撰人**
>
> 《唐書藝文志》：《部略》十五卷
>
> 案《南齊書竟陵文宣王子良傳》：……。此《部略》疑即《四部要略》之省名，十五卷者或千卷之殘賸，或部首之總最。
>
> 又《魏書裴景融傳》：……，則又疑裴氏未成之書。

姚振宗在觀察過《隋書經籍志》後將子部雜家類再分成四個支屬，分別是：諸子、雜考（包括雜說、雜品、雜纂）、類事、釋家。《部略》是置於雜考等之屬，不與類事同列。當初編纂《五代史志》時必不認爲它是一部目錄，否

〔註51〕《中國目錄學史》，頁74。
〔註52〕《隋書經籍志考證》，頁478（總頁5516）。

則定置於史部簿錄類之林。加上《部略》也已消亡,現存典籍中又尚未及見任何支持姚說的證據。因此姚振宗的看法恐怕只能算是假說,不能貿然將之與《四部要略》相提並論。

茲將現在有關《四部要略》的認識重新寫成以下的簡介:

《四部要略》千卷,南朝齊竟陵王蕭子良主事編纂。南朝齊武帝永明五年(487)竟陵王蕭子良在正位司徒並移居建康城外雞籠山西邸後,延聘陸慧曉、學士孔休源、江革等人共撰,《皇覽抄》編者蕭琛亦有參與其中之可能性。成書時間未詳,其取材範圍遍及《五經》、百家,體例則依《皇覽》例。該書傳世狀況不明,僅見於《南齊書武十七王傳》及《南史齊武帝諸子傳》;《隋書經籍志》亦未收,恐怕在南北朝時即已消亡。清代學者姚振宗稱《隋書經籍志》和《新唐書藝文志》收錄的「《部略》十五卷」為《四部要略》殘卷,其說尚無實證,難以憑據。

第四節　《壽光書苑》

「《壽光書苑》二百卷梁尚書左丞劉杳撰。」、「《壽光書苑》二百卷劉香撰。」、「劉杳《壽光書苑》二百卷。」以上分別是《隋書經籍志》子部雜家類、《舊唐書經籍志》子部事類(類事)、《新唐書藝文志》子部類書類的記載,然而這也是正史當中書名和作者之間唯一的聯繫;因為「《壽光書苑》」的書名就正史經籍志、藝文志而言僅見於這三處,《梁書》和南史不載,作者劉杳(《舊唐書經籍志》誤植為「劉香」)的傳記中亦未提及他撰寫《壽光書苑》的事。因此該書的來歷為何,作者什麼時候撰寫等等事情多屬不明。今先從回顧前人對於《壽光書苑》的研究出發,繼而再重新研讀可能相關的史料範圍,最後探討劉杳的生平事蹟,希望能夠尋得箇中蛛絲馬跡。

甲、當今關於《壽光書苑》的研究看法回顧

現今有關《壽光書苑》的研究,大約都指向一種說法,認為該書應與當時的一個政府機構:壽光省有關,接著再從有關壽光省的部分記載中推敲劉杳撰寫《壽光書苑》的時間。比如清代學者姚振宗在《隋書經籍志考證》中就是將《壽光書苑》與壽光省聯結在一起的:〔註53〕

〔註53〕《隋書經籍志考證》卷三十(《子部》七):《雜家類》,頁487(總頁5525)。

《壽光書苑》二百卷。梁尚書左丞劉杳撰。

《梁書文學傳》：杳字士深，平原平原人也。天監初，爲太學博士。少好學，博綜羣書，沈約、任昉以下每有遺亡皆訪問焉。王僧孺被勑撰譜，范岫撰《字書音訓》又訪杳焉。佐周捨撰國史，入華林撰《遍略》，代裴子野知著作郎事。歷仕至尚書左丞，大同二年卒官，時年五十。自少至長，多所著述。

又《張率列傳》：率字士簡，吳郡吳人。天監初直文德待詔省敕，使抄乙部書。七年（508）有勑，直壽光省，治丙丁部書抄。

《唐書經籍志》類事家：《壽光書苑》二百卷，劉杳撰香當爲杳。

《唐書藝文志》類書類：劉杳《壽光書苑》二百卷一本亦誤作香。

案：《梁書》、《南史劉杳傳》皆不言杳撰是書事，其他諸傳亦罕有言及之者；唯《張率傳》略見端倪耳。審是則是書分甲、乙、丙、丁四部，似猶在《華林遍略》之前又《到洽傳》：勅使抄甲部書，或亦是《書苑》也。

姚振宗在閱讀《梁書張率傳》和到洽傳的內容後提出《壽光書苑》應該是探取甲、乙、丙、丁的四部分類法，而且成書的時間可能在《華林遍略》問世之前。後來的研究者們大致就站在這個說法上繼續探討、發展著，像是胡道靜的《中國古代的類書》這樣記載著：〔註54〕

梁武帝蕭衍亦好文學，故得位之初，即詔修類書，可能是效魏文帝之所爲。《隋書經籍志》的類書行列中，載《壽光書苑》二百卷，梁尚書左丞劉杳撰。這是開國初年詔修的一部類書，在天監初年（502）即已開始。蕭衍此人器量反隘，後來爲了與劉峻的《類苑》競高下，又敕修第二部類書《華林遍略》。

領修《壽光書苑》的劉杳齊永明五年生，梁大同二年卒（487～536），字士深，平原人。天監初，爲太學博士，歷仕至尚書左丞。《梁書文學傳》提到他「入華林撰《遍略》」，但是沒有說他纂輯《壽光書苑》。

《梁書文學傳序》說：「高祖旁求儒雅，詔采異人，文章之盛，煥乎俱集。……至若彭城到沆、吳興丘遲、東海王僧孺、吳郡張率等，或入直文德、通讌壽光，皆後來之選也。」又《張率列傳》：

〔註54〕《中國古代的類書》，頁43。

「率字士簡，吳群吳人。天監初，直文德待詔省，敕使抄乙部書。七年（508）有敕，直壽光省，治丙、丁部書抄。」又《到洽列傳》：「使抄甲部書。」綜合這些資料，可知《壽光書苑》乃統輯四部書資料而成，「壽光」二字以壽光省得名。始事於開國之初，蕆事在天監七年後。

而彭邦炯的《百川匯海──古代類書與叢書》裡則說：〔註55〕

《壽光書苑》是南朝梁武帝（502～549）時代編的一部類書。……。《梁書文學傳》中講到他編《華林遍略》的事，但沒有提及他編《壽光書苑》的事。《隋書經籍志》才使我們得知此事。梁武帝蕭衍，特別喜愛文學，他當皇帝後，即刻意仿效魏文帝下令編纂類書。《壽光書苑》是他稱帝後編的第一部類書。因為此書早已失傳，所以有關它的具體內容、編纂體例等，都無法詳知了。據《梁書文學傳》、《劉杳傳》等零星記載，我們只能大致知道《壽光書苑》的書名，與當時的政府機關「壽光省」有關。此書先後抄錄了當時所能見到的「甲、乙、丙、丁」（即經、史、子、集）四部的全部資料，參加編纂的不止劉杳一人；劉杳只是此書的「主編」，前後經七年時間完成（梁武帝天監元年至七年），更多的情況就無法知道了。

在這兩本書中除了延續姚振宗的兩點說法：與壽光省有關、成書於《華林遍略》之前外，還提出了另外三點：梁武帝喜歡編類書是仿效魏文帝曹丕的作為、《壽光書苑》是梁武帝即位後編成的第一部類書、《壽光書苑》的資料來源橫跨四部。此外兩人還分別嘗試界定《壽光書苑》編纂的時間，彭邦炯還認為劉杳只是主編，不是唯一的作者等等。不過他們也有不一致的地方，像是胡道靜沒有明言開始撰寫的時間，而完成的時間應在天監七年後，彭邦炯則認為就在七年之內成書。

　　照上述的脈絡看來此說似乎言之成理，不過應該仍有可以再討論的空間，。因為正史失載劉杳編纂《壽光書苑》的過程，所以前輩學者們援引壽光省、《到洽傳》、《張率傳》和《文學傳》的史料試圖加以彌補。可是不管怎麼看似乎總覺得不大像他們所言，與劉杳的生平以及《壽光書苑》之間有穩固直接的關係。他們是如何建立他們的看法的？他們的思考脈絡可能會是什

〔註55〕《百川匯海──古代類書與叢書》，頁72～73。

麼呢？讓我們再看一次《梁書》和《南史》的《到洽傳》、《張率傳》和《梁書文學傳》原文。〔註56〕

（天監）二年（503），（到洽）遷司徒主簿，直待詔省，敕使抄甲部書。……。（《梁書到洽傳》）

（到洽）遷司徒主簿，直待詔省，敕使抄甲部書爲十二卷。……。（《南史到洽傳》）

天監初，臨川王已下並置友、學。以（張）率爲鄱陽王友，遷司徒謝朏掾，直文德待詔省，敕使抄乙部書，……。七年（508），敕召出，除中權建安王中記室參軍，預長名問訊，不限日。俄有敕直壽光省，治丙丁部書抄。（《梁書張率傳》）

梁天監中，爲司徒謝朏掾，直文德待詔省，敕使抄乙部書，……。七年（508），除中權建安王中記室參軍，俄直壽光省，修丙丁部書抄。（《南史張率傳》）

……。至若彭城到沆、吳興丘遲、東海王僧孺、吳郡張率等，或入直文德，通讌壽光，皆後來之選也。（《梁書文學傳序》）

筆者以爲上述文字與劉杳所編《壽光書苑》間之關聯性可能有三：

首先，類書需鈔錄大量圖書文獻以成其內涵。姚振宗應是在閱讀《到洽傳》、《張率傳》後，認爲南朝梁朝廷內既有『壽光』之名又是『會集圖書』之處以符《壽光書苑》名稱的機構即爲『壽光省』，才提出兩者間應當有所關聯的看法。

其次，《到洽傳》和《張率傳》所提及之時間均未晚於天監七年，所以可能使現代學者認爲劉杳應當是於此時完成《壽光書苑》的，並表示它是南朝梁的第一部類書。

再者，我們除看到壽光省外還會看到「文德待詔省」或「文德省」。藉由文德省來襯托壽光省，可能即是受「入直文德，通讌壽光」的影響；兩者間的地位或許是相等的，功能是相當的，並從而衍生出《壽光書苑》的取材泛

〔註56〕《梁書》卷二十七（《列傳》第二十一）：《陸倕、到洽、明山賓、殷鈞、陸襄》、卷三十三（《列傳》第二十七）：《王僧孺、張率、劉孝綽、王筠》、卷四十九（列傳第四十三）：《文學》上，頁404、475、478、685～686；《南史》卷二十五（《列傳》第十五）：《王懿、到彥之孫撝、撝子沆、沆從兄溉、洽、洽子仲舉、垣護之弟子崇祖、崇祖從兄榮祖、榮祖從父閬、閬弟子曇深、張興世子欣泰》、卷三十一（《列傳》第二十一）：《張裕》，頁681、815、816。

及四部的說法。

但是換個角度來看，《到洽傳》的原文裡其實沒有提到壽光省，《張率傳》裡則先提到他在文德省裡抄乙部書，數年後才在壽光省治丙丁部書抄。照這樣看來和壽光省的關係最密切的是丙丁部書，是否要類推到包含甲乙部書則要再斟酌，而《到洽傳》的記載是否能成為佐證也得要再考量。因為張率曾在文德省抄乙部書，那麼到洽抄甲部書的地點會不會不是壽光省而是文德省呢？《壽光書苑》的取材真是橫跨四部嗎？

另外，如果從張率曾在壽光省抄丙丁部書就推測他是為協助劉杳編《壽光書苑》而抄書，劉杳只是主編而非唯一作者，這樣的說法也可能會站不住腳，畢竟沒有確實的史料證據可以支持這樣的推論。照這樣看來，今日如果想要試圖瞭解《壽光書苑》的話，恐怕還需要再多些史料以協助研判才是。

乙、壽光閣、壽光殿、壽光省與《壽光書苑》間的可能關聯

姚振宗的說法中最具開創性者就是將《壽光書苑》與壽光省作聯結，打破《梁書》、《南史》當中失載，無法展開探討的僵局。不過實際上在南朝梁的朝廷裡，以「壽光」為名的機關其實有三個，分別是壽光閣、壽光殿和壽光省，如果要判斷《壽光書苑》與南朝梁朝廷間的關係為何，應該要將這三個機構都加以分析而不僅限於壽光省。由於後代各朝幾乎沒有任何組織繼續沿用「壽光」之名，而三者的編制、規模亦不載於《隋書百官志》，因此這三個機構的相關史料留存至今者有限。現就目前可搜集到的部分進行解讀並嘗試重新探討它們與《壽光書苑》的關聯性。

首先是「壽光閣」。壽光閣最晚在南朝齊末年就已出現，至少在梁武帝大同年間（535～545）時還存在於世。前節在介紹《四部要略》時曾提及梁武帝蕭衍和沈約、范雲等人相識於齊竟陵王蕭子良的西邸並且合稱「八友」。當蕭衍意圖篡齊自立前後，沈約曾數次勸進起事；蕭衍另外詢問范雲的意見，得到相同的結果，蕭衍因此決定行動。後來蕭衍又先後找兩人討論，范雲後到不得入殿，就在壽光閣外徘徊；當蕭衍結束和沈約的會談後，沈約才在室外遇見范雲。稍後蕭衍與范雲見面時，不禁稱讚沈約一番，也對范雲表示他如果立業成功，實在要歸功二人的幫助。這件事情的原文被記載於《梁

書》和《南史》的《沈約傳》裡，兩書內容大同小異，可對照參酌。〔註57〕

　　另外一件史事是與佛寺有關。唐代名書法家顏眞卿在其作品之一的「《湖州烏程縣杼山妙喜寺碑銘》」裡提到該銘文記載的地點：「妙喜寺」就是梁武帝在壽光閣定名的，這篇碑銘被完整收錄於《顏魯公集》裡。〔註58〕

　　其次是「壽光殿」。南朝梁開國前無有以「壽光殿」爲名的機關，目前可考事蹟大致集中於梁武帝一代，之後幾不得知。現將《梁書》、《陳書》、《南史》中有關壽光殿的史事整理成下表以便進行分析，頁碼的部分採用鼎文書局新校本。

〔註57〕《梁書沈約傳》原文如下：

　　高祖（蕭衍）在西邸，與（沈）約遊舊，建康城平，引爲驃騎司馬，將軍如故。時高祖勳業既就，天人允屬，約嘗扣其端，高祖默而不應。佗日又進曰：「……。」高祖曰：「吾方思之。」對曰：「……。」高祖然之。約出，高祖召范雲告之，雲對略同約旨。高祖曰：「智者乃爾暗同，卿明早將休文更來。」雲出語約，約曰：「卿必待我。」雲許諾，而約先期入，高祖命草其事。約乃出懷中詔書並諸選置，高祖初無所改。俄而雲自外來，至殿門不得入，徘徊壽光閣外，但云「咄咄」。約出，問曰：「何以見處？」約舉手向左，雲笑曰：「不乖所望。」有頃，高祖召范雲謂曰：「生平與沈休文群居，不覺有異人處；今日才智縱橫，可謂明識。」雲曰：「公今知約，不異約今知公。」高祖曰：「我起兵於今三年矣，功臣諸將，實有其勞；然成帝業者，乃卿二人也。」

　　梁臺建，（沈約）爲散騎常侍、吏部尚書，兼右僕射。……。

　　見《梁書》卷十三（《列傳》第七）：《范雲、沈約》，頁233～235；《南史》卷五十七（《列傳》第四十七）：《沈約、范雲》，頁1411～1412。

〔註58〕《湖州烏程縣杼山妙喜寺碑銘》的部分原文如下：

　　《湖州烏程縣杼山妙喜寺碑銘》（唐代宗）大曆九年（774）春

　　州西南杼山之陽有妙喜寺者，梁武帝之所置也。大同七年（541）夏五月，帝御壽光閣，會所司奏請置額，帝以東方有妙喜佛國因以名之。……。

　　見唐·顏眞卿，《顏魯公集》卷七（《碑銘》二）：《湖州烏程縣杼山妙喜寺碑銘》，臺北市：中華書局據《三長物齋叢書》本校刊（收入《四部備要集部》），中華民國五十四年（1965），七板二十三至二十五行。

　　碑中的湖州是唐代的地名，在江南東道。湖州：後漢吳郡地。三國吳始於烏程置吳興郡。梁改郡爲震州，尋廢，復爲吳興郡。隋於吳興郡置湖州，尋廢；唐復置，復爲吳興郡，又改爲湖州。五代屬吳越國，周時改宣德軍。宋曰湖州吳興郡，後改安吉州。元爲湖州路。明爲湖州府，清因之，屬浙江省，民國廢；今浙江吳興縣治，其舊治也。中國大陸逕改屬浙江省湖州市。

　　見謝壽昌等編，《中國古今地名大辭典》，臺北市：商務印書館，中華民國四十九年四月（1960.4）續編初版，頁914；范允安、林玲編，《中國大陸地理名辭索引》，臺北市：商務印書館，中華民國七十八年三月（1989.3），頁46。

《梁書》、《陳書》、《南史》中有關南朝梁壽光殿史事一覽表

事　蹟	出　處
普通七年（526），王師北伐，敕（裴）子野爲喻魏文，受詔立成，高祖以其事體大，召尚書僕射徐勉、太子詹事周捨、鴻臚卿劉之遴、中書侍郎朱異，集壽光殿以觀之，時並歎服。高祖（梁武帝蕭衍）目子野而言曰：「其形雖弱，其文甚壯。」（《梁書裴子野傳》）	《梁書》卷三十（《列傳》第二十四），442；《南史》卷三十三（《列傳》第二十三），866。
（劉）孺少好文章，性又敏速，嘗於御坐爲《李賦》，受詔便成，文不加點，高祖甚稱賞之。後侍宴壽光殿，詔羣臣賦詩，時孺與張率並醉，未及成，高祖取孺手板題戲之曰：「張率東南美，劉孺雒陽才，攬筆便應就，何事久遲回？」甚見親愛如此。（《梁書劉孺傳》）	《梁書》卷四十一（《列傳》第三十五），591；《南史》卷三十九（《列傳》第二十九），1006。
（皇侃）撰《禮記講疏》五十卷，書成奏上，詔付祕閣。頃之，召入壽光殿講禮記義，高祖善之，拜員外散騎侍郎，兼助教如故。（《梁書儒林傳》）	《梁書》卷四十八（《列傳》第四十二），680；《南史》卷七十一（《列傳》第六十一）：《儒林》，1744。
（劉苞）天監初，以臨川王妃弟故，自征虜主簿仍遷王中軍功曹，累遷尚書庫部侍郎，丹陽尹丞，太子太傅丞，尚書殿中侍郎，南徐州治中，以公事免。久之，爲太子洗馬，掌書記，侍講壽光殿。自高祖即位，引後進文學之士，苞及從兄孝綽、從弟孺、同郡到溉、溉弟洽、從弟沆、吳郡陸倕、張率並以文藻見知，多預讌坐，雖仕進有前後，其賞賜不殊。（《梁書文學傳》）	《梁書》卷四十九（《列傳》第四十三）：文學上，688；《南史》卷三十九（《列傳》第二十九），1008。
（岑之敬年）十八（梁武帝大同二年，536），預重雲殿法會，時（梁）武帝親行香，熟視之敬曰：「未幾見兮，突而弁兮。」即日除太學限內博士。尋爲壽光學士、司義郎，又除武陵王安西府刑獄參軍事。（陳宣帝太建十一年卒，年六十一）（《陳書文學傳》）	陳書卷三十四（《列傳》第二十八）：文學，462；《南史》卷七十二（《列傳》第六十二）：文學，1788。

　　從以上史料中大致可以看出壽光殿是做爲集會議事、宴臣賦詩、講解儒學、徵集學士等用料的場合。

　　其中有關徵集學士的部分，原本《陳書》和《南史》僅稱「壽光學士」，沒有明言「殿」字，這是從司馬溫公的《資治通鑑》裡得知的。《通鑑》記載侯景之亂時，侯景意圖廢梁簡文帝，因使前「壽光殿學士」謝昊撰寫禪位詔書，壽光殿下設有學士的事情也才得以明白。〔註59〕明人方以智認爲「壽光

――――――――――
〔註59〕《資治通鑑梁簡文帝大寶二年紀》記載：

殿學士」的設立是殿學的開始。〔註60〕這裡所稱的學士是由朝廷徵集而來，與前節齊竟陵王蕭子良自行徵募西邸學士有所不同；清代愛新覺羅永瑢和紀昀等人在奉清高宗敕修纂《歷代職官表》時，曾對「學士」職銜的來歷和功能進行一番考察，認爲唐代以前的學士官銜有獨特的解釋方式而且尚未成爲定制。〔註61〕

初，景既克建康，常言吳兒怯弱，易以掩取，易，弋豉翻。當須拓定中原，然後爲帝。景尚帝女溧陽公主，嬖之，妨於政事，溧，音栗。嬖，卑義翻，又博計翻。王偉屢諫景，景以告主，主有惡言，偉恐爲所譖，因説景除帝。説，式芮翻。及景自巴陵敗歸，猛將多死，謂宋子仙之屬。將，即亮翻。自恐不能久存，欲早登大位。王偉曰：「自古移鼎，武王克商，遷九鼎于洛邑：故後之奪人之國者，率之移鼎。必須廢立，既示我威權，且絕彼民望。」景從之。使前壽光殿學士謝昊爲詔書，以爲「弟姪爭立，弟，謂湘東王繹、武陵王紀：姪，謂河東王譽、岳陽王詧。星辰失次，皆由朕非正緒，召亂致災，宜禪位於豫章王棟。」使呂季略齎入，逼帝書之。棟，歡之子也。華容公歡，昭明太子之子。
見宋・司馬光，《資治通鑑》卷一百六十四（《梁紀》二十）：《簡文帝大寶二年》，臺北市：世界書局新校本，中華民國七十六年一月（1987.1）十版，頁5070。

〔註60〕方以智《通雅》中認爲：
蕭梁有壽光殿學士之號，殿學之名始此。
見明・方以智，《通雅》卷二十三：《官制》，北平（京）市：中國書店據清聖祖康熙年間姚文燮浮山此藏軒刻本景印，中華民國七十九年二月（1990.2），十三板七行至八行（排印頁291上半）。

〔註61〕清代的《歷代職官表》一書中對於學士制度的早期流變是如此進行分析的：
……。自古文學之任，爲儒臣典領者，曰制誥、曰國史、曰撰輯、曰書籍，大約不外此數端；而又有侍從左右以備問者，則並無定制。……。如漢之待詔金馬門諸吏文學，及（南朝）宋總明觀、梁壽光殿、陳西省、北齊文林館、後周麟趾殿之類，則即所謂侍從左右者，皆用他官入直，而未嘗置爲定職。……。
謹案：學士之名，始見於《三國蜀志》，至劉宋又有總明觀學士之稱。其後若梁士林、陳西省、周麟趾之類，皆置學士。唐宋之翰林學士，其權輿本於此。然以史傳詳悉參覈，則漢魏而後所謂學士者猶云有文學之士耳，並非官號也。《漢書石顯傳》：……。其所稱學士，皆不過推崇學術之詞。故南北朝之言學士者，如《南齊書竟陵王子良傳》：……。據此所云學士者，乃指選擇才學之人，以資訪問、預編輯。如今纂修供奉之比，原不以爲分職之正名。即唐初秦王府諸學士，猶同斯例。自景龍中，置大學士、學士、直學士諸名，始有員額。元（玄）宗因置翰林學士，設學士院以居之：於是學士始以入銜，爲儒臣一定之官秩矣。……。
見清・愛新覺羅永瑢、紀昀等修纂，《歷代職官表》卷二十三：《翰林院》，臺北市：商務印書館句讀本（收入《國學基本叢書》），中華民國五十七年三月（1968.3），頁616，622～623。

　　除了正史的記錄外，在一些佛教相關典籍裡還發現到當時壽光殿另有做為談論佛理、翻譯佛經的用途。〔註62〕這與梁武帝篤信佛教，時常與當代高僧互動有密切的關係。與壽光殿有關的高僧包括僧伽婆羅〔一名僧養、眾（僧）鎧〕、傅大士和慧（惠）超三人，僧伽婆羅的主要活動在譯經、傅大士是講經，而慧超則被賜為壽光學士，在傳播佛法上各有不同的作為。〔註63〕

〔註62〕有關壽光殿做為佛經的翻譯機構事見於《宋高僧傳》。原文摘錄如下：
或曰：「譯場經館設官分職不得聞乎？」曰：此務所司，先宗譯主，……。次則筆受者，……。次則度語者，……。次則證梵本者，……。次則潤文一位，……。次則證義。次則梵唄，……。次則校勘，……。次則監護大使，後周平高公侯壽為總監檢校，唐則房梁公為獎勵監護，相次許觀、楊慎交、杜行顗等充之。或用僧員，則隋以明穆、曇遷等十人監掌翻譯事，詮定宗旨。其處則秦消遙園、梁壽光殿、瞻雲館、魏汝南王宅。又隋煬帝置翻經館，其中僧有學士之名。唐於廣福等寺，或宮園不定，又置正字、字學、玄應曾當是職。後或置或否。
見宋·通慧，《宋高僧傳》卷三：《譯經》，臺北市：文殊出版社，中華民國七十七年九月（1988.9），頁56～57。
〔註63〕僧伽婆羅的譯經事業主要見於《開元釋教錄》，原文如下：
……。
《阿育王經》十卷或加大字第二出，與西晉《安法欽育王傳》同本異譯。天監十一年六月二十日揚都壽光殿譯。見《寶唱錄》。
右一十部三十三卷其本並在並見《長房錄》、《續高僧傳》中都有部數，名不備列。
沙門僧伽婆羅，（南朝）梁言眾鎧亦云僧養，扶南國（約在今高棉一帶）人也。幼而穎悟，早附法律，雖經論俱探而偏習對法。聲聞漸布，垂譽南海。（受）具足（戒）已後，廣精律藏；勇意觀方，樂崇開化。聞齊國弘法，隨舶至都，住正觀寺，為天竺沙門求那跋陀弟子。復從跋陀研精方等，未盈炎燠，博涉多通，乃解數國書語。值齊歷亡墜、道教陵夷。婆羅靜潔身心，外絕交故；擁室栖閒，養素資業。大梁御寓，搜訪術能，以天監五年（506）被敕徵召於揚都壽光殿、華林園、正觀寺、占雲館、扶南館等五處傳譯。即以天監五年丙戌至普通元年庚子（520）譯《文殊般若》等經十部其梵本並是曼陀羅獻者長房等錄，復云婆羅更出《育王傳》五卷者，非也；前《育王經》即是其傳，不合重載。初翻經日於壽光殿，武帝躬臨法座，筆受其文，然後乃付譯人盡其經本。敕沙門寶唱、惠超、僧智、法雲及袁曇允等相對疏出，華質有敘，不墜譯宗。天子禮接甚厚，引為家僧，所司資給，道俗改觀。婆羅不畜私財，以其嚫施成立住寺，太尉臨川王宏接遇隆重。普通五年（524）卒於正觀寺，春秋六十有五。
《經律異相》五十卷天監十五年（516）奉敕撰。錄云：并目錄五十五卷。今闕其目，但五十卷；其目但摹篇題，應無別事。見《寶唱錄》及《長房錄》。
《比丘尼傳》四卷述晉、宋、齊、梁四代尼行新編入錄。
右二部五十四卷，其本並在。
見唐·釋智昇，《開元釋教錄》卷六：《總括群經錄》上之六，臺北市：商務印書館據國立故宮博物院藏文淵閣本《四庫全書》景印（收入《四庫全

最後是「壽光省」。南朝梁開國前也沒有以「壽光省」為名的組織，目前可考事蹟大致集中於梁武帝一代。現將《梁書》、《陳書》、《南史》中有關壽光殿的史事整理成下表以便進行分析，頁碼的部分採用鼎文書局新校本。

《梁書》、《陳書》、《南史》中有關南朝梁壽光省史事一覽表

事　蹟	出　處
（天監）七年（508），敕召（張率）出，除中權建安王中記室參軍，預長名問訊，不限日。俄有敕直壽光省，治丙丁部書抄。（《梁書張率傳》）	《梁書》卷三十三（《列傳》第二十七），478；《南史》卷三十一（《列傳》第二十一），816。
……。又（齊豫章）文獻王（蕭嶷）時，內齋直帳閣人趙叔祖，天監初，入為臺齋帥，在壽光省，高祖（梁武帝蕭衍）呼叔祖曰：「我本識汝在北第，以汝舊人，故每驅使。汝比見北諸郎不？」叔祖奉答：「……。」（《梁書蕭子恪傳》）	《梁書》卷三十五（《列傳》第二十九），509；《南史》卷四十二（《列傳》第三十二），1070。
昔司馬遷、班固書，並為《司馬相如傳》，相如不預漢廷大事，蓋取其文章尤著也。固又為《賈鄒枚路傳》，亦取其能文傳焉。范氏《後漢書》有《文苑傳》，所載之人，其詳已甚；然經禮樂而緯國家，通古今而述美惡，非文莫可也。是以君臨天下者，莫不敦悅其義，縉紳之學，咸貴尚其道，古往今來，未之能易。高祖（梁武帝蕭衍）聰明文思，光宅區宇，旁求儒雅，詔採異人，文章之盛，	《梁書》卷四十九（《列傳》第四十三）：文學上，685～686。

書珍本》六集冊 236），中華民國六十五年（1976），十一板七行至十三板六行。

傅大士曾上書梁武帝並至壽光殿說法，之後又離開朝廷回到鄉里，其事主要見於橫跨南朝梁、陳兩代的徐陵所撰寫的「《東陽雙林寺傅大士碑》」中，原文如下：
《東陽雙林寺傅大士碑》
……。（梁武）帝又於壽光殿獨延（傅）大士講論玄賾，言無重頌。……。
見南朝梁～陳・徐陵，清・吳兆宜箋註，《徐孝穆全集》卷之五：《東陽雙林寺傅大士碑》，臺北市：世界書局，中華民國五十三年（1964），十板十五行至十六行。
至於慧（惠）超受賜壽光學士的事情可見於《釋氏稽古略》一書：
丙午　普通七年（526）　　（北朝魏蕭宗孝明帝）孝昌二年
梁……。（武）帝賜法師慧超為壽光學士。
見元・釋覺岸《釋氏稽古略》卷二：《東晉、宋、齊、梁、陳、隋》，臺北市：商務印書館據國立故宮博物院藏文淵閣本《四庫全書》景印（收入《四庫全書珍本》三集冊 223），中華民國六十一年（1972），五十六板八行至九行。

煥乎俱集。每所御幸，輒命羣臣賦詩，其文善者，賜以金帛，詣闕庭而獻賦頌者，或引見焉。其在位者，則沈約、江淹、任昉，並以文采，妙絕當時。至若彭城到沆、吳興丘遲、東海王僧孺、吳郡張率等，或入直文德，通讌壽光，皆後來之選也。約、淹、昉、僧孺、率別以功迹論。今綴到沆等文兼學者，至太清中人，為《文學傳》云。（《梁書文學傳序》）	
高祖革命，（周）興嗣奏休平賦，其文其美，高祖嘉之。拜安成王國侍郎，直華林省。其年，河南獻儛馬，詔興嗣與待詔到沆、張率為賦，高祖以興嗣為工。擢員外散騎侍郎，進直文德、壽光省。（《梁書文學傳》）	《梁書》卷四十九（《列傳》第四十三）：文學上，698；《南史》卷七十二（《列傳》第六十二）：文學，1780。
（陸雲公）累遷宣惠武陵王、平西湘東王行參軍。雲公先製《太伯廟碑》，吳興太守張纘罷郡經途，讀其文歎曰：「今之蔡伯喈也。」纘至都掌選，言之於高祖，召兼尚書儀曹郎，頃之即真，入直壽光省，以本官知著作郎事。俄除著作郎，累遷中書黃門郎，並掌著作。（《梁書文學傳》）	《梁書》卷五十（《列傳》第四十四）：文學下，724；《南史》卷四十八（《列傳》第三十八），1200。
（任）孝恭幼孤，事母以孝聞。精力勤學，家貧無書，常崎嶇從人假借。每讀一徧，諷誦略無所遺。外祖丘它，與高祖有舊，高祖聞其有才學，召入西省撰史。初為奉朝請，進直壽光省，為司文侍郎，俄兼中書通事舍人。（《梁書文學傳》）	《梁書》卷五十（《列傳》第四十四）：文學下，726；《南史》卷七十二（《列傳》第六十二）：文學，1784。
普通中（520～526），初置司文議郎，直壽光省，以（周）弘正為司義侍郎。（《陳書周弘正傳》）	《陳書》卷二十四（《列傳》第十八），305；《南史》卷三十四（《列傳》第二十四），897。

　　從上表的內容當中，可以看出壽光省的職掌確應與圖書文獻有關，除甲段曾提及張率曾於壽光省內治丙丁部書抄之後，梁武帝選官任職壽光省時也是以擅長文學之士為主要考量，還有自普通年間起壽光省下設司文議郎（司文侍郎、司義侍郎官職等等。

　　從南朝梁設有司文郎、司文侍郎、司文議郎、司義郎、司義侍郎等官職名目，在解讀相同的史料時又發現它們與壽光殿或壽光省似乎有些關係，因此中國大陸的學者們判斷壽光省和壽光殿不是分開的兩個機構，壽光省實隸於壽光殿之下。比如張政烺主編的《中國古代職官大辭典》的「司文郎」、「壽光殿」詞條就抱持這種觀點：〔註64〕

　　【司文郎】：1. 南朝梁所置文學侍從官員，亦稱司文侍郎。2. ⋯⋯⋯。

────────────

〔註64〕 中國大陸・張政烺，《中國古代職官大辭典》，河南省：人民出版社，中華民國七十九年十月（1990.10），頁401、524。

　　【壽光省】：南朝梁文學侍臣入直處所，設在壽光殿。置司文郎、司

　　義郎、學士等。

呂宗力主編的《中國歷代官制大辭典》「司義侍郎」、「司文侍郎」、「壽光學士」、

「壽光省」詞條也採取同樣的看法：〔註65〕

　　司義侍郎：官名，亦稱「司義郎」。南朝梁置，爲皇帝的經學侍臣。……。

　　司文侍郎：官名，亦稱「司文郎」。南朝梁武帝普通（520～527）中

　　置，直壽光省，爲皇帝的文學侍臣。……。

　　壽光學士：官名，南朝梁所置文學侍從之臣。……。

　　壽光省：南朝梁文學侍從之臣入直之處所，設於壽光殿。置司文郎、

　　司義郎、學士等官，亦或令他官入直。……。

徐連達主編的《中國歷代官制大辭典》「司義郎」詞條內容亦大同小異：〔註66〕

　　【司義郎】：南朝梁置，一作司文義郎。……。梁武帝於壽光殿置學

　　士，講論經義，撰述文史。司義郎當是以經義文史入直壽光省，爲

　　文學侍從之臣，位在學士之下。

以上是對於壽光殿和壽光省官制的另一種見解。殿、省之間是平行的關係還
是隸屬的關係雖因史料有殘缺無法做更完整的釐清，但本段主題是要推敲《壽
光書苑》與它們之間的密切程度，因此應該不至於有重大的影響。

　　在分類、整理眾多史料和觀點之後，現在回頭來看看《壽光書苑》和它
們的關係到底如何。壽光閣的史事流傳最少，兩則史事一是在齊梁易代之際，
一是發生於大同七年（541）；都是梁武帝蕭衍與部屬議事的情節，沒有看到
其它的用途，所以可以剔除不論。

　　壽光殿留存的史料最多，大約介於天監元年至大同二年（502～536）之
間；有集會議事、宴臣賦詩、講解儒學、徵集學士、談論佛理、翻譯佛經的
用途，大抵都與文學、宗教、學術有關。劉杳自己就是精通文史之士，加上
後來也信仰佛教（詳見下文），本身的學識經歷與壽光殿的功能職掌有相合之
處，照這樣推測如果《壽光書苑》和壽光殿之間存有關聯似不無可能。

　　至於壽光省的史料範圍亦約介於天監至大同年間。《壽光書苑》一名來自

〔註65〕中國大陸・呂宗力主編，《中國歷代官制大辭典》，北平（京）市：北京出版
　　　　社，中華民國八十三年一月（1994.1），頁303、307、411。

〔註66〕中國大陸・徐連達主編，《中國歷代官制大辭典》，廣州市：廣東教育出版社，
　　　　中華民國九十一年十二月（2002.12），頁407。

壽光省是傳統的說法，因爲《壽光書苑》是一部類書，需要大量的資料來源才能編次抄綴成書，壽光省與圖書文獻的關係較爲密切應是立論的主因。但從其它史料內容顯示任職於壽光省者多爲擅長文學之士來看，劉杳其實也符合其中的要件。更何況劉杳是一博聞強記之人，長於記憶事情典故，自己的記憶力加上豐富的典籍對於編纂類書是有幫助的，所以《壽光書苑》與壽光省有關的說法確是有其價值基礎的。

因此《壽光書苑》應該是與壽光殿、壽光省都有關，而不只是針對壽光省而已。

丙、關於《壽光書苑》的蛛絲馬跡

因爲正史失載《壽光書苑》的編纂過程，所以想要瞭解它的體例、內容包括什麼主題等等幾乎是不可能了。不過從唐人文章裡還可找到有關它的一鱗半爪，可以做些簡單的認識，稍稍彌補一絲缺憾。

唐高宗永隆至弘道年間（680～683）是英王李哲（即唐中宗）被立爲皇太子的時間，當時東宮僚屬中有一崔融者常常擔任替太子起草表疏的任務。〔註67〕其中有一篇《請修書表》當中就有提及《壽光書苑》，原文如下：〔註68〕

> 《皇太子請修書表》　崔融
> ……。又近代書鈔寔繁，部帙至如《華林園徧略》、《修文殿御覽》、
> 《壽光書苑》、《長洲玉鏡》及國家以來新撰《藝文類聚》、《文思博
> 要》等竝包括弘遠，卒難詳悉；亦望錯綜群書，刪成一部。……。

約百四十餘年後，也就是唐穆宗長慶二年（822），翰林侍讀學士韋處厚、路隨爲了希望能對怠於政事的唐穆宗有所啓發、刺激，因此採集經書內容合撰《六經法言》二十卷上呈穆宗。〔註69〕在他們的《六經法言進表》裡也提到

〔註67〕《舊唐書崔融傳》記載：
　　　　崔融，齊州全節人。初，應八科舉擢第，累補宮門丞，兼直崇文館學士。中
　　　　宗在春宮，制融爲侍讀，兼侍屬文，東朝表疏，多成其手。
　　　　見五代後晉・劉昫等，《（舊）唐書》卷九十四（《列傳》第四十四）：《蘇味道、
　　　　李嶠、崔融、盧藏用、徐彥伯》，臺北市：鼎文書局新校本，中華民國七十四
　　　　年三月（1985.3）四版，頁2996。
〔註68〕《文苑英華》卷六百五（《表》五十三）：《太子公主上請僧請附》，六板十行至
　　　　六板十三行（排印頁3729下半）。
〔註69〕《舊唐書韋處厚傳》記載：
　　　　（韋）處厚以幼主（唐穆宗）荒怠，不親政務，既居納誨之地，宜有以啓導

了《壽光書苑》。全文如下：〔註70〕

　　韋處厚（唐）穆宗時與路隨爲翰林侍讀學士。長慶二年（822），處
　　厚與隨撰《六經法言》二十卷。書成，表獻之，曰：「臣聞三皇講道，
　　五帝講德，三王講仁，五霸講義，所講不同，同歸於理，理道之極，
　　備於《六經》，雖質文相變，忠敬交用，損益因時，步驟不一，然釋
　　三綱、越五常而致雍熙者，未之有也。自秦火蕩蓺，孔壁穿蠹，曲
　　學異辯（塗），專門多惑，營（榮）道之軌並馳，希聖之堂蓋寡，蕪
　　文錯起，浮義互（日）生，簡冊混散，篇卷繁積，勞神於累代，弊
　　形於當年，其知愈博，其得愈少，夫然通方之士、達識之儒且猶不
　　爲也，況南面之尊、司（師）道之契，豈不貪其精（而積）而遺其
　　麤者乎？伏惟文武孝德皇帝陛下，精義神授，博識天資，山峻詞峰，
　　泉畜學海，膺休運則混六合而不讓，思屈己則舞兩階而不疑，故當
　　希皇（聖）蹱帝肩王鞕霸，可以區區近躅擬於聖德哉！臣處厚、臣
　　隨採合《易》、《詩》、《書》、《左氏春秋》、《孝經》等，因其本篇，
　　掇其精粹論紀，先師微旨，今亦附於篇末，總題曰《六經法言》，合
　　二十卷獻上。取諸身必本於五事，通諸物兼暢於三才，始九族巳（以）
　　及於百室，刑室家以儀天下，聖君良佐之往行，哲人壯（莊）士之
　　前言，天人相與之際，幽明交感之應，窮理盡性之辨，藥石攻磨之
　　規，堯、舜、禹、湯、文、武理亂之道盡在，君臣、父子、夫婦、
　　朋友之義必舉，其興可以觀〔勸〕，其違可以戒，此其所存者〔也〕。
　　至如爻象錯綜，陰陽難名，比興箴誨，幽隱難釋，誥命訓論（諭），
　　古今不合，威儀數制，命諸有司，褒貶揚搉，歸諸史法，此其所遺
　　者也。商鞅之說秦帝，歎帝道之難行；太宗之納魏微，流王澤而廣

　　性靈，乃銓擇經義雅言，以類相從，爲二十卷，謂之《六經法言》，獻之。
　　同書《路隨傳》亦載：
　　穆宗即位，（路隨）遷司勳郎中，賜緋魚袋，與韋處厚同入翰林爲侍講學士，
　　採三代皇王興衰，著《六經法言》二十卷奏之，拜諫議大夫，依前侍講學
　　士。
　　見《（舊）唐書》卷一百五十九（《列傳》第一百九）：《衛次公子洙、鄭絪子祗德、
　　祗德子顥、韋處厚、崔群、路隨父泌》，頁 4183、4191～4192。
〔註70〕《冊府元龜》卷六百七（《學校部》）：《撰集》，十六板十二行至十八板六行（排
　　　　印頁 7286 下半～7287 下半）；《經義考》卷二百四十一：《群經》三，第七冊
　　　　頁 346～348。

被，繇（由）是言之，道無遠近，德無重輕，能者挈之如毛羽，不能者舉之如嵩岱。今逢希代之君，當難合之運，故不能以百家邪說、六國縱橫、秦漢刑名、魏晉偷薄爲盛時道。歷代帝王皆務纂（修）集，魏稱《皇覽》、梁著《進（通）略》、鄴中則有修文之作，江左（右）則有《壽光》之書，但誇耀於聞見（見聞），非垂謀於理本，臣今所貴，實異斯作。陸賈奏甚卑之論，尚稱善於高皇；方朔獻雜糅之說，猶見知於武帝，伏惟陛下機務之暇，燕息之餘，時加省覽，天下幸甚。」帝覽其書，稱善者久之；賜處厚、隨錦綵二百疋、銀器二事。

以上兩文一則想要修書，一則進呈新書，因此對於包括《壽光書苑》在內的多部類書採取較負面的評價，但是換個角度來看卻可以有不同的解讀。崔融寫著「包括弘遠，卒難詳悉」，韋處厚和路隨認爲「但誇耀於聞見，非垂謀於理本」都暗示包括《壽光書苑》在內的這些類書體制宏大、內容豐富，連一些冷僻希罕的典故也有搜羅；而且應該至少有採取《五經》方面的內容，才會遭到韋處厚和路隨的攻擊。

其次，他們如果能夠寫下這些評價，或許表示他們對於這些類書都有相當程度的認識，《皇覽》、《遍略》、《壽光書苑》三書可能在唐穆宗朝時仍能得見。

再者，韋處厚、路隨從《易》、《詩》、《書》、《左氏春秋》、《孝經》等書取材撰寫《六經法言》，《舊唐書》稱編排方式是「以類相從」，可是在《新唐書藝文志》裡卻不歸在類書而是劃入儒家；從這樣的現象可以推測最晚到了宋初時判斷一部書算不算是類書的標準可能不只是「以類相從」的編排方式，如果資料取材僅限於某一部分（例如經書）的話，或許就不被認爲是類書（類事）了。

丁、作者劉杳生平簡介

劉杳字士深，平原郡平原縣人。〔註71〕生於南朝齊武帝永明五年（北朝

〔註71〕謝壽昌等編《中國古今地名大辭典》「平原郡」、「平原縣」詞條記載：
（平原郡）……。南朝宋僑置，治梁鄒城；後魏（北魏）曰東平原郡，隋省。故城即今山東省鄒平縣。……。
（平原縣）……。南朝宋置，故治在今山東鄒平縣東，北齊移於漢梁鄒故城；隋復自梁鄒城移平原入鄒平城，在今鄒平縣北，尋改爲鄒平。……。
今中國大陸仍稱鄒平縣，屬惠民地區。
見《中國古今地名大辭典》，頁212；《中國大陸地理名辭索引》，頁28。

魏孝文帝太和十一年，487），卒於南朝梁武帝大同二年（北朝東魏孝靜帝天平三年、西魏文帝大統二年，536），享年五十歲。其事主要見於《梁書文學傳》和《南史劉懷珍傳》。

劉杳「少好學，博綜羣書」、「博識強記」，對於記憶典故、史事尤為擅長。他的記憶力好到可以讓人諮詢的程度，而且幾乎沒失手過；像是沈約和任昉如果有不明瞭或是遺忘的事情，只要問劉杳就能順利得到解答，往往讓他們感到讚嘆不已。時人王僧孺受敕撰譜，詢問劉杳有關譜的由來，劉杳引桓譚《新論》和《史記三代世表》認為是起於周代；范岫想要撰寫《字書音訓》，遇到有疑問處也去詢問劉杳。以現代白話文來形容他，可以說他是一部活字典、活百科了。

劉杳個性清儉，不誇張自己的長處也不會說長道短，在接觸佛教之後，性情「常行慈忍」。他生前的著述很多，《梁書》著錄有《要雅》五卷、《楚辭草木疏》一卷、《高士傳》二卷、《東宮新舊記》三十卷、《古今四部書目》五卷，《南史》又加錄文集十五卷。到了《隋書經籍志》成書時，《要雅》等書恐已盡失，僅在子部雜家類新著錄《壽光書苑》二百卷和集部楚辭類著錄《離騷草木疏》二卷（應即為《楚辭草木疏》）；《崇文總目》裡已失收《壽光書苑》，《新唐書藝文志》尚有著錄《離騷草木蟲魚疏》二卷（應亦為《楚辭草木疏》），之後可能全部散佚。直到清德宗光緒年間，學者馬國翰編《玉函山房輯佚書》時才輯出《要雅》一卷。

現依《梁書》和《南史》為本將劉杳的生平製成繫年簡表如後：

劉杳繫年簡表

紀　年	南北朝國事	事　蹟
南朝齊世祖武帝永明五年 （北朝魏高祖孝文帝太和十一年，487）	（南朝齊竟陵文宣王蕭子良）正位司徒，給班劍二十人，侍中如故。移居雞籠山（西）邸，集學士抄五經、百家，依《皇覽》例為四部要略千卷。招致名僧，講語佛法，造經唄新聲，道俗之盛，江左未有也。《南齊書武十七王傳》頁698、《南史齊武帝諸子傳》頁1103） （見第貳章第參節《四部要略》）	一歲。生。（據梁書文學傳下載其卒年和歲數反推而得）

南朝齊世祖武帝永明六年 （北朝魏高祖孝文帝太和十二年，488）		二歲。
南朝齊世祖武帝永明七年 （北朝魏高祖孝文帝太和十三年，489）		三歲。
南朝齊世祖武帝永明八年 （北朝魏高祖孝文帝太和十四年，490）		四歲。
南朝齊世祖武帝永明九年 （北朝魏高祖孝文帝太和十五年，491）		五歲。
南朝齊世祖武帝永明十年 （北朝魏高祖孝文帝太和十六年，492）		六歲。
南朝齊世祖武帝永明十一年 （北朝魏高祖孝文帝太和十七年，493）		七歲。 杳年數歲，徵士明僧紹（生平見《南齊書高逸傳》之《明僧紹傳》）見之，撫而言曰：「此兒實千里之駒。」（《梁書文學傳》下頁715） 案：因《梁書》未明言劉杳何年與明僧紹相見，而僧紹卒於齊武帝永明年間，故附於永明之末年。
南朝齊廢帝鬱林王隆昌元年、廢帝海陵恭王延興元年、高宗明帝建武元年（北朝魏高祖孝文帝太和十八年，494）		八歲。
南朝齊高宗明帝建武二年 （北朝魏高祖孝文帝太和十九年，495）		九歲。
南朝齊高宗明帝建武三年 （北朝魏高祖孝文帝太和廿年，496）		十歲。
南朝齊高宗明帝建武四年 （北朝魏高祖孝文帝太和廿一年，497）		十一歲。
南朝齊高宗明帝永泰元年 （北朝魏高祖孝文帝太和廿二年，498）		十二歲。
南朝齊廢帝東昏侯永元元年 （北朝魏高祖孝文帝太和廿三年，499）		十三歲。 丁父（劉闓慰，一名懷慰，事見《南齊書良政傳》之《劉懷慰傳》。）憂，每哭，哀感行路。（《梁書文學傳》下頁715）
南朝齊廢帝東昏侯永元二年 （北朝魏世宗宣武帝景明元年，500）	永元二年，（沈約）以母老表求解職，改授冠軍將軍、司徒左長史，征虜將軍、南清	十四歲。 少好學，博綜羣書，沈約、任昉以下，每有遺亡，皆訪

	河太守。《梁書沈約傳》頁233）	問焉。《梁書文學傳》下頁715） （沈）約郊居宅時新構閣齋，（劉）杳爲贊二首，並以所撰文章呈約，約即命工書人題其贊于壁。《梁書文學傳》下頁715） 案：因《梁書》未明言沈約郊居於何時及所任之官，亦未明言劉杳何時始與沈約、任昉交遊，故於參酌二傳內容後，將此事暫附於此。
南朝齊廢帝東昏侯永元三年、和帝中興元年（北朝魏世宗宣武帝景明二年，501）		十五歲。
南朝齊和帝中興二年、梁高祖武帝天監元年（北朝魏世宗宣武帝景明三年，502）		十六歲。
南朝梁高祖武帝天監二年（北朝魏世宗宣武帝景明四年，503）		十七歲。
南朝梁高祖武帝天監三年（北朝魏世宗宣武帝正始元年，504）	（秋七月）甲子，立皇子綜爲豫章郡王。《梁書武帝紀》中頁41） （蕭綜受）封豫章郡王，邑二千戶。《梁書豫章王傳》頁823）	十八歲。 天監初，（劉杳）爲太學博士、宣惠豫章王行參軍。《梁書文學傳》下頁715） 案：因《梁書》未明言劉杳究爲何年任此官，故附於豫章王蕭綜始受封之年。
南朝梁高祖武帝天監四年（北朝魏世宗宣武帝正始二年，505）		十九歲。
南朝梁高祖武帝天監五年（北朝魏世宗宣武帝正始三年，506）		廿歲。
南朝梁高祖武帝天監六年（北朝魏世宗宣武帝正始四年，507）	（春，任昉）卒於官舍，時年四十九。《梁書任昉傳》頁254）	廿一歲。
南朝梁高祖武帝天監七年〔北朝魏世宗宣武帝正始五年（永平元年），508〕	劉峻始編纂《類苑》時間應不早於此。（參見《梁書文學傳》下頁701～707、《南史劉懷珍傳》附《劉峻傳》頁1218～1220） （見第貳章第五節《類苑》）	廿二歲。 尋佐周捨撰國史。出爲臨津令，有善績，秩滿，縣人三百餘人詣闕請留，敕許焉。《梁書文學傳》下頁716） 案：因《梁書》將此事列於

		劉杳與沈約、任昉交遊之後，故附於此年。
南朝梁高祖武帝天監八年 （北朝魏世宗宣武帝永平二年，509）	（晉安王蕭綱）爲雲麾將軍，領石頭戍軍事，量置佐史。《梁書簡文帝紀》頁103） 北朝魏人陽休之生，後參與編纂北朝齊《聖壽堂御覽》（《修文殿御覽》）。（見第參章第五節《修文殿御覽》）	廿三歲。 杳以疾陳解（臨津令），還除雲麾晉安王府參軍。《梁書文學傳》下頁716） 案：因《梁書》未明言劉杳究爲何年任此官，故附於晉安王蕭綱受封雲麾將軍之年。
南朝梁高祖武帝天監九年 （北朝魏世宗宣武帝永平三年，510）		廿四歲。
南朝梁高祖武帝天監九年 （北朝魏世宗宣武帝永平四年，511）		廿五歲。
南朝梁高祖武帝天監十一年〔北朝魏世宗宣武帝永平五年（延昌元年），512〕		廿六歲。
南朝梁高祖武帝天監十二年（北朝魏世宗宣武帝延昌二年，513）	閏（三）月乙丑，特進、中軍將軍沈約卒。《梁書武帝紀》中頁53）	廿七歲。
南朝梁高祖武帝天監十三年（北朝魏世宗宣武帝延昌三年，514）		廿八歲。
南朝梁高祖武帝天監十四年（北朝魏世宗宣武帝延昌四年，515）		廿九歲。
南朝梁高祖武帝天監十五年（北朝魏肅宗孝明帝熙平元年，516）	劉峻編纂之《類苑》最晚可能在此年成書。（見第貳章第五節《類苑》） 天監十五年，敕太子詹事徐勉舉學士入華林撰《遍略》，勉舉（何）思澄、顧協、劉杳、王子雲、鍾嶼等五人以應選。《南史文學傳》之《何思澄傳》頁1782～1783）	卅歲。 詹事徐勉舉（劉）杳及顧協等五人入華林撰《徧》（《遍》）《略》。《梁書文學傳》下頁716）
南朝梁高祖武帝天監十六年（北朝魏肅宗孝明帝熙平二年，517）		卅一歲。
南朝梁高祖武帝天監十七年〔北朝魏肅宗孝明帝熙平三年（神龜元年），518〕		卅二歲。 自居母憂，便長斷腥羶，持齋蔬食。《梁書文學傳》下頁717）

南朝梁高祖武帝天監十八年_{（北朝魏肅宗孝明帝神龜二年，519）}		卅三歲。
南朝梁高祖武帝普通元年〔北朝魏肅宗孝明帝神龜三年（正光元年），520〕		卅四歲。 復除建康正，遷尚書駕部郎，數月，徙署儀曹郎，^{（尚書右）}僕射^{（徐）}勉以臺閣文議專委杳焉。_{（《梁書文學傳》下頁716）}
南朝梁高祖武帝普通二年_{（北朝魏肅宗孝明帝正光二年，521）}	（劉峻卒）門人謚曰玄靖先生。_{（《梁書文學傳》下頁707）}	卅五歲。 出爲餘姚令，在縣清潔，人有饋遺，一無所受，湘東王^{（蕭繹）}發教褒稱之。還除宣惠湘東王記室參軍，母憂去職。服闋，復爲王府記室，兼東宮通事舍人。_{（《梁書文學傳》下頁716）} 案：劉杳於《華林遍略》編纂期間之事蹟甚怪，因母憂與遷官之時間順序有扞格之處，難以釐清。因斷限難明，故此段事暫附於此。
南朝梁高祖武帝普通三年_{（北朝魏肅宗孝明帝正光三年，522）}	（王僧孺）……，入直西省，知撰譜事。普通三年，卒，時年五十八。_{（《梁書王僧孺傳》頁474）}	卅六歲。 王僧孺被敕撰譜，訪（劉）杳血脈所因。_{（《梁書文學傳》下頁716）} 案：因《梁書》未明言劉杳究爲何年答王僧孺，故附於其卒年。
南朝梁高祖武帝普通四年_{（北朝魏肅宗孝明帝正光四年，523）}	初，簡文^{（即簡文帝蕭綱）}在雍州，撰《法寶聯璧》，（陸）罩與羣賢並抄掇區分者數歲。中大通六年而書成，命湘東王（蕭繹，即日後的南朝梁世祖元帝）爲序。其作者有侍中國子祭酒南蘭陵蕭子顯等三十人，以比王象、劉邵之《皇覽》焉。_{（《南史陸杲傳附陸罩傳》頁1205）} 案：由此知編纂《法寶聯璧》之始年不早於普通四年（523）。	卅七歲。

	（見第參章第二節《法寶聯璧》）	
南朝梁高祖武帝普通五年 （北朝魏肅宗孝明帝正光五年，524）	八年乃書成，合七百卷。《南史文學傳之何思澄傳》頁1783	卅八歲。 （《華林遍略》）書成，以本官共延尉正，又以足疾解。因著《林庭賦》。王僧孺見之歎曰：《郊居》以後，無復此作。」《梁書文學傳》下頁716
南朝梁高祖武帝普通六年 〔北朝魏肅宗孝明帝正光六年（孝昌元年），525〕		卅九歲。
南朝梁高祖武帝普通七年 （北朝魏肅宗孝明帝孝昌二年，526）		四十歲。
南朝梁高祖武帝大通元年 （北朝魏肅宗孝明帝孝昌三年，527）	（裴子野歷任著作郎，兼中書通事舍人，尋除通直正員郎，著、舍人如故。又敕掌中書詔誥。……俄遷中書侍郎，餘如故。）大通元年，（裴子野）轉鴻臚卿，尋領步兵校尉。《梁書裴子野傳》頁443～444	四十一歲。 遷步兵校尉，兼舍人如故。昭明太子謂杏曰：「酒非卿所好，而為酒廚之職，政為不愧古人耳。」俄有敕代裴子野知著作郎事。《梁書文學傳》下頁717
南朝梁高祖武帝大通二年 〔北朝魏肅宗孝明帝孝昌四年（武泰元年）、幼主、敬宗孝莊帝永安元年，528〕		四十二歲。
南朝梁高祖武帝大通三年 （中大通元年）（北朝魏敬宗孝莊帝永安二年，529）		四十三歲。
南朝梁高祖武帝中大通二年（北朝魏敬宗孝莊帝永安三年、廢帝長廣王建明元年，530）		四十四歲。
南朝梁高祖武帝中大通三年（北朝魏廢帝長廣王建明二年、節閔帝普泰元年、廢帝安定王中興元年，531）	（南朝梁高祖武帝中大通三年二月）乙卯，特進蕭琛卒。《梁書武帝紀》下頁74 （蕭琛在世時曾編《皇覽抄》，事見第貳章第一節《皇覽》） 夏四月乙巳，皇太子（昭明太子）統薨。《梁書武帝紀》下頁74 秋七月乙亥，立晉安王綱為皇太子。《梁書武帝紀》下頁75	四十五歲。 昭明太子薨，新宮建，舊人例無停者，敕特留（劉）杏焉。仍注太子《祖歸賦》，稱為博悉。（尚書右）僕射何敬容奏轉杏王府諮議，高祖（梁武帝蕭衍）曰：「劉杏須先經中書。」仍除中書侍郎。《梁書文學傳》下頁717

	臨軒策拜，以修繕東宮，權居東府。《梁書簡文帝紀》頁 104）	
南朝梁高祖武帝中大通四年〔北朝魏節閔帝普泰二年、廢帝安定王中興二年、孝武帝太昌元年（永興元年、永熙元年），532〕	（九月乙巳）西中郎將、荊州刺史湘東王繹爲平西將軍。《梁書武帝紀》下頁 77） 九月，（皇太子蕭綱）移還東宮。《梁書簡文帝紀》頁 104）	四十六歲。 尋爲平西湘東王諮議參軍，兼舍人、知著作如故。遷爲尚書左丞。《梁書文學傳》下717） 案：因《梁書》未明言劉杳究爲何年任此官，故附於湘東王蕭繹受封平西將軍之年。
南朝梁高祖武帝中大通五年（北朝魏孝武帝永熙二年，533）		四十七歲。
南朝梁高祖武帝中大通六年（北朝魏孝武帝永熙三年、東魏孝靜帝天平元年，534）		四十八歲。
南朝梁高祖武帝大同元年（北朝東魏孝靜帝天平二年、西魏文帝大統元年，535）		四十九歲。
南朝梁高祖武帝大同二年（北朝東魏孝靜帝天平三年、西魏文帝大統二年，536）		五十歲。卒官。 及臨終，遺命斂以法服，載以露車，還葬舊墓，隨得一地，容棺而已，不得設靈筵祭醊。其子遵行之。《梁書文學傳》下頁 717）

　　原本筆者亦以爲劉杳編纂《壽光書苑》的時間應該僅限於天監前期，但將「壽光」爲名的三機構和劉杳的生平重新整理後，又覺得劉杳自十八歲出仕後至五十歲卒官之前的時間都有可能編纂《壽光書苑》。主要原因是各學者們旁徵壽光省的史事時多集中於天監朝，但事實上壽光省、殿、閣相關史事均可從天監初年起往後推到大同年間。因爲劉杳編書的時間不明，沒有決定性的證據甚至是推論可以將劉杳編書的時間縮至某段特定的範圍。也就是說劉杳編書的時間仍有可能但並不限於天監前期，再加上從現今史料來看，其對後世影響恐不及《類苑》、《華林遍略》、《法寶聯璧》等書；故筆者仍將之置於梁武帝在位前期編成之類書，而將《類苑》列於第貳章之末以與第參章間有所聯結。

　　只是將劉杳編書的時間範圍放至最大後，對於他究竟是因編纂《壽光書苑》之故，使得他得以加入編纂《華林遍略》的行列？還是有了編《華林遍略》的經驗後對劉杳編《壽光書苑》有所幫助？甚或劉杳是同時編纂二書以便達到一舉兩得之效？這個問題恐怕一時是難以推敲出來了。

　　茲將現在有關《壽光書苑》的認識重新寫成以下的簡介：

　　《壽光書苑》二百卷，從《隋書經籍志》、《舊唐書經籍志》、《新唐書藝文志》的記載得知編纂者是南朝梁人劉杳。《梁書》、《南史》沒有記載劉杳撰寫《壽光書苑》的事，也沒有任何有關《壽光書苑》的敘述。只能從其他旁證知道它規模宏大，連冷僻的典故也有搜羅，而且應該至少有取材經學方面的內容。從現存有關劉杳的事蹟加以推敲，他編纂《壽光書苑》的時間有可能但並不限於梁武帝天監年間前期。《壽光書苑》產生的背景可能與南朝梁朝廷裡的壽光殿和壽光省有關，因為這兩個機構的職掌和編制都牽涉到圖書文獻和擅長文史之士，皆有助於類書的編纂；只是劉杳編纂《壽光書苑》、《華林遍略》孰先孰後或者是同時編寫則難以確認。《壽光書苑》大約在唐穆宗長慶年間（821～824）仍能得見，至《崇文總目》編成時則已未收錄，因此推測其亡佚的年代約在唐敬宗寶曆元年以後，宋仁宗慶曆元年之前（825～1041）。

第五節　《類苑》

　　大約在梁武帝天監時期已過完三分之一後，有一部新類書開始編纂，它被定名為《類苑》。不同於朝廷下詔敕編的《皇覽》、《史林》，今日看來妾身不明的《壽光書苑》，也不同於南朝齊竟陵王蕭子良招募學士合撰的《四部要略》；《類苑》編纂的原因雖然亦起於南朝梁宗室的授意，但其對編者劉峻而言主要的協助在於安頓生活和提供書籍，其他方面似介入不多。《類苑》完全是劉峻獨力完成的，以一己之力竟幾乎能與集眾人智慧修纂的成果相匹敵；使得《類苑》在當時得到相當不錯的評價，也直接影響到後來《華林遍略》的開修。現在先就作者劉峻的生平和相關研究進行簡介，接著再對《類苑》做進一步的探討。

甲、作者劉峻生平簡介

　　劉法武，或名法虎；後更名峻，字孝標，原籍平原郡平原縣人。他是前

節《壽光書苑》編者劉杳的族祖父，部分文獻稱他是劉杳的從叔，這點恐怕有誤。〔註 72〕劉峻生於南朝宋孝武帝大明六年（北朝魏文成帝和平三年，462），卒於南朝梁武帝普通二年（北朝魏孝明帝正光二年，521），享年六十歲。有關劉峻的生平事蹟主要見於《梁書文學傳》、《南史劉懷珍傳》以及《魏書》和《北史》的《劉休賓傳》。

　　目前國內有關劉峻的研究以楊位先的《劉孝標研究》為代表，這是他就讀國立臺灣大學中國文學研究所時撰寫的碩士學位論文，完成於中華民國六十年六月（1971.6），由臺靜農教授指導。該文內容分成引言、生平、家族考、著作考、《世說注》引用書目考和參考書目等六大部分。至於大陸地區的相關研究則以羅國威的《劉孝標集校注》為代表，這是他就讀四川師範學院（今為大學）古代文學研究所時撰寫的碩士學位論文，完成時間約在中華民國七十四年（1985）的夏天。中華民國七十七年二月（1988.2）上海古籍出版社予以出版，三年後（1991.2）授權貫雅文化在國內出版修訂本，中華民國九十二年六月（2003.6）又由學苑出版社出版新的修訂本。該書的書後有三篇附錄，其中《書梁書劉峻傳後》一文也對劉峻的生平進行考證。由於以上二書已將

〔註72〕從叔：父之從父（父之兄弟）之子年少於父者稱從叔。
　　　　族祖父：《儀禮喪服》緦麻三月章：「族祖父母。」注：「族祖父母者，亦高祖之孫。」疏：「族祖父母者，己之祖父從父昆弟也。」按此謂父之從祖兄弟之父及母，即己之從堂伯叔祖父母也。……。
　　　　見臺灣中華書局辭海編輯委員會編，《辭海》（中冊），臺北市：中華書局，中華民國八十七年五月（1998.5）九版，頁 1729、1730、2101。現參酌《南史劉懷珍傳》、《魏書劉休賓傳》、《北史劉休賓傳》的部分內容製成劉峻的家族關係表如下，可以藉此看出他與劉杳間的親屬關係：

劉峻家族關係表（部分）

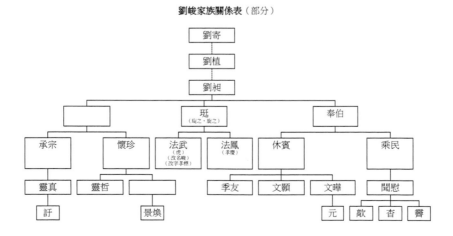

劉峻的事蹟做了相當徹底的考察，本文不擬多所重複，僅相互參照《梁書》、《魏書》、《南史》、《北史》等的內容製成繫年簡表以收一目瞭然之效，表後再對其向學精神和傳世著作的部分進行介紹。

劉峻繫年簡表

紀　年	南北朝國事	事蹟
南朝宋世祖孝武帝大明六年 _{（北朝魏高宗文成帝和平三年，462）}	徐爰（在世時抄合《皇覽》成五十卷者）領著作郎。《宋書恩倖傳》之《徐爰傳》頁2308～2309）（見第貳章第一節《皇覽》）	一歲。生。（據《梁書文學傳》下載其卒年和歲數反推而得生年） （劉）峻生期月，〔註73〕母攜還鄉里。《梁書文學傳》下頁701） （劉）峻生期月而（父）琁之卒，其母許氏攜峻及其兄法鳳（後更名孝慶）還鄉里。《南史劉懷珍傳》附《劉峻傳》頁1218） （劉）休賓叔父琁之，其妻許氏，二子法鳳（即劉孝慶）、法武（即劉峻）。而琁之早亡。《魏書劉休賓傳》附頁969、《北史劉休賓傳》附頁1414） 案：「期月」有一個月和一年兩種解釋，因不知何者為是，故附於出生之年。
南朝宋世祖孝武帝大明七年 _{（北朝魏高宗文成帝和平四年，463）}		二歲。
南朝宋世祖孝武帝大明八年 _{（北朝魏高宗文成帝和平五年，464）}		三歲。
南朝宋前廢帝永光元年（景和元年）、太宗明帝泰始元年 _{（北朝魏高宗文成帝和平六年，465）}		四歲。
南朝宋太宗明帝泰始二年 _{（北朝魏顯祖獻文帝天安元年，466）}	（南朝宋太宗明帝泰始二年十月）丁卯，以郢州刺史沈攸之為中領軍，與張永俱北	五歲。

〔註73〕期月：1.《禮中庸》：「擇乎中庸而不能期月守也。」朱熹曰：「期月，帀一月也。」2. 一年之謂。《論語子路》：「苟有用我者，期月而已可也。」疏：「期月，周月也，謂周一年之十二月也。」見辭海（中冊），頁2222。

	討。 （十二月）辛巳，……。薛安都要引索虜^{（北朝魏）}，張永、沈攸之大敗，於是遂失淮北^{（青、冀、徐、兗）}四州及豫州淮西地。_{《宋書明帝紀》頁 158, 159～160）} （天安元年）十二月己未，^{（北朝魏鎮南大將軍）}尉元軍次于虒，^{（南朝宋明帝劉）}或將周凱、張永、沈攸之相繼退走。_{《魏書顯祖紀》頁 127）}	
南朝宋太宗明帝泰始三年 〔北朝魏顯祖獻文帝天安二年（皇興元年），467〕		六歲。
南朝宋太宗明帝泰始四年 （北朝魏顯祖獻文帝皇興二年，468）		七歲。
南朝宋太宗明帝泰始五年 （北朝魏顯祖獻文帝皇興三年，469）		八歲。 宋泰始初，青州陷魏，^{（劉）}峻年八歲，為人所略至中山，〔註74〕中山富人劉實^{（實）}愍峻，以束帛贖之，教以書學。魏人聞其江南有戚屬，更徙之桑乾〔註75〕^{（代都）}。_{《梁書文學傳》下頁 701、《南史劉懷珍傳》附《劉峻傳》頁 1218～1219）} 東陽^{（青州治）}平，許氏攜二子入國，孤貧不自立，並

〔註74〕謝壽昌等編《中國古今地名大辭典》「中山國」詞條寫著：
　　春秋鮮虞國地。戰國時為中山國，後為魏所滅。今直隸（河北省）定縣。
　　漢置。景帝之子勝為中山王，以盧奴為國治，即今定縣治。國境為今直隸津
　　海道西部之地。後魏（北魏）置中山郡，金改為中山府，明廢。
　　中國大陸逕改為河北省保定地區定縣，中華民國七十五年（1986）又改為定
　　州市。
　　見《中國古今地名大辭典》，頁 100；《中國大陸地理名辭索引》，頁 5；石再
　　添主持，《中華民國行政區劃與目前大陸地區行政區劃對照研究報告》，臺北
　　市：行政院內政部，中華民國八十一年十一月（1992.11），頁 72。
〔註75〕桑乾郡：後魏（北魏）置。隋改為桑乾鎮。故治在今山西省山陰縣南。中國
　　大陸後逕改為山西省雁北地區山陰城（縣）。見《中國古今地名大辭典》，頁
　　714；《中國大陸地理名辭索引》，頁 9。

		疏薄不倫，爲時人所棄。母子皆出家爲尼，既而反俗。（《魏書劉休賓傳》附頁 969、《南史劉懷珍傳》附《劉峻傳》頁 1219、《北史劉休賓傳》附頁 1414） 案：因未確定劉峻全家徙居桑乾之時間，故附於遷至中山之後。
南朝宋太宗明帝泰始六年 （北朝魏顯祖獻文帝皇興四年，470）		九歲。 （劉）峻好學，家貧，寄人廡下，自課讀書，常燎麻炬，從夕達旦，時或昏睡，爇其髮，既覺復讀，終夜不寐，其精力如此。（《梁書文學傳》下頁 701） 案：此段事雖斷限難明，但確發生於劉峻身居北朝期間，故附於此。
南朝宋太宗明帝泰始七年 〔北朝魏顯祖獻文帝皇興五年（高祖孝文帝延興元年），471〕		十歲。
南朝宋太宗明帝泰豫元年 （北朝魏高祖孝文帝延興二年，472）		十一歲。
南朝宋後廢帝元徽元年（北朝魏高祖孝文帝延興三年，473）		十二歲。
南朝宋後廢帝元徽二年（北朝魏高祖孝文帝延興四年，474）		十三歲。
南朝宋後廢帝元徽三年（北朝魏高祖孝文帝延興五年，475）	徐爰卒。《宋書恩倖傳》之《徐爰傳》頁 2312） （見第貳章第一節《皇覽》）	十四歲。
南朝宋後廢帝元徽四年〔北朝魏高祖孝文帝延興六年（承明元年），476〕		十五歲。
南朝宋後廢帝元徽五年、順帝昇明元年（北朝魏高祖孝文帝太和元年，477）		十六歲。 時魏孝文選盡物望，江南人士才學之徒，咸見申擢，（劉）峻兄弟不蒙選拔。（《南史劉懷珍傳》附《劉峻傳》頁 1219）

		太和中，高祖 ^(北朝魏孝文帝) 選盡物望，河南人士，才學之徒，咸見申擢。法鳳兄弟無可收用，不蒙選授。後俱奔南。法武後改名孝標云。^(《魏書劉休賓傳》附頁969)
南朝宋順帝昇明二年^(北朝魏高祖孝文帝太和二年，478)		十七歲。
南朝宋順帝昇明三年、齊太祖高帝建元元年^(北朝魏高祖孝文帝太和三年，479)		十八歲。
南朝齊太祖高帝建元二年^(北朝魏高祖孝文帝太和四年，480)		十九歲。
南朝齊太祖高帝建元三年^(北朝魏高祖孝文帝太和五年，481)		廿歲。
南朝齊太祖高帝建元四年^(北朝魏高祖孝文帝太和六年，482)	（南朝齊太祖高帝在位期間）又詔東觀學士撰《史林》三十篇，魏文帝《皇覽》之流也。^(《南史齊本紀上》頁113) （見第貳章第二節《史林》）	廿一歲。
南朝齊世祖武帝永明元年^(北朝魏高祖孝文帝太和七年，483)	（春正月）壬戌，立……，^(皇子)子罕爲南海王。^(《南齊書武帝紀》頁46～47)	廿二歲。
南朝齊世祖武帝永明二年^(北朝魏高祖孝文帝太和八年，484)		廿三歲。
南朝齊世祖武帝永明三年^(北朝魏高祖孝文帝太和九年，485)		廿四歲。
南朝齊世祖武帝永明四年^(北朝魏高祖孝文帝太和十年，486)		廿五歲。 二月，逃還京師^(建康)。^(唐李善注《昭明文選》:《重答劉秣陵沼書》一首引《自序》) 齊永明中，從桑乾得還，自謂所見不博，更求異書，聞京師有者，必往祈借，清河崔慰祖^(生平見《南齊書文學傳》之《崔慰祖傳》)謂之「書淫」。^(《梁書文學傳》下頁701) 齊永明中，^(母子)俱奔江南

		，更改名峻字孝標。《南史劉懷珍傳》附《劉峻傳》頁 1219、《北史劉休賓傳》附頁 1414）
南朝齊世祖武帝永明五年（北朝魏高祖孝文帝太和十一年，487）	（南朝齊世祖武帝永明）五年，（竟陵王蕭子良）正位司徒，給班劍二十人，侍中如故。移居雞籠山（西）邸，集學士抄《五經》、百家，依《皇覽》例爲《四部要略》千卷。《南齊書武十七王傳》頁 698、《南史齊武帝諸子傳》頁 1103）（見第貳章第三節《四部要略》）	廿六歲。
南朝齊世祖武帝永明六年（北朝魏高祖孝文帝太和十二年，488）		廿七歲。
南朝齊世祖武帝永明七年（北朝魏高祖孝文帝太和十三年，489）		廿八歲。
南朝齊世祖武帝永明八年（北朝魏高祖孝文帝太和十四年，490）		廿九歲。時竟陵王子良博招學士，（劉）峻因人求爲子良國職，吏部尚書徐孝嗣（生平見《南齊書徐孝嗣傳》）抑而不許，用爲南海王（蕭子罕）侍郎，不就。《梁書文學傳》下頁 701～702）案：徐孝嗣於永明八年遷太子詹事，之後轉吏部尚書；雖不知何年遷轉但必不早於永明八年，故附此。
南朝齊世祖武帝永明九年（北朝魏高祖孝文帝太和十五年，491）		卅歲。
南朝齊世祖武帝永明十年（北朝魏高祖孝文帝太和十六年，492）		卅一歲。
南朝齊世祖武帝永明十一年（北朝魏高祖孝文帝太和十七年，493）	（春正月癸丑）以……，右衛將軍崔慧景爲豫州刺史。《南齊書武帝紀》頁 60）	卅二歲。
南朝齊廢帝鬱林王隆昌元年、廢帝海陵恭王延興元年、高宗明帝建武元年（北朝魏高祖孝文帝太和十八年，494）	（廢帝鬱林王隆昌元年）秋七月庚戌，以中書郎蕭遙欣爲兗州刺史。《南齊書鬱林王紀》頁 72）	卅三歲。建武中，詔舉士，（崔慰祖）從兄慧景舉慰祖及平原劉

	（廢帝海陵恭王延興元年八月甲辰）……，左衛將軍王廣之爲豫州刺史……。《南齊書廢帝海陵王紀》頁78） （冬十月）癸卯，以寧朔將軍蕭遙欣爲豫州刺史。《南齊書廢帝海陵王紀》頁79） （高宗明帝建武元年十一月）丙戌，以輔國將軍聞喜公遙欣爲荊州刺史，寧朔將軍豐城公遙昌爲豫州刺史。《南齊書明帝紀》頁85）	孝標(峻)，竝碩學。《南齊書文學傳》之《崔慰祖傳》頁901） 案：因斷限難明，故附於建武元年。 至明帝時，蕭遙欣爲豫州，爲府刑獄，禮遇甚厚。〔註76〕《梁書文學傳》下頁702）
南朝齊高宗明帝建武二年 （北朝魏高祖孝文帝太和十九年，495）		卅四歲。
南朝齊高宗明帝建武三年 （北朝魏高祖孝文帝太和廿年，496）		卅五歲。
南朝齊高宗明帝建武四年 （北朝魏高祖孝文帝太和廿一年，497）		卅六歲。

〔註76〕有關《梁書文學傳》中這句話的記載有相當的爭議，因爲對照《南齊書廢帝海陵王》和《明帝本紀》之後發現蕭遙欣在任豫州刺史的時間非常短；《南齊書宗室傳》寫著「未之任」，《南史齊宗室傳》亦不載任豫州刺史事。再加上唐人李善（《昭明文選》注者之一）注解劉峻《重答劉秣陵沼書》時，引用劉峻《自序》寫下「後爲崔豫州刑獄參軍」的文字，看來蕭遙欣似乎沒有擔任過豫州刺史。楊位先在《劉孝標研究》文中考證「崔豫州」應是指崔慧景，崔慧景在齊武帝永明十一年至齊廢帝海陵王延興元年八月擔任豫州刺史。可是《梁書文學傳》後又寫著「遙欣尋卒，久之不調」的字樣，《南史》內容亦大同小異。這樣看來好像劉峻確在蕭遙欣麾下待過一段時日，前後文對照或有矛盾之處。另外，大陸學者羅國威在《劉孝標集校注附錄》中對於劉峻在蕭遙欣屬下服務的事情沒有表示懷疑。因此有關劉峻在齊武帝永明十一年至齊明帝建武四年間的事蹟活動可能有二種解法：

一、據《南齊書宗室傳》的記載，蕭遙欣在齊明帝建武年間擔任的是「荊州刺史」，而不是「豫州刺史」，因此《梁書文學傳》和《南史劉懷珍傳》中的「豫」字爲「荊」字之誤，劉峻一直都是蕭遙欣的屬下，只是在這段期間崔慧景曾向齊明帝舉薦他而已。

二、相信李善在《昭明文選注》中的說法，劉峻是在崔慧景任豫州刺史時任府刑獄，但在建武年間崔慧景舉薦給齊明帝後才改受詔命隸於蕭遙欣麾下（荊州），使「遙欣尋卒，久之不調」的記載成立。

以上兩種說法皆有可能成立，可惜史料不全無法提供一肯定說法，只得並列如前留待後人評斷。

南朝齊高宗明帝永泰元年 _{（北朝魏高祖孝文帝太和廿二年，498）}	（二月）辛巳，平西將軍蕭遙欣領雍州刺史。_{《南齊書明帝紀》頁90}	卅七歲。
南朝齊廢帝東昏侯永元元年 _{（北朝魏高祖孝文帝太和廿三年，499）}	（曲江康公蕭遙欣）卒，年三十一。_{《南齊書宗室傳》頁792}	卅八歲。 遙欣尋卒，久之不調。_{《梁書文學傳》下}
南朝齊廢帝東昏侯永元二年 _{（北朝魏世宗宣武帝景明元年，500）}		卅九歲。
南朝齊廢帝東昏侯永元三年、和帝中興元年 _{（北朝魏世宗宣武帝景明二年，501）}		四十歲。
南朝齊和帝中興二年、梁高祖武帝天監元年 _{（北朝魏世宗宣武帝景明三年，502）}		四十一歲。 天監初，召入西省，與學士賀蹤典校祕書。峻兄孝慶，時爲青州刺史，峻請假省之，坐私載禁物，爲有司所奏，免官。_{《梁書文學傳》下頁702} 案：因斷限難明，故附於天監元年。 梁天監中，詔峻東掌石渠閣，以病乞骸骨。_{唐 李善注《昭明文選》重答劉秣陵沼書一首引《自序》} 案：此事未載於正史，因劉峻幾未在南朝梁朝廷任官，故附於此。
南朝梁高祖武帝天監二年 _{（北朝魏世宗宣武帝景明四年，503）}	五月丁巳，尚書右僕射范雲卒。_{《梁書武帝紀》中頁39}	四十二歲。 初，梁武帝招文學之士，有高才者多被引進，擢以不次。峻率性而動，不能隨眾沉浮。武帝每集文士策經史事，時范雲、沈約之徒皆引短推長，帝乃悅，加其賞賚。會策錦被事，咸言已罄，帝試呼問峻，峻時貧悴冗散，忽請紙筆，疏十餘事，坐客皆

		驚，帝不覺失色。自是惡之，不復引見。《南史劉懷珍傳》附《劉峻傳》頁1219～1220) 案：因未知此事發生時間，但知在場文士有范雲、沈約，故附於范雲卒年，以其不晚於此年也。
南朝梁高祖武帝天監三年 （北朝魏世宗宣武帝正始元年，504)	劉杳始出仕，編纂《壽光書苑》時間應不早於此年。 　　（見第貳章第四節《壽光書苑》)	四十三歲。
南朝梁高祖武帝天監四年 （北朝魏世宗宣武帝正始二年，505)		四十四歲。
南朝梁高祖武帝天監五年 （北朝魏世宗宣武帝正始三年，506)		四十五歲。
南朝梁高祖武帝天監六年 （北朝魏世宗宣武帝正始四年，507)	（春，任昉）卒於官舍，時年四十九。《梁書任昉傳》頁254)	四十六歲。 初，（任）昉立於士大夫間，多所汲引，有善己者則厚其聲名。及卒，諸子皆幼，人罕瞻卹之。平原劉孝標爲著《廣絕交》《論》曰：「……。」《梁書任昉傳》頁254～258)
南朝梁高祖武帝天監七年 〔北朝魏世宗宣武帝正始五年（永平元年），508〕	（五月）癸卯，以平南將軍、江州刺史安成王秀爲平西將軍、荊州刺史，……。 （八月）甲戌，平西將軍、荊州刺史安成王秀進號安西將軍，……。《梁書武帝紀》中頁47) 七年，（安成康王蕭秀）遭慈母陳太妃憂，詔起視事。尋遷都督荊湘雍益寧南北梁南北秦九州諸軍事、平西將軍、荊州刺史。其年，遷號安西將軍。立學校，招隱逸。《梁書太祖五王傳》頁343)	四十七歲。 （安成康王蕭秀）精意術學，搜學經記，招學士平原劉孝標，使撰《類苑》，書未及畢，而已行於世。《梁書太祖五王傳》345) 安成王秀好峻學，及遷荊州，引爲戶曹參軍，給其書籍，使抄錄事類，名曰《類苑》，未及成，復以疾去，因遊東陽紫巖山，

		〔註77〕築室居焉。爲《山栖志》，其文甚美。《梁書文學傳》下頁702）
		案：因劉峻擔任安城康王戶曹參軍之斷限不明，故附於王遷荊州刺史之始年。
		……。（吏部尚書徐）勉許焉，因轉（庾）仲容爲太子舍人。遷安成王主簿。時平原劉孝標亦爲府佐，並以強學爲王所禮接。《梁書文學傳》下之《庾仲容傳》頁723）
		案：因庾仲容擔任安城康王主簿之斷限不明，故附於王遷荊州刺史之始年。
南朝梁高祖武帝天監八年（北朝魏世宗宣武帝永平二年，509）	北朝魏人陽休之生，後參與編纂北朝齊《聖壽堂御覽》（《修文殿御覽》）。（見第參章第五節《修文殿御覽》）	四十八歲。
南朝梁高祖武帝天監九年（北朝魏世宗宣武帝永平三年，510）		四十九歲。
南朝梁高祖武帝天監十年（北朝魏世宗宣武帝永平四年，511）		五十歲。
南朝梁高祖武帝天監十一年〔北朝魏世宗宣武帝永平五年（延昌元年），512〕	十二月己未，以安西將軍、荊州刺史安成王秀爲中衛將軍，護軍將軍鄱陽王恢爲平西將軍、荊州刺史。《梁書武帝紀》中頁52） 十一年，徵（安成康王蕭秀）爲侍	五十一歲。峻居東陽，吳、會人士多從其學。《梁書文學傳》下案：因劉峻離任安城康王戶曹參軍遷居東陽之時間

〔註77〕謝壽昌等編《中國古今地名大辭典》「東陽郡」和「紫微巖」詞條分別寫著：
（東陽郡）三國吳置，陳改置金華郡；隋改婺州，唐爲婺州東陽郡，宋因之。即今浙江金華縣治。……
（紫微巖）在浙江省金華縣西北三十里金華山西，一名講堂洞。有石室深廣十丈，梁劉孝標棄官舍其下，撰《類苑》。人呼爲書堂巖。
中國大陸對金華縣建置時立時廢，中華民國七十四年（1985）復置。
見《中國古今地名大辭典》，頁845；《中華民國行政區劃與目前大陸地區行政區劃對照研究報告》，頁10。

	中、中衛將軍，領宗正卿、石頭戍事。《梁書太祖五王傳》頁344)	不明，故附於王任荊州刺史之末年。
南朝梁高祖武帝天監十二年（北朝魏世宗宣武帝延昌二年，513）	閏（三）月乙丑，特進、中軍將軍沈約卒。《梁書武帝紀》中頁53)	五十二歲。
南朝梁高祖武帝天監十三年（北朝魏世宗宣武帝延昌三年，514）		五十三歲。
南朝梁高祖武帝天監十四年（北朝魏世宗宣武帝延昌四年，515）		五十四歲。
南朝梁高祖武帝天監十五年（北朝魏肅宗孝明帝熙平元年，516）	詹事徐勉舉（劉）杳及顧協等五人入華林撰《徧》《遍》《略》。《梁書文學傳》下之《劉杳傳》頁716) 天監十五年，敕太子詹事徐勉舉學士入華林撰《遍略》，勉舉（何）思澄、顧協、劉杳、王子雲、鍾嶼等五人以應選。《南史文學傳》之《何思澄傳》頁1782～1783)	五十五歲。 高祖（梁武帝）招文學之士，有高才者，多被引進，擢以不次。（劉）峻率性而動，不能隨眾沉浮，高祖頗嫌之，故不任用。峻乃著《辨命論》以寄其懷曰：「……。」論成，中山劉沼致書以難之，凡再反，峻並為申析以答之。會沼卒，不見峻後報者，峻乃為以序之曰：「……。」其論文多不載。《梁書文學傳》下頁702～707) 及（劉）峻《類苑》成，凡一百二十卷，帝即命諸學士撰《華林徧略》以高之，竟不見用。乃著《辯命論》以寄其懷。論成，中山劉沼致書以難之，凡再反，峻並為申析以答之。會沼卒，不見峻後報者，峻乃為書以序其事。其論文多不載。《南史劉懷珍傳》附《劉峻傳》頁1220～1221)
南朝梁高祖武帝天監十六年（北朝魏肅宗孝明帝熙平二年，517）		五十六歲。
南朝梁高祖武帝天監十七年〔北朝魏肅宗孝明帝熙平三年（神龜元年），518〕		五十七歲。
南朝梁高祖武帝天監十八年（北朝魏肅宗孝明帝神龜二年，519）		五十八歲。

南朝梁高祖武帝普通元年〔北朝魏肅宗孝明帝神龜三年（正光元年），520〕		五十九歲。
南朝梁高祖武帝普通二年〔北朝魏肅宗孝明帝正光二年，521〕		六十歲。卒。門人諡曰玄靖先生。《梁書文學傳》下頁707）

　　劉峻大約在八歲到二十四歲之間身處北魏，由於他原本是南朝人卻與家人淪落北魏，因此曾經歷過一段顛沛流離的日子。在這段期間劉峻不但沒有懷憂喪志，反而更加努力苦讀，藉以不斷充實自己。《梁書文學傳》記載：〔註78〕

　　峻好學，家貧，寄人廡下，自課讀書，常燎麻炬，〔註79〕從夕達旦，
　　時或昏睡，蒸其髮，既覺復讀，終夜不寐，其精力如此。齊永明中，
　　從桑乾得還，自謂所見不博，更求異書，聞京師有者，必往祈借，
　　清河崔慰祖謂之「書淫」。

劉峻少年時的努力向學，雖然無法完全施展在他日後的仕途上，但是從他的著作目次中卻能看到他耕耘的成果。除了《類苑》之外，劉峻還曾經註解《漢書》和《世說新語》以及編纂圖書目錄，當然還包括文集創作。〔註80〕這樣看來似乎著作不豐，然而要註解《漢書》中記載的史實、《世說新語》裡的人事、編纂《類苑》以及分類朝廷裡收藏的圖書，其實都需要投入相當的心力，閱讀大量的書籍，融會貫通其中蘊含的學術思想，而且能夠產生自己的見解後才能做到。將劉峻的著作與上文引錄的《梁書文學傳》內容相對照之後，相信更能理解兩者前後的關聯性。

　　《隋書》著錄的各部劉峻著作，在兩《唐書》裡僅存一百二十卷的《類苑》（分別收錄於《舊唐書經籍志》子部事類和《新唐書藝文志》子部類書類）

〔註78〕《梁書》卷五十（《列傳》第四十四）：《文學》下，頁701。
〔註79〕麻炬：謂取麻幹燃火以代燈光也。見《辭海》（中冊），頁5063。
〔註80〕《隋書經籍志》著錄劉峻的著作目次包括：
　　　《漢疏》四卷梁有漢書孟康音九卷，劉孝標注《漢書》一百四十卷，陸澄注《漢書》一百二卷，梁元帝注《漢書》一百一十五卷，並亡。（史部正史）
　　　《梁文德殿四部目錄》四卷劉孝標撰。（史部簿錄篇）
　　　《類苑》一百二十卷梁征虜刑獄參軍劉孝標撰。梁《七錄》八十二卷。（子部雜家類）
　　　《世說》十卷劉孝標注。梁有《俗說》一卷，亡。（子部小說）
　　　梁平西刑獄參軍《劉孝標集》六卷。（集部別集）
　　　見《隋書》卷三十二、三十三、三十四（《志》第二十八、二十九、三十）：《經籍史、子、集》，頁954、991、1009、1011、1078。

和十卷的《續世說》（收錄於子部小說類），《崇文總目》則有《世說》十卷。大約宋代以降除《世說注》外，劉峻的著作多已散亂亡佚；《昭明文選》收錄《重答劉秣陵沼書》、《辨命論》和《廣絕交論》三篇文章，明末張溥編成《漢魏六朝百三家集》時繾整理合編成《劉戶曹集》二卷。此即前文所言大陸學者羅國威著《劉孝標集校注》一書的底本。

乙、《類苑》其書

　　從《梁書》和《南史》的記載推測，劉峻編纂《類苑》的最大時間範圍應介於梁武帝天監七年至十五年（508～516）之間，〔註81〕不過其中過程可謂一波三折。《梁書》和《南史》均記載劉峻在蕭秀門下時其實還沒編完《類苑》，就因健康因素為理由離開了荊州，到東陽郡紫巖山居住講學。在正史裡沒有記載劉峻離開荊州的時間，也沒有看到劉峻編書的進度，只知道「書未及畢，而已行於世」。可是因為《南史》記載梁武帝為了要與劉峻一較高下，在《類苑》全書告竣後即命臣下開始編纂《華林遍略》，可見《類苑》後來確實有寫完。〔註82〕雖然正史沒有明言，但從行文的脈絡裡似乎顯示劉峻是在

〔註81〕楊位先在他的學位論文中認為《類苑》的編纂「必不早於天監八年，最遲到天監十、十一年，也該開始了」，至於成書的時間「最遲也在天監十五年」。大陸學者胡道靜在《中國古代的類書》書中認為劉峻應該是在天監十年開始編類苑，因為養育安成康王的陳太妃於天監七年過世，遭母憂者應不視事，因此延後了劉峻編寫類苑的時間。至於大陸學者羅國威在校注「《答劉之遴借類苑書》」和「《山栖志》」二文後，推斷《類苑》始編於天監七年，天監八年即完成。

　　見楊位先，《劉孝標研究》，臺北市：國立臺灣大學中國文學研究所碩士論文，中華民國六十年六月（1971.6），頁95、96；中國大陸·胡道靜，《中國古代的類書》，北平（京）市：中華書局，中華民國八十一年二月（1982.2），頁44；中國大陸·羅國威，《劉孝標集校注》，北平（京）市：學苑出版社修訂本，中華民國九十二年六月（2003.6），頁39、154。

　　從《梁書武帝紀》中和《太祖五王傳》裡的記載看來（亦可見前劉峻繫年簡表），安成康王蕭秀在天監七年沒有丁憂依然任事，這可能是因為陳太妃是他的養母而非生母之故。因此胡道靜的說法應有誤。

〔註82〕唐朝初年杜寶寫的《大業雜記》（追記隋煬帝大業年間未盡事）裡寫著隋煬帝曾命臣下編撰一部名為《長洲玉鏡》的類書（收於《隋書經籍志》子部雜家類）。當時他與祕書監柳顧言有段對話，當中有提及梁武帝下詔編纂《華林遍略》的原因就是要超越劉的《類苑》，大意可與正史記載相合。柳顧言提到劉峻時稱他為「隱士」，似亦暗指《類苑》是在紫巖山完成的。該段原文如下：

　　（隋煬帝大業二年）六月，學士祕書監柳顧言、學士著作佐郎王曹等撰《長

紫巖山居住的期間完成《類苑》的，許多地理類圖書文獻和地方志亦採取這項說法。〔註83〕

洲玉鏡》一部四百卷。帝謂顧言曰：「此書源本出自《華林徧略》，然復可加事當典要；其卷雖少，其事乃多於《徧略》。」對曰：「梁主（梁武帝蕭衍）以隱士劉孝標撰《類苑》一百二十卷，自言：『天下之事畢盡此書，無一物遺漏。』梁武心不伏，即敕華林園學士七百餘人人撰一卷，其事數倍多於《類苑》。今文■（墨等）又富梁朝，是以取事多於《徧略》。然梁朝學士取事意各不同，至如寶劍出自昆吾溪，照人如照水，切玉如切泥；序劍者盡錄爲劍事，序溪者亦取爲溪事，撰玉者亦編爲玉事。以此重出是以卷多，至如《玉鏡》則不然。」帝曰：「誠如卿說。」《說郛唐宋叢書》此條缺。

見唐・杜寶，《大業雜記》，臺北市：藝文印書館據清宣宗道光年間（1821～1850）錢熙祚校刊，子培讓、培杰續刊《指海叢書》第三集景印（收入《百部叢書集成》初編之五十四），中華民國五十六年（1967），十三板八行至十八行。

〔註83〕 宋人樂史的《太平寰宇記》記載：

（婺州）金華縣。……。

徐公湖。《郡國志》云：在長山上。周廻四百八十六步。昔山下居人徐公登山，至湖逢見二人共博，自稱赤松子、安期先生，酌湖中水爲酒飲。徐公醉，及醒不見二人而宿苔攢聚其上，徐公方追悔，山因名焉。今有徐公宅基，在此山下有靈巖寺，即梁劉峻字孝標棄官居此湖東山之上。孝標撰《類苑》一百二十卷。

宋人祝穆的《方輿勝覽》記載：

事要。

山川……。

紫微巖在金華縣北二十五里。有石室，梁劉孝標棄官舍其下，撰《類苑》。

明李賢等人奉敕撰的《大明一統志》寫著：

紫微巘　在府城北二十五里。巖有石室，梁劉峻棄官舍其下撰《類苑》一百二十卷，郡人呼爲「劉先生書堂」。

清和珅等人奉敕撰的《大清一統志》則寫著：

紫微巖在金華縣西北三十里金華山西，一名講堂洞。有石室，深廣十丈：梁孝標棄官舍其下撰《類苑》，人呼爲書堂巖。

見《太平寰宇記》卷九十七（《江南東道》九）：《衢州、婺州》，八板十六行至九板二行（排印頁732下半至733上半）。

宋・祝穆，（宋本）《方輿勝覽》卷七：《浙東路（婺州）》，上海市：上海古籍出版社，中華民國八十年十二月（1991.12），頁104。

明・李賢等奉敕撰，《大明一統志》卷四十二：《金華府》（山川），臺北市：文海出版社據國立中央（國家）圖書館藏本景印，中華民國五十四年八月（1965.8），五板十二行至十三行（排印頁2894）。

清・和珅等奉敕撰，《欽定大清一統志》卷二百三十一：《金華府》（山川），臺北市：商務印書館據國立故宮博物院藏文淵閣寫本《四庫全書》景印（收入《四庫全書》冊479），中華民國七十二年（1983），十七板五行至七行（排印頁310下半）。

　　《隋書經籍志》子部雜家類著錄「《類苑》一百二十卷_{梁征虜刑獄參軍劉孝標撰。}梁《七錄》八十二卷。」，〔註84〕楊位先在《劉孝標研究》中對於爲什麼劉峻的官銜是「刑獄參軍」而不是「戶曹參軍」以及清代學者姚振宗在《隋書經籍志考證》裡對「梁《七錄》八十二卷」的解釋提出質疑，但因史無明文，沒有辦法做更深入的探討。〔註85〕除了《隋書經籍志》外，《舊唐書經籍志》子部事類和《新唐書藝文志》子部類書類亦皆收錄《類苑》，《崇文總目》以下則失收，可知《類苑》最晚是在北宋前期亡佚。流傳至今日的古籍內容中雖或有部分注文寫著引用自「《類苑》」，然而歷代使用「《類苑》」爲書名的一部分或者作爲簡稱的圖書實不只這一部，所以不能妄言一定是指劉峻的《類苑》，還得要多加考察才行。〔註86〕

〔註84〕　《隋書》卷三十三（志第二十九）：《經籍三子》，頁1009。
〔註85〕　楊位先認爲「征虜」是指梁安成康王蕭秀，可是劉峻在蕭秀麾下擔任的是戶曹參軍而不是刑獄參軍，刑獄參軍是劉峻在豫州刺史崔慧景屬下擔任的官職。至於姚振宗在《隋書經籍志考證》中有關「梁《七錄》八十二卷」的解釋是這樣寫的：
案：「梁《七錄》八十二卷」殆所謂書未成而已行于世之未完本也。其後三十八卷則已在普通四年（523）《七錄》成書之後矣。
楊位先從劉峻和《七錄》作者阮孝緒的卒年以及《華林遍略》的始編年相互推敲後提出兩點質疑：一是阮孝緒不可能沒有看過《類苑》全書，「梁《七錄》八十二卷」的文字頗費疑猜；一是《華林遍略》的始編於天監十五年，劉峻卒於普通二年，姚振宗何以認爲《類苑》的內容在普通四年後才進行增補？大陸學者胡道靜則認爲：
這只能説，一百二十卷的（《類苑》）就是「未完本」，《七錄》著錄的八十二卷本更是「未完本」的不足本。《南史（劉）峻傳》亦説：「峻撰《類苑》成，凡一百二十卷。」可見「未及成，復以疾去」時的本子已是一百二十卷。
見《隋書經籍志考證》卷三十（《子部》七）：《雜家類》，頁487（總頁5525）；《劉孝標研究》，頁93～95；《中國古代的類書》，頁44。
有關究竟是「刑獄參軍」或「戶曹參軍」的部分實無多大影響，因爲《梁書》、《南史》皆已清楚交待劉峻是在蕭秀屬下開始編寫《類苑》的；至於姚振宗提出普通四年的說法確與正史有所牴觸，但不代表阮孝緒和《五代史志》的纂修者記載有誤。如果説八十二卷本是指先前的《類苑》未完本的確不無可能，因爲劉峻編寫《類苑》的時間最多不超過八年，時間差距不算很遠；新版的圖書問世不必然表示舊版會立即在社會上消失，他們可能兩種版本都曾見過。至於胡道靜的說法與前文所引的典籍相牴觸，恐怕有誤。
〔註86〕　從正史的經籍志或藝文志裡可以發現不只是劉峻使用「類苑」二字做爲書名的一部分，像宋代江少虞的《皇朝事實類苑》、明代凌迪知的《名臣類苑》、

　　雖然現在已無法見得《類苑》全書，然而從今日能見到的史料當中多少還是可以對《類苑》進行簡單的認識，包括《類苑》的資料取材橫跨經、史，劉峻在為《類苑》訂定分類架構時至少設定有部、目二層。

　　首先就《類苑》的分類架構進行分析。唐初孔穎達撰寫《毛詩正義》(《五經正義》之一) 的《小雅節南山之什小弁章》第一段時曾對《類苑》的分類方式有所批評。相傳《小弁章》的內容與周幽王因寵愛褒姒而立其子伯服，廢逐太子宜臼的事件有關，因此整首詩的內容充滿悲悽之情。《小弁章》的第一段原文如下：〔註87〕

　　　　弁彼鸒 (音山ヽ) 斯，歸飛提提。民莫不穀，我獨于罹。何辜于天？

　　　　我罪于何？心之憂矣，云如之何？

當漢代學者毛亨和鄭玄分別為《小弁章》傳、箋時，對該文的第一句話「弁彼鸒斯，歸飛提提」是這樣解釋的：

　　　　興也。弁，樂也。鸒，卑居。卑居，雅烏也。提提，羣貌。《箋》云：樂乎彼雅烏，出食在野甚飽，羣飛而歸提提然。興者，喻凡人之父子兄弟出入宮庭，相與飲食，亦提提然樂，傷今大子獨不。

孔穎達正義則再加以闡述：

　　　　《正義》曰：鸒，卑居，《釋鳥》文也。卑居，又名雅烏，郭璞曰：雅烏，小而多羣，腹下白，江東呼為鵯烏是也。此鳥名鸒，而云斯者語辭，猶蓼彼蕭斯，菀彼柳斯，《傳》或有斯者，衍字。定本無斯字。以劉孝標之博學而《類苑 (苑)》鳥部立鸒斯之目，是不精也。此鳥性好羣聚，故云提提羣貌。羣下或有飛，亦衍字。本集並無飛字。

首句提到的鳥名在注釋者們的判斷中應稱做「鸒」，與之後的斯字無關。不過《爾雅釋鳥篇》裡的原文寫著：「鸒斯，鵯鶋。」劉峻或許是受到《爾雅》的影響，在立類目時就稱牠為鸒斯，目中引用的文句應亦收錄了《小雅小弁章》；但是他可能忽略漢代毛亨的傳文，因此才會受到孔穎達的批評，認為他博學但不專精。孔穎達是在唐太宗朝撰寫《五經正義》，自然能得見《類苑》全書。

王世貞的《類苑詳注》等等都是。

〔註87〕漢‧毛亨傳、鄭玄箋、唐‧孔穎達正義，《毛詩正義》，臺北市：新文豐出版公司 (收入國立編譯館主編《中華叢書十三經注疏分段標點毛詩正義》冊4)，中華民國九十年六月 (2001.6)，頁1155、1156。滕志賢注釋，《新譯詩經讀本》(下)，臺北市：三民書局，中華民國八十九年一月 (2000.1)，599。

由於孔穎達的批評才能得知《類苑》有「鳥部鴝鵒目」的標題，雖然有這麼個小瑕疵出現，卻也知道《類苑》是採取部、目的兩層分類，先分大部再細分小目；而劉峻會立這樣的標題表示他的資料來源牽涉到《詩經》、《爾雅》，也就是與經學、小學有關。

　　上述提到《類苑》的架構分成兩層且取材來源包含經學，然而除此之外它亦牽涉到史學和史籍。由於劉峻曾注釋過《漢書》，雖然不知道他的注解究竟是早還是晚於《類苑》，可是《類苑》和《漢書注》間應有相關之處。唐代顏師古注解《漢書》時曾在《漢書敘例》一文裡列舉在他之前注釋者的姓名，不過當中沒有列出劉峻的《漢書注》，有可能是他的注解在唐初就已失傳。到了宋仁宗景祐年間（1034～1037）曾有校正《漢書》的行動，宋祁曾參校諸本對《漢書敘例》有所考證，針對其中一句「臣瓚，不詳姓氏及郡縣」有引用《類苑》的內容。這或許表示編於宋朝前期的《崇文總目》即使已失收《類苑》，但是它當時可能還在或明或暗之間，尚未立即消亡。有關這部分的原文如下：〔註88〕

> **臣瓚，不詳姓氏及郡縣。**
> 案：裴駰《史記序》云：「莫知姓氏。」韋稜《續訓》又言未詳。而劉孝標《類苑》以爲干瓚（明顧起元《說略》、清擷藻堂《四庫全書薈要》作「于瓚」）、鄭元注《水經》以爲薛瓚。姚察《訓纂》云：「案《庾翼集》：『干瓚爲翼主簿、兵曹參軍，後爲建威將軍。』」《晉中興書》云：「翼病卒而大將干瓚等作亂，翼長史江虨誅之。」干瓚乃是翼將，不載有注解《漢書》。然瓚所采眾家音義目，服虔、孟康以外並因晉亂湮滅，不傳江左。而《高紀》中瓚案《茂陵書》，《文紀》中案《漢祿秩令》；此二書亦復亡失，不得過江。明此瓚是晉中朝人，未喪亂之前，故得具其先輩音義及《茂陵書》、《漢令》等耳。蔡謨之江左，以瓚二十四卷散入《漢書》，今之註也。若謂爲干瓚，乃是東晉人，前後了不相會，此瓚非干足可知矣。又案《穆天子傳目錄》它，祕書校書郎中傅瓚校古文《穆天子傳》已記。《穆天子傳》

〔註88〕唐・顏師古，宋・宋祁參校，《漢書敘例》，臺北市：商務印書館據上海涵芬樓借常熟瞿氏鐵琴銅劍樓藏宋仁宗景祐年間（1034～1037）刊本景印（收入《百衲本二十四史》冊4），中華民國八十五年十二月（1996.12）臺一版第七次印刷，三板九行（新頁1322上半）。

者，汲縣人不準盜發古塚所得書。今《漢書音義》，臣瓚所案多引汲
書以駁眾家音義，此瓚疑是傅瓚。瓚時職典校書，故稱臣也。顏師
古曰：「後人斟酌瓚姓附之傳族耳。」既無明文足取信。

除了以上兩條具代表性的史料之外，唐人歐陽詢的《藝文類聚雜文部》裡收
錄兩篇文章，分別定名為「梁劉之遴《與劉孝標書》」以及「（劉孝標）《答劉
之遴借類苑書》」。〔註89〕這兩篇文章難得一見，因為一部類書編成後究竟借
閱、應用情形究竟如何是很難得知的；相對於劉峻私修的《類苑》還有這兩
篇借閱書信留存，其它同時期編纂的官修類書到底怎麼樣才能看得到，又有
誰看過，借閱的目的又為何等等幾乎都已無法得知，因此更可襯托出其珍貴
之處了。明末張溥重新整理成《劉戶曹集》二卷時有收錄《答劉之遴借類苑
書》，有些版本會附上劉之遴《與劉孝標書》於後，有些則否。大陸學者羅國
威進行校注時有附上劉之遴的來信，不過只對文中出現的人名和疑似字有注
解，對劉峻的回信才進行詳細的校注。兩篇文章的原文分別如下：〔註90〕

劉之遴《與劉孝標書》

閒聞足下作《類苑》，括綜百家，馳騁千載，彌綸天地，纏絡萬品。
撮道略之英華，搜羣言之阻隟。銓摘既畢，殺青已就。義以類聚，

〔註89〕劉之遴字思貞，南陽涅陽人，生於南朝宋後廢帝元徽五年（宋順帝昇明元年，
北朝魏孝文帝太和元年，477），卒於南朝梁武帝太清二年（北朝東魏孝靜帝武
定六年、西魏文帝大統十四年，548），享年七十二歲。其事蹟於《梁書》有傳，
《南史》則附於《劉虬傳》中。據《梁書》、《南史》的說法，劉之遴的個性「好
古愛奇」、「好屬文，多學古體」。他曾經在荊州作官的期間收集古器，還曾受皇
太子（可能是昭明太子蕭統或日後的簡文帝蕭綱）之命與張纘、到溉、陸襄等
人一同參校鄱陽王蕭範呈獻給東宮的《漢書》與其它版本的內容異同之處。此
部《漢書》即為蕭琛（事見第貳章第一節《皇覽》）所獲，贈送給鄱陽王蕭範的
那一部，時人間之人際關係以及史書（《漢書》）傳世流通歷程可能較今日所想
更為複雜。另外劉之遴與裴子野、劉顯等人因常常共同討論書籍而結為好友，
還撰寫《春秋大意》十科、《左氏》十科、《三傳同異》十科，總共三十事呈獻
給梁武帝閱覽，深獲嘉許。雖然正史中沒有記載他與劉峻交遊的事，但從他與
劉峻為同時人、亦曾任官荊州、對《漢書》也有相當認識、從研究《漢書》和
《春秋》的經歷中顯示他也善於類事等等經歷來看，他與劉峻間有所交遊應不
為怪。參見《梁書》卷四十（《列傳》第三十四）：《司馬褧、到溉、劉顯、劉之
遴弟之亨、許懋》，頁572～574。《南史》卷五十（《列傳》第四十）：《劉瓛弟璡、族
子顯、縠、明僧紹子山賓、庾易子黔婁、於陵、肩吾、劉虬子之遴、之亨、虬從弟坦》，頁1249～
1252。

〔註90〕《劉孝標集校注》，頁39～43。

事以羣分。述征之妙，揚、班儔也。擅此博物，何快如之。雖復子
野（羅國威校注：案師曠字子野，晉之主樂大師，事見《逸周書》、《左傳》、《國語晉語》、《呂
氏春秋》等）調聲，寄知音於後世；文信（羅國威校注：案呂不韋於莊襄王元年封
文信侯，見《史記呂不韋列傳》）搆《覽》，懸百金於當時，居然無以相尚。
自非沉鬱澹雅之思，安能閉志經年，勤（羅國威校注：疑當作勒）成若此！
吾嘗聞爲之者勞，觀之者逸。足下已勞於精力，宜令吾見異書。

劉之遴的來信乍看之下不過是先堆砌一些讚美的話，甚至還將劉峻和師曠、
呂不韋、揚雄、班固相提並論，最後再提出借閱的請求而已。可是再多看幾
次這封信後仍能感到當中透露出幾個訊息。

　　第一，從「鈆摘既畢，殺青已就」可以肯定《類苑》的確有完成的版本。
連未完本都已經在當時的社會造成轟動，一旦有完整版問世，想要拜讀的願
望自然很強烈。另外，能夠獲得寄信者如此高的評價以及亟欲拜讀的欲望，
多少能夠反應出劉峻的作品是符合當時閱讀潮流和趨勢的。

　　第二，因爲不曉得劉之遴是否曾讀過《類苑》的未完本，因此信中有些
提到《類苑》性質的字句，像是「括綜百家」、「義以類聚，事以羣分。述征
之妙，揚、班儔也。擅此博物，何快如之。」等等也就無法得知是讀過未完
本的感想還是從他人的評價中延伸而來。然而因爲劉之遴與劉峻是同時人，
因此以上這些字句還是可以幫助我們得知《類苑》的結構，瞭解它到底是一
部什麼樣的類書。接著再看劉峻的回信：

（劉孝標）《答劉之遴借類苑書》

九冬有隙，三餘暇時，多遊書圃，代樹萱蘇。若夫采靃靡於細紃，
閱微言於殘竹，噬飫膏液，咀嚼英華，不知地之爲輿，天之爲蓋，
靡測迴塘，莫辨輿馬，烏足以言乎！是用周流墳索，詳觀圖牒，搦
管聯冊，纂茲英奇。蛩蛩之謀，止於善草；周周之計，利在銜翼。
故鳩集斯文，蓋自綴其漏耳。豈冀藏山之石，播於士大夫哉！

在參酌羅國威的校注後，大概可以知道劉峻回信的意思。該文大致是說：在
閒暇的時候他常常做的事情就是讀書，對他而言讀書可以忘憂。從圖書文獻
裡採集有吸引力的詩文，從斷簡殘編中尋找精微要妙之言。當他專注於欣賞
前人留下的優美文章時，往往足不出戶，忘記許多世俗的事情。到了編纂《類
苑》的時候則是專心努力，摒棄一切娛樂，詳查遍覽眾多圖譜簿冊後才握筆
撰寫《類苑》。他自謙編寫這部書其實沒有什麼太大的目的，不過是採輯眾文，

彌補闕漏罷了。怎麼敢奢望它成為不朽之作，揚名於士大夫之間呢！

　　從劉峻的回信看來，在編寫類書的過程當中編者能否專心致志，學識是否廣博、有沒有勤查典籍，搜羅資料等等都是影響該部類書成功與否的要素。

　　茲將現在有關《類苑》的認識重新寫成以下的簡介：

　　《類苑》一百二十卷，南朝梁人劉峻編纂。南朝梁武帝的弟弟安成康王蕭秀於天監七年被任命為荊州刺史後，「引為戶曹參軍，給其書籍，使抄錄事類，名曰《類苑》」。可是《類苑》還沒編成，劉峻就因健康因素為由向蕭秀請辭，前往東陽郡紫巖山（今浙江省金華縣金華山境）居住，不過《類苑》的未完本當時已經在流通傳閱了。《隋書經籍志》稱「梁《七錄》八十二卷」可能就是指未完本，至於定稿相傳則在紫巖山完成。從《梁書》和《南史》的記載推測，劉峻編纂《類苑》的最大時間範圍應介於梁武帝天監七年至十五年（508～516）之間。與劉峻同時代的劉之遴曾來書向他借閱《類苑》，從信的內文中可推知其書的性質、結構以及受歡迎的程度。另外藉由孔穎達的《毛詩正義》和宋祁參校《漢書敘例》的內容當中也透露出《類苑》的資料取材橫跨經、史，劉峻在為《類苑》訂定分類架構時至少設定有部、目二層。《隋書》及兩《唐書》皆有收錄，但《崇文總目》編成時則已未予收錄，因此推測其亡佚的年代最晚約在北宋前期。

第參章　自南朝梁武帝在位中期起至陳、北朝編纂的類書及其傳世過程

　　前章已介紹自三國起至南朝梁武帝在位前期編纂的五部代表性類書：《皇覽》、《史林》、《四部要略》、《壽光書苑》和《類苑》；本章則選取南朝梁武帝天監年間後期開始編纂的《華林遍略》、普通年間的《法寶聯璧》、作者和著作年代均不明的《要覽》、南朝陳張式的《書圖泉海》以及北朝齊的《修文殿御覽》等五部類書為主要探討的對象。本章列舉的南朝類書主要編者群雖不乏生於宋、長於齊者，但活躍的主要時間較集中於梁代，這是與前章列舉的類書編纂群的不同之處。除此之外，這些類書對後世的影響程度不一亦是區別的因素。像《類苑》影響了《華林遍略》的開修，而《華林遍略》的流傳也影響到北朝齊修纂《修文殿御覽》時使用的體例；《修文殿御覽》又與隋代的《長洲玉鏡》、北宋初期的《太平御覽》、《冊府元龜》有關，這些都是環環相扣，具有連帶關係的。另外，相較於前章所舉的五部類書的編纂、傳世過程多事有可稱；本章列舉五部類書在篇幅上相差甚大；少則有不滿一頁的，多則有橫跨數十頁的。除了表示保存至今的各書相關史料詳略不一之外，實際上也暗喻了此期類書從達到極盛走向衰落的過程。

第一節　《華林遍略》

　　《華林遍略》，或作《華林徧略》，簡稱《遍略》、《徧略》；亦有寫成《華林編略》，簡稱《編略》者，在部分圖書文獻中還可見到其它名稱。它在南朝梁武帝天監十五年（516）由梁武帝本人下詔選召臣下編纂，普通五年（524）

全書告峻，總共歷時八年。《華林遍略》是一部在梁武帝的嫉妒心和好勝心驅使下編寫出來的類書。前節介紹劉峻撰寫的《類苑》時曾經提到梁武帝對於劉峻在文采和記事方面的鋒芒太露，頗有凌駕自己的態勢感到相當厭惡。當時劉峻想著的是希望能在皇帝面前表現自己的能力，繼而獲得重用以擺脫長年貧困不得志的狀況；沒想到這樣的做法卻是適得其反，兩人的個性和處事態度多不相容，反而使得梁武帝貶抑劉峻的情形更加惡化。《梁書文學傳》寫著：〔註1〕

> 高祖（梁武帝蕭衍）招文學之士，有高才者，多被引進，擢以不次。
> （劉）峻率性而動，不能隨眾沉浮，高祖頗嫌之，故不任用。

在《南史》裡劉峻的事蹟是附於《劉懷珍傳》之下，李延壽在增補關於劉峻的史事時，對於梁武帝爲何開始討厭劉峻的原因交待得更加詳細；梁武帝對劉峻如此憤恨，使得劉峻終身不再出仕，也導致《類苑》在問世之後，梁武帝決定集合臣下共撰新書以與劉峻一較高下的結果。據《南史》記載：〔註2〕

> 初，梁武帝招文學之士，有高才者多被引進，擢以不次。（劉）峻率性而動，不能隨眾沉浮。武帝每集文士策經史事，時范雲、沈約之徒皆引短推長，帝乃悅，加其賞賚。會策錦被事，咸言已罄，帝試呼問峻，峻時貧悴冗散，忽請紙筆，疏十餘事，坐客皆驚，帝不覺失色。自是惡之，不復引見。及峻《類苑》成，凡一百二十卷，帝即命諸學士撰《華林遍略》以高之，竟不見用。

唐朝初年杜寶寫的《大業雜記》裡寫著隋煬帝曾命臣下編撰一部名爲《長洲玉鏡》的類書（收於《隋書經籍志》子部雜家類）。當時他與祕書監柳顧言有段對話，當中有提及梁武帝下詔編纂《華林遍略》的原因就是要超越劉峻的《類苑》，大意可與正史記載相合。該段原文如下：〔註3〕

> （隋煬帝大業二年）六月，學士祕書監柳顧言、學士著作佐郎王曹

〔註1〕 《梁書》卷五十（《列傳》第四十四）：《文學》下，頁702。；有關南朝梁武帝蕭衍像，可見國立故宮博物院編，《故宮圖像選萃》，臺北市士林區：國立故宮博物院，中華民國六十年十二月（1971.12），頁11、62。

〔註2〕 《南史》卷四十九（《列傳》第三十九）：《庾杲之叔父華、王諶從叔摛、何憲、孔逷、孔珪、劉懷珍子靈哲、從父弟峻、劉沼、懷珍從子懷慰、懷慰子霽、杳、歊、懷珍從孫訐、懷珍族弟善明》，頁1219～1220。

〔註3〕 唐·杜寶，《大業雜記》，臺北市：藝文印書館據清宣宗道光年間（1821～1850）錢熙祚校刊，子培讓、培傑續刊《指海叢書》第三集景印（收入《百部叢書集成》初編之五十四），中華民國五十六年（1967），十三板八行至十八行。

等撰《長洲玉鏡》一部四百卷。帝謂顧言曰：「此書源本出自《華林
徧略》，然復可加事當典要；其卷雖少，其事乃多於《徧略》。」對
曰：「梁主（梁武帝蕭衍）以隱士劉孝標撰《類苑》一百二十卷，自
言：『天下之事畢盡此書，無一物遺漏。』梁武心不伏，即敕華林園
學士七百餘人人撰一卷，其事數倍多於《類苑》。今文■（墨等）又富
梁朝，是以取事多於《徧略》。然梁朝學士取事意各不同，至如『寶
劍出自昆吾溪，照人如照水，切玉如切泥』；序劍者盡錄爲劍事，序
溪者亦取爲溪事，撰玉者亦編爲玉事。以此重出是以卷多，至如《玉
鏡》則不然。」帝曰：「誠如卿說。」《說郛唐宋叢書》此條缺。

從柳顧言的回答中透露出《華林徧略》篇幅很大的原因是各個編者思考同一
件事的角度各異，導致重複收入不同的部類所致。不過他稱《華林徧略》的
作者們是「華林園學士七百餘人」的說法卻與正史相異。下段即從《華林徧
略》的編者群事蹟開始著手，藉以試圖瞭解《華林徧略》是部怎樣的類書。

甲、《華林徧略》的編者群

今日《華林徧略》的編者群中可考者有六或七人，其一即爲前章曾提到
的《壽光書苑》作者劉杳。《梁書文學傳》下記載：〔註4〕

（劉）杳以疾陳解（臨津令），還除雲麾晉安王（即梁簡文帝蕭綱）

府參軍。詹事徐勉舉杳及顧協等五人入華林撰《徧（遍）略》。

由於前章已經介紹過劉杳的生平，此處不擬多加重複。前節曾提到劉峻是劉杳
的族祖父，劉杳在當時也正是處於才氣甚盛的顛峰期；南朝梁起用劉杳這個族
孫來對抗族祖父，或許是有想要與之分庭抗禮的用意在內。不過換個角度來看，
如果劉杳確在劉峻撰《類苑》前就編成《壽光書苑》的話，也有可能表示他先
前編纂的《壽光書苑》不如《類苑》，所以他想要更加努力表現吧！〔註5〕

雖然我們已經知道劉杳是《華林徧略》的編者之一，不過梁武帝召集臣
下編纂《華林徧略》時並非由他一一欽點而是由當時的太子詹事徐勉向上舉
薦，因此後世提到《華林徧略》時多以徐勉爲編者之首。

〔註4〕　《梁書》卷五十（《列傳》第四十四）：《文學》下，頁716。
〔註5〕　大陸學者胡道靜認爲劉峻的氣勢凌駕梁武帝以及《類苑》的告成都刺激了梁
　　　　武帝要修纂《華林徧略》的決心，「同時也反映了一個情況，（劉杳的）《壽光
　　　　書苑》大抵是編得不及《類苑》的。」見《中國古代的類書》，頁44。

　　徐勉字脩仁，東海郯人，生於南朝宋太宗明帝泰始二年（北朝魏獻文帝
天安元年，466），卒於南朝梁高祖武帝大同元年（北朝東魏孝靜帝天平二年、
西魏文帝大統元年，535），享年七十歲。徐勉幼時親人早逝，家境清寒；不
過這反而使他更加振作，努力向學，受到同宗族人們的稱讚。

　　徐勉在南朝齊時以國子生起家，受到當時的國子祭酒王儉的注意，認爲
他日必有成就。由於徐勉與蕭衍的兄長蕭懿早有往來，因此當蕭衍等人立齊
和帝以平廢帝東昏侯的虐政時就受到蕭衍的重用。從蕭衍篡齊自立建立梁朝
到徐勉去世爲止，是他在政壇上最具影響力的時期。徐勉曾擔任的職務眾多，
不過以太子詹事、吏部尚書、尚書右僕射、尚書僕射等官爲最主要。因爲他
掌管的多是爲朝廷選拔人才的事，所以徐勉常常在外結交朋友；而時人也希
望能與徐勉交遊，因此他的人脈相當廣闊，權力也很大。〔註6〕而每當朝廷有
所需要時，徐勉往往也能適時舉才服務，務使人盡其才。〔註7〕不過，梁、陳
兩代官制使用九品十八班以定品秩的制度也是出自徐勉之手，《南史徐勉傳》
稱「自是貪冒苟進者以財貨取通，守道淪退者以貧寒見沒矣」。〔註8〕

　　除了選拔人才外，徐勉對於當時禮制和社會風氣的發言在他的事蹟當中
也占了相當的比重。梁武帝天監年間的社會對於過世的人不很尊重，喪禮更
是迅速草率；往往親人早上過世，傍晚就出殯埋葬。徐勉認爲這不僅違反禮

〔註6〕　像是《梁書儒林傳》有一例：
　　　　（盧）廣少明經，有儒術。天監中歸國。初拜員外散騎侍郎，出爲始安太守，
　　　　坐事免。頃之，起爲折衝將軍，配千兵北伐，還拜步兵校尉，兼國子博士，
　　　　徧講五經。時北來人儒學者有崔靈恩、孫詳、蔣顯，並聚徒講說，而音辭鄙
　　　　拙；惟廣言論清雅，不類北人。僕射徐勉，兼通經術，深相賞好。
　　　　另外在《周書蕭詧傳附蔡大寶傳》中也可以看得到徐勉提攜後進的例子：
　　　　（蔡）大寶少孤，而篤學不倦，善屬文。初以明經對策第一，解褐武陵王國
　　　　左常侍。嘗以書干僕射徐勉，大爲勉所賞異。乃令與其子遊處，所有墳籍，
　　　　盡以給之。遂博覽群書，學無不綜。
　　　　見《梁書》卷四十八（《列傳》第四十二）：儒林，頁698；唐·令狐德棻，《周
　　　　書》卷四十八（《列傳》第四十）：《蕭詧》，臺北市：鼎文書局新校本，中華
　　　　民國八十七年七月（1998.7）九版，頁868。
〔註7〕　比如徐勉舉薦劉杳等五人編撰《華林遍略》即是一例，另外又如《梁書張緬
　　　　傳》載：
　　　　……。殿中郎缺，高祖謂徐勉曰：「此曹舊用文學，且居鷁行之首，宜詳擇其
　　　　人。」勉舉（張）緬充選。
　　　　見《梁書》卷三十四（《列傳》第二十八）：《張緬》，頁491。
〔註8〕　《南史》卷六十（《列傳》第五十）：《范岫、傅昭弟暎、孔休源、江革子德藻、
　　　　徐勉、許懋子亨、殷鈞宗人芸》，頁1478。

制更是傷情害理，因此上疏梁武帝希望無論士庶都能遵照古制，在親人過世三日後再行大斂。此舉也獲得梁武帝的准許。

另外，徐勉於普通六年（525）呈上《修五禮表》，《梁書》和《南史徐勉傳》都是全文照錄。從文中可以得知齊、梁二朝修撰五禮（吉、凶、賓、軍、嘉禮）的沿革過程、參與人員、成書時間、典藏狀況等等細節。蓋禮是教化的根本、生活的準繩，國家是否重視禮也關係到社會上倫理綱常能否維持，是相當重要的事情。梁朝開始修禮的時間起於天監元年（502），歷經二十餘年和多次人事更動終於得以完成，是相當不容易的。至於此事的相關記載亦可見於《梁書良吏傳》、《南史儒林傳》中的《伏暅傳》以及《隋書禮儀志》。〔註9〕

徐勉在南朝梁朝廷裡權勢甚盛，「朝士莫不佞之」；〔註10〕但因他出身寒門，幼時曾經歷過一段苦日子，因此他治家時常將家產俸祿拿出來救助同族的窮苦者而不多留一點在自己和家人身上。他的門人故舊往往勸他留意些，徐勉卻認為後代子孫如果有本事就該自己奮鬥，否則就算富貴，遲早還是為他人所有。直到晚年多病，梁武帝給予女妓金錢給徐勉，才逐漸喜好聲酒。雖然他的正直不如范雲卻也不會逢迎拍馬，在他之後的繼任者如朱異等人皆不能及，所以有范、徐之稱。徐勉過世後朝廷建議諡號為「簡」，取其「居敬行簡」之意；梁武帝再加上「肅」字，認為他「執心決斷」，因此諡徐勉為簡肅公。

徐勉雖然長年公務繁忙，卻仍然儘量抽出時間著作，而且數量頗豐，包括《華林遍略》在內約有七種。他認為起居注煩雜，因此刪寫成《流別起居注》六百（六十）卷（《梁書》、《南史》著錄卷數有異），此書在《隋書經籍志》史部起居注類尚收錄三十七卷、《新唐書藝文志》則是四十七卷。

〔註 9〕 《梁書良吏傳》寫著：
　　　高祖踐阼，（伏暅）遷國子博士，父憂去職。服闋，為車騎諮議參軍，累遷司空長史，中書侍郎，前軍將軍，兼五經博士，與吏部尚書徐勉、中書侍郎周捨，總知五禮事。
　　　《南史儒林傳》裡的記載大致相同。至於《隋書禮儀志》裡也有提及：
　　　梁武始群儒，裁成大典。吉禮則明山賓，凶禮則嚴植之，軍禮則陸璉，賓禮則賀瑒，嘉禮則司馬褧。帝又命沈約、周捨、徐勉、何佟之等，咸在參詳。
　　　見《梁書》卷五十三（《列傳》第四十七）：《良吏》，頁 774；《南史》卷七十一（《列傳》第六十一）：《儒林》，頁 1732；《隋書》卷六（《志》第一）：《禮儀》一，頁 107。
〔註10〕 唐·李百藥，《北齊書》卷三十三（列傳第二十五）：《蕭（淵）明、蕭祇、蕭退、蕭放、徐之才》，臺北市：鼎文書局新校本，中華民國八十五年十一月（1996.11）八版，頁 448。

《左丞彈事》五卷，《隋書經籍志》已未收。

徐勉仕於南朝齊時曾撰《太廟祝文》二卷，《隋書經籍志》已未收。

徐勉認爲孔釋二教殊途同歸，撰《會林》五十卷，《隋書經籍志》子部雜家類尚收五卷。

當他長期擔任遴選人才的官職時曾撰《選品》五（三）卷（《梁書》、《南史》著錄卷數有異），在《隋書經籍志》、《舊唐書經籍志》和《新唐書藝文志》史部職官類中則稱其爲《梁選簿》三卷。另外在《新唐書藝文志》史部譜牒類裡收錄《百官譜》二十卷。

文集前後二集四十五（五十）卷（《梁書》、《南史》著錄卷數有異），《隋書經籍志》集部別集類裡收錄《徐勉前集》三十五卷、《徐勉後集》十六卷；《舊唐書經籍志》集部別集類則是《徐勉前集》二十五卷、《徐勉後集》十六卷。到了《新唐書藝文志》集部別集類時則僅收錄《徐勉前集》三十五卷。另有《婦人集》（《人章表集》）十卷，《隋書經籍志》已未收。

其次要介紹的編者是何思澄。何思澄字元靜，東海郯人。少年時期相當勤學，對於文章辭句的運用相當擅長。他與宗人何遜和何子朗在文壇上都有名氣，當時的人們對於他們的評語是：「東海三何，子朗最多。」意指何子朗的表現最好。何思澄聽到這件事情後，有些不大滿意，認爲應該是自己最屬害；然而卻又不能表露出高傲的神態，因此改口說：「此言誤耳。如其不然，故當歸遜。」表示輿論的評價有誤。他在身後留下文集十五卷，不過《隋書經籍志》未收，可能表示何思澄的文集早已亡佚。

何思澄的生平主要見於《梁書》和《南史》的〈文學傳〉，不過因爲他的生卒年沒有詳載，只知道他得年五十四歲；因此大部分的事蹟只能推敲出一段時間範圍。惟一可以確定年代的事情就是參與編纂《華林遍略》。《梁書文學傳》記載：〔註11〕

> 天監十五年，敕太子詹事徐勉舉學士入華林撰《徧略》，勉舉思澄等
> 五人以應選。

李延壽在《南史文學傳》增補這段史事時寫得更爲詳細：〔註12〕

> 天監十五年，敕太子詹事徐勉舉學士入華林撰《遍略》，勉舉思澄、
> 顧協、劉杳、王子雲、鍾嶼等五人以應選。八年乃書成，合七百卷。

〔註11〕《梁書》卷五十（《列傳》第四十四）：《文學》下，頁714。
〔註12〕《南史》卷七十二（《列傳》第六十二）：《文學》，頁1782～1783。

> 思澄重交結，分書與諸賓朋校定，而終日造謁。每宿昔作名一束，
> 曉便命駕，朝賢無不悉狎，狎處即命食。有人方之樓護，欣然當之。
> 投晚還家，所齎名必盡。

接著是顧協。顧協字正禮，吳郡吳縣人，生於南朝宋明帝泰始六年（北朝魏獻文帝皇興四年，470），卒於南朝梁武帝大同八年（北朝東魏孝靜帝興和四年、西魏文帝大統八年，542），享年七十三歲。

雖然顧協生於宋、長於齊，可是他在青年時期卻可說是沒沒無聞，直到梁朝建立後才得到入仕的機會。相對於一些少年得志的新秀，當他開始仕宦生涯時已是年過三十；身處在平均壽命不是很長的年代裡，連梁武帝都覺得他「已老」，然而他接下來四十年的歲月裡的表現可不輸給其他後起俊彥。《梁書》載顧協「少清介有志操」，《南史》亦稱其「清介足以追蹤古人」。〔註13〕由於他的個性耿介，自我要求也高；無論身在朝廷還是外任藩國，都能得到皇帝和諸王的信任付託，因此受到時人同僚相當的尊重。從《梁書裴子野傳》和《劉顯傳》中可以看出他在梁武帝天監年間是和哪些人相交遊的。〔註14〕

在學術方面，顧協博覽群書，對於文字和禽獸草木的部分尤稱精詳。他曾撰《異姓苑》五卷，《瑣語》十卷以及文集十卷；到了《隋書經籍志》子部小說類裡還有收錄《瑣語》一卷。

再來是王子雲。其事不見於《梁書》，《南史文學傳》亦僅載以下數句：〔註15〕

> 王子雲，太原人，及江夏費昶，並為閭裏才子。……。子雲嘗為《自
> 弔文》，甚美。

最後一位編者是鍾嶼。他的事蹟相當簡略，《梁書文學傳》上僅如此記載：

〔註13〕《梁書》卷三十（《列傳》第二十四）：《裴子野、顧協、徐摛、鮑泉》，頁446；
《南史》卷六十二（《列傳》第五十二）：《賀瑒、司馬褧、朱異、顧協、徐摛、鮑泉》，頁1520。

〔註14〕《梁書裴子野傳》載：
（裴）子野與沛國劉顯、南陽劉之遴、陳郡殷芸、陳留阮孝緒、吳郡顧協、京兆韋稜皆博極羣書，深相賞好，顯尤推重之。
同書《劉顯傳》亦載：
（劉）顯與河東裴子野、南陽劉之遴、吳郡顧協，連職禁中，遞相師友，時人莫不慕之。
見《梁書》卷三十（《列傳》第二十四）：《裴子野、顧協、徐摛、鮑泉》、卷四十（《列傳》第三十四）：《司馬褧、到溉、劉之遴、許懋》，頁443、570。

〔註15〕《南史》卷七十二（《列傳》第六十二）：《文學》，頁1783。

〔註 16〕

> 鍾嶸字仲偉,潁川長社人,……。嶸與兄岏、弟嶼並好學,有思
> 想。……。(鍾)嶼字季望,永嘉郡丞。天監十五年,敕學士撰《徧
> 略》,嶼亦預焉。兄弟並有文集。

鍾嶼的長兄鍾岏曾任建康令,著有《良吏傳》;次兄鍾嶸即為《詩評(品)》
的作者,其他的事情就一無所知了。

　　除了以上六人有明確記載表示他們是《華林遍略》的編纂者外,可能還
有一人也是編者。他的名字是徐僧權,在《隋書經籍志》著錄《華林遍略》
的編者時僅寫著「梁綏安令徐僧權等撰」的字樣,沒有再多寫出徐勉等六人
的名字;由於與《梁書》、《南史》各傳的記載不合之故,因此使人感到好奇。

　　徐僧權,南北朝七書二史無專傳,亦無與他人合傳;除了《隋書經籍志》
稱他是《華林遍略》的編者,做過綏安令外,有關他的史事相當有限。《陳書
文學傳》寫著:〔註 17〕

> 徐伯陽字隱忍,東海人也。祖度之,齊南徐州議曹從事史。父僧權,
> 梁東宮通事舍人,領祕書,以善書知名。

從《陳書》中可以得知徐僧權的簡單背景與特長,至於他在梁朝中實際做過
什麼事則可見於《南史王錫傳》。《梁書王份傳附王錫傳》中曾提到一椿梁武
帝普通年間北魏使臣南來梁朝,兩國官員言語交鋒的情況:〔註 18〕

> 普通初,魏始連和,使劉善明來聘,敕使中書舍人朱異接之,預讌
> 者皆歸化北人。善明負其才氣,酒酣謂異曰:「南國辯學如中書者幾
> 人?」異對曰:「異所以得接賓客者,乃分職是司。二國通和,所敦
> 親好;若以才辯相尚,則不容見使。」善明乃曰:「王錫、張纘,北
> 間所聞,云何可見?」異具啟,敕即使於南苑設宴,錫與張纘、朱
> 異四人而已。善明造席,遍論經史,兼以嘲謔,錫、纘隨方酬謝,
> 無所稽疑,未嘗訪彼一事,善明甚相歡抱。佗日謂異曰:「一日見二
> 賢,實副所期,不有君子,安能為國!」

《南史王彧傳附王錫傳》增補這段史事時,在上述文字後增加一句「引宴之

〔註 16〕　《梁書》卷四十九(《列傳》第四十三):《文學》上,頁 694、697。
〔註 17〕　隋·姚察、唐·魏徵、姚思廉,《陳書》卷三十四(列傳第二十八):《文學》,
　　　　　臺北市:鼎文書局新校本,中華民國八十七年十月(1998.10),頁 468。
〔註 18〕　《梁書》卷二十一(《列傳》第十五):〈王瞻、王志、王峻、王暕子訓、王泰、
　　　　　王份孫錫、僉、張充、柳憚、蔡撙、江蒨〉,頁 326。

日，敕使左右徐僧權於坐後，言則書之。」；〔註19〕亦即梁、魏官員在南苑宴會上的對談實況是由徐僧權記錄的。

《陳書文學傳》稱徐僧權善書，應該是指他善於寫書法。《新唐書藝文志》經部小學類中著錄一條：「二王、張芝、張昶等書一千五百一十卷」，歐陽修在該條之下有撰寫注解，其中就有包括徐僧權的書法作品：〔註20〕

> （唐）太宗出御府金帛購天下古本，命魏徵、虞世南、褚遂良定眞僞，凡得（王）羲之眞行二百九十紙，爲八十卷，又得獻之、張芝等書，以「貞觀」字爲印。草跡命遂良楷書小字以影之。其古本多梁、隋官書。梁則滿騫、徐僧權、沈熾文、朱异，隋則江總、姚察署記。帝令魏、褚卷尾各署名。開元五年，敕陸玄悌、魏哲、劉懷信檢校，分益卷秩。玄宗自書「開元」字爲印。

有關徐僧權的史事僅有以上數條，沒有提到他曾經參與編寫《華林遍略》；所以像是大陸學者胡道靜在《中國古代的類書》中就認爲可能是《隋書》的記載有誤，也有可能他和徐勉都是領修人，不過沒有辦法再加以驗證。〔註21〕

現將六人之生平事蹟合爲一《繫年簡表》，藉由時間演變以顯明六人之經歷，以及《華林遍略》與其他多部類書間之關係。

徐勉、（何思澄）、顧協、（王子雲、鍾嶼、徐僧權）繫年簡表

紀　年	南北朝國事	事　蹟
南朝宋太宗明帝泰始二年 （北朝魏顯祖獻文帝天安元年，466）		徐勉　一歲。生。（據《梁書徐勉傳》載其卒年和歲數反推而得生年）
南朝宋太宗明帝泰始三年 〔北朝魏顯祖獻文帝天安二年（皇興元年），467〕		徐勉　二歲。
南朝宋太宗明帝泰始四年 （北朝魏顯祖獻文帝皇興二年，468）		徐勉　三歲。
南朝宋太宗明帝泰始五年 （北朝魏顯祖獻文帝皇興三年，469）		徐勉　四歲。
南朝宋太宗明帝泰始六年 （北朝魏顯祖獻文帝皇興四年，470）		徐勉　五歲。 顧協　一歲。生。（據《梁書顧協傳》載其卒年和歲數反推而得生年）

〔註19〕《南史》卷二十三（《列傳》第十三）：〈王誕、王華、王惠、王彧〉，頁641。
〔註20〕《（新）唐書》卷五十七（《志》第四十七）：《藝文》一，頁1450～1451。
〔註21〕《中國古代的類書》，頁45。

南朝宋太宗明帝泰始七年 〔北朝魏顯祖獻文帝皇興五年（高祖孝文帝延興元年），471〕		徐勉　六歲。 （徐）勉幼孤貧，早勵清節。年六歲，時屬霖雨，家人祈霽，率爾為文，見稱耆宿。 《《梁書徐勉傳》頁377》 顧協　二歲。
南朝宋太宗明帝泰豫元年 （北朝魏高祖孝文帝延興二年，472）	泰豫元年四月己亥，太宗崩。庚子，太子（後廢帝）即皇帝位，大赦天下。……乙巳，以護軍將軍張永為右光祿大夫，……《《宋書後廢帝紀》頁177》	徐勉　七歲。 顧協　三歲。 （顧）協幼孤，隨母養於外氏。外從祖宋右光祿張永嘗攜內外孫姪遊虎丘山，協年數歲，永撫之曰：「兒欲何戲？」協對曰：「兒正欲枕石漱流。」永歎息曰：「顧氏興於此子。」既長，好學，以精力稱。外氏諸張多賢達有識鑒，從內弟（張）率尤推重焉。《《梁書顧協傳》頁444～445》 案：雖未明言顧協年歲，當應介於三至五歲間。
南朝宋後廢帝元徽元年（北朝魏高祖孝文帝延興三年，473）		徐勉　八歲。 顧協　四歲。
南朝宋後廢帝元徽二年（北朝魏高祖孝文帝延興四年，474）	二年春正月庚子，以右光祿大夫張永為征北將軍、南兗州刺史。《宋書後廢帝紀》頁181）	徐勉　九歲。 顧協　五歲。
南朝宋後廢帝元徽三年（北朝魏高祖孝文帝延興五年，475）	徐爰（在世時抄合《皇覽》成五十卷者）卒。《《宋書恩倖傳》之《徐爰傳》頁2312） （見第貳章第一節《皇覽》）	徐勉　十歲。 顧協　六歲。
南朝宋後廢帝元徽四年〔北朝魏高祖孝文帝延興六年（承明元年），476〕		徐勉　十一歲。 顧協　七歲。
南朝宋後廢帝元徽五年、順帝昇明元年（北朝魏高祖孝文帝太和元年，477）		徐勉　十二歲。 顧協　八歲。
南朝宋順帝昇明二年（北朝魏高祖孝文帝太和二年，478）		徐勉　十三歲。 顧協　九歲。
南朝宋順帝昇明三年、齊太祖高帝建元元年（北朝魏高祖孝文帝太和三年，479）		徐勉　十四歲。 顧協　十歲。

南朝齊太祖高帝建元二年 （北朝魏高祖孝文帝太和四年，480）		徐勉 十五歲。 顧協 十一歲。
南朝齊太祖高帝建元三年 （北朝魏高祖孝文帝太和五年，481）		徐勉 十六歲。 顧協 十二歲。
南朝齊太祖高帝建元四年 （北朝魏高祖孝文帝太和六年，482）	（南朝齊太祖高帝在位期間）又詔東觀學士撰《史林》三十篇，魏文帝《皇覽》之流也。《南史齊本紀上》頁113 （見第貳章第二節《史林》）	徐勉 十七歲。 及長，篤志好學。《梁書徐勉傳》頁377 （徐勉）及長好學，宗人孝嗣見之歎曰：「此所謂人中之騏驥，必能致千里。」又嘗謂諸子曰：「此人師也，爾等則而行之。」《南史徐勉傳》頁1477 案：因斷限未明，故附於徐勉起家國子生之前一年。 顧協 十三歲。
南朝齊世祖武帝永明元年 （北朝魏高祖孝文帝太和七年，483）		徐勉 十八歲。 起家國子生。《梁書徐勉傳》頁377 年十八，召為國子生，便下帷專學，精力無怠。同時儕輩肅而敬之。《南史徐勉傳》頁1477 顧協 十四歲。
南朝齊世祖武帝永明二年 （北朝魏高祖孝文帝太和八年，484）	（永明）二年，（王儉）領國子祭酒、丹陽尹，本官如故。《南齊書王儉傳》頁436	徐勉 十九歲。 太尉文憲公王儉時為祭酒，每稱勉有宰輔之量。《梁書徐勉傳》頁377 祭酒王儉每見，常目送之，曰：「此子非常器也。」每稱有宰輔之量。《南史徐勉傳》頁1477 案：因斷限未明，故附於王儉任國子祭酒之首年。 （何思澄可能一歲） 顧協 十五歲。
南朝齊世祖武帝永明三年 （北朝魏高祖孝文帝太和九年，485）	永明三年，立學，尚書令王儉領（國子）祭酒。《南齊書百官志》頁315、《南齊書王儉傳》頁436	徐勉 廿歲。 （徐勉）射策舉高第，補西陽王

	（永明三年十二月）改封武昌王子明爲西陽王。《南史齊本紀》上頁121）	國侍郎。尋遷太學博士，鎮軍參軍，尚書殿中郎，以公事免。又除中兵郎、領軍長史。《梁書徐勉傳》頁377） 案：此遷官次序應介於齊武帝永明三年至齊廢帝東昏侯永元三年（485～501）之間。 （徐勉）射策甲科，起家王國侍郎，補太學博士。時每有議定，勉理證明允，莫能貶奪，同官咸取則焉。《南史徐勉傳》頁1477～1478） （何思澄可能二歲） 顧協　十六歲。
南朝齊世祖武帝永明四年 （北朝魏高祖孝文帝太和十年，486）	三月辛亥，國子講孝經，車駕幸學，賜國子祭酒、博士、助教絹各有差。《南齊書武帝紀》頁52）	徐勉　廿一歲。 （何思澄可能三歲） 顧協　十七歲。
南朝齊世祖武帝永明五年 （北朝魏高祖孝文帝太和十一年，487）	（南朝齊世祖武帝永明）五年，（竟陵王蕭子良）正位司徒，給班劍二十人，侍中如故。移居雞籠山（西）邸，集學士抄《五經》、百家，依《皇覽》例爲《四部要略》千卷。《南齊書武十七王傳》頁698、《南史齊武帝諸子傳》頁1103） （見第貳章第三節《四部要略》）	徐勉　廿二歲。 （何思澄可能四歲） 顧協　十八歲。
南朝齊世祖武帝永明六年 （北朝魏高祖孝文帝太和十二年，488）		徐勉　廿三歲。 （何思澄可能五歲） 顧協　十九歲。
南朝齊世祖武帝永明七年 （北朝魏高祖孝文帝太和十三年，489）	五月乙巳，尚書令、衛將軍、開府儀同三司王儉薨。《南齊書武帝紀》頁57）	徐勉　廿四歲。 （何思澄可能六歲） 顧協　廿歲。
南朝齊世祖武帝永明八年 （北朝魏高祖孝文帝太和十四年，490）		徐勉　廿五歲。 （何思澄可能七歲） 顧協　廿一歲。

南朝齊世祖武帝永明九年 （北朝魏高祖孝文帝太和十五年，491）		徐勉　廿六歲。 （何思澄^{可能}八歲） 顧協　廿二歲。
南朝齊世祖武帝永明十年 （北朝魏高祖孝文帝太和十六年，492）		徐勉　廿七歲。 （何思澄^{可能}九歲） 顧協　廿三歲。
南朝齊世祖武帝永明十一 年_{（北朝魏高祖孝文帝太和十七年，493）}	鬱林（廢帝鬱林王）深忿疾（王）融，收下廷尉獄，……。詔於獄賜死。時年二十七。《南齊書王融傳》頁823,824） 十一月辛亥，立曲江公昭秀為臨海王。《南齊書廢帝鬱林王紀》頁70）_{（時武帝已崩，廢帝鬱林王嗣位，尚未改元）}	徐勉　廿八歲。 琅邪王元長^{（王融）}才名甚盛，嘗欲與勉相識，每託人召之。^{（徐）}勉謂人曰：「王郎名高望促，難可輕徹衣裾。」俄而元長及禍，時人莫不服其機鑒。《梁書徐勉傳》頁377） ^{（徐勉）}遷臨海王西中郎田曹行參軍，俄徙署都曹。時琅邪王融一時才儁，特相慕悅，嘗請交焉。勉謂所親曰：「王郎名高望促，難可輕徹衣裾。」融後果陷於法，以此見推識鑒。累遷領軍長史。《南史徐勉傳》頁1478） （何思澄^{可能}十歲） 顧協　廿四歲。
南朝齊廢帝鬱林王隆昌元年、廢帝海陵恭王延興元年、高宗明帝建武元年_{（北朝魏高祖孝文帝太和十八年，494）}		徐勉　廿九歲。 （何思澄^{可能}十一歲） 顧協　廿五歲。
南朝齊高宗明帝建武二年 （北朝魏高祖孝文帝太和十九年，495）		徐勉　卅歲。 （何思澄^{可能}十二歲） 顧協　廿六歲。
南朝齊高宗明帝建武三年 （北朝魏高祖孝文帝太和廿年，496）		徐勉　卅一歲。 （何思澄^{可能}十三歲） 顧協　廿七歲。
南朝齊高宗明帝建武四年 （北朝魏高祖孝文帝太和廿一年，497）		徐勉　卅二歲。 （何思澄^{可能}十四歲） 顧協　廿八歲。

南朝齊高宗明帝永泰元年 （北朝魏高祖孝文帝太和廿二年，498）		徐勉　卅三歲。 （何思澄^{可能}十五歲） 顧協　廿九歲。
南朝齊廢帝東昏侯永元元年（北朝魏高祖孝文帝太和廿三年，499）		徐勉　卅四歲。 （何思澄^{可能}十六歲） 顧協　卅歲。
南朝齊廢帝東昏侯永元二年（北朝魏世宗宣武帝景明元年，500）	冬十月己卯，害尚書令蕭懿。《南齊書東昏侯紀》頁100）	徐勉　卅五歲。 初與長沙宣武王^{（蕭懿，梁武帝即位後追封）}遊，高祖^{（梁武帝）}深器賞之。《梁書徐勉傳》頁377） 案：因未知徐勉與蕭懿何時始交遊，故附於蕭懿卒年。 （何思澄^{可能}十七歲） 顧協　卅一歲。
南朝齊廢帝東昏侯永元三年、和帝中興元年（北朝魏世宗宣武帝景明二年，501）	十二月丙寅，新除雍州刺史王珍國、侍中張稷率兵入殿廢帝（齊廢帝東昏侯），時年十九。《南齊書廢帝東昏侯紀》頁102）	徐勉　卅六歲。 及義兵至京邑，^{（徐）}勉於新林謁見，高祖^{（梁武帝）}甚加恩禮，使管書記。《梁書徐勉傳》頁377） 中興元年，梁武帝入石頭，時吳興太守袁昂據郡拒義不從，^{（江）}革製書與昂，於坐立成，辭義典雅，帝深賞歎之，令與徐勉同掌書記。《梁書江革傳》頁523） 梁武平建鄴，朝士王亮、王瑩等數人揖，自餘皆拜，^{（謝）}覽時年二十餘，為太子舍人，亦長揖而已。意氣閑雅，視瞻聰明，武帝目送良久，謂徐勉曰：「覺此生芳蘭竟體，想謝莊政當如此。」自此仍被賞味。《南史謝弘微傳附謝覽傳》頁562） （何思澄^{可能}十八歲） 顧協　卅二歲。

南朝齊和帝中興二年、梁高祖武帝天監元年（北朝魏世宗宣武帝景明三年，502）	（天監元年夏四月丙寅）是日，詔封……南徐州刺史秀安成郡王；……；荊州刺史憺始興郡王。《梁書武帝紀》中頁35）	徐勉　卅七歲。高祖踐阼，拜（徐勉）中書侍郎，遷建威將軍、後軍諮議參軍、本邑中正、尚書左丞。自掌樞憲，多所糾舉，時論以爲稱職。《梁書徐勉傳》頁377） （何思澄可能十九歲） 顧協　卅三歲。
南朝梁高祖武帝天監二年（北朝魏世宗宣武帝景明四年，503）	五月丁巳，尚書右僕射范雲卒。《梁書武帝紀》中頁39） 冬十月，魏寇司州。《梁書武帝紀》中頁40）	徐勉　卅八歲。天監二年，（徐勉）除給事黃門侍郎、尚書吏部郎，參掌大選。遷侍中。《梁書徐勉傳》頁377）初，范雲卒，僉以沈約允當樞管，帝以約輕易不如徐勉，於是勉、（周）捨同參國政。勉小嫌中廢，捨專掌權轄，雅量不及勉而清簡過之，兩人俱稱賢相。《南史周朗傳附周捨傳》頁896） （何思澄可能廿歲） 顧協　卅四歲。
南朝梁高祖武帝天監三年（北朝魏世宗宣武帝正始元年，504）	二月，魏陷梁州。《梁書武帝紀》中頁40） 八月，魏陷司州，詔以南義陽置司州。《梁書武帝紀》中頁41） 劉杳始出仕，編纂《壽光書苑》時間應不早於此年。（見第貳章第四節《壽光書苑》）	徐勉　卅九歲。 （何思澄可能廿一歲） 顧協　卅五歲。起家揚州議曹從事史，兼太學博士。《梁書顧協傳》頁445）張率嘗薦之於帝，問（顧）協年，率言三十有五。帝曰：「北方高涼，四十強仕，南方卑濕，三十已衰。如協便爲已老，但其事親孝，與友信，亦不可遺於草澤。卿便稱敕喚出。」於是以協爲兼太學博士。《南史顧協傳》頁1519）
南朝梁高祖武帝天監四年（北朝魏世宗宣武帝正始二年，505）	冬十月丙午，北伐，以中軍將軍、揚州刺史臨川王宏都督北討諸軍事，尚書右僕射	徐勉　四十歲。時王師北伐，候驛填委。（徐）勉參掌軍書，劬勞夙夜，動

	柳惔爲副。是歲，以興師費用，王公以下各上國租及田穀，以助軍資。《梁書武帝紀》中頁42） 天監四年，掌賓禮賀瑒，請議皇太子元會出入所奏。帝命別制養德之樂。瑒謂宜名《元雅》，迎送二傅亦同用之。取《禮》「一有元良，萬國以貞」之義。明山賓、嚴植之及徐勉等，以爲周有九《夏》，梁有十二《雅》。此並爲天數，爲一代之曲。今加一雅，便成十三。瑒又疑東宮所奏舞，帝下其議。瑒以爲，天子爲樂，以賞諸侯之有德者觀其舞，知其德。況皇儲養德眷宮，式瞻攸屬。謂宜備大壯、大觀二舞，以宣文武之德。帝從之。於是改皇太子樂爲《元貞》，奏二舞。是時禮樂制度，粲然有序。《隋書音樂志》上頁304）	經數旬，乃一還宅。每還，臺犬驚吠。勉歎曰：「吾憂國忘家，乃至於此。若吾亡後，亦是傳中一事。」《梁書徐勉傳》頁 377～378） 案：此事當介於天監四年至六年（505～507）間。 （何思澄可能廿二歲） 顧協　卅六歲。
南朝梁高祖武帝天監五年 （北朝魏世宗宣武帝正始三年，506）	（三月）癸未，魏宣武帝從弟翼率其諸弟來降。輔國將軍劉思效破魏青州刺史元繫於膠水。丁亥，陳伯之自壽陽率眾歸降。 五月辛未，太子左衛率張惠紹克魏宿預城。乙亥，臨川王宏前軍克梁城。辛巳，豫州刺史韋叡克合肥城。丁亥，盧州太守裴邃克羊石城；庚寅，又克霍丘城。 六月庚子，青、冀二州刺史桓和前軍克朐山城。 （冬十一月乙丑）魏寇鍾離，遣右衛將軍曹景宗率眾赴援。《梁書武帝紀》中頁43、44）	徐勉　四十一歲。 （何思澄可能廿三歲） 顧協　卅七歲。

| 南朝梁高祖武帝天監六年
（北朝魏世宗宣武帝正始四年，507） | （夏四月）癸巳，曹景宗、韋叡等破魏軍於邵陽州，斬獲萬計。……。（己酉）中書令安成王秀爲平南將軍、江州刺史。

冬十月壬寅，以五兵尚書徐勉爲吏部尚書。《梁書武帝紀》中頁45、46）

〔閏（十）月乙丑以〕尚書左僕射沈約爲尚書令、行太子少傅……。戊寅，平西將軍、荊州刺史始興王憺進號安西將軍。《梁書武帝紀》中頁46）

（天監）六年，議者以爲北郊有岳鎮海瀆之座，而又有四望之座，疑爲煩重。儀曹郎朱異議曰：「望是不即之名，豈容局於星海，拘於岳瀆？」明山賓曰：「《舜典》云『望于山川』。春秋傳曰：『江、漢、沮、漳，楚之望也』。而今北郊設岳鎮海瀆，又立四望，竊謂煩黷，宜省。」徐勉曰：「岳瀆是山川之宗。至於望祀之義，不止於岳瀆也。若省四望，於義爲非。」議久不能決。
《隋書禮儀志》一頁109～110） | 徐勉　四十二歲。
（徐勉）除給事中、五兵尚書，遷吏部尚書。勉居選官，彝倫有序，既閑尺牘，兼善辭令，雖文案塡積，坐客充滿，應對如流，手不停筆。又該綜百氏，皆爲避諱。常與門人夜集，客有虞暠求詹事五官，勉正色答云：「今夕止可談風月，不宜及公事。」故時人咸服其無私。
《梁書徐勉傳》頁378）
……。初，天監六年，詔以侍中、常侍共侍帷幄，分門下二局入集書，其官品視侍中，而非華胄所悅，故（徐）勉斥（王）泰爲之。……。
《梁書江蒨傳》頁334）
……齊永明末，沈約所撰《宋書》既行，（裴）子野更刪撰爲《宋略》二十卷。其敘事評論多善，約見而歎曰：「吾弗逮也。」蘭陵蕭琛、北地傅昭、汝南周捨咸稱重之。至是，吏部尚書徐勉言之於高祖（梁武帝），以爲著作郎，掌國史及起居注。
《梁書裴子野傳》頁442～443）
案：此事當介於天監六年至八年（507～509）間。
（孔休源）俄除臨川王（梁武帝弟蕭宏）府行參軍。高祖（梁武帝）嘗問吏部尚書徐勉曰：「今帝業初基，須一人有學藝解朝儀者，爲尚書儀曹郎。爲朕思之，誰堪其選？」勉對曰：「孔休源識具清通，諳練故實，自晉、宋起居注誦略上口。」高祖亦素聞之，即日除兼尚書儀曹郎中。《梁書孔休源傳》頁520）
案：參酌《梁書任昉傳》後， |

		以爲此事應發生於天監六年（507）。 （何思澄^{可能}廿四歲） 顧協　卅八歲。 舉秀才，尚書令沈約覽其策而歎曰：「江左以來，未有此作。」遷安成王國左常侍，兼廷尉正。 協少清介有志操。初爲廷尉正，冬服單薄，寺卿蔡法度謂人曰：「我願解身上襦與顧郎，恐顧郎難衣食者。」竟不敢以遺之。_{《梁書顧協傳》頁445,446）} 案：以上事皆斷限難明，故附於沈約任尚書令之首年，但應介於天監六年至普通元年（507～520）間。
南朝梁高祖武帝天監七年 〔北朝魏世宗宣武帝正始五年（永平元年），508〕	時帝將爲昭明太子納妃，意在謝氏。袁昂曰：「當今貞素簡勝，唯有蔡撙。」乃遣吏部尚書徐勉詣之，停車三通不報。勉笑曰：「當須我召也。」遂投刺乃入。_{《南史蔡廓傳附蔡撙傳》頁774）（此事當於昭明太子納妃前，故附於此。）} 夏四月乙卯，皇太子（昭明太子蕭統）納妃，赦大辟以下，頒賜朝臣及近侍各有差。 （五月）癸卯，以平南將軍、江州刺史安成王秀爲平西將軍、荊州刺史，安西將軍、荊州刺史始興王憺爲護軍將軍。_{《梁書武帝紀》中頁47）} （九月）癸巳，立皇子績爲南康郡王。_{《梁書武帝紀》中頁48）}	徐勉　四十三歲。 天監初，官名互有省置，（徐）勉撰立選簿奏之，有詔施用。其制開九品爲十八班，自是貪冒苟進者以財貨取通，守道淪退者以貧寒見沒矣。_{《南史徐勉傳》頁1478）} （何思澄^{可能}廿五歲） （何）思澄少勤學，工文辭。起家爲南康王侍郎，累遷安成王左常侍，兼太學博士，平南安成王行參軍，兼記室。隨府江州，爲遊廬山詩，沈約見之，大相稱賞，自以爲弗逮，約郊居宅新構閣齋，因命工書人題此詩於壁。傅昭常請思澄製釋奠詩，辭文典麗。除廷尉正。 案：參酌《梁書武帝紀》中、《太祖五王傳》、《高祖三王傳》、《傅昭傳》後，以爲此期何思澄之遷官次序應介

	天監初，武帝命尚書刪定郎濟陽蔡法度，定令爲九品。秩定，帝於品下注一品秩爲萬石，第二第三爲中二千石，第四第五爲二千石。至七年，革選，徐勉爲吏部尚書，定爲十八班。以班多者爲貴，同班者，則以居下者爲劣。《隋書百官志》上頁729)	於天監七至十五年（508～516）間。 顧協　卅九歲。
	劉峻始編纂《類苑》時間應不早於此。（參見《梁書文學傳》下頁701～707、《南史劉懷珍傳》附《劉峻傳》頁1218～1220） （見第貳章第五節《類苑》）	
南朝梁高祖武帝天監八年 (北朝魏世宗宣武帝永平二年，509)	（夏四月）戊申，以護軍將軍始興王憺爲中衛將軍。《梁書武帝紀》中頁48) （天監）八年九月，（昭明太子蕭統）於壽安殿講《孝經》，盡通大義。講畢，親臨釋奠于國學。（《梁書昭明太子傳》頁165) 冬十月乙巳，以中軍將軍始興王憺爲鎮北將軍、南兗州刺史。（《梁書武帝紀》中頁49) 梁天監八年，皇太子釋奠。周捨議，以爲「釋奠仍會，既惟大禮，請依東宮元會，太子著絳紗襮，樂用軒懸。預升殿坐者，皆服朱衣。」帝從之。又有司以爲：「《禮》云：『凡爲人子者，升降不由阼階。』案今學堂凡有三階，愚謂客若降等，則從主人之階。今先師在堂，義所尊敬，太子宜登阼階，以明從師之義。若釋奠事訖，宴會之時，無復先師之敬，太	徐勉　四十四歲。 除散騎常侍，領游擊將軍，未拜，改領太子右衛率。遷左衛將軍，領太子中庶子，侍東宮。昭明太子尚幼，敕知宮事。太子禮之甚重，每事詢謀。嘗於殿內講《孝經》，臨川靖惠王^{（梁武帝弟蕭宏）}、尚書令沈約備二傅，^{（徐）}勉與國子祭酒張充爲執經，王瑩、張稷、柳憕、王暕爲侍講。時選極親賢，妙盡時譽，勉陳讓數四。又與沈約書，求換侍講，詔不許，然後就焉。轉太子詹事，領雲騎將軍，尋加散騎常侍，遷尚書右僕射，詹事如故。又改授侍中，頻表解宮職，優詔不許。（《梁書徐勉傳》頁378) 案：此遷官次序應介於天監八年至十八年（507～519）間。 （何思澄^{可能}廿六歲） 顧協　四十歲。

	子升堂，則宜從西階，以明不由阼義。」吏部郎徐勉議：「鄭玄云：『由命士以上，父子異宮。』宮室既異，無不由阼階之禮。請釋奠及宴會，太子升堂，並宜由東階。若輿駕幸學，自然中陛。又檢《東宮元會儀注》，太子注崇正殿，不欲東西階。責東宮典儀，列云『太子元會，升自西階』，此則相承爲謬。請自今東宮大公事，太子升崇正殿，並由阼階。其預會賓客，依舊西階。」《隋書禮儀志》四頁 180～181 北朝魏人陽休之生，後參與編纂北朝齊《聖壽堂御覽》（《修文殿御覽》）。 （見第參章第五節）《修文殿御覽》）	
南朝梁高祖武帝天監九年 （北朝魏世宗宣武帝永平三年，510）		徐勉　四十五歲。 初，（沈）約久處端揆，有志臺司，論者咸謂爲宜，而帝終不用，乃求外出，又不見許。與徐勉素善，遂以書陳情於勉曰：「……。」勉爲言於高祖（梁武帝），請三司之儀，弗許，但加鼓吹而已。《梁書沈約傳》頁 235、236 案：此事約介於天監九年至十一年（510～512）間。 （何思澄可能廿七歲） 顧協　四十一歲。
南朝梁高祖武帝天監十年 （北朝魏世宗宣武帝永平四年，511）		徐勉　四十六歲。 （何思澄可能廿八歲） 顧協　四十二歲。
南朝梁高祖武帝天監十一年〔北朝魏世宗宣武帝永平五年（延昌元		徐勉　四十七歲。 ……。先此，（沈）約嘗侍

年），512〕		譏，值豫州獻栗，徑寸半，帝奇之，問曰：「栗事多少？」與約各疏所憶，少帝三事。出謂人曰：「此公護前，不讓即羞死。」帝以其言不遜，欲抵其罪，徐勉固諫乃止。……。（《梁書沈約傳》頁243） 案：參酌《梁書武帝紀》中與《張稷傳》後，以爲此事應在天監十一年，故附於此。 （何思澄^{可能}廿九歲） 顧協　四十三歲。
南朝梁高祖武帝天監十二年_{（北朝魏世宗宣武帝延昌二年，513）}	閏（三）月乙丑，特進、中軍將軍沈約卒。（《梁書武帝紀》中頁53）	徐勉　四十八歲。 舊揚、徐首迎主簿，盡選國華中正，取^{（徐）}勉子崧充南徐選首。帝敕之曰：「卿寒士，而子與王志子同迎，偃王以來未之有也。」勉恥以其先爲戲，答旨不恭，由是左遷散騎常侍，領游擊將軍。（《南史徐勉傳》頁1479） 案：《梁書王志傳》載其卒於天監十二年，因之此事最晚不逾此年，故附於此。 （何思澄^{可能}卅歲） 顧協　四十四歲。
南朝梁高祖武帝天監十三年_{（北朝魏世宗宣武帝延昌三年，514）}		徐勉　四十九歲。 （何思澄^{可能}卅一歲） 顧協　四十五歲。
南朝梁高祖武帝天監十四年_{（北朝魏世宗宣武帝延昌四年，515）}	（二月辛丑）新除中撫將軍始興王憺爲荊州刺史。（《梁書武帝紀》下頁55）	徐勉　五十歲。 （何思澄^{可能}卅二歲） 顧協　四十六歲。
南朝梁高祖武帝天監十五年_{（北朝魏肅宗孝明帝熙平元年，516）}	天監十五年，敕太子詹事徐勉舉學士入華林撰《徧略》，勉舉（何）思澄等五人以應選。（《梁書文學傳》下之《何	徐勉　五十一歲。 （天監）十五年，（袁昂）爲尚書左僕射，尋爲尚書

	思澄傳》頁714）詹事徐勉舉（劉）杳及顧協等五人入華林撰《徧略》。（《梁書文學傳》下之《劉杳傳》頁716） 天監十五年，敕學士撰《徧略》，（鍾）嶼亦預焉。（《梁書文學傳》上之《鍾嶸傳附鍾嶼傳》頁697）	令。時僕射（？）徐勉勢傾天下，在昂處宴，賓主甚歡。勉求昂出內人傳盃，昂良久不出，勉苦求之。昂不獲已，命出五六人，始至齋閣，昂謂勉曰：「我無少年，老嫗並是兒母，非王妃母，便是主大家，今令問訊卿。」（袁昂女爲豫章王妃）勉聞大驚求止，方知昂爲貴。（《南史袁湛傳附袁昂傳》頁713） （何思澄可能卅三歲） 天監十五年，敕太子詹事徐勉舉學士入華林撰遍略，勉舉（何）思澄、顧協、劉杳、王子雲、鍾嶼等五人以應選。八年乃書成，合七百卷。思澄重交結，分書與諸賓明校定，而終日造謁。每宿昔作名一束，曉便命駕，朝賢無不悉狎，狎處即命食。有人方之樓護（事見《漢書游俠傳》），欣然當之。投晚還家，所齋名必盡。（《南史文學傳》之《何思澄傳》頁1783） 案：此事當介於《華林遍略》編纂期間，故附於此。 顧協　四十七歲。
南朝梁高祖武帝天監十六年（北朝魏肅宗孝明帝熙平二年，517）	（二月）甲寅，以安前將軍豫章王綜爲南徐州刺史。（《梁書武帝紀》中頁57）	徐勉　五十二歲。 （何思澄可能卅四歲） 顧協　四十八歲。
南朝梁高祖武帝天監十七年〔北朝魏肅宗孝明帝熙平三年（神龜元年），518〕		徐勉　五十三歲。 （何思澄可能卅五歲） 顧協　四十九歲。
南朝梁高祖武帝天監十八年（北朝魏肅宗孝明帝神龜二年，519）	十八年春正月甲申，以領軍將軍鄱陽王恢爲征西將軍、開府儀同三司、荊州刺史，荊州刺史始興王憺爲中	徐勉　五十四歲。 時人間喪事，多不遵禮，朝終夕殯，相尙以速。（徐）勉上疏曰：「……。請自今士

	撫將軍、開府儀同三司、領軍。以……太子詹事徐勉爲尚書右僕射。（《梁書武帝紀》中頁59）	庶，宜悉依古，三日大斂。如有不奉，加以糾繩。」詔可其奏。尋加宣惠將軍，置佐史，侍中、僕射如故。（《梁書徐勉傳》頁378～379） （江）蒨方雅有風格。僕射徐勉以權重自遇，在位者並宿士敬之，惟蒨及王規與抗禮，不爲之屈。勉因蒨門客翟景爲第七兒繢求蒨女婚，蒨不答，景再言之，及杖景四十，由此與勉有忤。除散騎常侍，不拜。是時勉又爲子求蒨弟葺及王泰女，二人並拒之。葺爲吏部郎，坐杖曹中幹免官，泰以疾假出宅，乃遷散騎常侍，皆勉意也。……初，王泰出閤，高祖謂勉曰：「江蒨資歷，應居選部。」勉對曰：「蒨有眼患，又不悉人物。高祖乃止。」（《梁書江蒨傳》頁334～335） 案：兩事斷限難明，約介於天監十八年至大通元年（519～527）間。 （何思澄^{可能}卅六歲） 顧協　五十歲。
南朝梁高祖武帝普通元年〔北朝魏肅宗孝明帝神龜三年（正光元年），520〕	（春正月）己卯，以司徒臨川王宏爲太尉、揚州刺史。（《梁書武帝紀》下頁63） 秋七月辛卯，以信威將軍邵陵王綸爲江州刺史。（《梁書武帝紀》下頁64）	徐勉　五十五歲。 普通元年，（伏暅）卒於郡，時年五十九。尚書右僕射徐勉爲之墓誌，其一章曰：「東區南服，愛結民胥，相望伏闕，繼軌奏書。或臥其轍，或扳其車，或圖其像，或式其閭。思耿借寇，易以尚諸。」（《梁書良吏傳》頁776） 普通中，（揚州）刺史臨川王辟（賀琛）爲祭酒從事史。琛始出都，高祖聞其學

術，召見文德殿，與語悅之，謂僕射徐勉曰：「琛殊有世業。」仍補王國侍郎，俄兼太學博士，稍遷中衛參軍事、尚書通事舍人，參禮儀事。《梁書賀琛傳》頁541）

（伏）挺少有盛名，又善處當世，朝中勢素，多與交遊，故不能久事隱靜。時僕射徐勉以疾假還宅，挺致書以觀其意曰：「……。」勉報曰：「……。」挺後遂出仕……。《梁書文學傳》下之《伏挺傳》頁720～722）

案：參酌《梁書太祖五王傳》、《高祖三王傳》後以為後兩事應介於普通元年至五年（520～524）間。

（何思澄^{可能}卅七歲）

顧協　五十一歲。

太尉臨川王聞（顧協）其名，召掌書記，仍侍西豐侯正德讀。正德為巴西、梓潼郡，協除所部安都（新安）令，未至縣，遭母憂。《梁書顧協傳》頁445）

（未至縣遭母憂，^{荊州}刺史始興王厚資遣之，送喪還。於峽江遇風，同旅皆漂溺，唯協一舫觸石得泊焉。咸謂精誠所致。《南史顧協傳》頁1519）

服闋，出補西陽郡丞。還除北中郎行參軍，復兼廷尉正。久之，會西豐侯正德為吳郡，除中軍參軍，領郡五官，遷輕車湘東王參軍事，兼記室。《梁書顧協傳》頁445）

案：此段遷官次序斷限難明，但當介於普通元年至六年（520～525）間。

南朝梁高祖武帝普通二年 （北朝魏肅宗孝明帝正光二年，521）	二年春正月甲戌，以南徐州刺史豫章王綜爲鎮右將軍。《梁書武帝紀》下頁64） 普通初，魏始連和，使劉善明來聘，敕中書舍人朱異接之。善明彭城舊族，氣調甚高，負其才氣，酒酣謂異曰：「南國辯學如中書者幾人？」異曰：「異所以得接賓宴，乃分職是司，若以才辯相尙，則不容見使。」善明乃曰：「王錫、張纘，北間所聞，云何所見？」異具啓聞，敕即使南苑設宴，錫與張纘、朱異四人而已。善明造席，遍論經史，兼以嘲謔。錫、纘隨方酬對，無所稽疑，善明甚相歎挹。他日謂異曰：「一日見二賢，實副所期，不有君子，安能爲國。」引宴之日，敕使左右徐僧權於坐後，言則書之。 （《南史王彧傳附王錫傳》頁641） 案：參酌《梁書張緬傳附張纘傳》頁493、《南史張弘策傳附張纘傳》頁1385後將此事附於普通二年（521）。 （劉峻卒）門人諡曰玄靖先生。《梁書文學傳》下頁707）	徐勉　五十六歲。 （豫章王蕭綜）於徐州還，頻裁表陳便宜，求經略邊境。帝並優敕答之。……。累致意尙書僕射徐勉，求出鎮襄陽。勉未敢言，因是怒勉，餉以白團扇，圖《伐檀》之詩，言其賄也。《南史梁武帝諸子傳》頁1316） 案：參酌《梁書武帝紀》中、下和《梁書豫章王傳》後，以爲此事應約在普通二年至普通四年（521～523）間。 （何思澄可能卅八歲） 顧協　五十二歲。
南朝梁高祖武帝普通三年 （北朝魏肅宗孝明帝正光三年，522）	十一月甲午，撫軍將軍、開府儀同三司、領軍將軍始興王憺薨。《梁書武帝紀》下頁66） （普通）三年十一月，始興王憺（梁武帝弟，昭明太子叔父）薨。舊事，以東宮禮絕傍親，書翰並依常儀。（昭明）太子（蕭統）意以爲疑，命僕劉孝綽議其事。孝綽議曰：「……。」僕射徐勉、左率	徐勉　五十七歲。 （杜之偉）十五（歲），遍觀文史及儀禮故事，時輩稱其早成。僕射徐勉嘗見其文，重其有筆力。《陳書文學傳之杜之偉傳》頁454） （何思澄可能卅九歲） 顧協　五十三歲。

	周捨、家令陸襄並同孝綽議。……。司農卿明山賓、步兵校尉朱異議，稱「慕悼之解，宜終服月。」於是令付典書遵用，以爲永準。《梁書昭明太子傳》頁166～167）	
南朝梁高祖武帝普通四年 （北朝魏肅宗孝明帝正光四年，523）	三月壬寅，以鎮右將軍豫章王綜爲平北將軍、南兗州刺史。《梁書武帝紀》下頁67） 十二月戊午，（用給事中王子雲議），始鑄鐵錢。《梁書武帝紀》下頁67、《南史梁本紀》中頁203） 初，簡文（即簡文帝蕭綱）在雍州，撰《法寶聯璧》，（陸）罩與臺賢並抄掇區分者數歲。中大通六年而書成，命湘東王（蕭繹，即日後的南朝梁世祖元帝）爲序。其作者有侍中國子祭酒南蘭陵蕭子顯等三十人，以比王象、劉邵之《皇覽》焉。《南史陸杲傳附陸罩傳》頁1205） 案：由此知編纂《法寶聯璧》之始年不早於普通四年（523）。 （見第參章第二節《法寶聯璧》）	徐勉　五十八歲。 （何思澄可能四十歲） 顧協　五十四歲。
南朝梁高祖武帝普通五年 （北朝魏肅宗孝明帝正光五年，524）	八年乃書（《華林遍略》）成，合七百卷。《南史文學傳》之《何思澄傳》頁1783）	徐勉　五十九歲。 （普通五年春二月丁丑）（徐勉）第二子（晉安内史）俳卒，痛悼甚至，不欲久廢王務，乃爲《答客喻》。《梁書徐勉傳》頁368） （何思澄可能四十一歲） 遷治書侍御史。宋、齊以來，此職稍輕，天監初始重其選，車前依尚書二丞給三騶，執盛印青囊，舊事糾彈

		官印綬在前故也。久之，遷秣陵令，入兼東宮通事舍人。除安西湘東王錄事參軍，兼舍人如故。時徐勉、周捨以才具當朝，並好思澄學，常遞日招致之。《梁書文學傳》下之《何思澄傳》頁714) 案：此段遷官次序難明，暫附於《華林遍略》書成並周捨卒年。 顧協　五十五歲。
南朝梁高祖武帝普通六年 〔北朝魏肅宗孝明帝正光六年（孝昌元年），525〕	（夏五月）壬子，遣中護軍夏侯亶督壽陽諸軍事，北伐。《梁書武帝紀》下頁70) 普通六年，（西豐侯正德）以黃門侍郎為輕車將軍，置佐史。頃之，遂逃奔于魏，有司奏削封爵。《梁書臨賀王正德傳》頁828)	徐勉　六十歲。 普通六年，（徐勉）上〈修五禮表〉曰：……《梁書徐勉傳》頁379~383) （何思澄可能四十二歲） 顧協　五十六歲。 普通六年，（西豐侯）正德受詔北討，引（顧協）為府錄事參軍，掌書記。《梁書顧協傳》頁445)
南朝梁高祖武帝普通七年 （北朝魏肅宗孝明帝孝昌二年，526）	二月甲戌，北伐眾軍解嚴。 十一月庚辰，大赦天下。是日，丁貴嬪（昭明太子母）薨。《梁書武帝紀》下頁70)	徐勉　六十一歲。 ……（丁貴嬪）葬畢，有道士善圖墓，云「地不利長子，若厭伏或可申延」。乃為蠟鵝及諸物埋墓側長子位。有宮監鮑邈之、魏推者，二人初並為（昭明）太子（蕭統）所愛，邈之晚見疏於雅，密啟武帝云：「雅為太子厭禱。」帝密遣檢掘，果得鵝等物。大驚，將窮其事。徐勉固諫得止，於是唯誅道士，由是太子迄終以此慚慨，故其嗣不立。《南史梁武帝諸子傳》之《昭明太子傳》頁1312~1313) 案：此事當介於丁貴嬪薨後至昭明太子薨前，故附於此。

		（何思澄^{可能}四十三歲）
		顧協　五十七歲。
		軍還，會有詔舉士，湘東王^{（蕭繹，後爲梁元帝）}表薦^{（顧）}協曰：……。即召拜通直散騎侍郎，兼中書通事舍人，……。《梁書顧協傳》頁 445）
南朝梁高祖武帝普通八年（大通元年）^{（北朝魏肅宗孝明帝孝昌三年，527）}	大通元年春正月乙丑，以尙書左僕射徐勉爲尙書僕射、中衛將軍。 二月甲申，以丹陽尹武陵王紀爲江州刺史。《梁書武帝紀》下頁 71） （武陵王蕭紀）出爲宣惠將軍、江州刺史。《梁書武陵王傳》頁 825）	徐勉　六十二歲。 普通末，武帝自算擇後宮《吳聲》、《西曲》女妓各一部，並華少，賫勉，因此頗好聲酒。祿奉之外，月別給錢十萬，信遇之深，故無與匹。《南史徐勉傳》頁 1485） 案：因斷限未明，故附於普通之末年。 ^{（徐勉）}又除尙書僕射、中衛將軍。勉以舊恩，越升重位，盡心奉上。知無不爲。爰自小選，迄于此職，常參掌衡石，甚得士心。禁省中事，未嘗漏洩。每有表奏，輒焚藁草。博通經史，多識前載。朝儀國典，婚冠吉凶，勉皆預圖議。《梁書徐勉傳》頁 379） ^{（徐勉）}尋加中書令，給親信二十人。勉以疾自陳，求解內任，詔不許，乃令停下省，三日一朝，有事遣主書論決。腳疾轉劇，久闕朝覲，固陳求解，詔乃賫假，須疾差還省。勉雖居顯位，不營產業，家無蓄積，俸祿分贍親族之窮乏者。……。《梁書徐勉傳》頁 383） 案：此事約介於大通元年至中大通三年（527～531）間。 （劉）孝綽免職後，高祖數使僕射徐勉宣旨慰撫之，每朝宴常引與焉。《梁書劉孝綽傳》

		頁482)
		案：參酌《梁書武帝紀》下後，以為此事應不早於大通元年（527），故附於此。
		（何思澄^{可能}四十四歲） 顧協　五十八歲。
南朝梁高祖武帝大通二年 〔北朝魏肅宗孝明帝孝昌四年（武泰元年）、幼主、敬宗孝莊帝建義元年（永安元年），528〕	夏四月辛丑，魏郢州刺史元願達以義陽內附，置北司州。時魏大亂，其北海王元顥、臨淮王元彧、汝南王元悅並來奔；其北青州刺史元世雋、南荊州刺史李志亦以地降。 六月丁亥，魏臨淮王元彧求還本國，許之。（《梁書武帝紀》下頁72、《魏書孝莊紀》頁258~259）	徐勉　六十三歲。 （北朝魏臨淮王元彧）及知（敬宗孝）莊帝踐阼，或以母老請還，辭旨懇切。（梁武帝蕭）衍惜其人才，又難違其意，遣其僕射徐勉私勸彧曰：「昔王陵在漢，姜維相蜀，在所成名，何必本土。」彧曰：「死猶願北，況於生也。」衍乃以禮遣。（《魏書太武五王傳》頁420） （何思澄^{可能}四十五歲） 顧協　五十九歲。
南朝梁高祖武帝大通三年（中大通元年）（北朝魏敬宗孝莊帝永安二年，529）	（大通三年秋九月）癸巳，輿駕幸同泰寺，設四部無遮大會，因捨身，公卿以下，以錢一億萬奉贖。 冬十月己酉，輿駕還宮，大赦，改元。（《梁書武帝紀》下頁73）	徐勉　六十四歲。 中大通元年^{應仍為大通三年}，梁武帝幸同泰寺捨身，勅（徐）勉撰定儀註，勉以臺閣先無此禮，召（杜）之偉草具其儀。（《陳書文學傳》之《杜之偉傳》頁454） （何思澄^{可能}四十六歲） 顧協　六十歲。 大通三年，霆擊大航華表然盡。建康縣馳啓，^{（顧）}協以為非吉祥，未即呈聞。後帝知之，曰：「霆之所擊，一本罰惡龍，二彰朕之有過。協掩惡揚善，非曰忠公。」由是見免。（《南史顧協傳》頁1520） ……，累遷步兵校尉，守鴻臚卿，員外散騎常侍，卿、舍人並如故。（《梁書顧協傳》頁445）

		案：此段遷官次序斷限難明，但應介於大通三年至大同八年（529〜542）顧協卒官之間。
南朝梁高祖武帝中大通二年（北朝魏敬宗孝莊帝永安三年、廢帝長廣王建明元年，530）		徐勉　六十五歲。 （何思澄^{可能}四十七歲） 顧協　六十一歲。
南朝梁高祖武帝中大通三年（北朝魏廢帝長廣王建明二年、節閔帝普泰元年、廢帝安定王中興元年，531）	（南朝梁高祖武帝中大通三年二月）乙卯，特進蕭琛卒。《梁書武帝紀》下頁74） （蕭琛在世時曾編《皇覽抄》，事見第貳章第一節《皇覽》） 夏四月乙巳，皇太子統薨。 （六月丁未）尚書僕射徐勉加特進、右光祿大夫。《梁書武帝紀》下頁 74、75）	徐勉　六十六歲。 中大通三年，（徐勉）又以疾自陳，移授特進、右光祿大夫、侍中、中衛將軍，置佐史，餘如故。增親信四十人。兩宮參問，冠蓋結轍；服繕醫藥，皆資天府。有敕每欲臨幸，勉以拜伏有虧，頻啓停出，詔許之，遂停輿駕。《梁書徐勉傳》頁387） （中大通）三年，（何敬容）遷尚書右僕射，參掌選事，侍中如故。時僕射徐勉參掌機密，以疾陳解，因舉敬容自代，故有此授焉。《梁書何敬容傳》頁531） （周弘正）常自稱有才無相，僕射徐勉掌選，以其陋不堪爲尚書郎，乃獻書於勉，其言甚切。《南史周朗傳附周弘正傳》頁898） 案：參酌《陳書周弘正傳》及《南史》後，以爲此事不早於中大通三年，故附於此。 （何思澄^{可能}四十八歲） 開善寺藏法師與何胤遇於秦望，後還都，卒於鍾山。……。昭明太子欽其德，遣舍人何思澄致手令以褒美之。《梁書處士傳》之《何胤傳》頁 738〜739）

		昭明太子薨，出爲黟縣令。《梁書文學傳》下之《何思澄傳》頁714）案：斷限難明，故附於此。 顧協　六十二歲。
南朝梁高祖武帝中大通四年〔北朝魏節閔帝普泰二年、廢帝安定王中興二年、孝武帝太昌元年（永興元年、永熙元年），532〕	（九月乙巳）荊州刺史湘東王繹爲平西將軍。《梁書武帝紀》下頁76）	徐勉　六十七歲。 （何思澄可能四十九歲） 顧協　六十三歲。
南朝梁高祖武帝中大通五年〔北朝魏孝武帝永熙二年，533〕	五年春正月辛卯，輿駕視祠南郊，大赦天下，……。先是一日丙夜，南郊令解滌之等到郊所所履行，忽聞空中有異香三隨風至，……兼太宰武陵王紀等以聞。《梁書武帝紀》頁77）	徐勉　六十八歲。 （何思澄可能五十歲） 顧協　六十四歲。
南朝梁高祖武帝中大通六年〔北朝魏孝武帝永熙三年、東魏孝靜帝天平元年，534〕		徐勉　六十九歲。 （何思澄可能五十一歲） 顧協　六十五歲。
南朝梁高祖武帝大同元年〔北朝魏孝靜帝天平二年、西魏文帝大統元年，535〕	大同元年，（湘東王蕭繹）進號安西將軍。《梁書元帝紀》頁113） 十一月丁未，中衛將軍、特進、右光祿大夫徐勉卒。《梁書武帝紀》下頁79）	徐勉　七十歲。卒。 （顧）越徧該經藝，深明《毛詩》，傍通異義。特善《莊》、《老》，尤長論難，兼工綴文，閑尺牘。長七尺三寸，美鬚眉。武帝嘗於重雲殿自講《老子》，僕射徐勉舉越論義，越抗首而請，音響若鍾，容止可觀，帝深贊美之。《南史儒林傳》之《顧越傳》頁1753） 案：參酌《梁書武帝紀》下、《元帝紀》、《哀太子傳》後，以爲此事應介於中大通四年至大同元年（532～535）徐勉去世之前，故附於此。 大同元年，（徐勉）卒，時年七十。高祖（梁武帝）聞而流涕，即日車駕臨殯，乃詔贈特進、右光祿大夫、開府儀同三司，餘並如故。給東園祕

		器，朝服一具，衣一襲。贈錢二十萬，有百匹。皇太子亦舉哀朝堂。諡曰簡肅公。 （《梁書徐勉傳》頁387） 有司奏諡「居敬行簡曰簡」，帝益「執心決斷曰肅」，因諡簡肅公。（徐）勉雖骨鯁不及范雲，亦不阿意苟合，後知政事者莫及，梁世之言相者稱范、徐云。（《南史徐勉傳》頁1486） （何思澄^{可能}五十二歲） 顧協　六十六歲。
南朝梁高祖武帝大同二年 <small>（北朝東魏孝靜帝天平三年、西魏文帝大統二年，536）</small>	（劉杳五十歲。卒官。）及臨終，遺命斂以法服，載以露車，還葬舊墓，隨得一地，容棺而已，不得設靈筵祭醊。其子遵行之。（《梁書文學傳》下頁717） （劉杳除參與編纂《華林遍略》外，另編《壽光書苑》。事見第貳章第四節《壽光書苑》） 北朝東魏人祖珽首次偷盜《華林遍略》的時間應不早於天平三年。 （見第參章第五節《修文殿御覽》）	（何思澄^{可能}五十三歲） 顧協　六十七歲。
南朝梁高祖武帝大同三年 <small>（北朝東魏孝靜帝天平四年、西魏文帝大統三年，537）</small>	五月丙申，以前揚州刺史武陵王紀復爲揚州刺史。 閏（九）月甲子，……，揚州刺史武陵王紀爲安西將軍、益州刺史。（《梁書武帝紀》下頁81） （武陵王紀）徵爲使持節、宣惠將軍、都督揚南徐二州諸軍事、揚州刺史。尋改授	（何思澄^{可能}五十四歲） 遷除宣惠武陵王中錄事參軍，卒官，時年五十四。（《梁書文學傳》下之《何思澄傳》頁714） 案：《梁書》、《南史》未詳載何思澄何年卒，僅能從他最後所任官職及參酌《梁書武帝紀》後得知最晚不逾於大同三年。 顧協　六十八歲。

	持節、都督益梁等十三州諸軍事、安西將軍、益州刺史，加鼓吹一部。（《梁書武陵王傳》頁825～826）	
南朝梁高祖武帝大同四年 （北朝東魏孝靜帝天平五年（元象元年）、西魏文帝大統四年，538）		顧協　六十九歲。
南朝梁高祖武帝大同五年 （北朝東魏孝靜帝元象二年（興和元年）、西魏文帝大統五年，539）		顧協　七十歲。
南朝梁高祖武帝大同六年 （北朝東魏孝靜帝興和二年、西魏文帝大統六年，540）		顧協　七十一歲。
南朝梁高祖武帝大同七年 （北朝東魏孝靜帝興和三年、西魏文帝大統七年，541）		顧協　七十二歲。
南朝梁高祖武帝大同八年 （北朝東魏孝靜帝興和四年、西魏文帝大統八年，542）		顧協　七十三歲。卒。 高祖悼惜之，手詔曰：「……。謚曰溫子。」……。及爲舍人，同官者皆潤屋，（顧）協在（中書）省十六載（應即自普通七年（526）起），器服飲食，不改於常。有門生始來事協，知其廉潔，不敢厚餉，止送錢二千，協發怒，杖二十，因此事者絕於饋遺。自丁艱憂，逐終身布衣蔬食。少時將娉舅息女，未成婚而協母亡，免喪後不復娶。至六十餘，此女猶未他適，協義而迎之。晚雖判合，卒無胤嗣。（《梁書顧協傳》頁446）

　　從正史的記載看來，實際編纂《華林遍略》者只有徐勉、何思澄、顧協、劉杳、王子雲和鍾嶼六人，至多再加上徐僧權而已，這與唐人杜寶在《大業雜記》裡稱「華林園學士七百餘人人撰一卷」的說法有很大的出入。雖然保存異說以俟後者查考是謹慎的態度，不過在介紹《華林遍略》的編者群時，較爲適宜的說法是以史籍確實可考的徐勉等人是《華林遍略》的編纂者。

乙、前人對於《華林遍略》的看法

有關《華林遍略》的編纂地，唐、宋時的人們多認爲是在華林園。比如前節介紹《壽光書苑》時曾引用唐人崔融的《皇太子請修書表》，當時他使用的書名即爲「《華林園遍略》」。華林園最遲在三國魏文帝黃初年間時即已出現，原名芳林園，魏廢帝齊王曹芳即位後因避諱故而改爲華林園。〔註22〕由於有此更名的典故，後世如《太平御覽》在著錄書名時就不用《華林遍略》而改稱「《芳林遍略》」，此書的書名和簡稱眾多可見一般。在五胡亂華，晉室南渡後曾於南方重建華林園，因此後來南北朝皆有華林園的建置，只是其內部組織規模及用途已不甚明瞭。

《華林遍略》可能會是部什麼樣的類書呢？史書實多未詳述，因此只能從在它之後的一些文章中略窺一二。

比如《大業雜記》裡有一段「梁朝學士取事意各不同，至如『寶劍出自昆吾溪，照人如照水，切玉如切泥』；序劍者盡錄爲劍事，序溪者亦取爲溪事，撰玉者亦編爲玉事。以此重出是以卷多，……。」的話，它要說明的主旨是《華林遍略》雖然篇幅多於《類卷》，然而其中一個緣故在於相同的文獻材料會因爲編者們的觀點不同而將它分別置入不同的分類部目裡，造成重複出現的狀況，也就是說即使讀者們可從不同的部目裡找到想要的文獻材料，提高了被找到的機會，但這也可能表示《華林遍略》真正的篇幅或許是沒有那麼多的。

筆者在查考隋朝祕書監柳顧言提及的「寶劍出自昆吾溪，照人如照水，切玉如切泥」這句話後以爲是出自南朝梁吳均的《詠寶劍詩》〔註23〕由於《華

〔註22〕 《三國志》卷二（《魏書》二）：《文帝紀》第二，頁84。至於華林園在建康城之大約相對位置，可參見《南朝（宋、齊、梁、陳）都建康圖》，引自明陳沂，《金陵古今圖考》，收入《中國方志叢書（華中地方第439號）》，臺北市：成文出版社據明熹宗天啓四年（1624）刊本景印，中華民國七十二年三月（1983年3月），頁175～176；以及《六朝故城考圖》引自柳詒徵等編，《首都志》，收入《中國方志叢書》（《華中地方第428號》之第四冊），臺北市：成文出版社據中華民國廿四年（1935）刊本景印，中華民國七十二年三月（1983年3月），頁1588～1589。

〔註23〕 有關吳均的生平事蹟可見《梁書文學傳》上和《南史文學傳》。《梁書文學傳》上記載：
吳均字叔庠，吳興故鄣人也。家世寒賤，至均好學有俊才，沈約嘗見均文，頗相稱賞。天監初，柳惲爲吳興，召補主簿，日引與賦詩。均文體清拔有古氣，好事者或斆之，謂爲「吳均體」。建安王（蕭）偉（梁武帝蕭衍弟）爲揚

林遍略》的編者們見解不同而分別置於「劍」、「溪」、「玉」的標題之下。因此從這句話裡可以嘗試推論《詠寶劍詩》被收錄於《華林遍略》裡，以及至少有「劍」、「溪」、「玉」之三項部目。另外吳均卒於普通元年（520），《華林遍略》成書於普通五年（524），似乎也顯示編者們搜羅文獻的範圍是及於南朝梁之「當代」圖書的。

除了本節一開始引用的唐初杜寶著《大業雜記》外，像是同時代前後的《藝文類聚序》、《文思博要序》、《群書治（政）要序》、《史通》、以及崔融著《皇太子請修書表》裡都有提及《華林遍略》。內容大抵都是指其收集資料眾多，直接鈔錄事件原文等等，實際上沒有討論得很詳細。

丙、《華林遍略》的流傳與亡佚

徐勉等人在南朝梁武帝普通五年（北朝魏孝明帝正光五年，524）編成《華林遍略》，此時南朝梁已度過建立初期，國勢尚稱平穩；但北魏已是衰世，局勢逐漸不安。十年後，亦即南朝梁高祖武帝中大通六年（北朝魏孝武帝永熙三年、東魏孝靜帝天平元年，534），魏孝武帝西入關中依附宇文泰，旋即遇害。宇文泰更立南陽王元寶炬爲帝，是爲西魏文帝；東方的高歡亦另立清河王世子元善見爲帝，是爲東魏孝靜帝，北魏一分爲二。東、西魏的實權也分

州，引兼記室，掌文翰。王遷江州，補國侍郎，兼府城局。還除奉朝請。先是，均表求撰《齊春秋》，書成奏之，高祖以其書不實，使中書舍人劉之遴詰問數條，竟支離無對，敕付省焚之，坐免職。尋有敕召見，使撰通史，起三皇，迄齊代，均草本紀、世家功已畢，唯列傳未就。普通元年，卒，時年五十二。均注范曄《後漢書》九十卷，著《齊春秋》三十卷，《廟記》十卷，《十二州記》十六卷，《錢唐先賢傳》五卷，《續文釋》五卷，文集二十卷。
可知吳均以文史見長於世，除文體獨特外，私修南朝齊歷史與撰寫《通史》皆是重要經歷。見《梁書》卷四十九（《列傳》第四十三）：《文學》上，頁698～699，《南史》卷七十二（《列傳》第六十二）：《文學》，頁1780～1781。然吳均之文集已散亂不全，有關《詠寶劍詩》全文被收錄於《藝文類聚》、《太平御覽》等類書，亦可見於《漢魏六朝百三家名集》之《吳朝請集》裡。內容如下：
我有一寶劍，出自昆吾溪；照人如照水，切玉如切泥。
鍔邊霜凜凜，匣上風淒淒；寄語張公子，何當來見攜。
見唐・歐陽詢，《藝文類聚》卷六十：《軍器部——劍》，臺北市：新興書局據宋刻本景印，中華民國58年11月（1969.11），四板十一行至十三行（新頁1635）；明・張溥，《漢魏六朝百三名家集》（第五冊）：《吳朝請集》，臺北市：文津出版社，中華民國68年（1979），十五板十行至十二行（新頁4321）。

別落入高氏和宇文氏手中。

又過了十三年，也就是南朝梁武帝太清元年（北朝東魏孝靜帝武定五年、西魏文帝大統十三年，547），高歡過世，長子高澄嗣位。原本高歡手下的大將侯景叛離東魏，先依附西魏再投奔梁，埋下日後南朝梁境內亂事的種子。二年後〔南朝梁高祖武帝太清三年（北朝東魏孝靜帝武定七年、西魏文帝大統十五年，549）〕，高澄被蘭京所殺，弟高洋嗣位，隔年篡東魏建北齊；同時侯景已在梁爲亂，梁武帝憂鬱以終。雖然在梁武帝中大通六年到太清三年這段期間，南北朝政治、軍事情勢動盪難安，卻也是《華林遍略》向外傳播，擴大影響的重要階段。此事見於今本《北齊書祖珽傳》和《北史祖瑩傳附祖珽傳》中：〔註24〕

> （祖）珽性疏率，不能廉慎守道。……。後爲祕書丞，領舍人，事文襄（高澄）。州客至，請賣《華林遍略》。文襄多集書人，一日一夜寫畢，退其本曰：「不須也。」珽以《遍略》數帙質錢樗蒲，文襄杖之四十。

在新校本《北史》校勘記裡對這段史文有另外一種解讀的方式：〔註25〕

> 校勘記三〇「後爲祕書丞，領舍人，事文襄。州客至，請賣《華林遍略》」：按疑衍「文」字，「事」屬上讀，「襄」下讀。據《隋書》卷三四《經籍志》雜家類，《華林遍略》，梁綏安令徐僧權等撰。當時東魏當無此書，故襄州商客販之。襄州見《魏書地形志》下、及《隋書地理志》中潁川郡葉縣注。其地在今河南西南部，當時與梁接境，故得商販往來。此「文」字當是涉下文而衍。

無論如何理解這段史文，讀完之後可以推論出以下數點：

〔註24〕祖珽字孝徵，他與南北朝時期編纂的最後一部類書：《修文殿御覽》有關，後節當加多所介紹。原本《北齊書祖珽傳》相信已經散佚，今本內容多自《北史祖珽傳》補入，不過內容或有異同之處。見《北齊書》卷三十九（〈列傳〉第三十一）：〈崔季舒、祖珽〉，頁 514～515、522；唐·李延壽，《北史》卷四十七（〈列傳〉第卅五）：《袁翻弟躍、躍子聿脩、陽尼從孫固、固子休之、固從兄藻、藻子斐、固從弟元景、賈思伯、祖瑩子珽》，臺北市：鼎文書局新校本，中華民國八十三年九月（1994.9）八版，頁 1737。

〔註25〕《北史祖珽傳》的校勘者認爲「文襄」的「文」字可能是衍文，如果刪去「文」字的話，該句話就會變成「後爲祕書丞，領舍人事。襄州客至，請賣《華林遍略》」。見《北史》卷四十七（〈列傳〉第卅五）：《袁翻弟躍、躍子聿脩、陽尼從孫固、固子休之、固從兄藻、藻子斐、固從弟元景、賈思伯、祖瑩子珽》，頁 1749。

一、《華林遍略》雖出自朝廷之手，可是由於它被編纂的目的是要與劉峻的《類苑》比高低，因此不會採取只有少數複本留存宮中的藏書政策；而是和《類苑》一樣採取「書行於世」的方式讓當時的人們公評，看看究竟哪部書寫得好。在這樣的背景下，南朝梁境內的書商應該已經販賣《華林遍略》有段時間，才有機會北傳至東魏一帶。

二、當時《華林遍略》雖然成書已十餘年，但是當時的東魏境內可能只是聽聞過這部書的名氣，不過卻沒有人見過或擁有過這套書。所以當高澄知道有南方商人要賣《華林遍略》時，就動起想要擁有它卻又不需要花錢的念頭。當時採取的交易方法與今日我們走進書店看書後「一手交錢，一手交書」的方式不同，商人讓高澄可以帶全套書回家試閱一天，使得高澄有時間採取鈔書的方式摹寫出一套相同的書來。

三、在尚未發明印刷術的年代裡，如果想要「複製」一部書，讓圖書文獻得以流通擴散，只能採取繕寫副本的方式。高澄可以召集眾多的「書人」鈔寫《華林遍略》，可能表示當時鈔書也是一種職業；只是要用一天的時間鈔完七百卷的內容，對於這些書人們來說恐怕壓力不小。不但要速度快、字工整而且要將錯誤降至最低，真的是件不容易的事。

四、祖珽身為高澄的僚屬，竟然將如此珍貴，不知耗費多少人力才鈔來的《華林遍略》偷了幾函或是幾冊拿去當博戲的賭本。這種犯法又輕視圖書價值的事情自然會受到高澄的杖責。

雖然祖珽曾偷盜過《華林遍略》，可是因為史文沒有明示發生的時間；所以不能推斷高澄前腳剛鈔完全書，祖珽後腳就偷走幾帙。而且對照後來的史文看來，《華林遍略》在高澄命人鈔寫一部後，應該即據此本再複寫數部，在東魏境內傳布開來。今本《北齊書祖珽傳》寫著：〔註26〕

……。文襄（高澄）嗣事，……。及文襄遇害，……。文宣（高洋）作相，珽擬補令史十餘人，皆有受納，據法處絞，上尋捨之。又盜官《遍略》一部。事發，文宣付從事中郎王士雅推檢，並書與平陽公淹，令錄珽付禁，勿令越逸。淹遣田曹參軍孫子寬往喚，珽受命，便爾私逃。黃門郎高德正副留臺事，謀云：「珽自知有犯，驚竄是常，

〔註26〕《北齊書》卷卅九（《列傳》第卅一）：《崔季舒、祖珽》，頁515。

但宣一命向祕書,稱『奉並州約束須《五經》三部,仰丞親檢校催
遣』,如此則珽意安,夜當還宅,然後掩取。」珽果如德正圖,遂還
宅。薄晚,就家掩之,縛珽送廷尉。據犯枉法處絞刑。文宣以珽伏
事先世,諷所司命特寬其罰,遂奏免死除名。……。

雖然今本《北齊書祖珽傳》的底本鈔自《北史》,但是此段文字卻與《北史》
不完全相同。《北史祖瑩傳附祖珽傳》記載:〔註27〕

……。文襄(高澄)嗣事,……。及文襄遇害,……。文宣作相,
珽擬補令史十餘人,皆有受納,而諮取教判,<mark>並盜官《遍略》一部</mark>。
時又除珽祕書丞,兼中書舍人。還鄴後,其事皆發,文宣付從事中
郎王士雅推檢,並書與平陽公淹,令錄珽付禁,勿令越逸。淹遣田
曹參軍孫子寬往喚,珽受命,便爾私逃。黃門郎高德正副留臺事,
謀云:「珽自知有犯,驚竄是常,但宣一命向祕書,稱『奉并州約束
須《五經》三部,仰丞親檢校催遣。』如此,則珽意安,夜當還宅,
然後掩取。」珽果如德正圖,遂還宅。薄晚就家掩之,縛珽送廷尉。
據犯枉法處絞刑。文宣以珽伏事先世,諷所司,命特寬其罰,遂奏
免死除名。……。

祖珽在高澄屬下偷盜《華林遍略》,已經受過一次懲罰;沒想到在高澄死後,
又在高洋的麾下再偷一次《華林遍略》,似乎透露著該書的價值的確不凡,能
夠吸引像祖珽這樣人品不高的人一偷再偷。閱讀《北齊書》和《北史》的內
容可知當高澄第一次命書人繕寫《華林遍略》以及祖珽第一次盜書時,高歡
仍然在世;因此這次鈔寫的時間應在東魏建立以後,高歡過世之前。祖珽第
二次盜書時,高澄已死,高洋嗣位但尚未篡東魏。這是《華林遍略》成書後
比較明顯的流傳紀錄,橫跨時間全在東魏立國的期間之內。

梁武帝集群臣之力合撰的《華林遍略》,在問世之後果然聲勢驚人;在東
魏境內竟能造成這樣的迴響,看來真是超越了劉峻的《類苑》,扳回了不少面
子。可是劉峻就算抑鬱不得志,但終究還能善終,梁武帝卻是在侯景等人的
羞辱下含恨而死。《類苑》即使已經失傳,但在努力爬梳下還可在文獻中找到
一點點面貌,《華林遍略》的際遇卻迥然不同。它在成書時稱有七百卷,《隋
書經籍志》收錄時則寫著六百二十卷,可見已有散失。兩《唐書》著錄時又

〔註27〕 《北史》卷四十七(《列傳》第卅五):《袁翻弟躍、躍子聿脩、陽尼從孫固、固子休之、
固從兄藻、藻子斐、固從弟元景、賈思伯、祖瑩子珽》,頁 1738。

有減少，僅存六百卷；《崇文總目》以降已經失收，表示它和《類苑》一樣在最晚在北宋前期即亡佚。而且似乎很難找到它被引用的證據，想從前人的描述裡勾勒出《華林遍略》的輪廓幾不可能。從今日的角度看來，劉峻和梁武帝、《類苑》和《華林遍略》之間的爭鬥根本沒有真正的贏家。

在《華林遍略》失傳約千年後，中國興起一項新興的專門學術——敦煌學。在敦煌石窟裡發現的眾多古文書中有一份殘卷，有些學者認為它是南北朝時期編纂的最後一部類書：《修文殿御覽》，但也有學者認為它就是《華林遍略》，迄今尚無定論。關於這部分有待下章再嘗試進行探討。

茲將現在有關《華林遍略》的認識重新寫成以下的簡介：

《華林遍略》七百卷，南朝梁武帝於天監十五年（516）命徐勉、何思澄、顧協、劉杳、王子雲、鍾嶸、徐僧權等人開始編纂，至普通五年（524）告竣，共歷時八年。它的書名和簡稱眾多，包括《華林徧略》、《華林編略》、《華林園徧略》、《芳林遍略》等，簡稱也有《遍略》、《徧略》、《編略》等三種寫法。梁武帝編纂它的唯一目的就是為了與稍早劉峻完成的《類苑》相較短長，因此無論篇幅、收納條目和徵引的資料來源都務必以《類苑》為超越的目標，只是《華林遍略》的確實結構除隋代《大業雜記》裡隱約透露有「劍」、「溪」、「玉」之三類標題外，無法從稍晚唐人的文章中獲得更深入的瞭解。大約在《華林遍略》成書十餘年後，藉由書商的接觸得以跨越國界，開始在北方的東魏境內流傳。當時與州客商談交易者是東魏實際掌權者高歡的長子高澄，他集合眾多書人於一天之內全部鈔寫完畢，沒有花到任何一毛錢，使人見識到南北朝時期的圖書文獻究竟如何傳播開來。此書也受到高氏屬下祖珽的覬覦，曾經偷盜它的部分內容二次，足見它在當時的價值。其後該書逐漸散亂，當《隋書經籍志》收錄《華林遍略》時已經少了八十卷，存六百二十卷。兩《唐書》收錄時又少二十卷，存六百卷。《崇文總目》編成時則已未收，因此推測其亡佚的年代最晚約在北宋前期。直至約千年後，有一疑似殘卷文書在敦煌發現，只是它究竟是《華林遍略》還是在它之後編纂的《修文殿御覽》實在未定之天，沒有定論。

第二節　《法寶聯璧》

想要追隨且冀望能與《皇覽》並駕齊驅的類書不只在南朝齊編纂的《史林》、《四部要略》兩部，還有在南朝梁武帝在位中期成書的《法寶聯璧》。《法

寶聯璧》，一名《法寶連璧》，其編纂與傳世的事蹟在正史裡並不相當顯明，
只知道南朝梁簡文帝蕭綱在《法寶聯璧》的問世中扮演重要角色。南朝梁的
第二位皇帝：太宗簡文帝蕭綱是高祖武帝蕭衍的第三子，《梁書》將此書列入
簡文帝蕭綱的著作目次中：〔註28〕

> 所著《昭明太子傳》五卷、《諸王傳》三十卷、《禮大義》二十卷、《老
> 子義》二十卷、《莊子義》二十卷、《長春義記》一百卷、《法寶連璧》
> 三百卷，並行於世焉。

而《南史梁本紀下》羅列的目次雖有些不同，但對於《法寶聯璧》的作者題
為簡文帝蕭綱也無任何異議。《南史》原文如下：〔註29〕

> 所著《昭明太子傳》五卷、《諸王傳》三十卷、《禮大義》二十卷、《長
> 春義記》一百卷、《法寶連璧》三百卷、《謝客文涇渭》三卷、《玉簡》
> 五十卷、《光明符》十二卷、《易林》十七卷、《竈經》二卷、《沐浴
> 經》三卷、《馬槊譜》一卷、《棊品》五卷、《彈棊譜》一卷、新增《白
> 澤圖》五卷、《如意方》十卷、文集一百卷，並行於世焉。

惟李延壽於《南史陸杲傳附陸罩傳》中增補一段記載，可試著從中勾勒出部
分輪廓。茲錄陸罩傳原文如下：〔註30〕

> （陸杲）子罩字洞元，少篤學，多所該覽，善屬文。簡文居蕃，為
> 記室參軍，撰帝集序。稍遷太子中庶子，掌管記，禮遇甚厚。大同
> 七年，以母老求去，公卿以下祖道於征虜亭，皇太子賜黃金五十斤，
> 時人方之疎廣。母終，後位終光祿卿。

> 初，簡文在雍州，撰《法寶聯璧》，罩與羣賢並抄掇區分者數歲。中
> 大通六年而書成，命湘東王為序。其作者有侍中國子祭酒南蘭陵蕭
> 子顯等三十人，以比王象、劉邵之《皇覽》焉。

　　由此可知《法寶聯璧》的編纂是在蕭綱尚為藩王，出鎮雍州時開始的。
為能展開進一步的探討，現將《梁書》、《南史》中有關梁簡文帝自出生至梁
武帝中大通六年（534）之間的事蹟加以整理製成繫年簡表如下：

〔註28〕　《梁書》卷四（《本紀》第四）：《簡文帝》，頁109。

〔註29〕　《南史》卷八：《梁本紀下》第八，頁233。

〔註30〕　《南史》卷四十八（《列傳》第卅八）：《陸澄、陸慧曉子倕、孫璲、兄子閑、閑子緯、
緯弟厥、厥弟裹、裹兄子雲公、雲公子瓊、瓊子從典、瓊從父弟琰、琰弟瑜、瑜從兄玠、從弟琛、陸杲子
罩》，頁1205。

南朝梁太宗簡文帝蕭綱自出生至《法寶聯璧》成書^{（時為皇子、晉安郡王、皇太子）}間
生平事蹟之繫年簡表

紀　年	南北朝國事	事　蹟
南朝梁高祖武帝天監二年_{（北朝魏世宗宣武帝景明四年，503）}		一歲。 天監二年十月丁未，生于顯陽殿。_{（《梁書簡文帝本紀》頁103）}
南朝梁高祖武帝天監三年_{（北朝魏世宗宣武帝正始元年，504）}	劉杳始出仕，編纂壽光書苑時間應不早於此年。 （見第貳章第四節《壽光書苑》）	二歲。
南朝梁高祖武帝天監四年_{（北朝魏世宗宣武帝正始二年，505）}		三歲。
南朝梁高祖武帝天監五年_{（北朝魏世宗宣武帝正始三年，506）}	（南朝梁高祖武帝天監五年春正月）甲申，（梁武帝蕭衍）立皇子綱爲晉安郡王。_{（《梁書武帝紀》中頁43）}	四歲。 （南朝梁高祖武帝天監）五年，（蕭綱被）封晉安王，食邑八千戶。_{（《梁書簡文帝本紀》頁103）}
南朝梁高祖武帝天監六年_{（北朝魏世宗宣武帝正始四年，507）}		五歲。
南朝梁高祖武帝天監七年〔北朝魏世宗宣武帝正始五年（永平元年），508〕	劉峻始編纂《類苑》時間應不早於此。_{（參見《梁書文學傳》下頁701-707、《南史劉懷珍傳》附《劉峻傳》頁1218-1220）} （見第貳章第五節《類苑》）	六歲。 太宗（簡文帝蕭綱）幼而敏睿，識悟過人，六歲便屬文，高祖驚其早就，弗之信也，乃於御前面試，辭采甚美。高祖歎曰：「此子，吾家之東阿。」_{（《梁書簡文帝本紀》頁109）} 案：東阿應是指曹植，曹植於三國魏明帝太和三年（229）徙封東阿。事見《三國志魏書任城陳蕭王傳》頁569。
南朝梁高祖武帝天監八年_{（北朝魏世宗宣武帝永平二年，509）}	北朝魏人陽休之生，後參與編纂北朝齊《聖壽堂御覽》（《修文殿御覽》）。 （見第參章第五節《修文殿御覽》）	七歲。 （南朝梁高祖武帝天監）八年，（晉安王蕭綱）爲雲麾將軍，領石頭戍軍事，量置佐吏。_{（《梁書簡文帝本紀》頁103）} 雅好題詩，其序云：「七歲有詩癖，長而不倦。」然傷於輕豔，當時號曰「宮體」。_{（《梁書簡文帝本紀》頁109）}

南朝梁高祖武帝天監九年（北朝魏世宗宣武帝永平三年，510）	（南朝梁高祖武帝天監九年春正月）丙子，以輕車將軍晉安王綱爲南兗州刺史。（《梁書武帝紀》中頁49）	八歲。 （南朝梁高祖武帝天監）九年，（晉安王蕭綱）遷使持節、都督南北兗青徐冀五州諸軍事、宣毅將軍、南兗州刺史。 （《梁書簡文帝本紀》頁103）
南朝梁高祖武帝天監十年（北朝魏世宗宣武帝永平四年，511）		九歲。
南朝梁高祖武帝天監十一年〔北朝魏世宗宣武帝永平五年（延昌元年），512〕		十歲。
南朝梁高祖武帝天監十二年（北朝魏世宗宣武帝延昌二年，513）		十一歲。 （晉安王蕭綱）入爲宣惠將軍、丹陽尹。（《梁書簡文帝本紀》頁103） （晉安王蕭綱）自年十一，便能親庶務，歷試蕃（藩）政，所在有稱。（《梁書簡文帝本紀》頁109）
南朝梁高祖武帝天監十三年（北朝魏世宗宣武帝延昌三年，514）	（南朝梁高祖武帝天監）十三年春正月壬戌，以丹陽尹晉安王綱爲荊州刺史。（《梁書武帝紀》中頁54）	十二歲。 （南朝梁高祖武帝天監）十三年，（晉安王蕭綱）出爲使持節、都督荊雍梁南北秦益寧七州諸軍事、南蠻校尉、荊州刺史，將軍如故。（《梁書簡文帝本紀》頁103）
南朝梁高祖武帝天監十四年（北朝魏世宗宣武帝延昌四年，515）	（南朝梁高祖武帝天監十四年）五月丁巳，以荊州刺史晉安王綱爲江州刺史。（《梁書武帝紀》中頁55）	十三歲。 （南朝梁高祖武帝天監）十四年，（晉安王蕭綱）徙爲都督江州諸軍事、雲麾將軍、江州刺史，持節如故。（《梁書簡文帝本紀》頁103）
南朝梁高祖武帝天監十五年（北朝魏肅宗孝明帝熙平元年，516）	南朝梁劉峻編纂之《類苑》最晚可能於南朝梁高祖武帝天監十五年成書。之後梁武帝敕太子詹事徐勉舉學士入華林撰《遍略》，勉舉何思澄、顧協、劉杳、王子雲、鍾嶼等五人以應選。（參見《南史文學傳》之《何思澄傳》頁1782-1783） （見第參章第一節《華林遍略》）	十四歲。
南朝梁高祖		十五歲。

武帝天監十六年（北朝魏肅宗孝明帝熙平二年，517）		
南朝梁高祖武帝天監十七年〔北朝魏肅宗孝明帝熙平三年（神龜元年），518〕		十六歲。 （南朝梁高祖武帝天監）十七年，（晉安王蕭綱被）徵爲西中郎將、領石頭戍軍事，尋復爲宣惠將軍、丹陽尹，加侍中。《梁書簡文帝本紀》頁103
南朝梁高祖武帝天監十八年（北朝魏肅宗孝明帝神龜二年，519）		十七歲。
南朝梁高祖武帝普通元年〔北朝魏肅宗孝明帝神龜三年（正光元年），520〕	（南朝梁高祖武帝普通元年冬十月）辛酉，以丹陽尹晉安王綱爲平西將軍、益州刺史。《梁書武帝紀》下頁64	十八歲。 （南朝梁高祖武帝）普通元年，（晉安王蕭綱）出爲使持節、都督益寧雍梁南北秦沙七州諸軍事、益州刺史；未拜，改授雲麾將軍、南徐州刺史。《梁書簡文帝紀》頁103
南朝梁高祖武帝普通二年（北朝魏肅宗孝明帝正光二年，521）	（南朝梁高祖武帝普通二年春正月甲戌）新除益州刺史晉安王綱改爲徐州刺史。《梁書武帝紀》下頁64 （劉峻卒）門人諡曰玄靖先生。《梁書文學傳》下頁707	十九歲。
南朝梁高祖武帝普通三年（北朝魏肅宗孝明帝正光三年，522）		廿歲。
南朝梁高祖武帝普通四年（北朝魏肅宗孝明帝正光四年，523）		廿一歲。 （南朝梁高祖武帝普通）四年，（晉安王蕭綱）徙爲使持節、都督雍梁南北秦四州郢州之竟陵司州之隨郡諸軍事、平西將軍、寧蠻校尉、雍州刺史。《梁書簡文帝本紀》頁103-104 案：依《南史陸杲傳附陸罩傳》記載稱晉安王（簡文帝）蕭綱任雍州刺史時

		始撰《法寶聯璧》，可知編纂《法寶聯璧》之始年不早於普通四年（523）。
南朝梁高祖武帝普通五年〔北朝魏肅宗孝明帝正光五年，524〕	（南朝梁高祖武帝普通五年春正月辛卯）平西將軍、雍州刺史晉安王綱進號安北將軍。《梁書武帝紀》下頁67） （經過）八年乃書（《華林遍略》）成，合七百卷。《參見《南史文學傳》之《何思澄傳》頁1783） （見第參章第一節《華林遍略》）	廿二歲。 （南朝梁高祖武帝普通）五年，（晉安王蕭綱）進號安北將軍。《梁書簡文帝本紀》頁104）
南朝梁高祖武帝普通六年〔北朝魏肅宗孝明帝正光六年（孝昌元年），525〕	（南朝梁高祖武帝普通六年）春正月丙午，安北將軍晉安王綱遣長史柳津破魏南鄉郡，司馬董當門破魏晉城。《梁書武帝紀》下頁69）	廿三歲。 （南朝梁高祖武帝普通六年，晉安王蕭綱）在襄陽拜表北伐，遣長史柳津、司馬董當門、壯武將軍杜懷寶、振遠將軍曹義宗等眾軍進討，剋平南陽、新野等郡，魏南荊州刺史李志據安昌城降《大通二年夏四月辛丑，時魏大亂，其臨淮王元彧等俱奔至梁朝。可見《梁書武帝紀》下頁72及前節《徐勉繫年簡表》），拓地千餘里。《梁書簡文帝本紀頁109）
南朝梁高祖武帝普通七年〔北朝魏肅宗孝明帝孝昌二年，526〕	（南朝梁高祖武帝普通七年）十一月庚辰，大赦天下。是日，丁貴嬪（諱令光）薨。《梁書武帝紀》下頁70）	廿四歲。 （南朝梁高祖武帝普通）七年，（晉安王蕭綱）權進都督荊、益、南梁三州諸軍事。《梁書簡文帝本紀》頁104） 是歲，（晉安王蕭綱）丁所生穆貴嬪喪，上表陳解，詔還攝本任。《梁書簡文帝本紀》頁104） 在穆貴嬪憂，哀毀骨立，晝夜號泣不絕聲，所坐之席，沾濕盡爛。《梁書簡文帝本紀》頁109）
南朝梁高祖武帝普通八年（大通元年）〔北朝魏肅宗孝明帝孝昌三年，527〕		廿五歲。

南朝梁高祖武帝大通二年〔北朝魏肅宗孝明帝孝昌四年（武泰元年）、幼主、敬宗孝莊帝建義元年（永安元年），528〕		廿六歲。
南朝梁高祖武帝大通三年（中大通元年）〔北朝魏敬宗孝莊帝永安二年，529〕		廿七歲。 （南朝梁高祖武帝）中大通元年，詔依先給（晉安王蕭綱）鼓吹一部。《梁書簡文帝本紀》頁104）
南朝梁高祖武帝中大通二年〔北朝魏敬宗孝莊帝永安三年、廢帝長廣王建明元年，530〕	（南朝梁高祖武帝中大通）二年春正月戊寅，以雍州刺史晉安王綱爲驃騎大將軍、揚州刺史。《梁書武帝紀》下頁74）	廿八歲。 （南朝梁高祖武帝中大通）二年，（晉安王蕭綱被）徵爲都督南揚徐二州諸軍事、驃騎將軍、揚州刺史。《梁書簡文帝本紀》頁104）
南朝梁高祖武帝中大通三年〔北朝魏廢帝長廣王建明二年、節閔帝普泰元年、廢帝安定王中興元年，531〕	（南朝梁高祖武帝中大通三年）夏四月乙巳，皇太子統薨。《梁書武帝紀》下頁74） 秋七月乙亥，立晉安王綱爲皇太子。《梁書武帝紀》下頁75） （南朝梁高祖武帝中大通三年二月）乙卯，特進蕭琛卒。《梁書武帝紀》下頁74） （蕭琛在世時曾編《皇覽抄》，事見第貳章第一節《皇覽》）	廿九歲。 （南朝梁高祖武帝）中大通三年，（晉安王蕭綱）被徵入朝，未至，而昭明太子（蕭統）謂左右曰：「我夢與晉安王對奕擾道，我以班劍授之，王還，當有此加乎？」《南史梁本紀》下頁229） 五月丙申（詔立晉安王蕭綱爲皇太子）。《梁書簡文帝本紀》頁104） 七月乙亥，臨軒策拜，以修繕東宮，（皇太子蕭綱）權居東府。《梁書簡文帝本紀》頁104）
南朝梁高祖武帝中大通四年〔北朝魏節閔帝普泰二年、廢帝安定王中興二年、孝武帝太昌元年（永興元年、永熙元年），532〕		卅歲。 （南朝梁高祖武帝中大通）四年九月，（皇太子蕭綱）移還東宮。《梁書簡文帝本紀》頁104）。
南朝梁高祖武帝中大通五年〔北朝魏孝武		卅一歲。

帝永熙二年，533）		
南朝梁高祖武帝中大通六年（北朝魏孝武帝永熙三年、東魏孝靜帝天平元年，534）		卅二歲。 初，簡文（即簡文帝蕭綱）在雍州，撰《法寶聯璧》，（陸）罩與羣賢並抄掇區分者數歲。中大通六年而書成，命湘東王（蕭繹）爲序。其作者有侍中國子祭酒南蘭陵蕭子顯等三十人，以比王象、劉邵之《皇覽》焉。《南史陸杲傳附陸罩傳》頁1205）

在閱讀以上《梁書》及《南史》的記載後，可以得出以下數點：

第一，梁簡文帝是在四歲時被封爲晉安郡王，七歲時就已建立王國屬官，至廿九歲時被冊立爲皇太子。因爲他六歲能屬文，七歲有詩癖，所以陸罩「任記室參軍，撰帝集序」的斷限應該介於簡文帝七歲至廿九歲之間。在《隋書經籍志集部別集類》中有著錄一「《梁簡文帝集》八十五卷」，就是提「陸罩撰，并錄」的。接著，在簡文帝廿九歲至卅九歲之間，陸罩遷爲太子中庶子，至梁武帝大同七年才因母親年邁的理由辭官。

第二，簡文帝是在廿一歲至廿七歲之間（梁武帝普通四年至中大通元年）駐雍州，他是在遷駐雍州後才展開撰寫《法寶聯璧》的工作；從中可以推算出《法寶聯璧》從開始編寫到完成的時間少則五年，多則十一年。另外從「（陸）罩與羣賢並抄掇區分者數歲」這句話中也可以得知在這六、七年中陸罩所作的事情除了繼續收集編次簡文帝先後創作的文章外，還與其他編者們一起收集、分類、抄錄各條資料，共同參與編纂《法寶聯璧》的工作。

第三，《南史陸罩傳》中稱蕭子顯（即《南齊書》作者）的官銜爲「侍中、國子祭酒」，在查閱《梁書蕭子顯傳》後僅得知他是在梁武帝中大通三年遷官；因此只能確定這是當《法寶聯璧》完成時他的職銜而已，對於他加入《法寶聯璧》作者群的時間以及扮演的角色則是一無所知。〔註31〕

第四，《南史陸罩傳》中只寫到陸罩等人花了數年抄寫整理資料，卻沒有

〔註31〕《梁書》卷卅五（《列傳》第廿九）：《蕭子恪弟子範、子顯、子雲》，頁511～512。原文如下：

（蕭子顯）累遷太子中舍人，建康令，邵陵王友，丹陽尹丞，中書郎，守宗正卿。出爲臨川內史，還除黃門郎。中大通二年，遷長兼侍中。……。三年，以本官領國子博士。高祖所製經義，未列學官，子顯在職，表置助教一人，生十人。又啓撰高祖集，并《普通北伐記》。其年遷國子祭酒，又加侍中，於學遞述高祖《五經義》。五年，選吏部尚書，侍中如故。

明示取材的來源。不過從蕭子顯是作者群之一以及段末出現「以比王象、劉邵之《皇覽》焉」的文句來推斷，《法寶聯璧》的取材範圍可能橫跨了經、史等範疇。

第五，雖然《法寶聯璧》的問世是經過數十人合力完成的心血結晶，不過最後的榮耀仍然歸功於晉安王蕭綱（簡文帝），因為是他決定並且邀集群賢合力編纂的。

然而僅就正史的記載來試圖建立對《法寶聯璧》的認識其實很有限，可是在今日常見的圖書文獻裡幾乎沒有引用過《法寶聯璧》的內文，因此想要找到它的斷簡殘篇或許是不可能的。不過它的序言卻被保留至今，相信這是因為它是由湘東王蕭繹所寫的緣故；日後南朝梁內部爆發的侯景之亂就是由他派將兵平定的，他也繼梁武帝和梁簡文帝後即位，是為梁元帝。雖說當時他是湘東王，可是他後來登基為皇帝，身價總是不凡；加上他亦能武能文，寫下的文章容易受人矚目，保留下來的可能性也多少會增加些了。

皇太子蕭綱命湘東王蕭繹寫的《法寶聯璧序》先被收錄在唐初歐陽詢編寫的《藝文類聚》卷七十七裡，該卷的標題是「《內典》下：《寺碑》」。歐陽詢沒有收錄全文，僅摘錄最前面的數句而已。至於完整的序言全文則收錄在同是初唐時人釋道宣所著的《廣弘明集》裡，由於《法寶聯璧》應已無其它文句留存迄今，〈序言〉可說更加珍貴，因此錄出全文如下：〔註32〕

《法寶聯璧序》　蕭繹

竊以觀乎天文，日月所以貞麗；觀乎人文，藻火所以昭發。況復玉毫朗照，出天人之表；金牒空解，生文章之外，雖境智冥焉。言語斯絕，詠歌作焉，可略談矣。粵乃《書》稱《湯誥》，篇稱夢說。昔則王畿居亳，今則帝業維揚。功施天下，我之自出。豈與姚墟石紐（紐）、譙城溫縣；御龍居夏，唐杜入周而已哉！皇帝垂衣負扆，辨方正位，車書之所會同。南暨交趾，風雲之所沾被；西漸流沙，武實止戈，秉宜生之劍；樂彰治定，減庖犧之瑟。相兼二八，知微知

〔註32〕　唐・釋道宣，《廣弘明集》，臺北市：商務印書館縮印明刊本（收入《四部叢刊初編》子部冊 28），中華民國五十四年（1965），頁 283～286；又一部，卷二十三（《法義篇》第四之三），臺北市：中華書局據常州天甯寺本校刊（收入《四部備要》子部冊133），中華民國五十四年（1965），七板十行至十板八行。明・張溥，《漢魏六朝百三名家集：梁元帝集》，臺北市：文津出版社，中華民國六十八年（1979），二十板三行至二十二板十二行（排印頁 3549～3553）。

彰；將稱四七，如貔如虎。寧俟容成翠屋之遊，廣成石室之會。故
以宗心者忘相，歸憑者常樂。昔轉輪獲法，南宮有金龍之瑞；梵天
請道，東朝開寶蓋之祥。盡善盡美，獨高皇代。古者所以出師入保，
冬羽秋籥，實以周頌幼沖，用資端士；漢盈末學，取憑通議。大傅
之論孟侯，小戴之談司業。山川珍異，俟郊迎而可知；帷幄後言，
藉墾田而求驗。以今方昔，事則不然。我副君業邁宣尼，道高啓篳
之作；聲超姬發，寧假卞蘭之頌。譬衡華之峻極，如渤澥之波瀾。
顯忠立孝，行修言道；博施尚仁，動微成務；智察舞雞，爻分封蟻。
爰初登仕，明試以功；德加三輔，威行九流。董師虎據，操鈹蟬冕。
津卿濟沈，物仰平分之恩；沂岱邛岷，民思後來之政。陳倉留反裘
之化，淮海高墨幘之聲。威漸黃支，化行赤谷。南通舜玉，北平堯
柳；朝鮮航海，夜郎款塞；然後體道方震，雨施雲行。漢用戊申，
晉維庚午；增暉前曜，獨擅元貞。恩若春風，惠如冬日；履道爲輿，
策賢成駟；降意韋編，留神緗帙。許商算術，王圍射譜；南龜異說，
東馳雜賦；任良奕基，羡門式法；箴興琴劍，銘自盤盂，無不若指
諸掌，尋涇辯渭。重以鳳艷風飛，鷟文颷竪。纖者入無倫。大者含
元氣，韻調律呂，藻震玄黃。豈俟取讚彥先，詢問雅主。至於鹿園
深義，龍宮奧說；遠命學徒，親登講肆；詞爲憲章，言成楷式。往
復王粲，事軼魏儲；酬答蔡謨，道高晉兩。似懸鐘之應響，猶衢鐏
之待酌。率爾者踵武，逖聽者風聲。是使金堅，祕法寶；冥夕夢無
懷，不減革胥夜感。自非建慧橋，明智劍，薰戒香，沐定水。何以
空積忽微，歷賢劫而終現；黍累迴幹，蘊珠藏而方傳。加以大秦之
籍，非符八體；康居之篆，有異六爻。二乘始鬭，譬馬傳兔，一體
同歸。棄犀崇象，潤業滋多；見思平積，本有凝邈。了正相因，雖
談假績，不攝單影；即此後心，還蹤初焰。俱宗出倒，蓮華起乎淤
泥；竝會集藏，明珠曜於貧女。性相常空，般若無五時之說；不生
煩惱，涅槃爲萬德之宗。無不酌其菁華，撮其旨要；採彼玟鱗，拾
茲翠羽；潤珠隋水，抵玉崑山。每至鶴關旦啓，黃綺之儔朝集，魚
燈夕朗，陳吳之徒晚侍；皆仰稟神規，躬承睿旨，爰錫嘉名，謂之
聯璧。聯含珠而可擬璧，與日而俱（方）升。以今歲次攝提，星在
監德。百法明門，於茲總備千金不刊，獨高斯典，合二百二十卷，

號曰《法寶聯璧》。雖玉杯繁露，若倚兼葭；金臺鑿楹，似吞雲夢。

繹自伏樞西河，攝官南國；十廻鳳琯，一奉龍光。筆削未勤，徒榮

卜商之序；稽古盛則，文懿安國之製。謹抄纂爵位，陳諸左右（方）：

使持節、平西將軍、荊州刺史、湘東王繹，年二十七，字世誠

侍中、國子祭酒南蘭陵蕭子顯，年四十八，字景暢

散騎常侍、御史中丞彭城劉溉，年五十八，字茂灌

散騎常侍、步兵校尉、東宮侍南琅邪王修，年四十二，字彥遠

吳群太守、前中庶子南瑯邪王規，年四十三，字威明

都官尚書領右軍將軍彭城劉孺，年五十五，字孝穉

大府卿、步兵校尉河南褚球，年六十三，字仲寶

中軍長史、前中庶子陳郡謝僑，年四十五，字國美

中庶子彭城劉遵，年四十七，字孝陵

中庶子南瑯邪王稚，年四十五，字孺通

宣城王友、前僕東海徐嶜，年四十二，字彥邕

前御史中丞河南褚澐年六十，字士洋

北中郎長史、南蘭陵太守陳郡袁君正，年四十六，字世忠

中散大夫、金華宮家令吳郡陸襄年五十四，字師卿

中散大夫瑯邪王藉年五十五，字文海

新安大守、前家令東海徐摛年六十四，字士績

前尚書左丞沛國劉顯，年五十三，字嗣芳

中書侍郎南蘭陵蕭幾，年四十四，字德玄

雲麾長史、尋陽太守、前僕京兆韋稜，年五十五，字威直

前國子博士范陽張綰，年四十三，字孝卿

輕車長史南蘭陵蕭子範，年四十九，字景則

庶子吳郡陸罩，年四十八，字洞元

庶子南蘭陵蕭瑱，年四十，字文容

祕書丞、前中舍人南瑯邪王許，年二十五，字幼仁

宣城王文學南瑯邪王訓，年二十五，字懷範

洗馬權兼太舟卿彭城劉孝儀，年四十九，字子儀

洗馬陳郡謝禧，年二十六，字休度

中軍錄前洗馬彭城劉蘊，年三十三，字懷芬

　　前洗馬吳郡張孝總，年四十二，字孝總

　　南徐州治中南蘭陵蕭子開，年四十四，字景發

　　平西中錄事參軍、典書通事舍人南郡庾肩吾，年四十八，字子慎

　　北中記室參軍潁川庾仲容，年五十七，字仲容

　　宣惠記室參軍南蘭陵蕭滂，年三十二，字希傳

　　舍人南蘭陵蕭清年二十七，字元專

　　宣惠主簿、前舍人陳郡謝嘏，年二十五，字茂範

　　尚書都官郎陳郡殷勸，年三十，字弘善

　　安北外兵參軍彭城劉孝威，年三十九，字孝威

　　前尚書殿中郎南蘭陵蕭愷，年二十九，字元才

宥於學力不足之故，一時之間尚難以將該序瞭解透徹，可是文中已經透露出能夠彌補正史之不足的訊息。最明確的是蕭繹在文後列舉《法寶聯璧》所有的編者三十八人，加上在中大通六年時還是皇太子的蕭綱總共是三十九人；蕭繹不僅羅列名字，還將他們成書時所任的官職、籍貫、年齡都一一列舉出來，至少對於瞭解當時各個編者的生平、交遊狀況、學問專長等等很有幫助。〔註33〕不過蕭繹列舉的卷數是二百二十卷，與《梁書》、《南史》的記載有異，

〔註33〕由於《法寶聯璧》編者共有三十九人，除梁簡文帝蕭綱外實不克一一列舉其生平事蹟，只得在此註明各人傳記出處以供查考：
　　一、蕭繹：《梁書元帝本紀》、《南史梁本紀》下。
　　二、蕭子顯：《梁書》卷三十五、《南史齊高帝諸子傳》上。
　　三、劉溉：《梁書》、《南史》無傳。
　　四、王脩：《梁書》、《南史》無傳。
　　五、王規：《梁書》卷四十一、《南史》卷二十二。
　　六、劉孺：《梁書》卷四十一、《南史》卷三十九。
　　七、褚球：《梁書》卷四十一、《南史》卷二十八。
　　八、謝僑：《南史》卷二十。
　　九、劉遵：《梁書》卷四十一、《南史》卷三十九。
　　十、王稚：《梁書》、《南史》無傳。
　　十一、徐喈：《梁書》、《南史》無傳。
　　十二、褚澐：《陳書》卷三十四、《南史》卷二十八。
　　十三、袁君正：《梁書》卷三十一、《南史》卷二十六。
　　十四、陸襄：《梁書》卷二十七、《南史》卷四十八。
　　十五、王藉：《梁書》、《南史》無傳。
　　十六、徐摛：《梁書》卷三十、《南史》卷六十二。
　　十七、劉顯：《梁書》卷四十、《南史》卷五十。
　　十八、蕭幾：《梁書》卷四十一、《南史齊宗室傳》。

無法得知何者有誤。

　　在《廣弘明集》收錄整篇《法寶聯璧序》後，還有一部圖書曾提及《法寶聯璧》。這本書的名字是《法苑珠林》，作者是釋道世，成書於唐高宗總章元年（668）。該書的《傳記篇襍（雜）集部》和《興福部》都出現有關《法寶聯璧》的簡易提要：〔註34〕

　　　　《法寶連璧》一部二百卷

　　　　右梁簡文帝蕭綱在儲宮日，躬（躬）覽內經，指撝科域，令諸學士
　　　　編寫連成，有同《華林遍略》。（《法苑珠林傳記篇襍集部》）

　　　　……。梁太宗簡文帝造茲敬、報恩二寺，刺血自寫般若十部，願忌
　　　　日不食。而齋撰《集記》二百餘卷，《法寶連璧》亦二百餘卷。（《法
　　　　苑珠林傳記篇興福部》）

《法苑珠林》指《法寶聯璧》是當蕭綱為皇太子時命諸學士編寫的，這話只對了一半；從前文可知《法寶聯璧》是在蕭綱為晉安王時開始編纂，成書在

十九、韋稜：事見《梁書》卷四十、《南史》卷三十三和卷五十。
二十、張綰：事散見《梁書》、《周書》、《南史》、《北史》，主見《周書蕭詧傳》
　　　　和《北史僭偽附庸傳》。
二十一、蕭子範：《梁書》卷三十五、《南史齊高帝諸子傳》上。
二十二、陸罩：《梁書》卷二十六、《南史》卷四十八。
二十三、蕭瑱：《梁書》、《南史》無傳。
二十四、王許：《梁書》、《南史》無傳。
二十五、王訓：《梁書》卷二十一、《南史》卷二十二。
二十六、劉孝儀：《梁書》卷四十一、《南史》卷三十九。
二十七、謝禧：事見《梁書侯景傳》、《南史梁宗室傳》上、《賊臣傳》。
二十八、劉蘊：《梁書》、《南史》無傳。
二十九、張孝總：《梁書》、《南史》無傳。
三　十、蕭子開：《梁書》、《南史》無傳。
三十一、庾肩吾：《梁書文學傳》上、《南史》卷五十。
三十二、庾仲容：《梁書文學傳》下、《南史》卷三十五。
三十三、蕭滂：《梁書》、《南史》無傳。
三十四、蕭清：《梁書》、《南史》無傳。
三十五、謝嘏：《梁書》卷三十七、《陳書》卷二十一、《南史》卷二十。
三十六、殷勸：《梁書》、《南史》無傳。
三十七、劉孝威：事見《南史庾肩吾傳》（《南史》卷五十）。
三十八、蕭愷：《梁書》卷三十五、《南史》卷四十二。

〔註34〕唐・釋道世，《法苑珠林》卷一百十九：《傳記篇襍集部》、卷一百二十：《傳
　　　記篇興福部》，臺北市：商務印書館縮印明刊本（收入《四部叢刊初編》子部
　　　冊30），中華民國五十四年（1965），頁1420、1426。

他成爲皇太子之後。除此之外，有兩點值得注意。一是《法苑珠林》認爲《法
寶聯璧》「有同《華林遍略》」，《南史陸罩傳》則說編纂《法寶聯璧》「以比王
象、劉邵之《皇覽》」，足見此書確屬類書之流。一是《法苑珠林》稱《法寶
聯璧》僅二百餘卷，《法苑珠林》的成書時間只是稍晚於《廣弘明集》，可是
著錄的卷數卻已經在減少當中，似乎顯示它散亂亡失的速度很快。實際上，
大約在《法苑珠林》後幾乎就沒有圖書文獻再提到《法寶聯璧》，即使有也只
是傳鈔轉引蕭繹的序言，或許可以大膽地推斷《法寶聯璧》的亡佚即是在《法
苑珠林》成書之後的事情。

　　最後還有一點是應當要提到的。從《藝文類聚》將《法寶聯璧序》的部
分內容置於「《內典》下：《寺碑》」卷，全文則收錄在《廣弘明集》，簡易提
要出現在《法苑珠林》，而這兩部書的作者都是佛教僧侶的情況看來，《法寶
聯璧》的體例和取材範圍除與《皇覽》和《華林遍略》等類書相仿外，亦或
與釋家（佛教）有相當密切的關聯存在。

　　茲將現在有關《法寶聯璧》的認識重新寫成以下的簡介：

　　《法寶聯璧》，一名《法寶連璧》；三百卷，或稱二百二十卷。題南朝梁
太宗簡文皇帝蕭綱撰，實則包括簡文帝、蕭子顯、陸罩等人在內共有三十九
位編纂者。梁簡文帝四歲受封晉安王，武帝普通四年至中大通元年（523～529）
任雍州刺史，編纂該書，當於此時；麾下陸罩等羣賢搜羅抄掇，歷經數載。
中大通三年（531）四月，兄昭明太子蕭統薨；五月，繼立爲皇太子。中大通
六年（534）《法寶聯璧》成書，命湘東王蕭繹（即梁元帝）作序，總計編撰
時程介於五至十一年之間。晉安王聚集群賢編纂《法寶聯璧》以比《皇覽》，
取材應當橫跨經、史；唐初《藝文類聚》、《廣弘明集》、《法苑珠林》或相繼
徵引湘東王序言，或編寫簡易提要，表示該書亦應與釋家（佛教）有關。從
《法苑珠林》之後的圖書文獻僅是傳鈔轉引湘東王《法寶聯璧序》推測，該
書似在唐高宗總章元年（668）後即已逐漸亡佚。

第三節　《要錄》

　　《要錄》六十卷。包括《隋書經籍志》、《舊唐書經籍志》和《新唐書藝
文志》三部史志在內都僅只提到以上五字，無論是作者還是著作朝代皆不明，
更別提內容、取材範圍以及編排體例了。《崇文總目》以下已經失載此書，因

此《要錄》亡佚的時代應約在唐玄宗天寶年間以後,《崇文總目》成書之前（≒742～1041）。

　　清代學者姚振宗在《隋書經籍志考證》一書中對於《要錄》的可能來歷曾提出如下的看法：〔註35〕

　　　　案：此（指《要錄》）列《華林編略》之後,似乎即《編略》之節錄本；以本志（《隋書經籍志》）部居言之則近似,然考《舊》、《新唐志》之敘次則又不然也。

《隋書經籍志》子部雜家類的排列順序是「《皇覽》、《帝王集要》、《類苑》、《華林遍略》、《要錄》、《壽光書苑》、《科錄》、《書圖泉海》、《聖壽堂御覽》、……」,《舊唐書經籍志》子部事類（類事）的排列依序是「《皇覽》、《類苑》、《壽光書苑》、《華林遍略》、《修文殿御覽》、《長州玉鏡》、《藝文類聚》、《北堂書鈔》、《要錄》、《書圖泉海》、……」,《新唐書藝文志》子部類書類的排序卻是「《皇覽》、《類苑》、《壽光書苑》、《華林遍略》、《修文殿御覽》、《長州玉鏡》、《玄門寶海》、《書圖泉海》、《要錄》、……」。從以上三書的排序來看其實都不一致,因此照成書時間順序排列書目在這三部史志中不是一定要遵守的規則。姚振宗雖企圖從書序排列找出有關《要錄》的蛛絲馬跡,不過在沒有任何史料輔助,三部史志的排序又不一致的情況下,有可能只是徒勞無功而已。

　　事實上,歷代典籍中以「要錄」為名或是完整書名當中包含「要錄」兩字者不知凡幾,像唐人張彥遠的《法書要錄》、十國後蜀楊九齡所著的《要錄》十卷、宋人的《靖康要錄》等等都是一例,而宋人李心傳的《建炎以來繫年要錄》更是有名。各代圖書文獻中或有文句稱是引用自「《要錄》」,然而細細讀之,如果不是上述各書或是其它圖書的簡稱,就是無法證明與這些書無關。想要確認現今文獻裡是否有保留六十卷本《要錄》的原文恐怕是不可能了。

第四節　《書圖泉海》

　　《書圖泉海》的編纂時間、內容體例和傳世過程皆不明,但比《要錄》好一點的是至少它還留下了作者姓名。《隋書經籍志》稱「（南朝）陳張式撰」,有廿卷,可是至編纂兩《唐書》時似發生筆誤或是史料亡失的狀況；兩《唐書》稱作者為「張氏」,卷數也寫成七十卷,皆與《隋書經籍志》不同。《陳

〔註35〕《隋書經籍志考證》卷三十（《子部》七）：《雜家類》,頁487（總頁5525）。

書》和《南史》皆未立有張式的傳記，所以不知道他究竟何時撰寫《書圖泉海》；但在《隋書經籍志》集部別集類中有著錄一「陳右衛將軍〔註36〕《張式集》十四卷」，應即此人。《張式集》流傳至唐玄宗開元年間（713～741）時已有散失，兩《唐書》稱其書皆爲十三卷，此後該集即不傳。

　　雖然《陳書》和《南史》無傳，然而有關張式的事情還是有少許記載留存可供推敲。宋人蒲積中編的《歲時雜詠》裡收錄數首有關陳後主陳叔寶的詩句，在詩名後以雙行夾註記錄各首詩創作時在陳後主身旁的人。張式出現在其中六首詩裡，包括：〔註37〕

　　　立春日汎舟玄圃，各賦一字，六韻成篇座有張式、陸瓊、顧野王、謝仙（伸）、
　　　諸琢、王緯、陸瑜、姚察等九人

　　　上巳玄圃宣猷嘉辰禊酌，各賦六韻，以次成篇座有張式、陸瓊、顧野王、陸
　　　琢、岑之敬等五人上

　　　初伏七夕，已覺微涼；既引應徐，且命燕趙。清風朗月，以望七襄
　　　之駕；置酒陳樂，各賦四韻之篇座有張式、陸瓊、顧野王、傅絳、陸瑜等五人上

　　　七夕宴樂修殿，各賦六韻座有張式、陸瓊、諸玠、王漼（瓊）、傅絳、陸瑜、姚察

〔註36〕《宋書百官志》下記載：
　　　左衛將軍，一人。右衛將軍，一人。二衛將軍掌宿衛營兵。二漢、魏不置。
　　　晉文帝（司馬昭）爲相國，相國府置中衛將軍。武帝初，分中衛置左右衛將
　　　軍，以羊琇爲左衛，趙序爲右衛。二衛江右有長史、司馬、功曹、主簿，江
　　　左無長史。
　　　《隋書百官志》稱：
　　　梁武受命之初，官班多同宋、齊之舊，……。
　　　領軍，護軍，左、右衛，驍騎，游騎等六將軍，是爲六軍。……。
　　　至（天監）七年，革選，徐勉爲吏部尚書，定爲十八班。以班多者爲貴，同
　　　班者，則以居下者爲劣。……。
　　　侍中，散騎常侍，左、右衛將軍，司徒左長史，衛尉卿，爲十二班。……。
　　　陳承梁，皆循其制官，……。
　　　……。左右衛將軍，御史中丞，已上二千石。……，品並第三。
　　　見《宋書》卷四十（《志》第三十）：《百官》下，頁1248：《隋書》卷廿六（《志》
　　　第廿一）：《百官》上，頁720、726、729、730、741、742。
〔註37〕宋・蒲積中編，《歲時雜詠》卷三：《立春》、卷十六：《上巳》、卷二十五：《七
　　　夕》，臺北市：商務印書館據國立故宮博物院藏文淵閣本四庫全書景印（收入
　　　《四庫全書珍本》三集冊380、381），中華民國六十一年（1972），（卷三）一
　　　板十一行至十二行、一板十六行至二板一行；（卷十六）十一板四行至五行；
　　　（卷二十五）九板二行至三行、九板十四至十六行、十板三行至四行、十板
　　　八行。

等七人

七夕宴重詠牛女，各爲五詠座有劉劻（音ㄏㄨㄢˋ）、安遠侯方華、張式、陸瓊、

顧野王、褚玠、謝佃、周墳、傅緯、陸瑜、柳莊、王瑳等十三人上

明人馮惟訥編的《古詩紀》裡增入一首：〔註38〕

獻歲立春，光風具美，汎舟玄圃，各賦六韻座有張式、陸瓊、顧野王、殷謀、

陸琢、岑之敬等六人上

在以上七首詩中有數首作於玄圃，玄圃在南朝往往與東宮皇太子有關，據此
可推測陳後主當時還是皇太子。另一佐證是從與張式一同陪侍飲宴的各人卒
年中發現的。在翻閱《陳書》的列傳後得知，像是岑之敬卒於陳宣帝太建十
一年（579），褚玠卒於太建十二年（580），顧野王卒於太建十三年（581），
陸瑜亦卒於太建年間（569～582）。上述七首詩中顧野王就包括五首，可是他
卻卒於太建十三年，那時陳後主尚未即位；而且這些人在《陳書》裡齊名的
時候都是他們當時擔任東宮僚屬的時候，因此可以確定這些詩句被創作時陳
後主尚未即位。〔註39〕雖然《陳書》、《南史》無張式的傳記，但從他也一同
侍宴的情況看來，他在陳宣帝太建朝時擔任的職務當亦爲東宮官無疑。

　　清代學者姚振宗在隋書經籍志考證一書中提及《書圖泉海》時認爲「其
書本名《淵海》，唐人避（唐高祖李淵）諱，改爲泉」，〔註40〕近人張滌華亦
從之。〔註41〕此說聽來似乎有理，不過由於現存典籍裡沒有證據支持《書圖

〔註38〕　明・馮惟訥編，《古詩紀》卷一百八（《陳》第一）：《後主》（詩），臺北市：
　　　　　商務印書館據國立故宮博物院藏文淵閣本四庫全書景印（收入《四庫全書珍
　　　　　本》十集冊295），中華民國六十九年（1980），十三板十一行至十二行。
〔註39〕　《陳書姚察傳》記載：
　　　　　（姚察）使還，補東宮學士。于時濟陽江總、吳國顧野王、陸瓊、從弟瑜、
　　　　　河南褚玠、北地傅緯等，皆以才學之美，晨夕娛侍。察每言論製述，咸爲諸
　　　　　人宗重。儲君深加禮異，情越群僚，宮內所須方幅手筆，皆付察立草。又數
　　　　　令共（顧）野王遞相策問，恒蒙賞激。
　　　　　又《陳書文學傳》之〈顧野王傳〉亦載：
　　　　　（陳宣帝太建）六年，除太子率更令，尋領大著作，掌國史，知梁史事，兼
　　　　　東宮通事舍人。時宮僚有濟陽江總、吳國陸瓊、北地傅緯、吳興姚察，竝以
　　　　　才學顯著，論者推重焉。
　　　　　見《陳書》卷二十七（《列傳》第二十一）：《江總、姚察》、卷三十（《列傳》
　　　　　第二十四）：文學，頁349，399～400。
〔註40〕　《隋書經籍志考證》卷三十（《子部》七）：《雜家類》，頁488（總頁5526）。
〔註41〕　張滌華，《類書流別》，臺北市：大立出版社據重慶市商務印書館中華民國卅
　　　　　二年十二月（1943.12）版景印，中華民國七十四年四月（1985.4），頁49。

泉海》曾更名的說法，因此只得聊備一說，有待日後更深入的查考。

　　因爲今日無法查知作者的確實生平，所以只能知道《書圖泉海》是在南朝陳（557～589）立國期間被編纂，可能是在陳宣帝或陳後主在位的期間，但是無法肯定成書的年代。由於自《崇文總目》以下即未再被著錄，因此該書亡佚的時代推斷應在唐玄宗天寶年間以後，《崇文總目》成書之前（≒742～1041）。

第五節　《修文殿御覽》

　　相較於多部類書相繼問世的南朝，北朝的類書數量相對就少了些。〔註42〕北朝最著名的類書當以齊朝末年編纂的《修文殿御覽》爲首，它不但是歷經多次改編而成的類書，還是隋代以前編成的諸部類書中流傳最久、影響最大者；可說是三國兩晉南北朝時期類書發展過程的總結，具有承上啟下的意義，其來龍去脈不可不知。〔註43〕本節將嘗試從《修文殿御覽》的編纂及傳世過程等方面出發以盡力勾勒出它的輪廓。

甲、歷經多次改編而成的類書

　　《修文殿御覽》的一項特點是它並非一部一氣呵成的類書。它的編纂過程可分成數個階段，先編成一部小型的類書，過了段時間後再以原先的類書爲基礎增添許多資料加以擴編，編纂的人數也越來越多，甚至安排專門機構安置這些編者。每擴編一次就改名一次，最後才定名爲《修文殿御覽》。由於它是逐次擴編的類書，所以每次編纂的時間都相當短，這又是另外一項特點。即是這兩點就與前述各節提及的各部類書大不相同。前文介紹的類書，雖然

〔註42〕在《隋書經籍志》子部雜家類裡，與《皇覽》、《類苑》、《華林遍略》等類書同屬的北朝圖書除「《聖壽堂御覽》三百六十卷」外，還有北魏崔安（宏）的「《帝王集要》三十卷」和元暉的「《科錄》二百七十卷」。由於在兩《唐書》裡先後將該二部書劃歸入史部，宥於它們在南北朝、隋、唐初時期並非一直被視爲類事之書，加以本文篇幅所限，只得忍痛割愛。不過從它們原與類書同列，後又被認爲是史書的轉變看來，或可從中嘗試瞭解類書與史書之間的關係，只是現存史料能否支持開展此一討論則又是另一回事了。

〔註43〕隋代以前的類書當中最後問世的可能是南朝陳張式編纂的《書圖泉海》（見前節）而不是《修文殿御覽》，可是相對於《修文殿御覽》的名氣和影響力，《書圖泉海》幾乎是沒沒無聞，兩書之高下即刻相見。因此本節才將《修文殿御覽》置於本文列舉十部代表性類書之末做爲總結。

多少都會受到先前已經問世的類書影響，但都是「萬丈高樓平地起」，沒有看到它們是從哪部書擴編而來；編輯時程也是費時甚久，少說也要經歷三年五載的時光。至於先前各書的編者或許會出現說法不一的狀況，可是越編人越多的情形仍是少有。《修文殿御覽》的編纂可謂一奇。

　　《修文殿御覽》的編纂過程可分成三階段：先是宋士素在北朝齊武成帝掌權期間編著的《御覽》，次爲陽休之在齊後主武平三年主編的《玄洲苑御覽》，不過在編寫的過程中更名爲《聖壽堂御覽》。最後是以祖珽領銜，聚集眾多學士於新設之文林館內編成的三百六十卷《修文殿御覽》定本。〔註44〕以下即再分成三小段逐一說明箇中過程。

（一）宋士素編著《御覽》（北朝齊武成帝掌權期間編，約介於西元561～568年間）

　　北朝齊世祖武成帝高湛在大寧元年（南朝西梁中宗宣帝大定七年、陳世祖文帝天嘉二年、北朝周高祖武帝保定元年，561）十一月癸丑即位爲帝，河清四年（南朝西梁世宗明帝天保四年、陳世祖文帝天嘉六年、北朝周高祖武帝保定五年，565）夏四月丙子傳位給皇太子高緯（即齊後主），改元天統，自稱太上皇帝但仍掌握實權。後主天統四年（南朝西梁世宗明帝天保七年、陳廢帝光大二年、北朝周高祖武帝天和三年，568）十二月辛未駕崩，總計身在大位約七年。

　　據唐人丘悅所著《三國典略》一書的記載，齊武成帝在位期間曾「令宋士素錄古來帝王言行要事三卷，名爲《御覽》，置於齊主巾箱」。〔註45〕宋士

〔註44〕有關文林館的職掌可見於《唐六典》和《舊唐書職官志》，因爲唐朝將文林館視爲弘文館官制的前身。《唐六典門下省卷》記載：

弘文館學士無員數。

後漢有東觀，魏有崇文館，宋元嘉（南朝宋文帝年號）有玄、史兩館，宋太（泰）始（南朝宋明帝年號）至齊永明（南朝齊武帝年號）有總明館（應即總明觀）；北齊有文林館、後周有崇文館，或典校理、或司撰著、或兼訓生徒，若今弘文館之任也。

《舊唐書職官志門下省篇》亦稱：

弘文館：後漢有東觀，魏有崇文館，宋有玄、史二館，南齊有總明館，梁有士林館，北齊有文林館，後周有崇文館，皆著撰文史，鳩集學徒之所也。

見唐・唐玄宗李隆基御撰，李林甫等奉敕注，《大唐六典》：《門下省》卷第八，臺北市：文海出版社景印，中華民國五十七年九月（1968.9）三版，四十一板三行至七行（新頁188上半）：《（舊）唐書》卷四十三（《志》第二十三）：《職官》二（《門下省》），頁1847。

〔註45〕《三國典略輯校》，臺北市：東大圖書，中華民國八十七年十一月（1998.11），

素之主要事蹟附於《北齊書酷吏傳》之《宋遊道傳》及《北史宋繇傳》內。
另外還知他在齊後主武平年間任中書侍郎（見《隋書李德林傳》）以及齊後主
改元隆化後與高元海、盧思道、李德林等人建議傳位給皇太子（即齊幼主高
恒）以求救亡等經歷（見《北齊書後主紀》、《北史齊本紀》下）。從《御覽》
是鈔錄自歷代帝王言行要事這點可得知該書多重史事；雖然它只有三卷卻能
置於巾箱內，表示體積甚小，主要用途在於方便攜帶、查閱及備忘。〔註46〕
它是《修文殿御覽》最早的前身和基礎。

（二）從《玄洲苑御覽》到《聖壽堂御覽》（北朝齊後主武平三年二月 至八月編，572）

　　齊後主親政後，改元武平。齊後主不擅治國，寵信恩倖，終致無法抵擋
周武帝的攻擊，遭到國破家亡的結局；然而他在位期間對於文史尚屬注意，
其中具代表性的例子就是擴編《御覽》。當編纂作業開始時是命名為《玄洲
苑御覽》，玄洲苑是北朝齊武成帝在位期間建造的園林。據《北齊書魏收傳》
載：〔註47〕

　　　　帝於華林別起玄洲苑，備山水臺觀之麗，……。

但是《玄洲苑御覽》在開始纂修之後卻又更名為《聖壽堂御覽》，改名的確實
時間和緣由均不明；從正史的記載中推測聖壽堂應為齊後主生活起居及與臣

　　　　頁173。
〔註46〕巾箱：置巾之小箱也。巾箱本：書本之小者曰巾箱本。今亦稱為袖珍本。有關
　　　　巾箱本圖書的早期記錄應以《南史齊宗室傳》較為知名。該傳的部分內容如下：
　　　　（南朝齊衡陽王蕭）鈞常手自細書寫五經，部為一卷，置於巾箱中，以備遺
　　　　忘。侍讀賀玠問曰：「殿下家自有墳素，復何須蠅頭細書，別藏巾箱中？」答
　　　　曰：「巾箱中有《五經》，於檢閱既易，且一更手寫，則永不忘。」諸王聞而
　　　　爭效為巾箱《五經》，巾箱《五經》自此始也。
　　　　見《辭海》（上冊），頁1590；《南史》卷四十一（《列傳》第三十一）：《齊宗
　　　　室》，頁1038。
〔註47〕《北齊書》卷三十七（《列傳》第二十九）：《魏收》，頁491。據本卷《校勘記》
　　　　（同書頁496）記載：「按此卷原缺，宋本、三朝本、南本、局本卷末有宋人校
　　　　語云：『此傳與《北史》同，但不序世家，又無論贊，疑非正史。』按此《傳》
　　　　與《北史》卷五六《魏收傳》基本相同，只字句小有出入，但《傳》首敘世系
　　　　有異。疑《北齊書》原文殘存《傳》首世系，以下後人以《北史》補。」
　　　　按北朝齊的玄洲苑是奠基在華林園的規模內，在此稍前的南朝梁亦建有玄洲
　　　　苑。《南史梁元帝紀》裡即有其巡幸玄洲苑的記載，因與本文無甚關聯故僅附
　　　　記於此。

下議事之處，更名的原因或許與此有關。《北齊書祖珽傳》稱：〔註48〕

　　……。（祖）珽自是專主機衡，總知騎兵、外兵事。內外親戚，皆
　　得顯位。（北朝齊）後主亦令中要數人扶持出入，著紗帽直至永巷，
　　出萬春門向聖壽堂，每同御榻論決政事，委任之重，羣臣莫
　　比。……。

《玄洲苑御覽》編纂的時間始於北朝齊後主武平三年〔南朝西梁世宗明
帝天保十一年、陳高宗宣帝太建四年、周高祖武帝天和七年（建德元年），572〕
二月，歷時極短，大約半年就完成全書。此時距齊武成帝退位相隔約六年、
駕崩則約四年。《北齊書後主紀》寫著：〔註49〕

　　是月（二月），勅撰《玄洲苑御覽》，後改名《聖壽堂御覽》。……。
　　是月（八月），《聖壽堂御覽》成，勅付史閣，後改為《修文殿御覽》。

《玄洲苑御覽》（《聖壽堂御覽》）的主編是陽休之，《北史陽休之傳》記
載：〔註50〕

　　（齊後主武平）三年（572），（陽休之）加位特進，與朝士撰《聖壽
　　堂御覽》。

而唐人丘悅在《三國典略》裡也說陽休之是《玄洲苑御覽》（《聖壽堂御覽》）
的編者：〔註51〕

　　陽休之創意《芳（華）林遍略》，加《十六國春秋》、《六經拾遺錄》、
　　《魏史》第（等）書，以（宋）士素所撰之名稱為《玄洲苑御覽》，
　　後改為《聖壽堂御覽》。

從以上數段記錄裡可以得知兩個訊息，一是當陽休之開始編纂《玄洲苑御覽》
（《聖壽堂御覽》）時已經不是獨立作業，而是與一批朝士共同合作才得以完
成的；一是在本文選取的十部類書及相關史料當中惟有《玄洲苑御覽》（《聖

〔註48〕《北齊書》卷三十九（《列傳》第三十一）：〈崔季舒、祖珽〉，頁520。至於聖
　　　　壽堂、修文殿在鄴都的大約位置可參見張子欣所繪之《東魏、北齊鄴南城平
　　　　面復原示意圖》，引自中國大陸河北省臨漳縣志編纂委員會編，《臨漳縣志》，
　　　　北平（京）市：中華書局，中華民國八十八年十一月（1999年11月），頁740。
〔註49〕《北齊書》卷八（《帝紀》第八）：後主、幼主，頁105。據本卷《校勘記》（同
　　　　書頁117）記載：「按此卷原缺，後人以《北史》卷八《齊本紀》下之《後主
　　　　紀》補。三朝本卷末有宋人校語『此卷與《北史》同』。」
〔註50〕《北史》卷四十七（《列傳》第三十五）：《袁翻弟躍、躍子聿修、陽尼從孫固、固子休
　　　　之、固從兄藻、藻子斐、固從弟元景、賈思伯、祖瑩子珽》，頁1726。
〔註51〕《三國典略輯校》，頁173～174。

壽堂御覽》）的部分徵引、參考書目留存迄今。在先前介紹的各部類書中，有
關它們的取材來源多未詳細提及，即使提到了也沒有留下確實的書名，只能
從含糊的句子或是編者們的專長做合理的推測，往往缺少決定性的史料加以
支持；可是《三國典略》卻能記錄下《玄洲苑御覽》（《聖壽堂御覽》）徵引的
部分書目，這是相當珍貴的。

　　《三國典略》列舉的四部書中就有《十六國春秋》和《魏史》（應即魏
收的《魏書》）二部是史書，擷取不少有關十六國和北魏時期的史事；《六經
拾遺錄》雖不知為何書，但從書名看來亦應與經史有關，至於《芳（華）林
遍略》亦是受人矚目。本章第一節介紹《華林遍略》時曾提及它被傳入東魏
的過程以及引起任職於高澄屬下的祖珽多所覬覦並加以偷盜的史事。雖然沒
有確實的史料足以得知《華林遍略》是否流行於東魏（北齊）民間，然而北
齊鄴都裡當有典藏才能在編輯此書時派上用場。陽休之應該是以參考《華林
遍略》的分類體系和內容後，再加上《十六國春秋》等書來增廣材料，最後
依從宋士素《御覽》之名先定為《玄洲苑御覽》再改為《聖壽堂御覽》。也
就是說雖然《玄洲苑御覽》（《聖壽堂御覽》）的前身源自宋士素的《御覽》，
但是受到《華林遍略》的直接影響很深。這點或許很重要，因為前文亦曾提
到今日自敦煌發現的類書中有一殘卷；有學者經過解讀後判斷是《修文殿御
覽》，可是也有學者認為是《華林遍略》，迄今仍無定論。這個原因可能就是
來自於它們有相似之處，但在今日兩者皆毀損的情形下難以釐清以至於產生
了爭議。

　　至於陽休之此人在《北齊書》卷四十二和《北史》卷四十七皆有傳，而
且《北齊書》該卷尚為李百藥原傳，可與《北史》相互參酌。陽休之，字子
烈，右北平無終人。生於北朝魏世宗宣武帝永平二年（南朝梁高祖武帝天監
八年，509），卒於隋高祖文帝開皇二年（南朝西梁世宗明帝天保二十一年、
陳高宗宣帝太建十四年，582），享年七十四歲。

　　陽休之為人俊美爽朗，又有風度氣概。年少時就很好學，富有文采而且
能擅用詞藻，到了成年後對音樂也有擅長。當時的人們都說：「能賦能詩陽休
之。」認為他是北朝的後起之秀。雖然他寫出的文章並不華美，但是尚屬典
正。由於他成名很早，年輕時就已受到相當的注意；他外表看起來可能有些
放縱不受拘束，可是內心卻還算是謹慎厚道。早年的陽休之有時因為個性過
於嚴苛而受到拖累，但是隨著年紀漸長而逐漸改善。

陽休之在北魏、東魏以至北齊文士的地位中是占有一席之地的人物，這大概可以從《北齊書文苑傳序》裡的一段話略見端倪：〔註52〕

> 有齊自霸圖云啓，廣延髦儁，開四門以納之，舉八紘以掩之，鄴京之下，煙霏霧集，河間邢子才（邢邵）、鉅鹿魏伯起（魏收）、范陽盧元明、鉅鹿魏季景、清河崔長儒（崔㥄）、河間邢子明（邢昕）、范陽祖孝徵（祖珽）、樂安孫彥舉（孫搴）、中山杜輔玄（杜弼）、北平陽子烈（陽休之）並其流也。復有范陽祖鴻勳亦參文士之列。……。

陽休之除了好學、善文外，對於歷史亦有相當的愛好。他曾在北魏參與過編修起居注的工作，稍後還和魏收一同纂修北魏國史；還曾在朝堂上和魏收爭論北齊的國史究竟應該起於何年，這件事還直接影響到魏收與李德林（《北齊書》作者李百藥父，亦曾撰《齊史》但未成書）的互動（見《隋書李德林傳》）。陽休之不但有修史的經歷和主張，與人交遊時亦喜好談論歷史，如果旁人對歷史不甚瞭解的話還無法打進他們的交遊圈子呢！譬如《北齊書許惇傳》記載：〔註53〕

> （許惇）雖久處朝行，歷官清顯，與邢邵、魏收、陽休之、崔劼、徐之才之徒比肩同列，諸人或談說經史，或吟詠詩賦，更加嘲戲，欣笑滿堂，惇不解劇談，又無學術，或竟坐杜口，或隱几而睡，深爲勝流所輕。

可是如果面對的是胸有點墨，熟讀歷史的人的話，際遇就有很大的不同。比如《北史王慧龍傳附王劭傳》裡即有實例：〔註54〕

> （王）劭字君懋，少沈默，好讀書。仕齊，累遷太子舍人，待詔文林館。時祖孝徵（祖珽）、魏收、陽休之等嘗論古事，有所遺忘，討閱不能得。問劭，劭具論所出，取書驗之，一無舛誤。自是大爲時人或許，稱其博物。

從陽休之有擔任史官的經歷以及對歷史有濃厚興趣這兩點看來就不難理解爲何他會引用《十六國春秋》、《魏史》等史書來充實《玄洲苑御覽》的

〔註52〕《北齊書》卷四十五（《列傳》第三十七）：《文苑》，頁602～603。
〔註53〕《北齊書》卷四十三（《列傳》第三十五）：〈李稚廉、封述、許惇、羊烈、源彪〉，頁575。
〔註54〕《北史》卷三十五（《列傳》第二十三）：〈王慧龍玄孫松年、五世孫劭、鄭義孫述祖、從曾孫道邕、道邕子譯、譯叔祖儼、儼從子偉〉，頁1292。

內容。由於他曾任史官，相信對於收集、選擇、分類史料等方面應該有相當的經驗，藉由編纂《玄洲苑（聖壽堂）御覽》的機會也保留了部分史書的原文和史料。

陽休之身後留下文集三十卷（《北史》稱四十卷），《新唐書藝文志》集部別集類尚有著錄。其次，陽休之還撰寫了一部史學著作：《幽州人物志》；它在《舊唐書經籍志》史部雜傳類和《新唐書藝文志》史部雜傳記類裡著錄爲《幽州古今人物志》，不過卷數恰巧顛倒。《舊志》寫十三卷，《新志》寫三十卷，不知何者爲是。另外，《隋書經籍志》和《新唐書藝文志》經部小學類還收有《韻略》一卷。然而這些著作日後皆失傳，直到清代才由輯佚家黃奭將其中的《韻略》輯出，使它能再行於世。

在整理北朝齊後主武平三年（572）發生的史事之後，大約可以得知陽休之是在武平三年二月受敕開始編纂《玄洲苑御覽》。當時與他共事編書的朝士至少有祖珽，就是曾偷盜《華林遍略》二次的祖珽；他采用的資料來源至少有《十六國春秋》、《魏史》、《六經拾遺錄》、《華林遍略》等書，在修纂的過程裡《玄洲苑御覽》被更名爲《聖壽堂御覽》。此次編纂僅歷時半年，在武平三年八月全書告峻，齊後主下令存放在史閣裡保存並且加陽休之特進以示獎勵。《聖壽堂御覽》問世後不久，祖珽、顏之推、鄧長顒等上奏齊後主請立「文林館」做爲聚集學士的地點；稍後祖珽又上奏請撰《御覽》，此即今日眾人提及的《修文殿御覽》。齊後主下詔准許，而且陸續分配工作、指派人員到文林館加入編纂《修文殿御覽》的行列。此次陽休之也有參與擴編《聖壽堂御覽》成《修文殿御覽》的行動，只是他沒有加入第一線的編寫工作，而與祖珽、魏收、徐之才等人擔任監撰的二線推手。至於有關編纂《修文殿御覽》的詳情則屬於下小段要交待的部分。

（三）**《修文殿御覽》**（約在北朝齊後主武平三年九月以後至武平四年三月之前編，572～573）

在《北齊書》和《北史》的行文方式裡，寫到有關《玄洲苑御覽》和《聖壽堂御覽》的部分時多是使用全名，但是提到《修文殿御覽》的時候則往往僅以《御覽》二字代替；雖然不清楚李百藥和李延壽爲何如此下筆，但從一個讀者的角度來看，這可以有效地區別《修文殿御覽》和前版的不同，而且會讓人感受到這是《修文殿御覽》獨有的簡稱。然而這樣的筆法仍然有例外。《北齊書陽休之傳》裡有一句「（陽）休之本懷平坦，爲士友所稱。晚節：說

祖珽撰《御覽》，書成，加特進，⋯⋯。」由於陽休之是在完成《聖壽堂御覽》
後才加特進，因此推論該處的《御覽》是指《聖壽堂御覽》；可是因爲文中有
「說祖珽撰《御覽》」的字樣，容易使人誤認這段文字指的是《修文殿御覽》
而感到錯亂。到了《北史陽休之傳》中對這句話改成「晚節，（陽休之）說祖
珽撰《御覽》，書成加特進，令其子辟疆預修《御覽》書。」這樣就使人比較
明白原來前一個《御覽》是指《聖壽堂御覽》，後一個則是《修文殿御覽》。

　　另一個在史書中和《修文殿御覽》常常並列的名詞是文林館，因爲《聖
壽堂御覽》之所以能再擴編成《修文殿御覽》定本是由許多待詔文林館的學
士們通力合作的結果；因此要瞭解史書中指的御覽是不是指《修文殿御覽》，
看看傳主的經歷裡有沒有在文林館內任職是主要分辨的線索。

　　爲什麼在本小段的開頭先說明這兩點呢？這是因爲不管是《北齊書》、《北
史》還是《三國典略》等書的內容中都沒有明確提及《修文殿御覽》是何時
開始編纂又是何時成書的，只能依各紀傳的史事以及行文方式加以判斷，嘗
試推敲出一個可能的範圍。這個範圍應該是介於武平三年九月至武平四年三
月之間，最多仍不超越半年。

　　《北齊書後主紀》稱《聖壽堂御覽》是在武平三年八月告竣，之後再改
名爲《修文殿御覽》，因此《修文殿御覽》開始編纂最早也不會早於九月。

　　此次擴編《修文殿御覽》的人數不少，《北齊書》與《北史》的《文苑傳
序》裡都有詳載參與編書的人名、職銜以及負責的工作。〔註55〕現以《北齊

〔註55〕由於參與《修文殿御覽》編纂工作的人員眾多，實不克一一列舉其生平事蹟，
　　　　在此只得依《北齊書文苑序》的順序依次註明各人傳記出處以供查考：
　　　　一、祖珽：《北齊書》卷三十九、《北史》卷四十七。
　　　　二、魏收：《北齊書》卷三十七、《北史》卷五十六。
　　　　三、徐之才：《北齊書》卷三十三、《北史》卷九十（《藝術》下）。
　　　　四、崔劼：《北齊書》卷四十二、《北史》卷四十四。
　　　　五、張雕（彫或張彫武、張彫虎）：《北齊書》卷四十四、《北史》卷八十一（《儒
　　　　　　林》）。
　　　　六、陽休之：《北齊書》卷四十二、《北史》卷四十七。
　　　　七、韋道遜：《北齊書》卷四十五（《文苑》）。
　　　　八、陸乂：《北史》卷二十八。
　　　　九、王劭：《北齊書》卷三十五、《北史》卷三十五、《隋書》卷六十九。
　　　　十、李孝基：《北齊書》、《北史》無傳。
　　　　十一、魏澹：《北齊書》卷二十三、《北史》卷五十六、隋書卷五十八。
　　　　十二、劉仲威：《陳書》卷十八，另外部分事蹟散見於《南史》卷二十六、五
　　　　　　十四、六十四。

十三、袁奭：《北齊書》卷四十五（《文苑》）。

十四、朱才：《北齊書》卷四十五（《文苑》）。

十五、眭道閑（眭豫）：《北齊書》卷四十五（《文苑》）。

十六、崔子樞：《北史》卷三十二。

十七、薛道衡：《北史》卷三十六、《隋書》卷五十七。

十八、盧思道：《北史》卷三十、隋書卷五十七。

十九、崔德（立）：《北齊書》、《北史》無傳。

二十、崔儦：《北史》卷二十四、《隋書》卷七十六。

二十一、諸葛漢：《北齊書》、《北史》無傳。

二十二、鄭公超：《北齊書》、《北史》無傳。

二十三、鄭子信（抗）：《北齊書》卷三十四、《北史》卷四十一。

二十四、蕭放：《北齊書》卷三十三、《北史》卷二十九。

二十五、蕭愨：《北齊書》卷四十五（《文苑》）。

二十六、顏之推：《北齊書》卷四十五（《文苑》）、《北史》卷八十三（《文苑》）。

二十七、封孝琰：《北齊書》卷二十一、《北史》卷二十四。

二十八、鄭元禮：《北史》卷三十五。

二十九、杜臺卿：《北齊書》卷二十四、《北史》卷五十五、《隋書》卷五十八。

三　十、王（楊）訓：《北齊書》、《北史》無傳。

三十一、羊肅：《北齊書》卷四十三、《北史》卷三十九。

三十二、馬元熙：《北齊書》卷四十四（《儒林》）、《北史》卷八十一（《儒林》上）。

三十三、劉珉：《北齊書》、《北史》無傳。

三十四、李師上：《北齊書》卷四十二、《北史》卷一百（《序傳》）。

三十五、溫君悠：《舊唐書》卷六十一。

三十六、崔季舒：《北齊書》卷三十九、《北史》卷三十二。

三十七、劉逖：《北齊書》卷四十五、《北史》卷四十二。

三十八、李孝貞：《北史》卷三十三、《隋書》卷五十七。

三十九、李德林：《北史》卷七十二、《隋書》卷四十二。

四　十、李蕭：《北史》卷三十三。

四十一、魏騫：《北齊書》、《北史》無傳。

四十二、蕭溉：《北齊書》、《北史》無傳。

四十三、陸仁惠（陸寬）：《北史》卷二十八。

四十四、江旰：《北齊書》卷四十五，另外部分事蹟散見於《南史》卷六十三。

四十五、辛德源：《北史》卷五十、《隋書》卷五十八。

四十六、陸開明（陸爽）：《北史》卷二十八、《隋書》卷五十八。

四十七、封孝謇：《北齊書》、《北史》無傳。

四十八、張德沖：《北史》卷八十一（《儒林》）。（張彫武子）

四十九、高行恭（元行恭）：《北齊書》卷三十八、《北史》卷五十五。

五　十、古道子：《北齊書》卷四十五（《文苑》）。

五十一、劉顗：《北齊書》、《北史》無傳。

五十二、崔德儒：《北齊書》、《北史》無傳。

五十三、李元楷：《北齊書》、《北史》無傳。

書文苑傳序》爲本錄出該段全文，《北史文苑傳序》與《北齊書》有異者則改以上標小字附後以示區別：〔註56〕

　　（北朝齊）後主雖溺於羣小，然頗好諷詠（詠詩），幼稚時，曾讀詩賦，語人云：「終有解作此理不？」及長亦少留意。初因畫屏風，敕通直郎蘭陵蕭放及晉陵王孝式錄古名賢烈士及近代輕豔諸詩以充圖書，帝彌重之。後復追齊州錄事參軍蕭愨（音くㄩㄝ丶）、趙州功曹參軍顏之推同入撰次（錄），猶依霸朝，謂之館客。放及之推意欲更廣其事，又祖珽輔政，愛重之推，又託鄧長顒漸說後主，屬意斯文。

　　（武平）三年，祖珽奏立文林館，於是更召引文學士，謂之待詔文林館焉。珽又奏撰《（修文殿）御覽》，詔珽及特進魏收、太子太師徐之才、中書令崔劼、散騎常侍張雕（彫）、中書監陽休之監撰。珽等奏追通直散騎常侍郎韋道遜、陸乂、太子舍人王劭、衛尉丞李孝基、殿中侍御史魏澹、中散大夫劉仲威、袁奭、國子博士朱才、奉車都尉眭道閑、考功郎中崔子樞、左外兵郎薛道衡、并省主客郎中盧思道、司空東閣祭酒崔德（立、太傅行參軍崔儦）、太學博士諸葛漢、奉朝請鄭公超、殿中侍御史鄭子信等入館撰書，并勅放、愨、之推等同入撰例。復令散騎常侍封孝琰、前樂陵太守鄭元禮、衛尉少卿杜臺卿、通直散騎常侍王（楊）訓、前南袞州長史羊肅、通直散騎常侍馬元熙、并省三公郎中劉珉、開府行參軍李師上、溫君悠

五十四、陽師孝：《北齊書》卷四十二、《北史》卷四十七。
五十五、劉儒行：《北齊書》、《北史》無傳。
五十六、陽辟疆：《北齊書》卷四十二、《北史》卷四十七。（陽休之子）
五十七、盧公順：《北齊書》卷四十二、《北史》卷三十。
五十八、周子深：事附於《北齊書》卷四十五（《文苑傳》之《樊遜傳》）中。
五十九、王友伯：《北齊書》、《北史》無傳。
六十、崔君洽（崔液）：《北史》卷三十二。
六十一、魏師騫：《北齊書》、《北史》無傳。
六十二、段孝言：《北齊書》卷十六、《北史》卷五十四。
有關段孝言是否有參與編纂《修文殿御覽》的工作恐怕得要再行斟酌，因爲雖然從《文苑傳》的脈絡中似乎段孝言也是編纂人員，可是卻稱他是右僕射。按《北齊書段榮傳附段孝言傳》的記載，他是在祖珽被罷除僕射後才轉任尚書右僕射，這與後文引《三國典略上御文殿御覽》文中祖珽以僕射官銜進呈的情形不合。

〔註56〕《北齊書》卷四十五（《列傳》第三十七）：《文苑》，頁603～604；《北史》卷八十三（《列傳》第七十一）：《文苑》，頁2780～2781。

入館，亦令撰書。復命特進崔季舒、前仁州刺史劉逖、散騎常侍李孝貞、中書侍郎李德林續入待詔。尋又詔諸人各舉所知，又有前濟州長史李藥、前廣武大守魏騫、前西兗州司馬蕭漑、前幽州長史陸仁惠、鄭州司馬江旰、前通直散騎侍郎辛德源、陸開明、通直郎封孝謇（騫）、太尉掾張德沖、并省右民（戶）郎高（元）行恭、司徒戶曹參軍古道子、前司空功曹參軍劉顗、獲嘉令崔德儒、給事中李元楷、晉州治中陽師孝、太尉中兵參軍劉儒行、司空祭酒陽辟疆、司空士曹參軍盧公順、司徒中兵參軍周子深、開府參軍王友伯、崔君洽、魏師謇並入館待詔，又敕右僕射段孝言亦入焉。《（修文殿）御覽》成後，所撰錄人亦有不時（得）待詔，付所司處分者。凡此諸人，亦有文學膚淺，附會親識，妄相推薦者十三四焉。雖然，當時操筆之徒，搜求略盡。其外如廣平宋孝王、信都劉善經輩三數人，論其才性，入館諸賢亦十三四不逮之也。待詔文林，亦是一時盛事，故存錄其姓名。

如果將上述文字再加以整理後可以更清楚顯示當時的工作分配情形：

領銜：祖珽（字孝徵）。

監撰：祖珽、魏收、徐之才、崔劼、張雕（彫或稱張彫武、張彫虎）、陽休之。

第一批入文林館撰書，共十七人：

韋道遜、陸乂、王劭、李孝基、魏澹、劉仲威、袁奭、朱才、睦豫（字道閑）、崔子樞、薛道衡、盧思道、崔德（立）、崔儦、諸葛漢、鄭公超、鄭抗（字子信）。

入文林館撰例：蕭放、蕭愨、顏之推。

第二批入文林館撰書，共九人：

封孝琰、鄭元禮、杜臺卿、王訓（一作楊訓）、羊肅、馬元熙、劉珉、李師上、溫君悠。

第三批入文林館待詔：

崔季舒、劉逖、李孝貞、李德林。

第四批入文林館待詔，共二十二人：

李藥、魏騫、蕭漑、陸寬（字仁惠）、江旰、辛德源、陸爽（字開明）、

封孝謇（一作封孝騫）、張德沖、高行恭（一作元行恭）、古道子、劉顗、崔德儒、李元楷、陽師孝、劉儒行、陽辟疆、盧公順、周子深、王友伯、崔液（字君洽）、魏師謇。

第五批入文林館待詔：

段孝言。

以上六十二人中，雖然有些編者的文才、德行是名不符實，甚至毫無學術，譬如領銜者祖珽、陽休之的兒子陽辟疆等即是一例；但是仍然有許多著名學士投身其中，如果說是集北齊末年的一時之選應該也不為過。比如以史學上的相關經歷為例，像是魏收著作魏書，陽休之曾編修北魏的起居注還與魏收同撰北魏國史，即使是編定體例的顏之推在南朝梁任官的時候亦曾為梁元帝搬遷至江陵的史部圖書進行過校定工作。雖然他們寫史書的時間是在編纂《修文殿御覽》之前，然而這些都能顯示他們面對龐大史料時的處理能力，相信這對於同樣需要大量材料才能編纂出來的《修文殿御覽》來說是有所幫助的。

在提及《修文殿御覽》的編纂過程中，討論的重點有不少集中在領銜者祖珽的品德操守和文林館何時成立這兩點上，而可能較少注意到《御文殿御覽》的資料來源、何時成書等等情形。從今本有關祖珽的傳記介紹中可以看到祖珽此人確是一位很受爭議的人物。他不但有偷東西的記錄，還常常出言不遜，得罪歷任的皇帝；朝中政治的明爭暗鬥有時也有他的一份，要不是有「重誓不殺」的承諾，真不曉得他的下場究竟會是如何。然而大抵上他在朝廷裡是有一定影響力的，在齊後主朝前期尤為如此。對於他為何希望齊後主「屬意斯文」的心態或許可以多加討論，然而要不是他居於輔政的地位，北齊是否能夠聚集朝內的有識之士於文林館，能不能齊心留下這部具有代表性的《修文殿御覽》恐怕尚屬疑問。

在文林館何時成立的問題上，一直是有相當爭議的，即使是《北齊書》和《北史》都有矛盾之處。一說是兩書《文苑傳序》裡所講的武平三年，一說是《後主紀》裡的武平四年二月丙午日（十日，573.3.28，星期二）。〔註57〕

〔註57〕本註及其下文中西曆日期對照皆自中央研究院「中西曆轉換工具」電子資料庫得知，以下不再另外註明出處。見中央研究院計算中心製作，《中西曆轉換工具》，http://www.sinica.edu.tw/~tdbproj/sinocal/luso.html，中華民國九十四年五月廿三日（2005.5.23）存取。

這個問題不僅僅是爭論一個機構何時成立，如果以時間順序的角度來看，如果能夠確定文林館成立的時間，也就能順勢推估《修文殿御覽》編纂的時間。可是在今日史料本身就有爭論的情形下，其實是沒有任何突破的。

　　然而對於《修文殿御覽》的成書時間難道真的無法得知嗎？唐人丘悅的《三國典略》裡有一段史文是記載祖珽進呈《修文殿御覽》給齊後主的全文及相關史料。內容包括爲何命名爲《修文殿御覽》的原因以及何時成書的蛛絲馬跡。現錄出全文如下：〔註58〕

> 齊主（齊後主）如晉陽，尚書右僕射祖珽等上言：「昔魏文帝命韋誕諸人撰著《皇覽》，包括群言，區分義別。陛下聽覽餘日，眷言緗素，究蘭臺之籍，窮策府之文，以爲觀書貴博，博而貴要，省日兼功，期於易簡。前者修文殿令臣等討尋舊典，撰錄斯書，謹罄庸短，登即編次，放（仿）天地之數爲五十部，象乾坤之策成三百六十卷。昔漢世諸儒集論經傳，奏之白虎閣，因名《白虎通》。竊緣斯義，仍曰《修文殿御覽》。今繕寫已畢，并目上呈，伏願天鑒，賜垂裁覽。」齊主命付史閣。初，齊武成令宋士素錄古來帝王言行要事三卷，名爲《御覽》，置於齊主巾箱。陽休之創意取《芳（華）林遍略》，加《十六國春秋》、《六經拾遺錄》、《魏史》第（等）書，以士素所撰之名稱爲《玄洲苑御覽》，後改爲《聖壽堂御覽》。至是，珽等又改爲《修文殿（御覽）》上之。徐之才謂人曰：「此可謂床上之床，屋下之屋也。」

在祖珽的進呈文中顯示齊後主是在修文殿命祖珽等人再次改編《御覽》，因此才以《修文殿御覽》爲名。雖然有顏之推等人審定體例，可是《御覽》已經歷了二次擴編，因此身爲監撰之一的太子太師徐之才還是忍不住發出疊床架屋的慨嘆。在上述引文中看不到《修文殿御覽》採用哪些新的材料，只說是「討錄舊典，撰錄斯書」，與《御覽》和《玄洲苑（聖壽堂）御覽》的明示來源已有不同；加上徐之才對於新書有所批評，似乎透露出奠基在《聖壽堂御覽》之上的《修文殿御覽》對於引用材料的來源可能沒有太多變化，而且編纂的速度可能也很快。

　　在上述文字中，「齊主如晉陽」和「尚書右僕射祖珽」最引人注意。〔註59〕

〔註58〕　《三國典略輯校》，頁173～174。

〔註59〕　《三國典略》稱祖珽時任尚書右僕射，可是《北齊書》和《北史》皆稱祖珽

晉陽是東魏至北齊的軍事重鎮，歷任北齊君主都很重視，時常往返鄴都和晉陽之間以備北周來犯。「尚書右（左）僕射」是祖珽當時的官職，由於正史的祖珽傳記裡大多沒有註明年代，可是仍有記錄官職。雖然提供的訊息有限，但是已經使《修文殿御覽》的編成時間現露曙光。

《北齊書》和《北史祖珽傳》記載祖珽在失去齊後主寵信後，外貶至北徐州任刺史。當他至北徐州時，「會有陳寇」。遍覽《北齊書後主紀》和《北史齊本紀》下只有在齊後主武平四年（南朝西梁世宗明帝天保十二年、陳高宗宣帝太建五年、北朝周高祖武帝建德二年，573）中有與南朝陳發生戰爭的記載，當時北齊節節敗退，南部各州相繼失守。對照《陳書宣帝紀》之後，看到太建五年整年都是南朝陳北伐接連戰勝的消息，可知祖珽任北徐州刺史確在齊後主武平四年。在〈祖珽傳〉中看到祖珽守城時竟然擋任陳軍的首波攻擊，而且陳軍在攻城十餘日後不知何故退去，因而使祖珽保全了北徐州，最後卒官於州。

得出祖珽任北徐州刺史的時間底線後再往前回推，他所擔任的職務正是進呈《修文殿御覽》時的官職——尚書左僕射。後來因為與朝中恩倖、宦官的爭鬥失敗，與齊後主日益疏離，最後終致貶官的命運。《北齊書祖珽傳》寫著：[註60]

> ……。（齊）後主令韓長鸞檢案，得其詐出勅受賜十餘事，以前與其重誓不殺，遂解（祖）珽侍中、僕射，出為北徐州刺史。珽求見後主，韓長鸞積嫌於珽，遣人推出栢閣。珽固求面見，坐不肯行。長

任尚書左僕射。《隋書百官志》中記載北齊尚書省官制時稱「僕射職為執法，置二則為左、右僕射，皆與令同。左糾彈，而右不糾彈。錄、令、僕射，總理六尚書事，謂之都省。」可知左僕射有糾彈官員的職責。依此回頭看《北齊書》和《北史祖珽傳》的內容可見如下文字：
自和士開執事以來，政體隳壞，（祖）珽推崇高望，官人稱職，內外稱美。復欲增損政務，沙汰人物。……又欲黜諸閹豎及群小輩，推誠朝廷，為致治之方。陸媼、穆提婆議頗同異。……珽日益以疏，又諸宦官更共譖毀之，無所不至。……。（齊）後主令韓長鸞檢案，得其詐出勅受賜十餘事，以前與其重誓不殺，遂解（祖）珽侍中、僕射，出為北徐州刺史。
可見祖珽有想要澄清吏治的意願和能力，這符合尚書左僕射的職責；由此得出《三國典略》誤將左字改成右字，當以正史記載者為是。另外，據《北齊書後主紀》可知祖珽被任命為尚書左僕射的時間是在武平三年二月庚寅，當月即是陽休之始編《玄洲苑御覽》的月份；從他上任直到被罷黜為止，恰巧幾與擴編《御覽》的時間相終始。見《北齊書》卷三十九（《列傳》第三十一）：〈崔季舒、祖珽〉，頁520；《隋書》卷二十七（《志》第二十二）：《百官》中，頁752。
〔註60〕《北齊書》卷三十九（《列傳》第三十一）：《崔季舒、祖珽》，頁520～521。

鸞乃令軍士牽曳而出，立珽於朝堂，大加誚責。上道後，令追還，
解其開府儀同、郡公，直爲刺史。

由此再查閱《北齊書後主紀》，發現在陳、齊交戰的武平四年裡的確有更動尚
書僕射的記載：〔註61〕

（北朝齊後主武平四年五月）癸巳，以領軍穆提婆爲尚書左僕射，
以侍中、中書監段孝言爲右僕射。

再看《北齊書段榮傳附段孝言傳》也有發現：

祖珽執政，將廢趙彥深，引（段）孝言爲助。……。尋除中書監，
加特進。又託韓長鸞，共構祖珽之短。及祖出後，孝言除尚書右僕
射，仍掌選舉，恣情用捨，請謁大行。……。

將以上三段記載結合起來可知祖珽解職的時間最晚不超過武平四年五月癸巳日
（二十八日，573.7.13，星期四）。依《北齊書後主紀》的說法，在武平三年九
月以後到武平四年五月之前，齊後主只有兩次行幸晉陽。一是武平四年二月丁
巳日（二十一日，573.4.8，星期六），一次是三月庚辰日（十四日，573.5.1，星
期一）。因此祖珽等人進呈《修文殿御覽》的日子即是這兩天的其中一天，如果
將二月丙午日（十日，573.3.28，星期二）置文林館的記載考量進去的話，武平
四年三月庚辰日是《修文殿御覽》編纂告峻後進呈齊後主最合理的時間。這樣
的解法不但可以將《修文殿御覽》成書日期的討論縮小到一定的時間範圍、避
免陷入文林館成立時間的泥淖，還能嘗試將祖珽的最後生平事蹟做一交待。

至於有關文林館成立時間的問題，或許可以採取這樣的想法：武平三年
八月《聖壽堂御覽》完成，九月以後祖珽、鄧長顒、顏之推上奏請立文林館，
稍後祖珽請齊後主下令擴編《聖壽堂御覽》，獲得齊後主的允准並在修文殿正
式發布命令，開始召集學士分配及進行各項纂修工作。但是直到武平四年二
月丙午日才「置」文林館——成立永久館址，一個多月後《修文殿御覽》擴
編完成、定名，最後上呈齊後主及交付史閣典藏。也就是說所謂兩種成立時
間的說法其實有可能是並立不衝突的，與其進行無解的爭論，倒不如嘗試將
這樣的現象盡可能地做合理的推論和說法或許也算是另外一種選擇。

現將宋士素、陽休之、祖珽三人事蹟合爲一《繫年簡表》，整理其生平經
歷與《修文殿御覽》歷次擴編之相關史事背景。

〔註61〕《北齊書》卷八（《帝紀》第八）：《後主、幼主》，頁107。

（宋士素）、陽休之、（祖珽）繫年簡表

紀　　年	南北朝國事	事　　蹟
北朝魏世宗宣武帝永平二年 南朝梁高祖武帝天監八年（509）	南朝梁人劉峻應已在編纂《類苑》。（參見《梁書文學傳》下頁 701～707、《南史劉懷珍傳附劉峻傳》頁 1218～1220 與本文第二章第五節）	陽休之　一歲。生。（據《北齊書陽休之傳》、《北史陽尼傳附陽休之傳》載其卒年和歲數反推而得生年）
北朝魏肅宗孝明帝熙平元年 南朝梁高祖武帝天監十五年（516）	南朝梁劉峻編纂之《類苑》最晚可能於南朝梁高祖武帝天監十五年成書。之後梁武帝敕太子詹事徐勉舉學士入華林撰《遍略》，勉舉何思澄、顧協、劉杳、王子雲、鍾嶼等五人以應選。（參見《南史文學傳》之《何思澄傳》頁 1782～1783 與本文第三章第一節）	
北朝魏肅宗孝明帝正光四年 南朝梁高祖武帝普通四年（523）		陽休之　十五歲。 （北朝魏肅宗孝明帝正光）四年九月（陽休之父陽固）卒，時年五十七。贈輔國將軍、太常少卿，諡曰文。（《魏書陽尼傳附陽固傳》頁 1612）
北朝魏肅宗孝明帝正光五年 南朝梁高祖武帝普通五年（524）	（經過）八年乃書（《華林遍略》）成，合七百卷。（參見《南史文學傳》之《何思澄傳》頁 1783 與本文第三章第一節）	陽休之　十六歲。
北朝魏肅宗孝明帝正光六年（孝昌元年） 南朝梁高祖武帝普通六年（525）	（北朝魏肅宗孝明帝孝昌元年秋八月）柔玄鎮人杜洛周率眾反於上谷，號年真王，攻沒郡縣，南圍燕州。 （九月）丙辰，詔左將軍、幽州刺史常景為行臺，征虜將軍元譚為都督，以討洛周。（《魏書肅宗紀》頁 241，亦可見《魏書常景傳》頁 1804～1805，但常景與元譚之任職官名與《肅宗紀》所載有異。）	陽休之　十七歲。 幽州刺史常景、王延年並召（陽休之）為州主簿。（《北齊書陽休之傳》頁 560）

北朝魏肅宗孝明帝孝昌二年 南朝梁高祖武帝普通七年（526）	（北朝魏肅宗孝明帝孝昌二年）冬十一月戊戌，杜洛周攻陷幽州，執刺史王延年及行臺常景。《魏書肅宗紀》頁245）	陽休之　十八歲。 魏孝昌中，杜洛周破薊城，（陽）休之與宗室及鄉人數千家南奔章武，轉至青州。《北齊書陽休之傳》頁560～561） 案：《魏書地形志》上頁2475載「幽州治薊城」。
北朝魏肅宗孝明帝孝昌三年 南朝梁高祖武帝普通八年（大通元年）（527）		陽休之　十九歲。
北朝魏肅宗孝明帝孝昌四年（武泰元年）、幼主、敬宗孝莊帝建義元年（永安元年） 南朝梁高祖武帝大通二年（528）	（北朝魏敬宗孝莊帝建義元年六月癸卯）幽州平北府主簿河間邢杲，率河北流民十餘萬戶反於青州之北海，自署漢王，號年天統。〔《魏書》《敬宗》《孝莊紀》頁258～259）	陽休之　廿歲。 是時葛榮寇亂，河北流民多湊青部。（陽）休之知將有變，乃請其族叔伯彥等曰：「客主勢異，競相凌侮，禍難將作。如鄙情所見，宜潛歸京師避之。」諸人多不能從。休之垂涕而去。俄而邢杲作亂，伯彥等咸為土民所殺，一時遇害，諸陽死者數十人，唯休之兄弟獲免。《北齊書陽休之傳》頁560～561） 初，（陽）休之在洛，將仕，夜夢見黃河北驛道上行，從東向西。道南有一冢，極高大。休之步登冢頭，見一銅柱，趺為蓮花形。休之從西北登一柱礎上，以手捉一柱，柱遂右轉。休之咒曰「柱轉三匝，吾至三公」，柱遂三匝而止。休之尋寤，意如在鄴城東南者，其夢竟驗云。《北史陽尼傳附陽休之傳》頁1728） （北朝魏敬宗孝）莊帝立，（陽休之）解褐員外散騎侍郎，尋以本官領御史，遷給事中、太尉記室參軍，加輕車將軍。李神儁監起居注，啟休之與河東裴伯茂、范陽

		盧元明、河間邢子明（邢昕）等俱入撰次。《北齊書陽休之傳》頁561：相關事可見《魏書文苑傳》之《邢昕傳》頁1874） 案：陽休之此期遷官時間未詳，但應介於建義元年至永安二年夏季之間。
北朝魏敬宗孝莊帝永安二年 南朝梁高祖武帝大通三年（中大通元年）（529）	（北朝魏敬宗孝莊帝永安二年秋七月）乙亥，宴勞天柱大將軍爾朱榮、上黨王天穆及北來督將於都亭，出宮人三百、繒錦雜綵數萬匹，班賜有差。〔《魏書》《敬宗》《孝莊紀》頁262〕 （北朝魏敬宗孝莊帝）建義初，重盜鑄（錢）之禁，開糾賞之格。至永安二年秋，詔更改鑄，文曰「永安五銖」，官自立爐，起自九月至三年正月止。《魏書食貨志》頁2865～2866，亦可參見《魏書楊播傳》附《楊侃傳》頁1284）	陽休之　廿一歲。 及（北朝魏孝）莊帝反政，因宴次謂爾朱榮曰：……。 除〔高恭之（字道穆）〕征南將軍、金紫光祿大夫、兼御史中尉。尋即眞，仍兼黃門。……。選用御史，皆當世名輩，李希宗、李繪、陽休之、陽斐、封君義、邢子明、蘇淑、宋世良等四十人。於時用錢稍薄，道穆表曰：……。後遂用楊侃計，鑄永安五銖錢。《魏書高崇傳附高恭之傳》頁1716） 案：陽休之遷任御史之時間未詳，但從《高恭之傳》前後文分載北海王元顥亂事（永安元年十月至永安二年七月）及鑄永安五銖錢事看來，應在永安二年七月至九月間。
北朝魏敬宗孝莊帝永安三年、廢帝長廣王建明元年 南朝梁高祖武帝中大通二年（530）		陽休之　廿二歲。 永安末，洛州刺史李海啓除（陽休之）冠軍長史。《北齊書陽休之傳》頁561）
北朝魏廢帝長廣王建明二年、節閔帝普泰元年、廢帝安定王中興元年 南朝梁高祖武帝中大通三年（531）		陽休之　廿三歲。 普泰中，（陽休之）兼通直散騎侍郎，加鎮遠將軍，尋爲太保長孫稚府屬。尋敕與魏收、李同軌等修國史。《北齊書陽休之傳》頁561）

北朝魏節閔帝普泰二年、廢帝安定王中興二年、孝武帝太昌元年（永興元年、永熙元年） 南朝梁高祖武帝中大通四年（532）		陽休之　廿四歲。 太昌初，（陽休之）除尚書祠部郎中，尋進征虜將軍、中散大夫。《北齊書陽休之傳》頁561）
北朝魏孝武帝永熙二年 南朝梁高祖武帝中大通五年（533）		陽休之　廿五歲。
北朝魏孝武帝永熙三年（東魏孝靜帝天平元年） 南朝梁高祖武帝中大通六年（534）	初，簡文（即南朝梁太宗簡文帝蕭綱）在雍州（時為晉安王），撰《法寶聯璧》，（陸）罩與羣賢並抄掇區分者數歲。（南朝梁高祖武帝）中大通六年而書成，命湘東王（蕭繹，即日後的南朝梁世祖元帝）為序。其作者有侍中國子祭酒南蘭陵蕭子顯等三十人，以比王象、劉邵之《皇覽》焉。（參見《南史陸杲傳附陸罩傳》頁1205與本文第三章第二節） （北朝魏孝武帝永熙三年秋七月己丑）……詔荊州刺史賀拔勝赴於行所。勝率所部次於汝水。……。己酉，齊獻武王（高歡）入洛，賀拔勝走還荊州。……。（八月戊辰）行臺侯景討荊州，賀拔勝戰敗，走奔（南朝梁武帝）蕭衍。《魏書廢出三帝紀》頁291） （魏孝武帝永熙三年冬十月）出帝（魏孝武帝）既入關，齊獻武王（高歡）奉迎不克，乃與百僚會議，推帝（清河文宣王亶之世子善見，即東魏孝靜帝）以奉蕭宗（魏孝明帝）之後，時年十一。冬十月丙寅，即位于城東北，改永熙三年為天平	陽休之　廿六歲。 賀拔勝出為荊州刺史，啓補（陽休之）驃騎長史。勝為行臺，又請為右丞。勝經略樊、沔，又請為南道軍司。俄而魏（孝）武帝入關，賀拔勝令（陽）休之奉表詣長安參謁。時高祖（高歡）亦啓除休之太常少卿。尋屬勝南奔，仍隨至建業。《北齊書陽休之傳》頁561） 祖珽 （祖）珽神情機警，詞藻遒逸，少馳令譽，為世所推。起家秘書郎，對策高第，為尚書儀曹郎中，典儀注。《北齊書祖珽傳》頁513、《北史祖瑩傳附祖珽傳》頁1736） 案：因祖瑩卒年、祖珽起家年均難明確實時間，故暫置於北朝分裂之年。

	元年。……。丙子，車駕北遷于鄴。《魏書孝靜紀》頁 297，298） 天平初，將遷鄴，齊獻武王（高歡）因召（祖）瑩議之。以功遷儀同三司，進爵爲（文安縣）伯。薨，贈尚書左僕射、司徒公、冀州刺史。……。子珽，字孝徵，襲。《魏書祖瑩傳》頁 1800）	
北朝東魏孝靜帝天平二年（西魏文帝大統元年） 南朝梁高祖武帝大同元年（535）	（北朝東魏孝靜帝天平二年冬十一月）丙寅，詔齊文襄王（高澄）起家爲散騎常侍、驃騎大將軍、左光祿大夫、儀同三司、太原郡開國公，食邑三千戶。《魏書孝靜紀》頁 299）	陽休之　廿七歲。 （陽）休之聞高祖（高歡）推奉靜帝，乃白勝啓梁武求還，以（北朝東魏孝靜帝）天平二年還鄴，仍奉高祖命赴晉陽。其年冬，授世宗（高澄）開府主簿。《北齊書陽休之傳》頁 561）
北朝東魏孝靜帝天平三年（西魏文帝大統二年） 南朝梁高祖武帝大同二年（536）	南朝梁尚書左丞劉杳卒官，時年五十。《壽光書苑》成書至晚絕不逾於此年。（參見劉杳事蹟見《梁書文學傳》下頁 714～717、《南史劉懷珍傳附劉杳傳》頁 1222～1224 與本文第二章第四節） （北朝東魏孝靜帝天平三年春正月戊申）齊獻武王（高歡）襲寶炬（西魏文帝）西夏州，克之。……。（二月）丁酉，詔加齊文襄王（高澄）使持節、尚書令、大行臺、大都督，以鮮卑、高車酋庶皆隸之。《魏書孝靜紀」頁 300） （天平）三年正月甲子，神武（高歡）帥厙狄干等萬騎襲西魏夏州，身不火食，四日而至。……。 二月，神武令（蠕蠕）阿至羅逼西魏秦州刺史建忠王万俟普撥（万俟普），神武以眾應之。六月甲午，普撥	陽休之　廿八歲。 明年（天平三年）春，世宗（高澄）爲大行臺，復引（陽休之）爲行臺郎中。《北齊書陽休之傳》頁 561） （陽）休之早得才名，爲人物所傾服，外加疏放，內實謹厚。少年頗以峻急爲累，晚節以通美見稱。重衿期，好游賞。太常卿盧元明，人地華重，罕所交接，非一時名士，不得與之游，休之始爲行臺郎，便坦然投分，文酒會同，相得甚款，鄉曹人士莫不企羨焉。《北史陽尼傳附陽休之傳》頁 1726） 祖珽 （祖珽）嘗爲冀州刺史万俟受洛制《清德頌》，其文甚麗，由是神武（高歡）聞之。時文宣（高洋）爲幷州刺史，署珽開府倉曹參軍，神武口授珽三十六事，出而疏之，

	與其子太宰受洛干（万俟洛）、鄘州刺史叱干寶樂、右衛將軍破六韓常及督將三百餘人擁部來降。（《北齊書神武紀》下頁19、《北史齊本紀》上頁225；亦可見《北齊書万俟普傳》及附《万俟洛傳》頁375～376、《北史万俟普傳》及附《万俟洛傳》頁1900）	一無遺失，大爲僚類所賞。（《北齊書祖珽傳》頁513～514、《北史祖瑩傳附祖珽傳》頁1736）
		案：相互對照《魏書》、《北齊書》、《北史》紀傳知万俟受洛即爲万俟洛字受洛干，但《北齊書》與《北史》本傳俱無載其曾任冀州刺史事，而是自《魏書孝靜紀》頁302、《北齊書高昂傳》頁295、《北史高允傳附高昂傳》頁1146～1147，及《北史破六韓常傳》頁1903而知之。因未知万俟洛任冀州刺史之起迄時間，但知其卒於興和初年，故將祖珽制《清德頌》事附於其隨父降於東魏年。
	（九月）丙辰，陽平人路季禮聚眾反。辛酉，御史中尉竇泰討平之。（《北史魏本紀》第五頁186）	
		……。後爲神武（高歡）中外府外曹，神武宴僚屬，於坐失金叵羅，竇泰令飲酒者皆脫帽，於（祖）珽髻上得之，神武不能罪也。後爲秘書丞，領舍人，事文襄（高澄）。州客至，請賣《華林遍略》。文襄多集書人，一日一夜寫畢，退其本曰：「不須也。」珽以遍略數帙質錢樗蒲，文襄杖之四十。……（《北齊書祖珽傳》頁514～515、《北史祖瑩傳附祖珽傳》頁1737）
	（十有二月）丁丑，齊獻武王（高歡）自晉陽西討，次於蒲津，司徒公、大都督高敖曹（高昂）趨上洛，車騎大將軍竇泰入自潼關。（《魏書孝靜紀》頁300）	
		案：祖珽於東魏期間事蹟幾乎都難以斷限，要得知祖珽首次偷盜《華林遍略》的時間更難；今以偷盜事載於竇泰事後，而祖珽與万俟洛交往不早於天平三年，竇泰於天平三年九月後則在軍旅之故，以爲祖珽首次偷盜《華林遍略》的時間應不早於天平三年，故置於此。

北朝東魏孝靜帝天平四年（西魏文帝大統三年）　南朝梁高祖武帝大同三年（537）	（北朝東魏孝靜帝天平四年春正月）竇泰失利自殺。《魏書孝靜紀》頁300、《北史齊本紀》上頁225～226：詳細事見《北齊書竇泰傳》頁193～194、《北史竇泰傳》頁1951～1952）　（天平四年）六月壬申，神武（高歡）如天池，獲瑞石，隱起成文曰「六王三川」。《北齊書神武紀》下頁20、《北史齊本紀上》頁226）	陽休之　廿九歲。（天平）四年，高祖（高歡）幸汾陽之天池，於池邊得一石，上有隱起，其文曰「六王三川」。高祖獨於帳中問之，此文字何義。（陽休之）對曰：「六者是大王之字，王者當王有天下，此乃大王符瑞受命之徵。既於天池得此石，可謂天意命王也，吉不可言。」高祖又問三川何義。休之曰：「河、洛、伊爲三川，亦云涇、渭、洛爲三川。河、洛、伊，洛陽也；涇、渭、洛，今雍州也。大王若受天命，終應統有關右。」高祖曰：「世人無事常道我欲反，今聞此，更致紛紜，愼莫妄言也。」《北齊書陽休之傳》頁562）
北朝東魏孝靜帝天平五年（元象元年）（西魏文帝大統四年）　南朝梁高祖武帝大同四年（538）		陽休之　卅歲。元象初，（陽休之）錄荊州軍功，封新泰縣開國伯，食邑六百戶，除平東將軍、太中大夫、尚書左民郎中。《北齊書陽休之傳》頁562）
北朝東魏孝靜帝元象二年（興和元年）（西魏文帝大統五年）　南朝梁高祖武帝大同五年（539）		陽休之　卅一歲。
北朝東魏孝靜帝興和二年（西魏文帝大統六年）　南朝梁高祖武帝大同六年（540）	（北朝東魏孝靜帝興和二年）冬十月丁未，（南朝梁武帝）蕭衍遣使朝貢。十有二月乙卯，遣兼散騎常侍崔長謙使於蕭衍。《魏書孝靜紀》頁304）	陽休之　卅二歲。（北朝東魏孝靜帝）興和二年，兼通直散騎常侍，副清河崔長謙使於梁。《北齊書陽休之傳》頁562）
北朝東魏孝靜帝興和三年（西魏文帝大統七年）	（南朝梁高祖武帝大同七年）夏四月戊申，魏遣使來聘。（東魏人來聘，遣兼散	陽休之　卅三歲。（明少瑕）昔因通聘，與（陽）休之同游。《北史陽尼傳附陽休之傳》

南朝梁高祖武帝大同七年（541）	騎常侍明少遐報聘。）《梁書武帝紀》下頁84、《南史梁本紀》中頁215）	頁1727）
		祖珽
	（北朝東魏孝靜帝興和）三年五月，神武（高歡）巡北境，使使與蠕蠕通和。《北齊書神武紀》下頁21、《北史齊本紀》上頁227；詳細事見《魏書蠕蠕傳》頁2303、《北史蠕蠕傳》頁3165）	時神武（高歡）送魏蘭陵公主出塞嫁蠕蠕，魏收賦出塞及公主遠嫁詩二首，（祖）珽皆和之，大爲時人傳詠。《北齊書祖珽傳》頁514、《北史祖瑩傳附祖珽傳》頁1736）
北朝東魏孝靜帝興和四年（西魏文帝大統八年） 南朝梁高祖武帝大同八年（542）		陽休之　卅四歲。
北朝東魏孝靜帝武定元年（西魏文帝大統九年） 南朝梁高祖武帝大同九年（543）		陽休之　卅五歲。
北朝東魏孝靜帝武定二年（西魏文帝大統十年） 南朝梁高祖武帝大同十年（544）	（北朝東魏孝靜帝）武定二年，（魏收）除（散騎）正常侍，領兼中書侍郎，仍修史。《魏書自序》頁2325、《北史魏收傳》頁2028）	陽休之　卅六歲。 （北朝東魏孝靜帝）武定二年，除中書侍郎。《北齊書陽休之傳》頁562） 先是中書專主綸言，魏宣武已來，事移門下，至是發詔依舊，任遇甚顯。時魏收爲散騎常侍，領兼侍郎，與（陽）休之參掌詔命，世論以爲中興。《北史陽尼傳附陽休之傳》頁1725） 初（魏）收在神武時爲太常少卿修國史，得陽休之助，因謝休之曰：「無以謝德，當爲卿作佳傳。」《北齊書魏收傳》頁488、《北史魏收傳》頁2031） 案：魏收允爲陽家做佳傳事於北朝齊顯祖文宣帝天保二年（551）受詔撰魏史（即《魏書》）後有接續發展，見後文天保五年（554）陽休之四十六歲時之事蹟。

北朝東魏孝靜帝武定三年（西魏文帝大統十一年） 南朝梁高祖武帝大同十一年（545）	（北朝東魏孝靜帝武定三年）夏五月甲辰，大赦天下。（《魏書孝靜紀》頁308）	陽休之　卅七歲。 時有人士戲嘲（陽）休之云：「有觸藩之羝羊，乘連錢之驄馬，從晉陽而向鄴，懷屬書而盈把。」尚書左丞盧斐以其文書請謁，啓高祖（高歡）禁止，會赦不治。（《北齊書陽休之傳》頁562）
北朝東魏孝靜帝武定四年（西魏文帝大統十二年） 南朝梁高祖武帝大同十二年（中大同元年）（546）		陽休之　卅八歲。
北朝東魏孝靜帝武定五年（西魏文帝大統十三年） 南朝梁高祖武帝中大同二年（太清元年）（547）	（北朝東魏孝靜帝武定）五年春正月丙午，齊獻武王（高歡）薨於晉陽，祕不發喪。……夏四月壬申，大將軍齊文襄王（高澄）來朝。……（秋七月戊戌）以齊文襄王（高澄）為使持節、大丞相、都督中外諸軍事、錄尚書事、大行臺、勃海王。壬寅，詔王攝理軍國，遣中使敦諭。八月，齊文襄王（高澄）入朝，固辭丞相，詔復授大將軍，餘如故。（《魏書孝靜紀》頁310、《北史魏本紀》第五頁193；亦可見《北齊書神武紀》下頁24、《文襄紀》頁32、《北史齊本紀》上頁231、233）	陽休之　卅九歲。 （北朝東魏孝靜帝武定）五年，（陽休之）兼尚食典御。（《北齊書陽休之傳》頁562） 祖珽 文襄（高澄）嗣事，以（祖珽）為功曹參軍。（《北齊書祖珽傳》頁515、《北史祖瑩傳附祖珽傳》頁1738）
北朝東魏孝靜帝武定六年（西魏文帝大統十四年） 南朝梁高祖武帝太清二年（548）		陽休之　四十歲。 （北朝東魏孝靜帝）武定六年二月，將營齊獻武王（高歡）廟，議定室數、形制。兼度支尚書崔昂、司農卿盧元明、祕書監王元景、散騎常侍裴獻伯、國子祭酒李渾、御史中尉陸操、黃門侍郎李騫、中書侍郎陽休之、前南青州刺史鄭伯猷、祕書丞崔劼、國子博士邢峙、國

		子博士宗惠振、太學博士張毓、太學博士高元壽、國子助教王顯季等議：「……。」詔從之。《魏書禮志》二頁2772～2773）
北朝東魏孝靜帝武定七年（西魏文帝大統十五年） 南朝梁高祖武帝太清三年（549）	（南朝梁高祖武帝太清三年）是月（夏四月），青冀二州刺史明少瑕、東徐州刺史湛海珍、北青州刺史王奉伯各舉州附于魏。《梁書武帝紀》下頁95） （北朝東魏孝靜帝武定七年八月辛卯）齊文襄王（高澄）薨於第，祕不發喪。……。甲午，齊王（太原公高洋）如晉陽。《魏書孝靜紀》頁312、《北史魏本紀》第五頁195；詳細事見《北齊書文襄紀》頁37～38、《文宣紀》頁44、《陳元康傳》頁344～345、《北史齊本紀》上頁235～236、《齊本紀中》頁244）	陽休之　四十一歲。 （陽固）長（子）休之，（北朝東魏孝靜帝）武定末（七年），黃門郎。《魏書陽尼傳附陽休之傳》頁1612） （武定）七年，（陽休之）除太子中庶子，遷給事黃門侍郎，進號中軍將軍、幽州大中正。《北齊書陽休之傳》頁562） 及文襄（高澄）遇難，文宣（高洋）將赴晉陽，黃門侍郎陽休之勸（崔）季舒從行，曰：「一日不朝，其閒容刀。」舒性愛聲色，心在閑放，遂不請行，欲恣其行樂。司馬子如緣宿憾，及尚書食典御陳山提等共列其過狀，由是季舒及（崔）暹各鞭二百，徙北邊。《北齊書崔季舒傳》頁512、《北史崔挺傳附崔季舒傳》頁1185） 祖珽 及文襄（高澄）遇害，（陳）元康被傷創重，倩（祖）珽作書屬累事，並云：「祖喜邊有少許物，宜早索取。」珽乃不通此書，喚祖喜私問，得金二十五鋌，唯與喜二鋌，餘盡自入己。盜元康家書數千卷。祖喜懷恨，遂告元康二弟叔諶、季璩等。叔諶以語楊愔，愔顰眉答曰：「恐不益亡者。」因此得停。《北齊書祖珽傳》頁515、《北史祖瑩傳附祖珽傳》頁1738）
北朝東魏孝靜帝武定八年（西魏文帝大統十六年、齊顯祖文宣帝	（北朝東魏孝靜帝武定）八年春正月辛酉，帝爲齊文襄	陽休之　四十二歲。

天保元年） 南朝梁太宗簡文帝大寶 元年（550）	王（高澄）舉哀於東堂。……。戊辰，詔齊王（太原公高洋）為使持節、丞相、都督中外諸軍事、錄尚書事、大行臺、齊郡王，食邑一萬戶。……。三月庚申，進齊郡王爵為齊王。……。五月甲寅，詔齊王為相國，……。丙辰，詔歸帝位於齊國，即日遜於別宮。（《魏書孝靜紀》頁312、《北史魏本紀》第五頁195〜196） 戊午，（齊王高洋）乃即皇	（北朝東魏孝靜帝武定）八年，（陽休之）兼侍中，持節奉璽書詣并州，敦喻顯祖（高洋）為相國、齊王。是時，顯祖將受魏禪，發晉陽，至平陽郡，為人心未一，且還并州，恐漏泄，仍斷行人。休之性疏放，使還，遂說其事，鄴中悉知。於後高德政以聞，顯祖忿之而未發。齊受禪，（陽休之）除散騎常侍，修起居注。頃之，坐詔書脫誤，左遷驍騎將軍，積前事也。（《北齊書陽休之傳》頁562，亦參見《北齊書高德政傳》頁407〜409、《北史高
	帝位於南郊，……。詔曰：「……。改武定八年為天保元年……。」（《北齊書文宣紀》頁49,50） （北朝齊顯祖文宣帝）天保元年，（魏收）除中書令，仍兼著作郎，封富平縣子。 （《魏書自序》頁2326、《北齊書魏收傳》頁487、《北史魏收傳》頁2030）	允傳附高德正傳》頁1137〜1139） （北朝齊顯祖）文宣（帝）郊天，百僚咸從，（陽）休之衣兩襠甲，手持白梧（音ㄨㄤˋ，同「棒」字）。時魏收為中書令，嘲之曰：「義眞（皇甫嵩字，此事典故見《後漢書皇甫嵩傳》）服未？」休之曰：「我昔為常伯，首戴蟬冕；今處驍游，身被衫甲。允文允武，何必減卿。」談笑晏然，議者服其夷曠。（《北史陽尼傳附陽休之傳》頁1725） 尋以禪讓之際，參定禮儀，別封始平縣開國男，以本官兼領軍司馬。後除都水使者，歷司徒掾、中書侍郎，尋除中山太守。（《北齊書陽休之傳》頁562） 祖珽 文宣（高洋）作相，（祖）珽擬補令史十餘人，皆有受納，據法處絞，上尋捨之。又盜官《（華林）遍略》一部。 （《北史》載：文宣作相，珽擬補令史十餘人，皆有受納，並盜官《遍略》一部。時又除珽秘書丞，兼中書含人。還鄴後，其事皆發。）

		事發，文宣付從事中郎王士雅推檢，並書與平陽公淹，令錄珽付禁，勿令越逸。淹遣田曹參軍孫子寬往喚，珽受命，便爾私逃。黃門郎高德正副留臺事，謀云：「珽自知有犯，驚竄是常，但宣一命向秘書，稱『奉并州約束須《五經》三部，仰丞親檢校催遣』，如此則珽意安，夜當還宅，然後淹取。」珽果如德正圖，遂還宅。薄晚，就家掩之，縛珽送廷尉。據犯枉法處絞刑。文宣以珽伏事先世（高歡），諷所司命特寬其罰，遂奏免死除名。天保元年，復被召從駕，依除免例，參於晉陽。《北齊書祖珽傳》頁515～516、《北史祖珽傳》頁1738）
北朝西魏文帝大統十七年（齊顯祖文宣帝天保二年） 南朝梁太宗簡文帝大寶二年、（豫章王蕭棟天正元年） （551）	（北朝齊顯祖文宣帝天保）二年，（魏收）受詔撰魏史。《魏書自序》頁2326、《北齊書魏收傳》頁487、《北史魏收傳》頁2030）	陽休之　四十三歲。
北朝西魏廢帝元年（齊顯祖文宣帝天保三年） 南朝梁太宗簡文帝大寶三年（已崩）、（武陵王蕭紀天正元年）、世祖元帝承聖元年（552）		陽休之　四十四歲。
北朝西魏廢帝二年（齊顯祖文宣帝天保四年） 南朝梁世祖元帝承聖二年（553）		陽休之　四十五歲。
北朝西魏廢帝三年（恭帝元年）（齊顯祖文宣帝天保五年） 南朝梁世祖元帝承聖三年（554）	（魏）收於是……，以成《魏書》。辨定名稱，隨條甄舉，又搜採亡遺，綴續後事，備一代史籍，表而上聞。勒成一代大典，凡十二紀、九十	陽休之　四十六歲。（陽）休之父固，魏世為北平太守，以貪虐為中尉李平所彈獲罪，載在《魏起居注》。（魏）收書云：「固在北

	二列傳，合一百一十卷，（北朝齊顯祖文宣帝天保）五年三月奏上之。……。十一月，復奏十志：……。（《魏書自序》頁 2326〜2327、《北齊書魏收傳》頁488、《北史魏收傳》頁 2030）	平，甚有惠政，坐公事免官。」又云：「李平深相敬重。」……。時論既言收著史不平，（北朝齊顯祖）文宣（帝）詔收於尚書省與諸家子孫共加論討，前後投訴百有餘人，……。（《北齊書魏收傳》頁488、《北史魏收傳》頁 2031） 案：魏收《魏書》雖後經數次修訂，但今本《魏書陽尼傳附陽固傳》仍有「（陽固）出為試守北平太守，甚有惠政。久之，以公事免。」（頁1603）之記載，李延壽《北史》則削去不錄。
北朝西魏恭帝二年（齊顯祖文宣帝天保六年） 南朝梁世祖元帝承聖四年（已崩）、（貞陽侯蕭淵明天成元年）、敬帝紹泰元年（西梁中宗宣帝大定元年，555）		陽休之　四十七歲。
北朝西魏恭帝三年（齊顯祖文宣帝天保七年） 南朝梁敬帝紹泰二年（太平元年）（西梁中宗宣帝大定二年，556）		陽休之　四十八歲。 先是韋道建、宋欽道代為定州長史帶中山太守，並立制，監臨之官出行，不得過百姓飲食。有者，即數錢酬之。（陽）休之常以為非，及至郡，復相因循。或問其故，休之曰：「吾昔非之者，為其失仁義；今日行之者，自欲避嫌疑。豈是夙心，直是處世難耳。」在郡三年，再致甘露之瑞。（《北史陽尼傳附陽休之傳》頁 1725〜1726）
北朝齊顯祖文宣帝天保八年〔周孝閔帝元年（世宗明帝元年）〕 南朝梁敬帝太平二年（西梁中宗宣帝大定三年、陳高祖武帝永定元年，557）	（北朝齊顯祖文宣帝天保）八年夏，（魏收）除太子太傅、監國史，復參議律令。（《北齊書魏收傳》頁489、《北史魏收傳》頁2032） 魏收監史之日（當不早於天保八年	陽休之　四十九歲。

	夏），立《高祖（高歡）本紀》，取平四胡（爾朱兆、爾朱天光、爾朱度律、爾朱仲遠）之歲〔北朝魏節閔帝普泰二年、廢帝安定王中興二年、孝武帝太昌元年（永興元年、永熙元年），532〕爲齊元。（《北齊書陽休之傳》頁563、《北史陽尼傳附陽休之傳》頁1727）	
北朝齊顯祖文宣帝天保九年（周世宗明帝二年） 南朝西梁中宗宣帝大定四年（陳高祖武帝永定二年，558）		陽休之　五十歲。
北朝齊顯祖文宣帝天保十年（周世宗明帝武成元年） 南朝西梁中宗宣帝大定五年（陳高祖武帝永定三年，559）	（北朝齊顯祖文宣帝天保十年）冬十月甲午，帝暴崩於晉陽宮德陽堂，時年三十一。遺詔：「凡諸凶事一依儉約。三年之喪，雖曰達禮，漢文革創，通行自昔，義有存焉，同之可也，喪月之斷限以三十六日。嗣主、百僚、內外遐邇奉制割情，悉從公除。」癸卯，發喪，斂於宣德殿。（《北齊書文宣紀》頁67）	宋士素 （宋）士素沉密少言，有才識。稍遷中書舍人。趙彥深引入內省，參典機密，歷中書、黃門侍郎；遷儀同三司、散騎常侍，常領黃門侍郎。自處機要近二十年，周慎溫恭，甚爲彥深所重。（《北齊書酷吏傳》之《宋遊道傳附宋士素傳》頁657、《北史宋繇傳附宋士素傳》頁1277） 案：正史中宋士素事蹟甚少，難明遷官次序之確實時間；在參酌《北齊書》與《北史趙彥深傳》及上文稱「自處機要近二十年」，而北齊立國僅廿七年之後，將此段文字置於天保之末年應屬得宜。 陽休之　五十一歲。 及帝（北朝齊顯祖文宣帝高洋）崩於晉陽，驛召（魏）收及中山太守陽休之參議吉凶之禮，並掌詔誥。（《北齊書魏收傳》頁491、《北齊書陽休之傳》頁562；《北史魏收傳》頁2033、《北史陽尼傳附陽休之傳》頁1726） 文宣帝崩，當朝文士各作挽歌十首，擇其善者而用之。

		魏收、陽休之、祖孝徵（祖珽）等不過得一二首，唯（盧）思道獨有八篇。故時人稱爲「八米盧郎」。《隋書盧思道傳》頁1397） 祖珽 文宣帝雖嫌其（祖珽）數犯憲，而愛其才伎，令直中書省，掌詔誥。珽通密狀，列中書侍郎陸元規，勑令裴英^{（裴英起？）}推問，元規以應對忤旨，被配甲坊。除珽尚藥丞，尋遷典御。又奏造胡桃油，復爲割截免官。文宣每見之，常呼爲賊。《北齊書祖珽傳》頁516、《北史祖珽傳》頁1739） 案：祖珽於齊文宣帝在位間之遷官次序亦難明，故亦置其事於天保之末年。
北朝齊廢帝乾明元年（蕭宗孝昭帝皇建元年）^{（周世宗明帝武成二年）} 南朝西梁中宗宣帝大定六年^{（陳世祖文帝天嘉元年，560）}	（北朝齊廢帝乾明元年二月）乙巳，太師、常山王演（旋奪位，即齊孝昭帝）矯詔誅尚書令楊愔、尚書右僕射燕子獻、領軍大將軍可朱渾天和、侍中宋欽道、散騎常侍鄭天默。《北齊書廢帝紀》頁75、《北史齊本紀》中頁265） （北朝齊肅宗）孝昭（帝）別令陽休之兼中書，在晉陽典詔誥，（魏）收留在鄴，蓋（王）晞所爲。收大不平，謂太子舍人盧詢祖曰：「若使卿作文誥，我亦不言。」又除祖珽爲著作郎，欲以代收。司空主簿李^蓋，文詞士也。聞而告人曰：「詔誥悉歸陽子烈，著作復遣祖孝徵，文史頓失，恐魏公發背。」《北齊書魏收傳》頁491、《北史	陽休之　五十二歲。 （北朝齊廢帝）乾明元年，（陽休之）兼侍中，巡省京邑。仍拜大鴻臚卿，領中書侍郎。《北齊書陽休之傳》頁562） （楊）遵彥（即楊愔）死，仍以中書令趙彥深代總機務。鴻臚少卿陽休之私謂人曰：「將涉千里，殺騏驥而策蹇驢，可悲之甚。」《北齊書楊愔傳》頁460、《北史楊播傳附楊愔傳》頁1507） （北朝齊肅宗孝昭帝）皇建初，（陽休之）以本官兼度支尚書，加驃騎大將軍，領幽州大中正。肅宗留心政道，每訪休之治術。休之答以明賞罰，愼官方，禁淫侈，恤民患爲政治之先。帝深納之。《北齊書陽休之傳》頁562，詳細事亦見《北齊書王晞傳》頁420～421、《北史王晞傳附王晞傳》頁889） 時（裴澤、蔡暉）二人奏車

	魏收傳》頁 2033～2034） 是月（皇建元年十一月），帝親戎北討庫莫奚，出長城，虜奔遁，分兵致討，大獲牛馬，括總入晉陽宮。《北齊書孝昭紀》頁 83、《北史齊本紀》中頁 270）	駕北征後，人言陽休之、王晞數與諸人遊宴，不以公事在懷。帝杖休之、晞脛各四十。《北齊書王晞傳》頁 421、《北史王憲傳附王晞傳》頁 890） 祖珽 文宣崩，普選勞舊，除（祖珽）爲章武太守。會楊愔等誅，不之官，授著作郎。 數上密啓，爲孝昭所忿，勑中書門下二省斷珽奏事。《北齊書祖珽傳》頁 516、《北史祖珽傳》頁 1739）
北朝齊肅宗孝昭帝皇建二年（世祖武成帝大寧元年）（周高祖武帝保定元年） 南朝西梁中宗宣帝大定七年（陳世祖文帝天嘉二年，561）		陽休之　五十三歲。 太子中庶子平原明少遐，風流名士也，梁亡奔鄴，昔因通聘，與（陽）休之同游。及少遐卒，其妻窮敝，休之經紀振恤，恩分甚厚。《北史陽尼傳附陽休之傳》頁 1726～1727、《北史文苑傳》頁 2809） 祖珽 （祖）珽善爲胡桃油以塗畫，乃進之長廣王，因言「殿下有非常骨法，孝徵夢殿下乘龍上天。」王謂曰：「若然，當使兄大富貴。」及即位，是爲武成皇帝，擢拜中書侍郎。帝於後園使珽彈琵琶，和士開胡舞，各賞物百段。士開忌之，出爲安德太守，轉齊郡太守，以母老乞還侍養，詔許之。《北齊書祖珽傳》頁 516、《北史祖珽傳》頁 1739）
北朝齊世祖武成帝大寧二年（河清元年）（周高祖武帝保定二年） 南朝西梁世宗明帝天保元年（陳世祖文帝天嘉三年，562）	（河清元年秋七月癸亥）陳人來聘。《北齊書武成紀》頁 91、《北史齊本紀》下頁 283）	陽休之　五十四歲。 大寧中，除都官尚書，轉七兵、祠部。《北齊書陽休之傳》頁 562） 祖珽 會江南使人來聘，（祖）珽爲

		中（一作「申」）勞使。《北齊書祖珽傳》頁516、《北史祖珽傳》頁1739） 案：南朝陳歲歲來聘，因不知此事確實時間，只得置於最早之河清元年。
北朝齊世祖武成帝河清二年（周高祖武帝保定三年） 南朝西梁世宗明帝天保二年（陳世祖文帝天嘉四年，563）	（河清二年夏四月）戊午，陳人來聘。《北齊書武成紀》頁91、《北史齊本紀》下頁283）	陽休之　五十五歲。 齊河清中，陽休之特奏（熊安生）為國子博士。《周書儒林傳》、《北史儒林傳》下頁812、《北史陽尼傳附陽休之傳》頁1726）
北朝齊世祖武成帝河清三年（周高祖武帝保定四年） 南朝西梁世宗明帝天保三年（陳世祖文帝天嘉五年，564）	（北朝齊世祖武成帝）河清三年，勅（封述）與錄尚書趙彥深、僕射魏收、尚書陽休之、國子祭酒馬敬德等議定律令。《北齊書封述傳》頁543） （河清三年）秋九月乙丑，封皇子綽為南陽王，儼為東平王。是月，……陳人來聘。《北齊書武成紀》頁93、《北史齊本紀》下頁284）	陽休之　五十六歲。 河清三年，（陽休之）出為西兗州刺史。……休之在中山及治西兗，俱有惠政，為吏民所懷。去官之後，百姓樹碑頌德。《北齊書陽休之傳》頁562～563）陽休之牧西兗，（馬）子廉、子尚、子結（兄弟三人）與諸朝士各有詩言贈，陽總為一篇酬答，即詩云「三馬俱白眉」者也。《北齊書儒林傳》頁596～597）
北朝齊世祖武成帝河清四年（後主天統元年）（周高祖武帝保定五年） 南朝西梁世宗明帝天保四年（陳世祖文帝天嘉六年，565）	（齊武成帝河清四年夏四月）乙亥，陳人來聘。太史奏天文有變，其占當有易王。丙子，乃使太宰段韶兼太尉，持節奉皇帝璽綬傳位皇太子，大赦，改元為天統元年，百官進級降罪各有差。又詔皇太子妃斛律氏為皇后。於是羣公上尊號為太上皇帝，軍國大事咸以奏聞。《北齊書武成紀》頁94、《北史齊本紀》下頁286） （齊後主天統元年冬十一月）己丑，太上皇帝（齊武成帝）詔改「太祖獻武皇帝」為「神武皇帝」（高歡），「獻明皇后」為「武明皇后」（婁昭君）；其「文宣」（高洋）	宋士素 初，齊武成令宋士素錄古來帝王言行要事三卷，名為《御覽》，置於齊主巾箱。《三國典略輯校》頁173） 案：因斷限難明，故附於齊武成帝傳位之年。 陽休之　五十七歲。 天統初，徵為光祿卿，監國史。……。尋除吏部尚書，食陽武縣幹，除儀同三司，又加開府。休之多識故事，諳悉氏族，凡所選用，莫不才地俱允。加金紫光祿大夫。《北齊書陽休之傳》頁562～563） 案：陽休之此期遷官時間難明，但當介於天統元年至五

		年（565〜569）間。
	謚號委有司議定。……。 （十二月）庚午，有司奏改「高祖文宣皇帝」爲「威宗景烈皇帝」。《北齊書後主紀》頁98、《北史齊本紀》下頁287）	**祖珽** 時皇后愛少子東平王儼，願以爲嗣，武成以後主體正居長，難於移易。（祖）珽私於（和）士開曰：「君之寵幸，振古無二，宮車一日晚駕，欲何以克終？」士開因求策焉。珽曰：「宜說主上，云襄、宣、昭帝子俱不得立，今宜命皇太子早踐大位，以定君臣。若事成，中宮少主皆德君，此萬全計也。君此且微說，令主上粗解，珽當自外上表論之。」士開許諾。因有彗星出，太史奏云除舊布新之徵。珽於是上書，言：「陛下雖爲天子，未是極貴。按《春秋元命苞》云：『乙酉之歲，除舊革政。』今年太歲乙酉，宜傳位東宮，令君臣之分早定，且以上應天道。」並上**魏獻**文禪子故事。帝從之。由是拜祕書監，大被親寵。 尋爲太常少卿、散騎常侍、假儀同三司，掌詔誥。初於乾明、皇建之時，知武成陰有大志，遂深自結納，曲相祗奉。武成於天保世頻被責，心常銜之。珽至是希旨，上書請追尊太祖獻武皇帝爲神武，高祖文宣皇帝改爲威宗景烈皇帝，以悅武成，從之。《北齊書祖珽傳》頁516〜517、《北史祖珽傳》頁1739〜1740；亦可見《北齊書文宣紀》頁67、《北史齊本紀》中頁263） 案：《北齊書》、《北史》本紀中是武成帝先傳位給後主，後改文宣帝廟謚號，而《祖

		珽傳》反是。今從本紀，以 其列舉確實時間斷限故。
北朝齊後主天統二年_{(周高} _{祖武帝天和元年)} 南朝西梁世宗明帝天保 五年_(陳世祖文帝天康元年，566)	（北朝齊後主天統）二年， （魏收）行齊州刺史，尋爲 眞。_{(《北齊書魏收傳》頁492、《北史魏收} _{傳》頁2035)} （魏）收在齊州_{(當不早於天統二} _{年)}，恐史官改奪其意_{(以高歡平} _{四胡之歲爲齊元)}，上表論之。_{(《北} _{齊書陽休之傳》頁563、《北史陽尼傳附陽休} _{之傳》頁1727)}	陽休之　五十八歲。
北朝齊後主天統三年_{(周高} _{祖武帝天和二年)} 南朝西梁世宗明帝天保 六年_(陳廢帝光大元年，567)	（天統三年閏六月壬午）以 尙書左僕射趙彥深爲尙書 令。_{(《北齊書後主紀》頁100、《北史齊本} _{紀》下頁289)}	陽休之　五十九歲。 祖珽 （祖珽）既見重二宮，遂志 於丞相。先與黃門待郎劉逖 友善，乃疏待中尙書令趙彥 深、侍中左僕射元文遙、侍 中和士開罪狀，令逖奏之。 逖懼不敢通，其事頗泄，彥 深等先詣帝自陳。帝大怒， 執珽詰曰：「何故毀我士 開？」珽因厲聲曰：……。 乃鞭二百，配甲坊，尋徙於 光州。刺史李祖勳遇之甚 厚。別駕張奉禮希大臣意， 上言：「珽雖爲流囚，常與刺 史對坐。」敕報曰：「牢掌。」 奉禮曰：「牢者，地牢也。」 乃爲深坑，置諸內，苦加防 禁，桎梏不離其身，家人親 戚不得臨視。夜中以蕪菁子 燭薰眼，因此失明。_{(《北齊書祖珽} _{傳》頁518、《北史祖珽傳》頁1740～1741)} 案：此事發生時間難以確 定，以趙彥深於天統三年任 尙書令故而置於此年。
北朝齊後主天統四年_{(周高} _{祖武帝天和三年)}	天統四年十二月辛未，太上 皇帝崩於鄴宮乾壽堂，時年 三十二，諡曰武成皇帝，廟	陽休之　六十歲。 武成崩後，（陽休之）頻乞就 閒。_(《北史陽尼傳附陽休之傳》頁1726)

南朝西梁世宗明帝天保七年 <small>（陳廢帝光大二年，568）</small>	號世祖。<small>（《北齊書武成紀》頁95、《北史齊本紀》下頁290）</small>	祖珽 武成崩，後主憶之，就除海州刺史。是時陸令萱外干朝政，其子穆提婆愛幸。（祖）珽乃遺陸媼弟悉達書曰：「趙彥深心腹深沉，欲行伊、霍事，儀同姊弟豈得平安，何不早用智士耶？」和士開亦以珽能決大事，欲以爲謀主，故棄除舊怨，虛心待之。與陸媼言於帝曰：「襄、宣、昭三帝，其子皆不得立，今至尊猶在帝位者，實由祖孝徵。此人有大功，宜報重恩。孝徵心行雖薄，奇略出入，緩急眞可憑仗。且其雙盲，必無反意，請喚取問其謀計。」從之，入爲銀青光祿大夫、秘書監，加開府儀同三司。<small>（《北齊書祖珽傳》頁518、《北史祖珽傳》頁1741）</small>
北朝齊後主天統五年 <small>（周高祖武帝天和四年）</small> 南朝西梁世宗明帝天保八年 <small>（陳高宗宣帝太建元年，569）</small>	（天統五年二月）己丑，改東平王儼爲琅邪王。 （十二月）庚辰，以中書監魏收爲尙書右僕射。<small>（《北齊書後主紀》頁102、103、《北史齊本紀》下頁291）</small>	陽休之　六十一歲。 （魏收）掌詔誥，除尙書右僕射，總議監五禮事，位特進。收奏請趙彥深、和士開、徐之才共監。……多引文士令執筆，儒者馬敬德、熊安生、權會實主之。<small>（《北齊書魏收傳》頁495、《北史魏收傳》頁2038、《隋書禮儀志》一頁107、《隋書魏澹傳》頁1416）</small>
北朝齊後主武平元年 <small>（周高祖武帝天和五年）</small> 南朝西梁世宗明帝天保九年 <small>（陳高宗宣帝太建二年，570）</small>		宋士素 武平初，（李德林）加通直散騎侍郎。又勑與中書侍郎宋士素、副侍中趙彥深別典機密。<small>（《隋書李德林傳》頁1195）</small> 案：此事僅言武平初，故附於武平元年。 陽休之　六十二歲。 （北朝齊武主）武平元年，除中書監，尋以本官兼尙書右僕射。<small>（《北齊書陽休之傳》頁563）</small>

| 北朝齊後主武平二年（北朝周高祖武帝天和六年）

南朝西梁世宗明帝天保十年（陳高宗宣帝太建三年，571） | （武平二年）二月壬寅，……，幷省錄尚書事趙彥深爲司空，尚書令和士開錄尚書事，……。

秋七月庚午，太保、琅邪王儼矯詔殺錄尚書事和士開於南臺。即日誅領軍大將軍厙狄伏連、書侍侍史王子宣等，尚書右僕射馮子琮賜死殿中。……。

（九月）庚午，殺太保、琅邪王儼。（《北齊書後主紀》頁104～105、《北史齊本紀》下頁292～293）

武平二年拜（趙彥深）司空，爲祖珽所間，出爲西兗州刺史。（《北齊書趙彥深傳》頁506、《北史趙彥深傳》頁2008） | 宋士素
初祖珽知朝政，出（趙）彥深爲刺史。珽奏以（宋）士素爲東郡守，中書侍郎李德林白珽留之，由是還除黃門侍郎，共參機密。（《北齊書酷吏傳》之《宋遊道傳附宋士素傳》頁657、《北史宋繇傳附宋士素傳》頁1277）

陽休之　六十三歲。
（北朝齊武主武平）二年，加左光祿大夫，兼中書監。（《北齊書陽休之傳》頁563）
祖珽
和士開死後，仍說陸媼出（趙）彥深，以（祖）珽爲侍中。在晉陽，通密啓請誅琅邪王。其計既行，漸被任遇。（《北齊書祖珽傳》頁518～519、《北史祖珽傳》頁1741） |
| 北朝齊後主武平三年（周高祖武帝天和七年（建德元年））

南朝西梁世宗明帝天保十一年（陳高宗宣帝太建四年，572） | （北朝齊後主武平三年二月庚寅，以）侍中祖珽爲左僕射。是月，勅撰《玄洲苑御覽》，後改名《聖壽堂御覽》。

秋七月戊辰，誅左丞相、咸陽王斛律光及其弟幽州行臺、荊山公豐樂。

八月庚寅，廢皇后斛律氏爲庶人。……。戊子，拜右昭儀胡氏爲皇后。……。是月，《聖壽堂御覽》成，勅付史閣，後改爲《修文殿御覽》。

（冬十月）甲午，拜弘德夫人穆氏爲左皇后，大赦。

十二月辛丑，廢皇后胡氏爲 | 陽休之　六十四歲。
（陽）休之本懷平坦，爲士友所稱。晚節：說祖珽撰〔《玄洲苑》（《聖壽堂》）〕《御覽》，書成，加特進，〔令其子辟疆預修（《修文殿》）《御覽》書。〕及珽被黜（約介於武平四年正月至五月之間，見後文），便布言於朝廷，云先有嫌隙。及鄧長顒、顏之推奏立文林館，之推本意不欲令耆舊貴人居之，休之便相附會，與少年朝請、參軍之徒同入待詔。（《北齊書陽休之傳》頁562、《北史陽尼傳附陽休之傳》頁1727）

（武平）三年，祖珽奏立文林館，於是更召引文學士，謂之待詔文林館焉。珽又奏撰（《修文殿》）《御覽》，詔珽及特進魏收、太子太師徐之才、中書令崔劼、散騎常侍張雕、中書監陽休之監撰。……（《北齊書文 |

庶人。《北齊書後主紀》頁105~106、《北史齊本紀》下頁293~294）

武平三年（魏收）薨。《北齊書魏收傳》頁495、《北史魏收傳》頁2038）

案：魏收薨日不明，但或應在《修文殿御覽》成書後。

苑傳序》頁603~604）

齊武平中，署文林館待詔者僕射陽休之、祖孝徵以下三十餘人，（顏）之推專掌，其撰《修文殿御覽》、《續文章流別》等皆詣進賢門奏之。（顏之推《觀我生賦註》，收入《北齊書文苑傳》頁624）

武平中，（魏）收還朝，敕集朝賢議其事（北朝齊歷史起元）。（陽）休之立議從天保爲限斷。魏收存日猶兩議未決。收死後，便設動內外，發詔從其議。《北齊書陽休之傳》頁563、《北史陽尼傳附陽休之傳》頁1727、《隋書李德林傳》頁1195~1197）

（陽）休之好學不倦，博綜經史，文章雖不華靡，亦爲典正。邢（邵）、魏（收）殂後，以先達見推。位望雖高，虛懷接物，爲搢紳所愛重。《北齊書陽休之傳》頁563、《北史陽尼傳附陽休之傳》頁1727）

祖珽

（武平）三年，**祖孝徵（祖珽）入爲侍中**，尙書左僕射趙彥深出爲（西）兗州刺史。朝士有先爲孝徵所待遇者，間（李）德林，云是彥深黨與，不可仍掌機密。孝徵曰：「……，不宜妄說。」尋除（李德林）中書侍郎，仍詔修國史。齊（後）主留情文雅，召入文林館。又令與黃門侍郎顏之推二人同判文林館事。《隋書李德林傳》頁1197）

又太后（武成皇后胡氏）之被幽也，（祖）珽欲以陸媼（陸令萱）爲太后，撰魏帝皇太后故事，爲太姬言之。謂人曰：「太姬雖云婦人，寔是雄

傑，女媧已來無有也。」太姬亦稱斑爲國師、國寶。由是拜尚書左僕射，監國史，加特進，入文林館，總監撰書，封燕郡公，食太原郡幹，給兵七十人。〔註62〕所住宅在義井坊，旁拓隣居，大事修築，陸媼自往案行。勢傾朝野。斛律光甚惡之，遙見竊罵云：「多事乞索小人，欲行何計數！」……帝以問韓長鸞（韓鳳）、穆提婆，並令高元海、段士良密議之，眾人未從。因光府參軍封士讓啓告光反，遂滅其族。

斑又附陸媼，求爲領軍，後主許之。詔須覆奏，取侍中斛律孝卿署名。孝卿密告高元海，元海語侯呂芬、穆提婆云：「孝徵漢兒，兩眼又不見物，豈合作領軍也。」明旦面奏，具陳斑不合之狀，幷書斑與廣寧王孝珩交結，無大臣體。斑亦求面見，帝令引入。斑自分疏，並云「與元海素相嫌，必是元海譖臣。」帝弱顏不能諱，曰：「然。」斑列元海共司農卿

〔註62〕《北齊書恩倖傳》之《穆提婆傳》全文如下：
穆提婆，本姓駱，漢陽人也。父超，以謀叛伏誅。提婆母陸令萱嘗配入掖庭，後主繦褓之中，令其鞠養，謂之乾阿妳，遂大爲胡后所昵愛。令萱姦巧多機辯，取媚百端，宮掖之中，獨擅威福。天統初，奏引提婆入侍後主，朝夕左右，大被親狎，嬉戲醜褻，無所不爲。寵遇彌隆，官爵不知紀極，遂至錄尚書事，封城陽王。令萱又佞媚，穆昭儀養之爲母，是以提婆改姓穆氏。及穆后立，令萱號曰太姬，此即齊朝皇后母氏之位號也，視第一品，班在長公主之上。自武平之後，令萱母子勢傾内外矣。庸劣之徒皆重跡屏氣焉。自外殺生予奪不可盡言。晉州軍敗，後主還鄴，提婆奔投周軍，令萱自殺，子孫大小皆棄市，籍沒其家。
從此傳中可知陸令萱與穆提婆間及其與北齊朝廷、宮廷間之關係和「太姬」一詞之意義。見《北齊書》卷五十（《列傳》第四十二）：《恩倖》，頁689～690。

| | | 尹子華、太府少卿李叔元、平準令張叔略等朋黨。遂除子華仁州刺史，叔元襄城郡太守，叔略南營州錄事參軍。陸媼又唱和之，復除元海鄭州刺史。珽自是專主機衡，總知騎兵、外兵事。內外親戚，皆得顯位。後主亦令中要數人扶侍出入，著紗帽直至永巷，出萬春門向聖壽堂，每同御榻論決政事，委任之重，臺臣莫比。

自和士開執事以來，政體隳壞，珽推崇高望，官人稱職，內外稱美。復欲增損政務，沙汰人物。始奏罷京畿府，併於領軍，事連百姓，皆歸郡縣。宿衛都督等號位從舊官名，文武章服並依故事。又欲黜諸閹豎及羣小輩，推誠朝廷，爲致治之方。陸媼、穆提婆議頗同異。珽乃諷御史中丞麗伯律令劾主書王子冲納賄，知其事連穆提婆，欲使贓罪相及，望因此坐，并及陸媼。猶恐後主溺於近習，欲因后黨爲援，請以皇后兄胡君瑜爲侍中、中領軍，又徵君瑜兄梁州刺史君璧，欲以爲御史中丞。陸媼聞而懷怒，百方排毀，即出君瑜爲金紫光祿大夫，解中領軍，君璧還鎮梁州。皇后之廢，頗由於此。王子冲釋而不問。《北齊書祖珽傳》頁518～520、《北史祖珽傳》頁1741～1743；祖珽害斛律光事亦可參見《北齊書斛律金傳》附《斛律光傳》頁225～226、《北史斛律金傳》附《斛律光傳》頁1969～1971；屏高元海事則可參見《北齊書上洛王高思宗傳》附《高元海傳》頁182、《北史齊宗室諸王傳》上頁1854；廢斛律后、胡后事參見《北齊書後主斛律后傳》和《胡后傳》頁127、《北史后妃傳》下頁524。） |

北朝齊後主武平四年（周高 祖武帝建德二年） 南朝西梁世宗明帝天保 十二年（陳高宗宣帝太建五年，573）	（齊後主武平四年）二月乙 巳，拜左皇后穆氏爲皇后。 丙午，置文林館。《北齊書後主 紀》頁106、《北史齊本紀》下頁294） （陳宣帝太建五年）三月壬 午，分命眾軍北伐，以鎮前 將軍、開府儀同三司吳明徹 都督征討諸軍事……。己 丑，……。北討大都督吳明 徹統眾十萬，發自白下。 夏四月癸卯，前巴州刺史魯 廣達克齊大峴城。辛亥，吳 明徹克秦州水柵。……。辛 酉，齊軍救秦州，吳明徹又 破之。癸亥，詔北伐眾軍所 殺齊兵，並令埋掩。甲子， 南譙太守徐槾克石梁城。 （《陳書宣帝紀》頁83～84） 是月（齊後主武平四年五 月），開府儀同三司尉破 胡、長孫洪略等與陳將吳明 徹戰於呂梁南，大敗，破胡 走以免，洪略戰没，遂陷 秦、涇二州。明徹進陷和、 合二州。《北齊書後主紀》頁107、《北 史齊本紀》下頁295） （陳宣帝太建五年）五月己 巳，瓦梁城降。癸酉，陽平 郡城降。甲戌，徐槾克廬州 都城。景（丙）子，……。 己卯，北高唐郡城 降。……乙酉，南齊昌太 守黃詠克齊昌外城。景戌， 廬陵內史任忠次東關，克其 東西二城，進克蘄城。戊 子，又克譙郡城，秦州城 降。癸巳，瓜步、胡墅二城 降。《陳書宣帝紀》頁84）	陽休之　六十五歲。 祖珽 （祖）珽日益以疏，又諸宦 者更共譖毀之，無所不至。 後主問諸太姬，憫默不對， 及三問，乃下牀拜曰：「老婢 合死，本見和士開道孝徵多 才博學，言爲善人，故舉之。 比來看之，極是罪過，人實 難知。老婢合死。」後主令 韓長鸞（韓鳳）檢案，得其 詐出勅受賜十餘事，以前與 其重誓不殺，遂解珽侍中、 僕射，出爲北徐州刺史。珽 求見後主，韓長鸞積嫌於 珽，遣人推出閤閣。珽固求 面見，坐不肯行。長鸞乃令 軍士牽曳而出，立珽於朝 堂，大加詬責。上道後，令 追還，解其儀同、郡公，直 爲刺史。 至州，會有陳寇，百姓多反。 珽不關城門，守埤者皆令下 城靜坐，街巷禁斷行人，雞 犬不聽鳴吠。賊無所聞見， 不測所以，疑惑人走城空， 不設警備。珽忽然令大叫， 鼓譟聒天，賊大驚，登時走 散。後復結陣向城，珽乘馬 自出，令錄事參軍王君植率 兵馬，仍親臨戰。賊先聞其 盲，謂爲不能抵抗。忽見親 在戎行，彎弧縱鏑，相與驚 怪，畏之而罷。時穆提婆憾 之不已，欲令城陷没賊，雖 知危急，不遣救援。珽且戰 且守十餘日，賊竟奔走，城 卒保全。卒於州。《北齊書祖珽傳》 頁520～521、《北史祖珽傳》頁1743～1744）

（齊後主武平四年）六月，（南朝陳將吳）明徹進軍圍壽陽。《北齊書後主紀》頁107、《北史齊本紀》下頁295）

（陳宣帝太建五年）六月庚子，郢州刺史李綜克灄口城。乙巳，任忠克合州外城。庚戌，淮陽、沭陽郡竝棄城走。癸丑，……。豫章內史程文季克涇州城。乙卯，宣毅司馬湛陁克新蔡城。癸（卯）〔亥〕，……吳明徹師次仁州，甲子，克其州城。……。

秋七月乙丑，鎮前將軍、開府儀同三司吳明徹進號征北大將軍。戊辰，齊遣眾二萬援齊昌，西陽太守周炅破之。己巳，吳明徹軍次峽口，克其北岸城，南岸守者棄城走。周炅克巴州城。淮北絳城及穀陽士民，竝誅其渠帥，以城降。景戌，吳明徹克壽陽外城。

八月乙未，山陽城降。壬寅，盱眙城降。戊申，罷南齊昌郡。壬子，戎昭將軍徐敬辯克海安城。青州東海城降。戊午，平固侯陳敬泰等克晉州城。

九月甲子，陽平城降。壬申，高唐太守沈善度克馬頭城。甲戌，齊安城降。景子，左衛將軍樊毅克廣陵楚子城。……。丁亥，前鄱陽內史魯天念克黃城小城，齊軍退保大城。……。壬辰晦，夜明。黃城大城降。《陳書宣帝紀》頁84～85）

（齊後主武平四年）冬十月，陳將吳明徹陷壽陽。《北

案：《陳書宣帝紀》載太建五年（即齊後主武平四年）十一月己丑日（廿七日）克北徐州，亦可見《陳書魯廣達傳》頁419；而《北齊書》與《北史》稱祖珽任北徐州刺史期間保全州城並卒於官，因之可推測祖珽卒日應不晚於此。

	齊書後主紀》頁107、《北史齊本紀》下頁295） （陳宣帝太建五年）冬十月，郭默城降。……乙巳，吳明徹克壽陽城，斬王琳，傳首京師，梟於朱雀航。丁未，齊兵萬人至潁口，樊毅擊走之。辛亥，齊遣兵援蒼陵，又破之。景辰，……。以征北大將軍、開府儀同三司吳明徹爲豫州刺史，進號車騎大將軍；……。戊午，湛陁克齊昌城。 十一月甲戌，淮陰城降。庚辰，威虜將軍劉桃根克朐山城。辛巳，樊毅克濟陰城。己丑，魯廣達等克北徐州。 （《陳書宣帝紀》頁85）	
北朝齊後主武平五年（周高祖武帝建德三年） 南朝西梁世宗明帝天保十三年（陳高宗宣帝太建六年，574）	（北朝齊後主武平）五年春正月乙丑，置左右娥英各一人。《北齊書後主紀》頁107、《北史齊本紀下》頁295）	陽休之　六十六歲。 （北朝齊）後主以李祖欽女爲左昭儀，進爲左娥英。裴氏爲右娥英。娥英者，兼取舜妃娥皇、女英名，陽休之所制。《北史后妃傳》下頁526） （北朝齊後主武平）五年，正中書監，餘並如故。尋以年老致仕，抗表辭位，帝優答不許。《北齊書陽休之傳》頁563）
北朝齊後主武平六年（周高祖武帝建德四年） 南朝西梁世宗明帝天保十四年（陳高宗宣帝太建七年，575）	（北朝齊後主武平六年）夏四月庚子，以中書監陽休之爲尚書右僕射。……是（八）月，周師入洛川，屯芒山，攻逼洛城，縱火船焚浮橋，河橋絕。閏（八）月己丑，遣右丞相高阿肱自晉陽禦之，師次河陽，周師夜遁。《北齊書後主紀》頁108、《北史齊本紀下》頁296） （北朝周高祖武帝建德四年）三月丙辰，遣小司寇淮	陽休之　六十七歲。 （北朝齊後主武平）六年，（陽休之）除正尚書右僕射。未幾，又領中書監。……便謂人曰：「我已三爲中書監，用此何爲？」《北齊書陽休之傳》頁563） （伊婁）謙性忠直，善辭令。……周受禪，累遷宣納上士、使持節、驃騎大將軍。（北朝周高祖）武帝將伐齊，引入內殿，從容謂曰：「朕

	南公元偉、納言伊婁謙使於齊。……。（秋七月）壬午，上親率六軍，眾六萬，直指河陰。八月癸卯，入于齊境。……。九月辛酉夜，班師，水軍焚舟而退。（《周書武帝紀》下頁91,92）	將有事戎馬，何者爲先？」謙對曰：「……。其折衝之將斛律明月（斛律光）已斃讒人之口，上下離心。若命六師，臣之願也。」帝大笑，因使謙與小司寇拓跋偉聘齊觀釁。帝尋發兵。（北朝）齊（後）主知之，令其僕射陽休之責謙曰：「貴朝盛夏徵兵，馬首何向？」答曰：「僕拭玉之始，未聞興師。設復西增白帝之城，東益巴丘之戍，人情恆裡，豈足怪哉！」（《隋書伊婁謙傳》頁1363）
北朝齊後主武平七年（隆化元年）^{（安德王高延宗德昌元年）} （周高祖武帝建德五年） 南朝西梁世宗明帝天保十五年^{（陳高宗宣帝太建八年，576）}	（北朝齊後主隆化元年十二月）庚申，帝入鄴。……。甲子，……。引文武一品已上入朱華門，賜酒食，給紙筆，問以禦周之方。羣臣各異議，帝莫知所從。又引高元海、宋士素、盧思道、李德林等，欲議禪位皇太子。先是望氣者言，當有革易，於是依天統故事，授位幼主。（《北齊書後主紀》頁110～111、《北史齊本紀》下頁298）	陽休之 六十八歲。 （北朝齊後主）隆化（元年十二月庚申）還鄴，舉朝多有遷授，封休之燕郡王。又謂其親云：「我非奴，何意忽有此授？」凡此諸事^{（讒祖珽、定齊元、三領中書監與受封燕郡王）}，深爲時論所鄙。（《北齊書陽休之傳》頁563） 齊末，陽休之辟（孫萬壽）爲開府行參軍。（《北齊書儒林傳》頁596） 案：此事確實發生時間不明，故暫附於此。
北朝齊後主隆化二年、幼主承光元年^{（任城王高楷元年）}^{（周高祖武帝建德六年）} 南朝西梁世宗明帝天保十六年^{（陳高宗宣帝太建九年，577）}	至（北朝周高祖武帝）建德七（六？）年，誣（齊後主）與宜州刺史穆提婆謀反，及（安德王高）延宗等數十人無少長咸賜死，神武（高歡）子孫所存者一二而已。（《北齊書幼主紀》頁111、《北史齊本紀》下頁299、《北史恩幸傳之穆提婆傳》頁3049） （北朝周高祖建德六年冬十月）是月，誅溫國公（齊後主）高緯。（《周書武帝紀》下頁104）	陽休之 六十九歲。 （北朝）周武（帝）平齊，與吏部尚書袁聿修、衛尉卿李祖欽、度支尚書元修伯、大理卿司馬幼之、司農卿崔達拏、祕書監源文宗、散騎常侍兼中書侍郎李若、散騎常侍給事黃門侍郎李孝貞、給事黃門侍郎盧思道、給事黃門侍郎顏之推、通直散騎常侍兼中書侍郎李德林、通直散騎常侍兼中書舍人陸乂、中書侍郎薛道衡、中書

		舍人高行恭、辛德源、王劭、陸開明十八人同徵，令隨駕後赴長安。盧思道有所撰錄，止云休之與孝貞、思道同被召者是其誣罔焉。尋除開府儀同，歷納言中大夫、太子少保。《北齊書陽休之傳》頁 563～564、《北齊書杜弼傳附杜蕤和杜臺卿傳》頁 354、《北齊書元文遙傳附元行恭傳》頁 505、《北齊書源彪傳》頁 578、《隋書盧思道傳》頁 1398、《隋書陸爽傳》頁 1420、《北史元文遙傳附元恭傳》頁 2006、《北史源賀傳附源彪傳》、《北史陸俟傳附陸概之傳》頁 1022）
北朝周高祖武帝建德七年（宣政元年） 南朝西梁世宗明帝天保十七年（陳高宗宣帝太建十年，578）		陽休之　七十歲。
北朝周宣帝大成元年（周靜帝大象元年） 南朝西梁世宗明帝天保十八年（陳高宗宣帝太建十一年，579）		陽休之　七十一歲。
北朝周靜帝大象二年 南朝西梁世宗明帝天保十九年（陳高宗宣帝太建十二年，580）	至（北朝周靜帝）大象末，陽休之、陳德信等啓大丞相隋公（楊堅），請收葬（北朝齊後主等人），聽之，葬長安北原洪瀆川。《北齊書幼主紀》頁 111～112、《北史齊本紀》下頁 299～300）	陽休之　七十二歲。大象末，（陽休之）進位上開府，除和州刺史。《北齊書陽休之傳》頁 564）
北朝周靜帝大象三年（大定元年）（隋高祖文帝開皇元年） 南朝西梁世宗明帝天保廿年（陳高宗宣帝太建十三年，581）		陽休之　七十三歲。
隋高祖文帝開皇二年 南朝西梁世宗明帝天保廿一年（陳高宗宣帝太建十四年，582）		陽休之　七十四歲。卒。隋開皇二年，（陽休之）罷任，終於洛陽，年七十四。《北齊書陽休之傳》頁 564、《北史陽尼傳附陽休之傳》頁 1728）

乙、《修文殿御覽》的傳世過程

（一）隋代以前編成的類書中傳世最久者

在本文列舉的十部代表性類書中，從《皇覽》到《書圖泉海》等前九部大約最晚在唐末五代就已全部散亂亡佚，惟有《修文殿御覽》的流傳過程最久，宋、元兩朝尚能得見全帙。現將各部圖書目錄的著錄情形列舉如下：

1. 唐，《隋書經籍志》子部雜家類：《聖壽堂御覽》三百六十卷。

2. 五代後晉・《舊唐書經籍志》子部事類（類事）：《修文殿御覽》三百六十卷。

3. 宋，《崇文總目》類書類：〔註63〕《修文殿御覽》三百六十卷。

4. 宋，《新唐書藝文志》子部類書類：祖孝徵（祖珽）等《修文殿御覽》三百六十卷。

5. 宋・尤袤，《遂初堂書目》類書類：〔註64〕《修文殿御覽》。

6. 宋・陳振孫，《直齋書錄解題》：〔註65〕《修文殿御覽》三百六十卷。

7. 宋～元・馬端臨，《文獻通考》：〔註66〕《修文殿御覽》三百六十卷。

8. 元・《宋史・藝文志》子部類事類：祖孝徵（祖珽）《修文殿御覽》三百六十卷。

在以上八部圖書目錄中以陳振孫的《直齋書錄解題》撰有提要。陳振孫的《直齋書錄解題》撰寫於南宋，屬於私家藏書目錄，大致應可代表宋代（至少是南宋）對《修文殿御覽》的看法。

現錄出該文如後：〔註67〕

《修文殿御覽》三百六十卷。

北齊尚書左僕射范陽祖珽孝徵等撰。案《唐志》：類書在前者有《皇覽》、《類苑》、《華林遍略》等六家，今皆不存，則此書當爲古今類

〔註63〕宋・王堯臣、王洙、歐陽修等，《崇文總目》卷六：《類書類》，臺北市：商務印書館據國立故宮博物院藏文淵閣本《四庫全書》景印（收入《景印文淵閣四庫全書》冊674），中華民國七十二年（1983），十三板九行（新頁73下半。）

〔註64〕宋・尤袤，《遂初堂書目》，臺北市：廣文書局據明陶宗儀《說郛》本景印，中華民國五十七年三月（1968.3），頁63。

〔註65〕《直齋書錄解題》卷十四：《類書類》，頁402～403。

〔註66〕宋～元・馬端臨，《文獻通考》卷二百二十八（《經籍考》五十五）：《子類書》，臺北市：新興書局據清朝武英殿本景印，中華民國五十二年十月（1963.10），頁1827。

〔註67〕《直齋書錄解題》卷十四：《類書類》，頁402～403。

書之首。斑之行事姦貪凶險，盜賊小人之尤無良者，言之則污口舌，
而其所編集乃獨至今傳於世。然斑嘗以他人所賣《（華林）遍略》質
錢受杖，又嘗盜官《遍略》一部坐獄論罪。今書毋乃亦盜《遍略》
之舊以為己功邪？《遍略》者，梁徐僧權所為也，又案《隋志》：作
《聖壽堂御覽》，卷數同。聖壽（堂）者，寔齊後主所居。

從上文中可以發現幾件事。首先，陳振孫提及《皇覽》、《類苑》等書都已不
存，因此《修文殿御覽》的地位自然提高，應當為古今類書之首；無論是北
宋前期王堯臣等人合編的官方目錄——《崇文總目》，還是南宋陳振孫自撰的
私家目錄——《直齋書錄解題》都已沒有著錄早於《修文殿御覽》的類書，
可見這些書確實都消亡了。其次，陳振孫將探討的重點幾乎完全著墨在祖斑
的惡劣行事上，對於《修文殿御覽》究竟是部什麼樣的類書其實沒有介紹；
頂多只提到《修文殿御覽》的前身《聖壽堂御覽》，說明聖壽堂是齊後主居住
的地方而已。將陳振孫的說法裡與前文曾多次引用的唐崔融《皇太子請修書
表》及唐韋處厚、路隨的《六經法言進表》對照後，發現即使是有機會能親
見《修文殿御覽》的人們對於該書的印象多是專注於祖斑的人格和它的收錄
範圍廣大；至於這究竟是部什麼樣的類書，除了前段祖斑《上修文殿御覽》
文裡提到「放（仿）天地之數為五十部，象乾坤之策成三百六十卷」之外其
實還是所知有限。如果想要知道得再多一些恐怕得要再多加旁徵。

另外，即使《修文殿御覽》較先前的各部類書多流傳至少三百年以上，
可是究竟流傳得廣不廣、有沒有刊刻過也是幾無記載、難以確認。有沒有刊
刻和收藏多少可以反應出宋代對於此書的重視程度，像南宋的尤袤和陳振孫
有收錄，但是晁公武的《郡齋讀書志》就沒有收錄。自隋至宋約七百年間，
類書也不斷地發展進步，後來的編者們在思考類書的分類方式、類目和徵引
出處時也多所考量，拿這些後來的新書和《修文殿御覽》相比，《修文殿御覽》
能否可與之競爭也不無疑問。比如前文提到《北齊書》和《北史》稱「《御覽》」
時多是指《修文殿御覽》，但到宋太宗下詔撰《太平御覽》之後，「《御覽》」
即改為《太平御覽》的專用簡稱，兩者地位在無形中有所消長。雖然沒有直
接的史文證據，但從「《御覽》」簡稱的移轉、不知道有沒有刊刻過和《郡齋
讀書志》沒有收錄這幾點看來，《修文殿御覽》雖然流傳到了宋、元兩代，但
其地位應該是「明升暗降」。除了被遞補為類書之首外，實際上被重視的程度
卻是日益降低。

（二）「《修文殿御覽》」與「《修文御覽》」間的關係

明代的圖書目錄裡未再見到「《修文殿御覽》三百六十卷」的著錄，因此有人認為《修文殿御覽》在明代就失傳了。〔註68〕不過當時的目錄裡有一「《修文御覽》」，僅少一「殿」字。比如楊士奇的《文淵閣書目》、錢溥的《祕閣書目》、未著撰人的《近古堂書目》都是如此著錄的：〔註69〕

《修文御覽》一部四十五冊（闕）。（《文淵閣書目》盈字號第五廚）

《修文御覽》一部四十五冊。（《祕閣書目》類書）

《修文御覽》。（《近古堂書目》類書類）

在查閱現存的後代類書及部分明人的用字習慣後，此處所指的《修文御覽》應即指《修文殿御覽》無疑，像是今日見到的《太平御覽》板本裡有使用「《修文御覽》」的名詞：〔註70〕

謹按

《國朝會要》曰：太平興國二年三月詔翰林學士李昉、扈蒙、知制誥李穆、太子詹事湯悅、太子率更令徐鉉、太子中允張洎、左補闕李克勤、左拾遺宋白、太子中舍陳鄂、光祿寺丞徐用賓、太府寺丞吳淑、國子監丞舒雅、少府監丞李文仲、阮思道等同以群書類集之分門編為千卷。先是帝閱前代類書門目紛雜、失其倫次，遂詔修此書。以前代《修文御覽》、《藝文類聚》、《文思博要》及諸書參詳條次，分定門目。八年十二月書成，……。

明人胡應麟在《少室山房筆叢裡》有兩處亦稱「《修文殿御覽》」為「《修文御覽》」：〔註71〕

〔註68〕如胡道靜在《中國古代的類書》裡認為《修文殿御覽》「按現在所能掌握的情況，還只能說本書自明初以後即不傳於世。」見《中國古代的類書》，頁52。

〔註69〕明·楊士奇等，《文淵閣書目》卷十一：盈字號第五廚書目，臺北市：商務印書館句讀本（收入《叢書集成簡編》冊21），中華民國五十五年三月（1966.3），頁143；明·錢溥，《祕閣書目》、明·未著撰人，《近古堂書目》，以上均收入中國大陸·馮惠民、李萬健選編，《明代書目題跋叢刊》，北平（京）市：書目文獻出版社，中華民國八十三年一月（1994.1），頁672、1182。

〔註70〕宋·李昉等奉敕撰，《太平御覽》，臺北市：商務印書館據上海涵芬樓影印中華學藝社借照日本帝室圖書寮、京都東福寺、東京岩崎氏靜嘉堂文庫（即原陸心源皕宋樓）藏宋（蜀）刊本景印，中華民國五十六年十一月（1967.11）臺一版，《引》一板至《引》二板（排印頁3）。

〔註71〕明·胡應麟，《少室山房筆叢》卷十三：《九流緒論》下、卷十九：《二酉綴遺》

今世傳大類書如《太平御覽》、《冊府元龜》皆千卷，可謂富矣。然貞觀中編《文思博要》一千二百卷，金輪朝編《三教珠英》一千三百卷，簡帙皆多於宋。又許敬宗編《瑤山玉彩》五百卷、張太素編《冊府》五百八十二卷，視今傳《合璧事類》等書亦皆過之。其始蓋昉於六朝，何承天《皇覽》一百二十二卷、劉孝標《類苑》一百二十卷、徐勉《華林遍略》六百卷、祖珽《修文御覽》三百六十卷，然諸書惟孝標一二出自獨創，自餘皆聚集一時文學之士奉詔編輯者，非一人手裁也。今《博要》、《珠英》等書俱久廢不傳，惟唐人《初學記》三十卷、《藝文類聚》一百卷行世。二書采摭頗精，第不備耳。中收錄詩文事迹往往出今史傳、文集外，使諸大部傳必各有可觀。惜哉！……。(《少室山房筆叢》卷十三：《九流緒論》下)

《太平御覽》引用書一千六百九十餘種，非必宋初盡存。大率晉、宋以前得之《修文御覽》，齊、梁以後得之《文思博要》，而唐人事蹟則得之本書者也。《廣記》引用書凡三百四十餘種，前此靡所因襲當是采集眾小說為之。蓋小說本易傳，中唐後稍稍知印刻而引用之書又僅得《御覽》五中之一，足證本書具存。然宋、元間小說，陶氏《說郛》尚數百種；今全書存者第《程史筆談》百餘家而已，餘大半湮沒矣。(《少室山房筆叢》卷十九：《二酉綴遺》上)

明人不再稱《修文殿御覽》的全稱，而且全書也開始散佚亡失；明代官私藏書目錄較前代增加許多，可是有著錄《修文御覽》的目錄卻比前代還要少，表示有收藏和能見到《修文殿御覽》的人逐漸降低。到了清代雖有目錄著錄《修文殿御覽》之名，〔註72〕但是清高宗乾隆年間朝廷徵集圖書以編修《四庫全書》時已無法收得《修文殿御覽》，其書已在或存或佚之間。由於稱有見過的人越來越少，亡佚的可能性比較高。直至清末民初敦煌學發軔後才又稱

上，臺北市：商務印書館據國立故宮博物院藏文淵閣本《四庫全書》景印（收入《景印文淵閣四庫全書》冊886），中華民國七十二年（1983），卷十三十二板十五行至十三板十一行（排印頁308下半至309上半）、卷十九十一板五行至十二行（排印頁372下半）。

〔註72〕如張滌華在《類書流別》裡舉出明末清初人錢謙益《絳雲樓書目》裡有收錄《修文殿御覽》，但張氏又說「(《修文殿御覽》)似全帙清初猶存；然錢書真贗未可知，恐不足據。」見張滌華，《類書流別》，臺北市：大立出版社據重慶市商務印書館中華民國卅二年十二月（1943.12）版景印，中華民國七十四年四月（1985.4），頁50。

有殘卷，只是箇中爭議難以完全化解。

　　茲將現在有關《修文殿御覽》的認識重新寫成以下的簡介：

　　《修文殿御覽》，一部歷經三次編纂才擴編而成的類書，最後的定本共三百六十卷。它是北朝最具代表性的類書，可謂隋代以前類書發展過程的總結。首先是北朝齊人宋士素在齊武成帝掌權期間（起自大寧元年至齊後主天統四年，約介於西元 561～568 年）取古來帝王言行要事編成《御覽》三卷。其次是以陽休之為首與包括祖珽在內的朝士於齊後主武平三年（572）二月參考《華林遍略》，再加上《十六國春秋》、《魏史》、《六經拾遺錄》等書編纂的《玄洲苑御覽》，該書在編輯期間更名為《聖壽堂御覽》並於同年八月成書。最後，約介於齊後主武平三年九月至武平四年三月（572～573）之間，尚書左僕射祖珽為首與鄧長顒、顏之推上奏齊後主請立文林館聚集文士並於稍後再次擴編《聖壽堂御覽》。武平四年三月成書上進，纔定名為《修文殿御覽》。該書經歷隋、唐、五代直到宋、元尚能傳世於天地之間，不過在長江後浪推前浪的趨勢之下逐漸散亂；至明代以降能見到的人越來越少，到了清代已在或存或佚之間。直到近現代敦煌學興起後發現可能是《修文殿御覽》的殘卷才又再引起注意。以往有關《修文殿御覽》的討論多集中於領銜人祖珽的惡劣行徑與編纂《修文殿御覽》的機構：文林館的設立時間上，至於本書的內容與架構的比重則相對較少。《修文殿御覽》共分五十部，但是所有的部號和分類體系難以一一詳明。由於《修文殿御覽》最初是節錄古今帝王言行而成，日後又採用《十六國春秋》、《魏史》（應即魏收的《魏書》）等史書，因此《修文殿御覽》書中涉及到歷史，特別是有關十六國和北魏時期的歷史相信是特別豐富的。

第肆章　餘　論

　　前章列舉的十部類書可謂成書於隋代以前的代表性類書，不過因為它們早已失傳亡佚，無法得知內容和分類的體系；所以以往在回溯類書史時不常成為被討論的主要對象，能夠下筆著墨的部分著實有限。然而從讀歷史的角度來看，即使沒有原書只是表示無法以原文記載和分類架構做為探討的出發點，不代表完全失去探討的可能性。因此前文改以偏重各部類書的書史：從編纂過程、編者的簡歷與人際關係、流傳的概況、何時亡佚等數點，以現存典籍為基礎，企圖嘗試將這幾部類書可能會是什麼模樣盡量再多說一些，再完整一些。

　　前文貳、參章是以介紹編纂於隋代以前具代表性類書的書史為主，下文則將試圖從時代演變與類書發展興衰之間會不會有些關聯性來探討隋代以前的類書。此外，上述十部類書都沒有完整的全書流傳迄今，可是自清代中葉以降藉由清儒輯佚的成果，《皇覽》最後的殘文終於自許多古籍圖書中抽取出來，重新鳩集在一起；到了清末由於敦煌文書的被發現，裡面有一編纂於隋代以前的唐寫本類書殘卷亦隨之重新面世。羅振玉認為是《修文殿御覽》，洪業卻判斷是《華林遍略》。雖然要有確確實實的最後定論殊屬不易，然而這已是目前可見最早、最接近隋代以前編纂的類書原文則無異議。即使這些殘文與全書相較已是百不存一，只是當中的鳳毛麟角而已；但是既能保存迄今，自屬相當珍貴。從這些殘文內容著手或許多多少少仍能對隋代以前的類書再增加些認識。與時代間的聯結與意義以及類書殘文的介紹將是下文想繼續瞭解的部分。

第一節　隋代以前類書發展與時代演變之關係

　　三國、兩晉、十六國、南北朝時期是一個政治動盪，學術卻很興盛的時代；無論文、史、玄、佛、譜學等等都是欣欣向榮。既然人、事、時、地、物都是相同的，彼此間應有相關之處才是。長年以來以文學與圖書學領域討論的成果較多。中國文學系注重有關經、子、文學的範疇，圖書資訊學系則偏好於類書的分類體系。不過如果站在其它的角度來看隋代以前的類書會不會得到什麼不一樣的收穫呢？

　　今日可能因為學術分流之故，認為擅長文學的是文學家，專精史學的就是史學家，可是對隋代以前的人們而言或許沒有這樣的區別。在相同的時代、相同的人物、各門學術都很蓬勃發展的背景之下，類書這種文獻的發展難道真的只受到駢文興起、文人講究排偶、喜好用典等文學方面的單一因素影響嗎？對於讀歷史的人而言，類書與歷史或是史學間會不會有什麼樣的關聯呢？

甲、《皇覽》問世的意義

　　自類事（類書）在圖書分類裡獨立成類後，有許多人追崇編纂於三國魏的《皇覽》為我國的第一部類書，可是將《皇覽》推為類書之首的意義僅是在列序次時率先提及而已嗎？

　　從文學的角度來看，「『類書』是因辭賦的需要而產生的」。〔註1〕從這點看來，自《皇覽》以降的類書都只是為文學而生，別無它途。

　　大陸地區的學者們喜從政治角度看事情，他們認為《皇覽》的出現除了創造新的文獻體裁外還包含政治目的在內。比如：〔註2〕

> 魏文帝曹丕詔命編纂《皇覽》一千多篇，不但在古籍中開創了類書這一種體制，也給後來許多封建王朝在開國之初集中人才大規模地編纂類書以示文采之盛做了一個示範。

目錄學者認為《皇覽》的編纂是首度將主題目錄擴大的行動：〔註3〕

> **類書與目錄學**
>
> 著者認類書為主題目錄之擴大。蓋分類之道，有時而窮。惟以事物

〔註1〕　《傳統文學與類書之關係》，頁149。
〔註2〕　《中國古代的類書》，頁39；《中國的類書、政書與叢書》，頁8。
〔註3〕　《中國目錄學史》，頁74。

為主題，彙列參考資料於各主題之下，使學者一目暸然，盡獲其所欲見之書。此其功用較分類目錄又進一步。倘刪其繁文，僅存書目，即現代最進步之主題目錄也。而我國先哲於一千七百餘年前已創其例。《魏志》稱魏文帝命王象劉劭等集五經羣書，以類相從，作《皇覽》。注引《世語》稱其書撰集數載始成，「合四十餘部，部有數十篇，通合八百餘萬字。」是誠空前創作，極便來學。宜乎後世傚例踵成，屢見不鮮也。

至於治教育史的學者們則認為《皇覽》的出現表示三國曹魏依然重視經學，是統一學術思想的活動：〔註4〕

……。雖然如此，魏代國立太學之課程，仍然重視經學（或曰儒學）帝王並加以提倡。如：

……。又文帝曾使諸儒撰集經傳，隨類相從，凡千餘篇，號曰《皇覽》。(《三國志魏志卷二文帝紀》)

……。其他文教事業，如魏文帝使諸儒撰集經傳，隨類相從，凡千餘篇，八百餘萬字，號曰《皇覽》。這是一種統一學術思想的活動。……。

以上各家說法均有其切入的角度和道理在，合而觀之更覺多元，原來有許多領域的研究者們對《皇覽》都很有興趣。如果將這些說法加以整合，或許會更接近《皇覽》問世的意義。

《皇覽》的編纂應該可以表示中國的學術發展已經到達一個新的里程碑。早先沒有圖書目錄的時候，想要求取知識道理最直接的途徑就是從師問學、閱讀經典即可；當劉向、劉歆父子校理圖書，先後編寫《別錄》、《七略》時已經表示各家學術的分流日益明顯和龐大，寫成典籍的數量也逐漸增多，得要將這些知識加以分類以顯示其特性和源流，對每部書究竟是什麼樣的書也得要作介紹。到了《皇覽》編成時，代表中國的學術發展和撰述成果已經龐大到人腦無法全然記憶也不能依靠目錄分類搜羅就能滿足的程度，需要有一能夠薈萃各書菁華的書才有可能將長年累積的智慧結晶盡力集合在一處，是中國各門學術已經累積深厚內涵的證明，也是對前代學術著作的整

〔註4〕楊吉仁，《三國兩晉學校教育與選士制度》，臺北市：正中書局，中華民國五十九年五月（1970.5）二版，頁 27；中國大陸‧毛禮銳、邵鶴亭、瞿菊農，《中國教育史》，臺北市：五南圖書出版公司，中華民國七十八年十月（1989.10），頁 208。

理。只是這樣的書編成後究竟會用在哪些地方就得看使用者的想法而定了。

乙、隋代以前的類書發展是從史部書脫離到子部書的過程

　　晉荀勖的《中經新簿》裡將「皇覽簿」（不管它是《皇覽》全書還是只有一部分）置於丙部（史部），與《史記》、舊事、雜事等同列；到了《隋書經籍志》編成時，《皇覽》及其後來編纂的圖書文獻均改隸於子部雜家類。由於介於《中經新簿》和《隋書經籍志》間的圖書目錄多已亡佚，難以知其演變梗概；可是即使歷史記載或許會使部分的研究者感到不舒服，《中經新簿》和《隋書經籍志》不同的分類方式，可能代表著三國兩晉南北朝時期的「類書」（當時無類書之名和獨立類目）發展過程是一個從「史書」走向「子書」的過程。

　　這有兩種可能性，一是類書其實是從史書分立出去的，隋代以前的人們可能視「我們今日認為的『類書』」與史書是無異的；但是隨著時代的演進，這些圖書文獻與史書的區別日益明顯，終致脫離了史書的範疇。另外一種可能性有些類似史書脫離《六藝略春秋類》的過程。中國史學有其獨立深厚的內涵，秦統一六國前，各國修撰的史書不知凡幾；但在秦火之後，史書遭到嚴重的摧殘，數量銳減。至劉向、劉歆父子整理典籍時，只得將史書暫時棲身於性質最接近的《春秋》之下；日後史學逐漸復甦，四部分類法亦繼《七略》分類法興起，終致脫離《春秋》類獨立成部。類書可能有它自己的源流，可是因為它的數量不豐，暫時置於性質接近的史部之下，後來才逐漸脫離。無論是哪種可能性，類書和史書的相關性或許原本是很密切的。編類書與撰史書的差異在於史家要依據原始史料撰寫史書，編類書時則是徵集大量的著作而非原始史料為取材的對象，這些著作不僅限於史著，只要是重視的典籍都是搜羅的對象。史家是在收集眾多的史料後加以去蕪存菁、留真黜偽再以圓融柔美的筆法融合成著作，而編纂類書時卻是將著作內容加以拆開後再依選擇的分類架構排列鈔錄而成。另外，中國史學蘊含深厚的內涵和傳統，類書則為學術發展和著作的整理，兩者的確有所差距。由於類書的內容無所不包，體例與當時的史書亦有不同，因此到了南北朝結束時類書會脫離史部而暫隸於雜家之下應該是有其演變脈絡的。

　　不過在選擇、考量什麼材料可用，什麼材料不可用，應該要將材料置於何處，如何分類等部分的過程當中，史家和類書的編纂者採取的方式和態度應當是相近的。有治史經驗的人們對於處理材料是敏感的，是在意的，是嚴

謹的；藉由他們的選擇，對於隋代以前類書的編纂是有幫助的。以本文列舉的十部類書爲例，能夠傳承較久還能多少保留些殘文的《皇覽》和《修文殿御覽》兩部和史學亦有關聯。比如傳鈔並合《皇覽》的何承天、徐爰、蕭琛三人皆有治史經驗，從三家輯本中可以得知《史記》三家注、《水經注》等皆有引用《冢墓記篇》的內容，承認其史料價值，無形中也保留了《皇覽》最後的殘文。至於《修文殿御覽》採取《十六國春秋》和《魏書》，保存北方歷史甚夥，日後宋人校勘、增補《晉書》和《魏書》的內容時受益頗多。陽休之、魏收等人亦有治史經歷，即使是撰例的顏之推先前在南朝梁任官時也曾爲梁元帝藏的史部圖書進行過校訂。文人在進行文學創作時，不一定次次都會記錄他徵引參考的資料來源，可是史家在著作史書時必定要註明史料的出處。在隋代以前的類書均無全帙留存的情況下，從史入手來瞭解類書應當能做爲另一個考慮的選擇。

丙、南北朝喜徵事、論文史的風氣有助於類書的編纂

由於史籍中有關《皇覽》流傳的記載在晉荀勖《中經新簿》編成後到南朝宋裴松之完成《三國志注》之前是一片空白，使得三國兩晉之際的類書發展過程產生斷層；一時難以將此期的類書興衰與歷史演進做完整聯結，直到南北朝時期才能說得比較多些。

南朝齊、梁時期，在政治上盛行一種喜好「徵事」的風氣。這種風氣有似一種益智競賽，一群人齊聚一堂；一人出題，眾人條列背出有關題目到底在哪些圖書裡出現過，內容爲何。背得越多越厲害，不但能夠吸引與會者的目光，獲得「博物」的美譽，仕途上也會比較受到注意和順利。「徵事」的內容有些是日常生活所見所聞的常識，有些則是與「用典、典故」有關，而這些典故就包括歷史在內。既然風氣如此，不少後起之秀亦繼而效尤。能夠博聞強記雖然不代表是飽學之士，可是如果大家討論的話題都與學術有關，多讀文、史可以有機會出人頭地，贏得讚譽，相信能吸引更多人去閱讀文史典故和生活常識；加以文教興盛，圖書典籍日益豐富，家中擁有豐富藏書的人也越來越多，汲取知識的管道也越來越方便。朝堂上人人都在講經、說文、論史，瀰漫著討論學術的風氣，文史焉能不盛？

南朝如此，北朝亦然。前節介紹《修文殿御覽》時，曾列舉兩條史料以

為對比。《北齊書許惇傳》記載：〔註5〕

> （許惇）雖久處朝行，歷官清顯，與邢邵、魏收、陽休之、崔劼、
> 徐之才之徒比肩同列，諸人或談說經史，或吟詠詩賦，更加嘲戲，
> 欣笑滿堂，惇不解劇談，又無學術，或竟坐杜口，或隱几而睡，深
> 為勝流所輕。

而《北史王慧龍傳附王劭傳》裡則是截然不同的狀況：〔註6〕

> （王）劭字君懋，少沈默，好讀書。仕齊，累遷太子舍人，待詔文
> 林館。時祖孝徵（祖珽）、魏收、陽休之等嘗論古事，有所遺忘，討
> 閱不能得。問劭，劭具論所出，取書驗之，一無舛誤。自是大為時
> 人或許，稱其博物。

在朝為官如果不懂經史，沒有學養就會受到同僚輕視排擠的情況在今日幾難
想像。在這樣的氣氛之下，如果想要儘快瞭解歷史典故和生活常識，集合當
時的人們所珍視的知識於一處的類書就很符合當時的需要。

丁、侯景之亂和梁元焚書對南朝學術、圖書的打擊

本文列舉十部代表性的類書，可是各書所占的篇幅差異甚大，少則連一
頁都不到，多則橫跨十數頁，這在無形中也代表了類書發展的盛衰。本文沒
有列舉晉代的類書是因為無法確定晉代是否有編纂類書的記錄，《法寶聯璧》
之後的《要錄》和《書圖泉海》幾無事可徵是因為類書的發展遭到打擊。另
外，前文介紹《壽光書苑》時曾提及南朝梁設有壽光省、文德省等機構，內
部設有學士，以熟知文史之士優先任職，可以想見當時朝廷裡深知文史者必
定不少，但這些官制大多都沒有傳承下來。這些狀況之所以會發生，侯景之
亂和梁元帝焚書兩件事是箇中關鍵。

隋代以前類書的發展過程和學術興衰有關，而學術興衰又與政治環境、
人、制度、圖書和學風有關。齊、梁易代之際雖見兵禍，但這主要是齊廢帝
東昏侯蕭寶卷與以擁立齊和帝蕭寶融的蕭衍（梁武帝）等人之間在皇位上的
爭鬥，對居於社會主要階層的世族卻未有太大的衝擊；就像是公司經營權易

〔註5〕　《北齊書》卷四十三（《列傳》第三十五）：《李稚廉、封述、許惇、羊烈、源
彪》，頁575。

〔註6〕　《北史》卷三十五（《列傳》第二十三）：《王慧龍玄孫松年、五世孫劭、鄭義孫述祖、
從曾孫道邕、道邕子譯、譯叔祖儼、儼從子偉》，頁1292。

主，可是底下的職員依然繼續工作一般。既然掌握政局影響力的世族大多沒有歷經什麼改變，剩下像顏見遠（顏之推祖）能夠為故主守節的例子自然少之又少：〔註7〕

> 初，齊和帝之鎮荊州也，以（顏）見遠為錄事參軍，及即位於江陵，以為治書侍御史，俄兼中丞。高祖（梁武帝蕭衍）受禪，見遠乃不食，發憤數日而卒。高祖聞之曰：「我自應天從人，何預天下士大夫事？而顏見遠乃至於此也。」

換個角度來看，就是因為大致上齊末政局亂的時間短、地域窄；所以死於亂事的人很少，不少人都活到梁朝建立之後，只要國力、環境稍事恢復，喜徵事、論文史的學風自然能夠延續到梁朝。可是到了侯景之亂發生時，情況就完全不一樣了。

南朝梁高祖武帝太清二年（北朝東魏孝靜帝武定六年、西魏文帝大統十四年）秋八月戊戌（十日，548.9.27，星期日），侯景起兵造反。當侯景軍進攻京師時，許多建築、機構及其典藏的圖書都因兵禍而焚毀。《梁書侯景傳》記載：〔註8〕

> ……。（侯）景於是百道攻城，持火炬燒大司馬、東西華諸門。城中倉卒，未有其備，乃鑿門樓，下水沃火，久之方滅。賊又斫東掖門將開，羊侃鑿門扇，刺殺數人，賊乃退。又登東宮牆，射城內，至夜，太宗（皇太子蕭綱）募人出燒東宮，東宮臺殿遂盡。景又燒城西馬廄、士林館、太府寺。……。

《南史賊臣傳》對此段內容也有所增補：〔註9〕

> （侯）景遣百道攻城，縱火燒大司馬、東西華諸門。城中倉卒未有備，乃鑿門樓，下水沃火，久之方滅。賊又斫東掖門將入，羊侃鑿門扇刺殺數人，賊乃退。又登東宮牆射城內。至夜，簡文募人出燒東宮臺殿遂盡，所聚圖書數百廚，一皆灰燼。先是簡文夢有人畫作秦始皇，云「此人復焚書」，至是而驗。景又燒城西馬廄、士林館、太府寺。……。

接者侯景又將矛頭對準居住在建康的平民，對百姓多加屠戮，無所不為，對

〔註7〕　《梁書》卷五十（《列傳》第四十四）：《文學》下，頁727。
〔註8〕　《梁書》卷五十六（《列傳》第五十）：《侯景》，頁842。
〔註9〕　《南史》卷八十：《賊臣》，頁1999～2000。

當時的人物和學風造成相當大的戕害。〔註10〕

> 初，（侯）景至，便望克定京師，號令甚明，不犯百姓；既攻城不下，
> 人心離阻，又恐援軍總集，眾必潰散，乃縱兵殺掠，交屍塞路，富
> 室豪家，恣意哀剝，子女妻妾，悉入軍營。及築土山，不限貴賤，
> 晝夜不息，亂加毆棰，疲羸者因殺之以填山，號哭之聲，響動天地。
> 百姓不敢藏隱，並出從之，旬日之間，眾至數萬。

南朝梁高祖武帝太清三年（北朝東魏孝靜帝武定七年、西魏文帝大統十五年）
三月丁卯（十二日，549.4.24，星期六），「賊攻陷宮城，縱兵大掠」。〔註11〕
建康從繁華天堂墮落成人間地獄，百年名城，幾毀一旦。《梁書侯景傳》記載：
〔註12〕

> ……初，城中積屍不暇埋瘞，又有已死而未斂，或將死而未絕，（侯）
> 景悉聚而燒之，臭氣聞十餘里。尚書外兵郎鮑正疾篤，賊曳出焚之，
> 宛轉火中，久而方絕。於是援兵並散。……。

> ……。是月（太清三年十二月，時梁武帝已崩，簡文帝嗣位），百濟
> 使至，見城邑丘墟，於端門外號泣，行路見者莫不灑淚。（侯）景聞
> 之大怒，送小莊嚴寺禁止，不聽出入。

《梁書諸夷傳》也寫著：〔註13〕

> 太清三年，（百濟）不知京師寇賊，猶遣使貢獻；既至，見城闕荒毀，
> 並號慟涕泣。侯景怒，因執之，及景平，方得還國。

連百濟國的使臣看到建康的殘破不禁大哭，可見建康當時的慘況。

南朝梁太宗簡文帝大寶三年（北朝西魏廢帝元年、齊顯祖文宣帝天保三
年，552，時簡文帝已崩）二月，湘東王蕭繹遣將王僧辯自尋陽出發反攻侯景；
三月，侯景被殺，其首級被砍下送至蕭繹所在的江陵，亂事終告落幕。然而
當王僧辯與陳霸先會師共擊侯景時，由於王僧辯不能約束諸將，使梁軍入城
後不僅不能使百姓生重見漢官威儀之感，反而認為其行徑實與侯景無異。建
康城又再度受到摧殘，宮室幾毀於此。《梁書王僧辯傳》寫著：〔註14〕

> ……。（侯景儀同）盧暉略聞景戰敗，以石頭城降，（王）僧辯引軍

〔註10〕《梁書》卷五十六（《列傳》第五十）：《侯景》，頁843。
〔註11〕《梁書》卷三（《本紀》第三）：《武帝》下，頁95。
〔註12〕《梁書》卷五十六（《列傳》第五十）：《侯景》，頁850、853。
〔註13〕《梁書》卷五十四（《列傳》第四十八）：《諸夷》，頁805。
〔註14〕《梁書》卷四十五（《列傳》第三十九）：《王僧辯》，頁628。

入據之。景之退也，北走朱方，於是景散兵走告僧辯，僧辯令眾將
入據臺城。其夜，軍人採椽失火，燒太極殿及東西堂等。時軍人鹵
掠京邑，剝剧士庶，民為其執縛者，袒衣不免。盡驅逼居民以求購
贖，自石頭至于東城，緣淮號叫之聲，震響京邑，於是百姓失望。

《南史賊臣傳》對有關建康城究竟有多少規模被焚毀以及梁軍的殘暴等部分
事情增補得很詳細，也提到王僧辯將建康倖存的圖書西遷江陵的事情：〔註15〕

（侯）景既退敗，不敢入宮，歛其散兵屯于闕下，遂將逃。……。
仰觀石闕，逶巡歎息久之。乃以皮囊盛二子挂馬鞍，與其儀同田遷、
范希榮等百餘兵東奔。王偉遂委臺城竄逸。侯子鑒等奔廣陵。王克
開臺城門引裴之橫入宮，縱兵踩掠。是夜遺燼燒太極殿及東西堂、
延閣、祕署皆盡，羽儀輦輅莫有子遺。王僧辯命武州刺史杜崱救火，
僅而得滅。故武德、五明、重雲殿及門下、中書、尚書省得免。

（王）僧辯迎簡文（梁太宗簡文帝蕭綱）梓宮升於朝堂，三軍縞素，
踊於哀次。命侯瑱、裴之橫追賊於東，焚偽神主於宣陽門，作神主
於太廟，收圖書八萬卷歸江陵。杜崱守臺城，都下戶口百遺一二，
大航南岸極目無煙。老小相扶競出，纔度淮，王琳、杜龕軍人掠之，
甚于寇賊，號叫聞于石頭。僧辯謂為有變，登城問故，亦不禁也。
僉以王師之酷，甚於侯景，君子以是知僧辯之不終。

從梁武帝太清二年（548）到簡文帝大寶三年（552）大約三年有餘的時間裡，
居於建康的人民被屠殺，官舍、宮殿、圖書大量被焚毀，對文化的破壞難以估
計。前述介紹《壽光書苑》時深感難以將壽光殿或壽光省的編制說得明白，主
因之一就是王僧辯軍縱兵焚燒建康後，相關史料有所闕漏之故。其實不僅僅是
壽光省，像是典藏圖書校寫的單位或是聚集學士從事撰述的機關全部毀於一旦。

然而這還不是悲劇的結束。日後蕭繹即帝位，是為梁元帝。南朝梁世祖
元帝承聖二年（北朝西魏廢帝二年、齊顯祖文宣帝天保四年，553），他聽信
宗懍、黃宗漢的意見決定留在江陵，無意還都建康；繼命王僧辯運原建康文
德殿圖書西遷江陵，這些是建康城經歷劫餘後梁朝朝廷最後典藏的圖書。次
年十一月，西魏與梁昭明太子子蕭詧的軍隊會師進攻江陵，在情勢危急之際，
梁元帝一把火燒光了這些圖書典籍。此事不見於《梁書元帝紀》，《南史梁本

〔註15〕《南史》卷八十：《賊臣》，頁2014。

紀下》亦是輕描淡寫地帶過。《南史梁本紀下》記載：〔註16〕

> 及魏人燒柵，（朱）買臣、謝答仁勸（梁元）帝乘暗潰圍出就任約。
> 帝素不便馳馬，曰：「事必無成，徒增辱耳。」答仁又求自扶，帝以
> 問僕射王褒。褒曰：「答仁，侯景之黨，豈是可信？成彼之勳，不如
> 降也。」乃聚圖書十餘萬卷盡燒之。

有關梁元帝焚書事，《北史》和《隋書牛弘傳》、《隋書經籍志總序》、唐人丘
悅的《三國典略》、張彥遠的《歷代名畫記》以及《資治通鑑》補充甚多。
將這些詳略不一的史事記錄並列對比後應約可略知梁元帝焚書的來龍去
脈。《北史》和《隋書牛弘傳》記載隋文帝開皇初年，祕書監牛弘上書隋文
帝希望能開獻書之路，讓朝廷能重新典藏散亂的圖書文獻。在上書的內容中
提到隋代以前圖書凡歷經五次厄運，包括秦始皇焚書、王莽之亂、董卓之亂、
永嘉之禍和梁元帝焚書。現將有關永嘉之禍和梁元帝焚書的部分摘出如下：
〔註17〕

> ……。魏文代漢，更集經典，皆藏在祕書、內外三閣，遣祕書郎鄭
> 默刪定舊文，（時之）論者美其朱紫有別。晉氏承之，文籍尤廣。晉
> 祕書監荀勖定魏《內經》，更著《新簿》。（雖古文舊聞，猶云有缺，
> 新章後錄，鳩集已多，足得恢弘正道，訓範當世。）屬劉、石馮陵，
> （京華覆滅，朝章國典，）從而失墜。此則書之四厄也。永嘉之後，
> 寇竊競興，（因河據洛，跨秦帶趙。論）其建國立家，雖傳名號，憲
> 章禮樂，寂滅無聞。劉裕平姚，收其圖籍，《五經》子史，纔四千卷，
> 皆赤軸青紙，文字古拙（。僭偽之盛，莫過二秦，以此而論，足可
> 明矣。故知衣冠軌物，圖畫記注，播遷之餘），並（皆）歸江左。宋
> 祕書丞王儉依劉氏《七略》，撰爲《七志》。梁人阮孝緒亦爲《七錄》。
> 總其書數，三萬餘卷。及侯景度江，破滅梁室，祕省經籍，雖從兵
> 火，其文德殿內書史，宛然猶存。蕭繹據有江陵，遣將破平侯景，
> 收文德之書及公私典籍重本七萬餘卷，悉送荊州。（故江表圖書，因
> 斯盡萃於繹矣。）及周師入郢，繹悉焚之於外城，所收十纔一二。
> 此則書之五厄也。……。

〔註16〕 《南史》卷八：《梁本紀》下第八，頁244～245。
〔註17〕 《北史》卷七十二（《列傳》第六十）：《高頻、牛弘、李德林》，頁2493～2494；
　　　　《隋書》卷四十九（《列傳》第十四）：《牛弘》，頁1298～1299。

《隋書經籍志總序》裡的內容大抵是相近的：〔註18〕

> ……。梁武敦悅詩書，下化其上，四境之內，家有文史。元帝克平侯景，收文德之書及公私經籍，歸于江陵，大凡七萬餘卷。周師入郢，咸自焚之。陳天嘉中，又更鳩集，考其篇目，遺闕尚多。……。

唐人丘悅的《三國典略》裡對於梁元帝焚書前後相關行為舉止的記錄較正史為詳：〔註19〕

> 周師（北朝西魏軍）陷江陵，梁王（主）（即梁元帝）知事不濟，入東閣竹殿，命舍人高善寶焚古今圖書十四萬卷，欲自投火與之俱滅。宮人引衣，遂及火滅盡，并以寶劍斫柱令折，歎曰：「文武之道，今夜窮矣。」

唐人張彥遠的《歷代名畫記》裡也提到相近的情節：〔註20〕

> ……。（梁）元帝雅有才藝，自善丹青；古之珍奇，充牣內府。侯景之亂，太子綱（梁簡文帝）數夢秦皇更欲焚天下書，既而內府圖畫數百函，果為景所焚也。及景之平，所有畫皆載入江陵，為西魏將于謹所陷。元帝將降，乃聚名畫法書及典籍二十四萬卷，遣後閣舍人高善寶焚之。帝欲投火俱焚，宮嬪牽衣得免；吳越寶劍并將斫柱令折，乃歎曰：「蕭世誠遂至于此，儒雅之道，今夜窮矣。」于謹等於煨燼之中，收其書畫四千餘軸歸于長安。故顏之推《觀我生賦》云：「（人）民百萬而囚虜，書（史）千兩而煙颺（煬）；（史籍已來，未之有也。）普（溥）天之下，斯文盡喪。」陳主肆意搜求，所得不少。……。

《資治通鑑梁元帝紀》亦言：〔註21〕

> ……。（梁元）帝入東閣竹殿，命舍人高善寶焚古今圖書十四萬卷，將自赴火，宮人左右共止之。又以寶劍斫柱令折，歎曰：「文武之道，今夜盡矣！」……。
>
> ……。

〔註18〕《隋書》卷三十二（《志》第二十七）：《經籍一經》，頁 907。

〔註19〕《三國典略輯校》，頁 100。

〔註20〕唐‧張彥遠，《歷代名畫記》卷一：《敘畫之興廢》，臺北市：藝文印書館據清人張海鵬輯刊《學津討原》叢書景印（收入《百部叢書集成》之四十六），中華民國五十四年（1965），四板八行至十行。

〔註21〕《資治通鑑》卷一百六十五（《梁紀》二十一）：《元帝承聖三年》，頁 5121、5122。

十二月，丙辰，……。或問：「何意焚書？」帝曰：「讀書萬卷，猶
有今日，故焚之！」

從以上多處史文記錄中可以得知梁元帝命王僧辯遷往江陵的原建康文德殿圖
書是南朝梁最後存留的典籍，可是這些書卻沒有因此避禍，反被梁元帝一把
火焚毀。梁元帝不思亡國之故，反將一切責任推給圖書文獻，說出「文武（儒
雅）之道，今夜盡矣」的話。雖然看得出他在絕望之際，幾已喪失判斷力的
悲哀；可是如此摧殘文化的行徑，實在必須予以譴責。日後陳朝建立雖然又
找回不少圖書，可是距離齊、梁盛況已是相差甚遠，難以全面彌補。在人、
制度、圖書俱毀的情況下，齊、梁以來建立的學術風氣自然難以在南朝為繼，
也就難以促成量多質精的新類書問世了。幸而最晚在侯景之亂爆發的前後大
約也是《華林遍略》北傳北朝的時間，由於《華林遍略》與《修文殿御覽》
間的關係密切，而《修文殿御覽》又影響到後來的類書演進；因此雖然南朝
豐富的圖書典籍飽受摧殘，編纂於南朝的諸多類書亦十不存九，但終究還是
保存了一脈與後代維持聯繫，不致完全中斷。

第二節　清人對《皇覽》的輯佚

隋代以前編纂的十部類書，除《修文殿御覽》應是在清代完全散亡之外，
其餘九部最晚大約在北宋前期即已不傳。直到清代以降樸學興起，整理國故的
風氣方興未艾，學者相尚於校勘、註解、增補、輯佚古籍，許多原本難見或已
失傳的圖書又再重現於世。像是從《永樂大典》裡輯出薛居正等人撰寫的《舊
五代史》和李燾的《續資治通鑑長編》等史書則是最為人所津津樂道的代表。

其實清儒輯佚古籍不限史書，經、子、集都是他們涉獵的對象，本文列
舉的十部類書中，清儒輯出了《皇覽》。入民國後，最晚失傳的《修文殿御覽》
殘文則由阮延卓加以整理後發表於《大陸雜誌》。〔註22〕本節僅就清儒輯出的
《皇覽》輯本加以討論。

今日可考見的《皇覽》輯本有三家：

第一是清仁宗嘉慶三年（1798）王謨輯「《皇覽逸禮附中霤禮》」一篇，
收入《漢魏遺書鈔》中；藝文印書館於中華民國五十九年四月（1970.4）據此

〔註22〕阮廷卓，《修文殿御覽考》，收入《大陸雜誌》第三十二卷第一期，臺北市：
　　　　大陸雜誌社，中華民國五十五年一月十五日（1966.1.15），頁 26～28。

景印，成爲《叢書集成續編》之一部分。

第二是清仁宗嘉慶七年（1802）孫馮翼輯「《皇覽》」一卷，收入《問經堂叢書》中；藝文印書館於中華民國五十七年（1968）據此景印，成爲《百部叢書集成》之一部分。

第三是清宣宗道光年間（1821～1850）黃奭輯「《魏皇覽》」一卷，收入《黃氏逸書考》中的《子史鉤沈》系列裡；藝文印書館於中華民國六十一年六月（1972.6）據黃氏刊中華民國十四年（1925）王鑒修補印本景印，成爲《叢書集成三編》之一部分。

以上三家輯本中，王謨的輯本出現最早、黃奭的輯本篇幅最多，但孫馮翼的輯本最爲人知。如清人周中孚的《鄭堂讀書記》、張之洞的《書目答問》等即僅記孫馮翼本，後代有關《皇覽》的探討文章裡不一定會詳細介紹有三種輯本，但是一定會提到孫馮翼輯本。雖然不清楚前人爲何必稱孫馮翼輯本，但在閱讀後可以發現孫本有其它兩家所沒有的部分，就是他自己的意見。孫氏在其《皇覽》輯本之前撰寫《序》和《考證》各一篇，將其編者生平、流傳概況做較多的討論，也將輯本中錄出的內容做一提要。孫馮翼的《序》和《考證》是《皇覽》亡佚近千年後首次進行較深入的討論，很有可能是最早研究隋代以前類書的文章，開創之功不可磨滅；如果要比較三家輯本的價值孰爲高，孫馮翼的輯本相信是較優先的選擇。現將三家《皇覽》輯本內容製成表格列舉如後以便再做探討。三家《皇覽》輯本的用字或有差異，詳略亦有不同；表中凡三家輯本內容出現不一致處時，皆套上微軟公司出品的文書處理軟體「Word」所附的「字元網底」功能加以區別。

三家《皇覽》輯本內容對照表

《漢魏遺書鈔》（選自《叢書集成續編》）	《問經堂叢書》（《逸子書》）（選自《百部叢書集成》）	《黃氏逸書考》（《子史鉤沈》）（選自《叢書集成三編》）
	《皇覽（輯本）序》	
	考證	
《皇覽逸禮》 魏·東海繆襲撰 新喻郭登瀛校	《皇覽》一卷 瀋陽孫馮翼輯	《魏皇覽》 甘泉黃奭學
（天子迎四節日。天子迎）	《逸禮》〔「逸」，《續漢志注》刊本或訛作「迎」。以《（太平）御覽》所題《逸禮》知爲刊誤〕	《逸禮》〔「逸」，《續漢志注》刊本或訛作「迎」。以《（太平）御覽》所題《逸禮》知爲刊誤〕

春夏秋冬之樂，又順天道。 是故距多至四十六日，則天子迎春於多堂。距邦八里，堂高八尺，堂階八等，青稅八乘，旗旄尚青，田車載矛，號曰「助天生」。唱之以角，舞之以羽翟，此迎春之樂也。 自春分數四十六日，則天子迎夏於南堂。距邦七里，堂高七尺，堂階七等，赤稅七乘，旗旄尚赤，田車載弓（《後漢書》注作「戟」），號曰「助天養」。唱之以徵，舞之以鼓鞞，此迎夏之樂也。 自夏至數四十六日，則天子迎秋於西堂。距邦九里，堂高九尺，堂階九等，白稅九乘，旗旄尚白，田車載戟（《後漢書》注作「兵」），號曰「助天收」。唱之以商，舞之以干戚，此迎秋之樂也。 自秋分數四十六日，則天子迎多於北堂。距邦六里，堂高六尺，堂階六等，黑稅六乘，旗旄尚黑，田車載甲鐵鏊，號曰「助天誅」。唱之以羽，舞之以籥，此迎多之樂也。	春夏秋冬之樂，义順天道。是故距多至日四十六日，則天子迎春於東堂。距邦八里，堂高八尺，堂階三等，青稅八乘，旗旄尚青，田車載旄，號曰「助天生」。唱之以角，舞之以羽翟，此迎春之樂也。 自春分數四十六日，則天子迎夏於南堂。距邦七里，堂高七尺，堂階二等，赤稅七乘，旗旄尚赤，田車載戟，號曰「助天養」。唱之以徵，舞之以鼓鞞，此迎夏之樂也。 自夏至數四十六日，則天子迎秋於西堂。距邦九里，堂高九尺，堂階九等，白稅九乘，旗旄尚白，田車載兵，號曰「助天收」。唱之以商，舞之以干戚，此迎秋之樂也。 自秋分數四十六日，則天子迎多於北堂。距邦六里，堂高六尺，堂階六等，黑稅六乘，旗旄尚黑，田車載甲鐵鏊，號曰「助天鋤」。唱之以羽，舞之以干戈，此迎多之樂也。（劉昭《續漢祭祀志補注》。又《太平御覽》卷五百二十八《禮儀部》同引此。惟首句上增「天子迎四節，曰天子迎」九字。又田車載旄，作「載矛」；田車載戟，作「載弓」；田車載兵，作「載戟」；田車載甲，下無「鐵鏊」二字。助天鋤，作「助天誅」。舞之以干戈，作「舞之以籥」。）	春夏秋冬之樂，义順天道。是故距多至四十六日，則天子迎春於東堂。距邦八里，堂高八尺，堂階八等，青稅八乘，旗旄尚青，田車載旄，號曰「助天生」。唱之以角，舞之以羽翟，此迎春之樂也。 自春分數四十六日，則天子迎夏於南堂。距邦七里，堂高七尺，堂階七等，赤稅七乘，旗旄尚赤，田車載戟，號曰「助天養」。唱之以徵，舞之以鼓鞞，此迎夏之樂也。 自夏之數四十六日，則天子迎秋於西堂。距邦九里，堂高九尺，堂階九等，白稅九乘，旗旄尚白，田車載兵，號曰「助天收」。唱之以商，舞之以干戚，此迎秋之樂也。 自秋分數四十六日，則天子迎多於北堂。距邦六里，堂高六尺，堂階六等，黑稅六乘，旗旄尚黑，田車載甲鐵鏊，號曰「助天鋤」。唱之以羽，舞之以干戈，此迎多之樂也。（劉昭《續漢祭祀志補注》。又《太平御覽》卷五百二十八《禮儀部》同引此。惟首句上增「天子迎四節，曰天子迎」九字。又田車載旄，作「載矛」；田車載戟，作「載弓」；田車載兵，作「載戟」；田車載甲，下無「鐵鏊」二字。助天鋤，作「助天誅」。舞之以干戈，作「舞之以籥」。）

所以迎四時樂，秋養九志於西堂，冬養九勝於北堂，養後三日而止。天子行殺，必順天道。〔《（太平）御覽》〕	所以迎四時樂，秋養九志於西堂，冬養九勝於北堂，養後三日而止。天子行殺，必順天道。〔《（太平）御覽》多此六句，然僅言「秋養」、「冬養」，而無春、夏，似所引非全文。又「九志」、「九勝」，未詳。〕	所以迎四時樂，秋養九志於西堂，冬養九勝於北堂，養後三日而止。天子行殺，必順天道。〔《（太平）御覽》多此六句，然僅言「秋養」、「冬養」，而無春夏，似所引非全文。又九志、九勝，未詳。〕
春則衣青衣，佩蒼玉，乘青輅，駕赤騮，載青旗，以迎春於東郊。居明堂左，啓東戶。		春則衣青衣，佩蒼玉，乘青輅，駕赤騮，載青旗，以迎春於東郊。居明堂左，啓東戶。〔王謨本引《（藝文）類聚》。〕
夏則衣赤衣，佩赤玉，乘赤輅，駕赤騮，載赤旗，以迎夏於南郊。食菽其祭先黍與雞，明堂正居廟，啓南戶。〔《（北堂）書鈔》引此云「仲夏則居明堂正廟」。〕	夏則衣赤衣，佩赤玉，乘赤輅，駕赤騮，載赤旗，以迎夏於南郊。其祭先黍與雞，居明堂正廟，啓南戶。（《藝文類聚》卷三《歲時部》，《初學記》卷三《歲時部》，《大平御覽》卷二十一《時序部》。又，《北堂書鈔》卷一百五十四《歲時部》，引「夏則居明堂正廟」一句。）	夏則衣赤衣，佩赤玉，乘赤輅，駕赤騮，載赤旗，以迎夏於南郊。其祭先黍與雞，居明堂正廟，啓南戶。（《藝文類聚》卷三《歲時部》，《初學記》卷三《歲時部》，《大平御覽》卷二十一《時序部》。又，《北堂書鈔》卷一百五十四《歲時部》，引「夏則居明堂正廟」一句。）
秋則衣白衣，佩白玉，乘白輅，駕白騮，載白旗，以迎秋於西郊。居明堂右，啓西戶。	秋則衣白衣，佩白玉，乘白輅，駕白駱，載白旗，以迎秋於西郊。（《藝文類聚》同上。）秋居明堂右，啓西戶。（《北堂書鈔》引此二句。）	秋則衣白衣，佩白玉，乘白輅，駕白駱，載白旗，以迎秋於西郊。（《藝文類聚》同上。）秋居明堂右，啓西戶。（《北堂書鈔》引此二句。）
冬則衣黑衣，佩○玉，乘○輅，駕鐵驪，載○旂，以迎冬於北郊。其祭先黍與豕，居明堂後廟，啓北戶。	冬則衣黑衣，佩元玉，乘元輅，駕鐵驪，載元旗，以迎冬於北郊。其祭先豕，居明堂後廟，啓北戶。（《藝文類聚》同上。《太平御覽》卷二十六《時序部》。）	冬則衣黑衣，佩元玉，乘元輅，駕鐵驪，載元旗，以迎冬於北郊。其祭先豕，居明堂後廟，啓北戶。（《藝文類聚》同上。《太平御覽》卷二十六《時序部》。）
天子之著九尺，諸侯七尺，大夫五尺，士三尺。著千歲三百莖者，先知也。〔並《（藝文）類聚》。〕 天子龜尺二寸，諸侯八寸，大夫六寸，士民四寸。龜者，陰蟲之老也。		

龜三千歲上遊於卷耳上，老者先知。故君子舉事必考之。（《初學記》。）		
君使大夫弔於國君禮。錫衰，衰裳弁絰。有絰下馬，大夫爲介亦如之。士介、將命者，緦麻裳弁絰。異姓葛，同姓麻。	君使大夫弔於國君禮。錫衰，衰裳弁絰。有絰下馬，大夫爲介亦如之。士介者、將命者，緦麻裳弁絰。異姓葛，同姓麻。（《太平御覽》卷五百六十一《禮儀部》。）	君使大夫弔於國君禮。錫衰，裳弁有■（墨等）下大夫爲介亦如之。士介者、將命者，緦麻裳弁絰。異姓葛，同姓麻。（《太平御覽》卷五百六十一《禮儀部》。）
衛靈公之時，蘧伯玉賢而不用，彌子瑕不肖而任事；史鰌數言之，未入。	已上諸書所引並題「《皇覽逸禮》」。	已上諸書所引並題「《皇覽逸禮》」。
史鰌病且死，謂其子曰：「我死治喪於北堂。吾生不能進蘧伯玉而退彌子瑕，是不能正君也。生不能正君者，死不當成禮。死而置尸於北堂於我足矣。」靈公往弔問其故，其子以父言對於靈公。靈公失容曰：「吾失矣！」立召蘧伯玉而進之，召彌子瑕而退之。徙喪於堂，成禮而後去。衛國以治，史鰌之力也；史鰌以尸諫可謂忠不衰矣。〔並《（太平）御覽》。〕	衛史鰌病且死，謂其子曰：「我死治喪於北堂。吾生不能進蘧伯玉而退彌子瑕，是不能正君也。生不能正君者，死不當成禮。死而置尸於北堂足矣。」（衛）靈公往弔問其故，其子以父言聞於靈公。公失容曰：「吾失矣！」立召蘧伯玉而貴之，召彌子瑕而退之。徙喪於堂，成禮而後去。（《藝文類聚》卷二十四《人部》。）	衛史鰌病且死，謂其子曰：「我死治喪於北堂。吾生不能進蘧伯玉而退彌子瑕，是不能正君也。生不能正君者，死不當成禮。死而置尸於北堂足矣。」（衛）靈公往弔問其故，其子以父言聞於靈公。公失容曰：「吾失矣！」立召蘧伯玉而貴之，召彌子瑕而退之。徙喪於堂，成禮而後去。（《藝文類聚》卷二十四《人部》。）
	天子之蓍九尺，諸侯七尺，大夫五尺，士三尺。蓍千歲三百莖，先知也。（《藝文類聚》卷八十二《艸部》。）	天子之蓍九尺，諸侯七尺，大夫五尺，士三尺。蓍千歲三百莖，先知也。（《藝文類聚》卷八十二《艸部》。）
	太公爲太師，周公爲太傅，召公爲太保。（《太平御覽》卷二百六《職官部》。）	太公爲太師，周公爲太傅，召公爲太保。（《太平御覽》卷二百六《職官部》。）
	天子龜尺二寸，諸侯八寸，大夫六寸，士民四寸。龜者，陰蟲之長也。龜三千歲上遊於卷耳上，老者先知。故君子舉事必考之。（《太平御覽》卷九百三十一《鱗介部》。）	天子龜尺二寸，諸侯八尺，大夫六寸，士民四寸。龜者，陰蟲之長也。龜三千歲上遊於卷耳上，老者先知。故君子舉事必考之。（《太平御覽》卷九百三十一《鱗介部》。）

	已上四事，祇題「《逸禮》」而不著《皇覽》，附編存考。	已上四事，祇題「《逸禮》」而不著《皇覽》，附編存考。
	三皇禪云云，盛意也；五帝禪亭亭，特立於身也。（《太平御覽》卷五百三十六《禮儀部》。又，《北堂書鈔》卷九十一《禮儀部》祇引「禪云云、亭亭」二句而無「盛意、特立於身」二句。）	三皇禪云云，盛意也；五帝禪亭亭，特立於身也。三王禪梁父，連延不絕，父死子繼也。（《太平御覽》卷五百三十六《禮儀部》。又，《北堂書鈔》卷九十一《禮儀部》祇引「禪云云、亭亭」二句而無「盛意、特立於身」二句。）
	王者必制巡狩之禮何？尊天重民也。所以五年一巡狩何？五歲再閏，天道大備，所以至四嶽者。盛德之山，四方之中，能興雲致雨也。巡狩者何？巡，循也；狩，牧也。爲天循行牧民也。〔《太平御覽》卷五百三十七《禮儀部》。又，《（昭明）文選》班孟堅《東都賦注》云：「王者以巡狩之禮，尊天重人也。巡狩者何？巡者，循也；狩，牧也。謂天子巡行守牧也。」	王者必制巡狩之禮何？尊天重民也。所以五年一巡狩何？五歲再閏，天道大備，所以至四嶽者。盛德之山，四方之中，能興雲致雨也。巡狩者何？巡，循也；狩，牧也。爲天循行牧民也。〔《太平御覽》卷五百三十七《禮儀部》。又，《（昭明）文選》班孟堅《東都賦注》云：「王者以巡狩之禮，尊天重人也。巡狩者何？巡者，循也；狩，牧也。謂天子巡行守牧也。」〕
	已上二事題「《禮記逸禮》」，未審是否《皇覽》之文。今依類編於末。	已上二事題「《禮記逸禮》」，未審是否《皇覽》之文。今依類編於末。
附錄《中霤禮》		**附錄《中霤禮》**
凡祭五祀於廟用特牲，有主有尸皆先設席於奧。		凡祭五祀於廟用特牲，有主有尸皆先設席於奧。
祀戶之禮：南面設主於戶內之西，乃制脾及腎爲俎奠。於主北又設盛於俎西，祭黍稷、祭肉、祭醴皆三、祭肉脾一腎。再既祭徹之更，陳鼎俎，設饌於筵前迎尸，略於祭宗廟之儀。		祀戶之禮：南面設主於戶內之西，乃制脾及腎爲俎奠。於主北又設盛於俎西，祭黍稷、祭肉、祭醴皆三、祭肉脾一腎。再既祭徹之更，陳鼎俎，設饌於筵前迎尸，略於祭宗廟之儀。（《禮記月令注正義》云皆中霤禮文。）
祀竈之禮：先席於門之奧，東面設主於竈陘，乃制肺及心肝爲俎奠。於主		祀竈之禮：先席於門之奧，東面設主於竈陘，乃制肺及心肝爲俎奠。於主西又設盛

西又設盛於俎南，亦祭黍三、祭肺心肝各一、祭醴一，亦既祭徹之更，陳鼎俎，設饌於筵前迎尸，如祀戶之禮。 祀中霤之禮：設主於牖下，乃制心及肺肝爲俎，其祭肉心肺肝各一。他皆如祀戶之禮。 祀門之禮：北面設主於門左樞，乃制肝及肺心爲俎奠，於主南又設盛於俎東。其他皆如祭竈之禮。 行在廟門外之西爲軷壤，厚二寸、廣五尺、輪五尺。 祀行之禮：北面設主於軷上，乃制腎及脾爲俎奠，於主南又設盛於東，祭肉腎一脾。再其他皆如祀門之禮。（並《禮記月令注》。）		於俎南，亦祭黍三、祭肺心肝各一、祭醴一，亦既祭徹之更，陳鼎俎，設饌於筵前迎尸，如祀戶之禮。（仝上） 祀中霤之禮：設主於牖下，乃制心及肺肝爲俎，其祭肉心肺肺各三。他皆如祀戶之禮。（仝上） 祀門之禮：北面設主於門左樞，乃制肝及肺心爲俎奠，於主南又設盛於俎東。其他皆如祭竈之禮。（仝上） 行在廟門外之西爲軷壤，厚二寸、廣五尺、輪四尺。 祀行之禮：北面設主於軷上，乃制腎及脾爲俎奠，於主南又設盛於東，祭肉腎一脾。再其他皆如祀門之禮。（仝上）
	冢墓記	**冢墓記**
	黃帝冢在上郡橋山。（《史記集解》卷一《五帝本紀》。） 顓頊冢在東郡濮陽頓邱城門外廣陽里中。頓邱者，城門名，頓邱道。（《史記集解》同上。又，劉昭《補注續漢郡國志》。）王莽時，使使者祠顓頊冢。（《太平御覽》卷五百六十《禮儀部》多「王莽時」二句而無「頓邱者」三句。《續漢志補注》同無。又，《水經淇水注》引「頓邱者，城門名」二句。） 蚩尤冢在東平郡壽張縣闞鄉城中，高七丈，民常十月祀之。有赤氣出如匹絳帛，民名爲「蚩尤旗」。肩髀冢在山陽鉅野縣重聚，大小與闞冢	黃帝冢在上郡橋山。（《史記集解》卷一《五帝本紀》。） 顓頊冢在東郡濮陽頓邱城門外廣陽里中。頓邱者，城門名，頓邱道。（《史記集解》同上。又，劉昭《補注續漢郡國志》。）王莽時，使使者祠顓頊冢。（《太平御覽》卷五百六十《禮儀部》多「王莽時」二句而無「頓邱者」三句。《續漢志補注》同無。又，《水經淇水注》引「頓邱者，城門名」二句。） 蚩尤冢在東平郡壽張縣闞鄉城中，高七丈，民常十月祀之。有赤氣出如匹絳帛，民名爲「蚩尤旗」。肩髀冢在山陽鉅野縣重聚，大小與闞冢

等。傳言黃帝與蚩尤戰於涿鹿之野，黃帝殺之，身體異處，故別葬之。〔《史記集解》同上。又，《水經濟水注》、《藝文類聚》卷四十《禮部》；《太平御覽》卷二十七《時序部》、卷五百六十《禮儀部》；《太平寰宇記》卷十三《河南道》、卷四十六《河東道》並引之。「赤氣出如匹絳帛」句下，《（太平）寰宇記》有「自上屬下」四字。《續漢郡國志注》引「蚩尤冢在壽張縣闞城中，高五丈」三句。《史記索隱》卷九《封禪書》亦引二句。〕

帝嚳冢在東郡濮陽頓邱城南臺陰野中。（《史記集解》同上。又，《水經淇水注》曰：「頓邱者，城門名。」）

堯冢在濟陰城陽。（《史記集解》同上。）

舜冢在零陵營浦縣。其山九谿皆相似，故曰「九疑」。（《史記集解》同上。又《史記正義》卷六《秦本紀》云：「舜冢在零陵郡營浦縣九疑山。」）

皋陶冢在廬江六縣。（《史記集解》卷二《夏本紀》。又，《續漢郡國志補注》云：「六安國，皋陶冢在縣。」）

禹冢在山陰縣會稽山上。會稽山本名苗山，在縣南去縣七里。（《史記集解》同上。又，賈公彥《周禮疏》卷三十三云：「禹冢在山陰會稽山，本苗山縣南七里。」）

湯冢在濟陰亳縣北東郭，去縣三里。冢四方各十步，高七尺，上平處平地。漢哀帝建平元年，大司空御史長卿

等。傳言黃帝與蚩尤戰於涿鹿之野，黃帝殺之，身體異處，故別葬之。〔《史記集解》同上。又，《水經濟水注》、《藝文類聚》卷四十《禮部》；《太平御覽》卷二十七《時序部》、卷五百六十《禮儀部》；《太平寰宇記》卷十三《河南道》、卷四十六《河東道》並引之。「赤氣出如匹絳帛」句下，《（太平）寰宇記》有「自上屬下」四字。《續漢郡國志注》引「蚩尤冢在壽張縣闞城中，高五丈」三句。《史記索隱》卷九《封禪書》一引二句。〕

帝嚳冢在東郡濮陽頓邱城南臺陰野中。（《史記集解》同上。又，《水經淇水注》曰：「頓邱者，城門名。」）

堯冢在濟陰城陽。（《史記集解》同上。）

舜冢在零陵營浦縣。其山九谿皆相似，故曰「九疑」。（《史記集解》同上。又《史記正義》卷六《秦本紀》云：「舜冢在零陵郡營浦縣九疑山。」）

皋陶冢在廬江六縣。（《史記集解》卷二《夏本紀》。又，《續漢郡國志補注》云：「六安國，皋陶冢在縣。」）

禹冢在山陰縣會稽山上。會稽山本名苗山，在縣南去縣七里。（《史記集解》同上。又，賈公彥《周禮疏》卷三十三云：「禹冢在山陰會稽山，本苗山縣南七里。」）

湯冢在濟陰亳縣北東郭，去縣三里。冢四方各十步，高七尺，上平處平地。漢哀帝建平元年，大司空御史長卿

案行水災，因行湯冢。(《史記集解》卷三《殷本紀》。又，《水經汳水注》、《北堂書鈔》卷九十四《禮儀部》、《太平御覽》卷五百六十《禮儀部》云：「湯冢在濟陰薄縣北郭，冢四方八十步，高七尺，上平。」)

伊尹冢在濟陰已氏平利鄉。(《史記集解》同上。又，《水經泗水注》語同。又，《續漢郡國志補註》云：「已氏有平和鄉，鄉有伊尹冢。」)

文王、武王、周公冢皆在京兆長安鎬聚東社中。(《史記集解》卷四《周本紀》。又，《續漢郡國志補注》云：「文王、周公皆在鎬聚東社中。」《太平御覽》卷五百六十《禮儀部》云：「周文王、武王、周公冢皆在京兆長安縣。」)

周靈王冢在河南城西南柏亭西周山上。蓋以靈王生而有髭而神，故諡靈王，其冢民祀之不絕。(《史記集解》同上。又，《水經洛水注》曰：「周山在柏亭西北。」又，《續漢郡國志補注》云：「城西南柏亭西周山上，周靈王冢，民祀之不絕。」)

景王冢在洛陽太蒼中。秦封呂不韋洛陽十萬戶，故大其冢並圍景王冢。(《史記集解》同上。)

子朝冢在南陽西鄂縣。今西鄂晁氏自謂子朝後。(《史記集解》同上。又，《續漢郡國志補注》云：「王子朝冢在西鄂縣西。」又，《太平御覽》卷五百六十《禮儀部》云：「王子電冢在南陽鄂西。西，原注。電，音猛。」)

案行水災，因行湯冢。(《史記集解》卷三《殷本紀》。又，《水經汳水注》、《北堂書鈔》卷九十四《禮儀部》、《太平御覽》卷五百六十《禮儀部》云：「湯冢在濟陰薄縣北郭，冢四方八十步，高七尺，上平。」)

伊尹冢在濟陰已氏平利鄉。(《史記集解》同上。又，《水經泗水注》語同。又，《續漢郡國志補註》云：「已氏有平和鄉，鄉有伊尹冢。」)

文王、武王、周公冢皆在京兆長安鎬聚東社中。(《史記集解》卷四《周本紀》。又，《續漢郡國志補注》云：「文王、周公皆在鎬聚東社中。」《太平御覽》卷五百六十《禮儀部》云：「周文王、武王、周公冢皆在京兆長安縣。」)

周靈王冢在河南城西南柏亭西周山上。蓋以靈王生而有髭而神，故諡靈王，其冢民祀之不絕。(《史記集解》同上。又，《水經洛水注》曰：「周山在柏亭西北。」又，《續漢郡國志補注》云：「城西南柏亭西周山上，周靈王冢，民祀之不絕。」)

景王冢在洛陽太蒼中。秦封呂不韋洛陽十萬戶，故大其冢並圍景王冢。(《史記集解》同上。)

子朝冢在南陽西鄂縣。今西鄂晁氏自謂子朝後。(《史記集解》同上。又，《續漢郡國志補注》云：「王子朝冢在西鄂縣西。」又，《太平御覽》卷五百六十《禮儀部》云：「王子電冢在南陽鄂西。西，原注。電，音猛。」)

秦繆公冢在橐泉宮祈年觀下。(《史記集解》卷五《秦本紀》。又,《水經渭水注》、《太平御覽禮儀部》同上卷。)

秦武王冢在扶風安陵縣西北畢陌中大冢是也。人以爲周文王冢非也,周文王冢在杜中。(《史記集解》同上。又,《續漢郡國志補注》云:「安陵縣西北畢陌,秦武王冢。」)

亞夫冢在廬江居巢縣郭東。居巢廷中有亞父井,吏民皆祭亞夫於居巢廷上。長吏初視事皆祭然後從政,後更造祠於郭東,至今祠之。(《史記集解》卷七《項羽本紀》。又,《水經泗水注》「郭東居巢廷」,廷作「亭」;「祭亞夫於居巢廷」,廷作「廳」。又,《續漢郡國志補注》、《太平御覽》卷五百六十《禮儀部》。)

項羽冢在東郡穀城東,去縣十五里。(《史記集解》同上。又,《續漢郡國志補注》)云:「穀城縣東十五里有項羽冢。」又,《水經濟水注》。)

漢惠帝陵山高三十二丈,廣袤百二十步,居地六十畝。(《史記集解》卷九《呂后本紀》。)

高帝、呂后山各一所。(史記集解同上。)

葚宏冢在洛陽東北山上。(《史記集解》卷二十八《封禪書》。又,《續漢郡國志補注》曰:「雒陽縣東北山葚宏冢。」)

太伯冢在吳縣北梅里聚,去城十里。(《史記集解》卷三

秦繆公冢在橐泉宮祈年觀下。(《史記集解》卷五《秦本紀》。又,《水經渭水注》、《太平御覽》《禮儀部》同上卷。)

秦武王冢在扶風安陵縣西北畢陌中大冢是也。人以爲周文王冢非也,周文王冢在杜中。(《史記集解》同上。又,《續漢郡國志補注》云:「安陵縣西北畢陌,秦武王冢。」)

亞夫冢在廬江居巢縣郭東。居巢廷中有亞父井,吏民皆祭亞夫於居巢廷上。長吏初視事皆祭然後從政,後更造祠於郭東,至今祠之。(《史記集解》卷七《項羽本紀》。又,《水經泗水注》「郭東居巢廷」,廷作「亭」;「祭亞夫於居巢廷」,廷作「廳」。又,《續漢郡國志補注》、《太平御覽》卷五百六十《禮儀部》。)

項羽冢在東郡穀城東,去縣十五里。(《史記集解》同上。又,《續漢郡國志補注》云:「穀城縣東十五里有項羽冢。」又,《水經濟水注》。)

漢惠帝陵山高三十二丈,廣袤百二十步,居地六十畝。(《史記集解》卷九《呂后本紀》。)

高帝、呂后山各一所。(史記集解同上。)

葚宏冢在洛陽東北山上。(《史記集解》卷二十八《封禪書》。又,《續漢郡國志補注》曰:「雒陽縣東北山葚宏冢。」)

太伯冢在吳縣北梅里聚,去城十里。(《史記集解》卷三

十一《吳太伯世家》。又,《太平御覽》卷五百六十《禮儀部》云:「吳太伯冢在會稽吳縣北,去城十里。」)太伯始所居地名「句吳」。(《續漢郡國志補注》多末二句。)

延陵季子冢在毘陵暨陽鄉,至今吏民皆祀事。(《史記集解》卷三十一。又,《續漢郡國志補注》云:「毘陵暨陽鄉。」)

呂尙冢在臨菑縣城南,去縣十里,(《史記集解》卷三十二《齊太公世家》。)在齊桓公冢南。桓公冢西北有晏嬰冢。(《續漢郡國志補注》多末三句。)

齊桓公冢在臨淄城南十七里所菑水南。(《史記集解》同上。)孟嘗君與齊桓公冢同處。(《太平御覽》卷五百六十《禮儀部》多末一句。又,「城南十七里」作「二十里」;「菑水」作「淄水」。)

齊頃公冢近呂尙冢。(《史記集解》同上。)

齊景公冢與桓公冢同處。(《史記集解》同上。)

華元冢在陳留小黃縣城北。(《史記集解》卷三十八《宋微子世家》。)

虢公冢在河內溫縣郭東濟水南大冢是也。其城南有虢公臺。(《史記集解》卷三十九《晉世家》。又,《水經濟水注》曰:「虢公臺其阯尚存。」。又,《太平御覽》卷五百六十《禮儀部》。又,《續漢郡國志補注》曰:「溫縣郭東濟水南有虢公冢。」)

十一《吳太伯世家》。又,《太平御覽》卷五百六十《禮儀部》云:「吳太伯冢在會稽吳縣北,去城十里。」)太伯始所居地名「句吳」。(《續漢郡國志補注》多末二句。)

延陵季子冢在毘陵暨陽鄉。至今吏民皆祀事。(《史記集解》卷三十一。又,《續漢郡國志補注》云:「毘陵暨陽鄉。」)

呂尙冢在臨菑縣城南,去縣十里,(《史記集解》卷三十二《齊太公世家》。)在齊桓公冢南。桓公冢西北有晏嬰冢。(《續漢郡國志補注》多末三句。)

齊桓公冢在臨淄城南十七里所菑水南。(《史記集解》同上。)孟嘗君與齊桓公冢同處。(《太平御覽》卷五百六十《禮儀部》多末一句。又,「城南十七里」作「二十里」;「菑水」作「淄水」。)

齊頃公冢近呂尙冢。(《史記集解》同上。)

齊景公冢與桓公冢同處。(《史記集解》同上。)

華元冢在陳留小黃縣城北。(《史記集解》卷三十八《宋微子世家》。)

虢公冢在河內溫縣郭東濟水南大冢是也。其城南有虢公臺。(《史記集解》卷三十九《晉世家》。又,《水經濟水注》曰:「虢公臺其阯尚存。」。又,《太平御覽》卷五百六十《禮儀部》。又,《續漢郡國志補注》曰:「溫縣郭東濟水南有虢公冢。」)

楚武王冢在汝南郡䢵陽縣葛陂鄉城東北，民謂之楚王岑。漢永平中，葛陂城北祝里社下，於土中得銅鼎，而銘曰：「楚武王。」由是知楚武王之冢。民傳言秦、項、赤眉之時，欲發之輒積壞塡壓，不得發也。(《史記集解》卷四十《楚世家》。《續漢郡國志補注》。又，《太平御覽》卷五百六十《禮儀部䢵陽郡注》曰「䢵，音約。」)

孔子冢去城一里，冢塋百畝。冢南北廣十步，東西十三步，高一丈二尺。冢前以瓴甓爲祠，壇方六尺，與地平。本無祠堂，冢塋中樹以百數，皆異種。魯人世世無能名其樹者。民傳言孔子弟子異國人，各持其方樹來種之。其樹柞枌雒離女貞五味、□檀之樹。孔子塋中不生荊棘及刺人艸。〔《史記集解》卷四十七《孔子世家》。又，《(史記)索隱》卷二十六《司馬相如傳》曰：「孔子墓後有欂檀樹。」又，邢昺《孟子正義》卷五、《太平御覽》卷五百六十《禮儀部》、《太平寰宇記》卷二十一《河南道》，「去城一里」句下，《(太平)御覽》多「魯城北便外南」七字。又，《水經濟水注》曰：「孔子弟子各以四方奇木來植，故多諸異樹，不生荊棘。今則無復遺條矣！」〕

伯魚冢在孔子冢東，與孔子並，大小相望。(《史記集解》同上。又，《太平御覽》卷五百六十《禮儀部》曰：「伯魚墓在孔子冢東邊，與孔子並，大小相望。」)

楚武王冢在汝南郡䢵陽縣葛陂鄉城東北，民謂之楚王岑。漢永平中，葛陂城北祝里社下，於土中得銅鼎，而銘曰：「楚武王。」由是知楚武王之冢。民傳言秦、項、赤眉之時，欲發之輒積壞塡壓，不得發也。(《史記集解》卷四十《楚世家》。《續漢郡國志補注》。又，《太平御覽》卷五百六十《禮儀部䢵陽郡注》曰「䢵，音約。」)

孔子冢去城一里，冢塋百畝。冢南北廣十步，東西十三步，高一丈二尺。冢前以瓴甓爲祠，壇方六尺，與地平。本無祠堂，冢塋中樹以百數，皆異種。魯人世世無能名其樹者。民傳言孔子弟子異國人，各持其方樹來種之。其樹柞枌雒離女貞五味、□檀之樹。孔子塋中不生荊棘及刺人艸。〔《史記集解》卷四十七《孔子世家》。又，《(史記)索隱》卷二十六《司馬相如傳》曰：「孔子墓後有欂檀樹。」又，邢昺《孟子正義》卷五、《太平御覽》卷五百六十《禮儀部》、《太平寰宇記》卷二十一《河南道》，「去城一里」句下，《(太平)御覽》多「魯城北便外南」十字。又，《水經濟水注》曰：「孔子弟子各以四方奇木來植，故多諸異樹，不生荊棘。今則無復遺條矣！」〕

伯魚冢在孔子冢東，與孔子並，大小相望。(《史記集解》同上。又，《太平御覽》卷五百六十《禮儀部》曰：「伯魚墓在孔子冢東邊，與孔子並，大小相望。」)

子思冢在孔子冢南，大小相望。（《史記集解》卷同上。《太平御覽》同上。）

盜跖冢在河南大陽臨河曲，直宏農華陰山潼鄉。（《史記集解》卷六十一《伯夷列傳》。又，《續漢郡國志補注》曰：「大陽盜跖冢臨河。」）

靖郭君冢在魯國薛城中東南陬。（《史記集解》卷七十五《孟嘗君列傳》。《太平御覽》卷五百六十《禮儀部》。）

孟嘗君冢在魯國薛城中向北，東向北出北邊門。（《史記集解》同上。《太平御覽》同上。）

呂不韋冢在河南洛陽北邙，道西大冢是也。民傳言：「呂母冢。」不韋妻先葬，故其冢名呂母也。（《史記集解》卷八十五《呂不韋列傳》。《太平御覽》同上。）不韋死，獲過於始皇矣。民傳云：「不韋好經書，皆以葬。」漢明帝朝，公卿大夫諸儒八十餘人，論《五經》得失。符節令宋久上言：「臣聞（秦）昭王與不韋好書，皆以書葬。王至尊，不韋久貴。冢皆以黃場題湊處，題高燥未壞。臣願發昭王、不韋冢視未燒詩書。」（《（太平）御覽》多此十八句。又，《續漢書郡國志補注》曰：「雒陽縣北邙山道西呂不韋冢。」）

孫叔敖冢在南郡江陵故城中，曰「土里」。民傳孫叔敖曰：「葬我廬江陂，後當爲萬戶邑。」去故都郢城二十里所。或曰：「孫叔敖激阻水作雲夢大澤之池也。」（《史記

子思冢在孔子冢南，大小相望。（《史記集解》卷同上。《太平御覽》同上。）

盜跖冢在河南大陽臨河曲，直宏農華陰山潼鄉。（《史記集解》卷六十一《伯夷列傳》。又，《續漢郡國志補注》曰：「大陽盜跖冢臨河。」）

靖郭君冢在魯國薛城中東南陬。（《史記集解》卷七十五《孟嘗君列傳》。《太平御覽》卷五百六十《禮儀部》。）

孟嘗君冢在魯國薛城中向北，東向北出北邊門。（《史記集解》同上。《太平御覽》同上。）

呂不韋冢在河南洛陽北邙，道西大冢是也。民傳言：「呂母冢。」不韋妻先葬，故其冢名呂母也。（《史記集解》卷八十五《呂不韋列傳》。《太平御覽》同上。）不韋死，獲過於始皇矣。民傳云：「不韋好經書，皆以葬。」漢明帝朝，公卿大夫諸儒八十餘人，論《五經》得失。符節令宋久上言：「臣聞（秦）昭王與不韋好書，皆以書葬。王至尊，不韋久貴。冢皆以黃場題湊處，題高燥未壞。臣願發昭王、不韋冢視未燒詩書。」（《（太平）御覽》多此十八句。又，《續漢書郡國志補注》曰：「雒陽縣北邙山道西呂不韋冢。」）

孫叔敖冢在南郡江陵故城中，曰「土里」。民傳孫叔敖曰：「葬我廬江陂，後當爲萬戶邑。」去故都郢城二十里所。或曰：「孫叔敖激阻水作雲夢大澤之池也。」（《史記

集解》卷百十九《循吏列傳》。又,《續漢郡國志補注》曰:「孫叔敖冢在江陵城中四十里。」據此則裴駰《(史記)集解》曰:「十一里三字,當是四十里三字刊誤。」)

子產冢在河南新鄭城外大冢是也。(《史記集解》同上。《太平御覽》卷五百六十《禮儀部》。)

偃師西北有皋陶祠,又有湯亭,有湯祠。(《續漢郡國志補注》。)

戾太子南出葬在閿鄉南秦,又改日寧秦。(《續漢志補注》同上。)

衛思后葬長安城東南桐松園,今千人聚是。(《續漢志補注》同上。)

有蒼頡冢在利陽亭南,墳高六丈。(《續漢志補注》同上。)學書者皆往上姓名投刺,祀之不絕。(《藝文類聚》卷四十《禮部》多末三句。)

漆有師曠冢,名師曠山。(《續漢志補注》同上。又,《太平御覽》卷五百六十《禮儀部》曰:「師曠冢在右扶風,名曰師曠山,人民不敢上其山」。)

奄里伯公冢在城內祥舍中。民傳言:魯五德奄里伯公葬其宅。(《續漢志補注》同上。)

堯封唐。堯山在北,唐水西入。河南有望都山,即堯母慶都所居,相去五十里。都山一名豆山。(《續漢志補注》同上。)

伯樂冢在定陶縣東南一里所,高四五丈。(《續漢志補

注》同上。又，《太平御覽》卷五百六十《禮儀部》。）

葉縣西北去城三里。葉公諸梁冢，近縣祠之，曰：「葉君邱。」（《續漢志補注》同上。又，《太平御覽》同上。《禮儀部》曰：「葉公諸梁子高冢在南郡葉縣西北去城三里，近縣民皆祠之」。）

太甲有冢在歷山上。（《續漢志補注》同上。）

楚大夫子思冢在當塗縣東山鄉西，去縣四十里。子思造芍陂。（《續漢志補注》同上。）

吳本國縣東門外孫武冢；又，要離冢，縣西南。（《續漢志補注》同上。）

晏子冢在臨淄城南，菑水南，桓公冢西北。（《史記正義》卷六十二《管晏列傳》。）

趙簡子墓在臨水縣界，冢上氣成樓閣之狀。（《北堂書鈔》卷九十四《禮儀部》。）

好道者言：黃帝乘龍升雲，登朝霞，上至列闕倒影經過天宮。（《藝文類聚》卷一《天部》。）

天體如車，有日月懸者，何有可上哉！（《太平御覽》卷二《天部》多末三句。）

秦始皇冢在驪山之古驪戎國。今之世頗豐，晉獻公伐驪戎獲二女。其山陰多黃金，其陽多美玉，謂「藍田」是也，故貪而葬焉。并天下亡徒十餘萬人，穿八池，洞三泉而致椁。宮觀奇器，珍怪諸物藏之。令一匠人作機弩，人有近穴輒射之。以水銀爲百川、江河、大海，金

注》同上。又，《太平御覽》卷五百六十《禮儀部》。）

葉縣西北去城三里。葉公諸梁冢，近縣祠之，曰：「葉君邱。」（《續漢志補注》同上。又，《太平御覽》同上。《禮儀部》曰：「葉公諸梁子高冢在南郡葉縣西北去城三里，近縣民皆祠之」。）

太甲有冢在歷山上。（《續漢志補注》同上。）

楚大夫子思冢在當塗縣東山鄉西，去縣四十里。子思造芍陂。（《續漢志補注》同上。）

吳本國縣東門外孫武冢；又，要離冢，縣西南。（《續漢志補注》同上。）

晏子冢在臨淄城南，菑水南，桓公冢西北。（《史記正義》卷六十二《管晏列傳》。）

趙簡子墓在臨水縣界，冢上氣成樓閣之狀。（《北堂書鈔》卷九十四《禮儀部》。）

好道者言：黃帝乘龍升雲，登朝霞，上至列闕倒影經過天宮。（《藝文類聚》卷一《天部》。）

天體如車，有日月懸者，何有可上哉！（《太平御覽》卷二《天部》多末三句。）

秦始皇冢在驪山之古驪戎國。今之世頗豐，晉獻公伐驪戎獲二女。其山陰多黃金，其陽多美玉，謂「藍田」是也，故貪而葬焉。并天下亡徒十餘萬人，穿八池，洞三泉而致椁。宮觀奇器，珍怪諸物藏之。令一匠人作機弩，人有近穴輒射之。以水銀爲百川、江河、大海，金

銀爲鳬鶴，機關轉相幹旋，終而復始。上具天文，以人魚膏爲燈，度久不滅。後宮無子者皆狗，從死者甚眾；恐匠知之，殺工匠於藏中。因閉羨門，覆土、樹、艸木以像山。墳高五十餘丈，周迴五里餘。後項籍燒其宮觀，關東賊發之。後牧羊兒亡羊，羊入藏中，持火覓羊，燔其椁，後賊遂取其金銀奇器。(《太平御覽》卷五百六十《禮儀部》。又，卷八百十二《珍寶部》曰：「關東賊發始皇墓，中有水銀。」又，《史記集解》卷六《秦始皇紀》，引「始皇墳高五十餘丈，周迴五里餘」二句。)

太上皇葬萬年，高帝父也。高帝葬長陵、孝惠帝霸陵，諸陵皆用瓦器，不爲墳；王莽之亂，天下無道，獨無災害。景帝葬陽陵、孝武皇帝葬茂陵、孝昭皇帝葬平陵、孝宣皇帝葬杜陵、孝元皇帝葬渭陵。元帝下詔曰：「無置徙民，令天下無騷動之憂。」自是園陵不置邑。孝成帝葬延陵、孝哀帝葬義陵、孝平帝葬原陵。孝文皇帝弟淮南王長坐謀反誅，後置園陵，長好道。事八公，世之愚者云：「長仙、醫巫訖云：『淮南好道，百官皆得仙。狗吠雲中，雞鳴天上。』」東平思王冢在東平，松皆西靡。(《太平御覽》同上。又，《漢書東平思王傳注》引《皇覽》云：「東平思王冢在無鹽。人傳言：『王在國，思歸京師。』後葬，其冢上松柏皆西靡也。」按此事《(昭明)文選劉孝標

銀爲鳬鶴，機關轉相幹旋，終而復始。上具天文，以人魚膏爲燈，度久不滅。後宮無子者皆狗，從死者甚眾；恐匠知之，殺工匠於藏中。因閉羨門，覆土、樹、艸木以像山。墳高五十餘丈，周迴五里餘。後項籍燒其宮觀，關東賊發之。後牧羊兒亡羊，羊入藏中，持火覓羊，燔其椁，後賊遂取其金銀奇器。(《太平御覽》卷五百六十《禮儀部》。又，卷八百十二《珍寶部》曰：「關東賊發始皇墓，中有水銀。」又，《史記集解》卷六《秦始皇紀》，引「始皇墳高五十餘丈，周迴五里餘」二句。)

太上皇葬萬年，高帝父也。高帝葬長陵、孝惠帝霸陵，諸陵皆用瓦器，不爲墳；王莽之亂，天下無道，獨無災害。景帝葬陽陵、孝武皇帝葬茂陵、孝昭皇帝葬平陵、孝宣皇帝葬杜陵、孝元皇帝葬渭陵。元帝下詔曰：「無置徙民，令天下無騷動之憂。」自是園陵不置邑。孝成帝葬延陵、孝哀帝葬義陵、孝平帝葬原陵。孝文皇帝弟淮南王長坐謀反誅，後置園陵，長好道。事八公，世之愚者云：「長仙、醫巫訖云：『淮南好道，百官皆得仙。狗吠雲中，雞鳴天上。』」東平思王冢在東平，松皆西靡。(《太平御覽》同上。又，《漢書東平思王傳注》引《皇覽》云：「東平思王冢在無鹽。人傳言：『王在國，思歸京師。』後葬，其冢上松柏皆西靡也。」按此事《(昭明)文選劉孝標重答劉秣陵書注》引

重答劉秣陵書注》引《聖賢冢墓記》其語最詳。《藝文類聚》卷八十八《水部》亦題《聖賢冢墓記》。據《隋（書經籍）志地理類》別有李彤《聖賢冢墓記》一卷。）

奚仲冢在魯國。（當云薛縣。）縣東，去縣二十五里山上，因名奚仲山，山下名奚仲亭。（《太平御覽》同上。）

夏育冢在濟南歷山上。（《太平御覽》同上。）

魯大夫叔梁紇冢在魯國東陽聚。安泉東北八十四步，名曰「防冢」。民傳言：防墳，於地微高。（《太平御覽》同上。）

蘭陽城西有山，名豹陵。（《太平寰宇記》卷二《河南道》。）

河南城內有周山，一名小亭山。（《太平寰宇記》卷三《河南道》。）

荊城是戰國時魏將龐涓與孫臏相持處。（《太平寰宇記》同上。）

全節、章邱兩縣界有神跡，是姜嫄所履處。（《太平寰宇記》卷十九《河南道》。）

黃帝葬橋山。（《太平寰宇記》卷三十四《關西道》。）

河內溫城南有虢公臺。相傳云：「晉宣帝改邑，集溫父老登此臺宴飲。父老奉觴慶賀，因謂之賀酒臺。」（《太平寰宇記》卷五十二《河北道》。）

叢臺在邯鄲小城內。（《太平寰宇記》卷五十六《河北道》。）

《聖賢冢墓記》其語最詳。《藝文類聚》卷八十八《水部》亦題《聖賢冢墓記》。據《隋（書經籍）志地理類》別有李彤《聖賢冢墓記》一卷。）

奚仲冢在魯國。（當云薛縣。）縣東，去縣二十五里山上，因名奚仲山，山下名奚仲亭。（《太平御覽》同上。）

夏育冢在濟南歷山上。（《太平御覽》同上。）

魯大夫叔梁紇冢在魯國東陽聚。安泉東北八十四步，名曰「防冢」。民傳言：防墳，於地微高。（《太平御覽》同上。）

蘭陽城西有山，名豹陵。（《太平寰宇記》卷二《河南道》。）

河南城內有周山，一名小亭山。（《太平寰宇記》卷三《河南道》。）

荊城是戰國時魏將龐涓與孫臏相持處。（《太平寰宇記》同上。）

全節、章邱兩縣界有神跡，是姜嫄所履處。（《太平寰宇記》卷十九《河南道》。）

黃帝葬橋山。（《太平寰宇記》卷三十四《關西道》。）

河內溫城南有虢公臺。相傳云：「晉宣帝改邑，集溫父老登此臺宴飲。父老奉觴慶賀，因謂之■（墨等）酒臺。」（《太平寰宇記》卷五十二《河北道》。）

叢臺在邯鄲小城內。（《太平寰宇記》卷五十六《河北道》。）

已上六十六事，《史記正義》、《太平御覽》、《(太平)寰宇記》皆題《皇覽冢墓記》。(《史記正義》惟引「舜冢」一事題名《冢墓記》。《太平御覽》於首引「黃帝升仙及蚩尤冢、顓頊冢」三事俱題《冢墓記》。《(太平)寰宇記》引「龐涓與孫臏相持處、姜嫄所履處、孔子冢、黃帝橋山、蚩尤冢」俱題《冢墓記》名。)知此與《逸禮》並《皇覽》分篇。裴駰、劉昭、酈道元等注書雖未標題《冢墓記》名，然其所引確爲一篇中語，故依類編之。

漢家之葬：方中百步，已穿鑿爲方城。其中開四門，四通足放六馬，然後錯渾雜物，扞漆、繪綺、金寶、米穀及埋車、馬、虎、豹、禽獸。發近郡卒徒，置將軍尉侯，以後宮貴幸者，皆守園陵。元帝葬，乃不用車馬禽獸等物。(《續漢禮儀志補注》。)

按：此疑亦當在《冢墓記》篇，以劉昭徵引祇題《皇覽》，未標篇名，故別編於篇末。

計然者，濮上人也。博學無所不通，尤善計算。嘗南遊越，范蠡卑身事之。其書則有《萬物錄》，著五方所出，皆直述之事。(《漢書貨殖傳注》。)

記陰謀。黃帝金人器銘曰：「武王問尚父曰：『五帝之誡，可得聞乎？』尚父曰：『黃帝之誡曰：「吾之居民上也搖搖，恐夕不至朝，故爲金人，三封其口，曰：『古

已上六十六事，《史記正義》、《太平御覽》、《(太平)寰宇記》皆題《皇覽冢墓記》。(《史記正義》惟引「舜冢」一事題名《冢墓記》。《太平御覽》於首引「黃帝升　及蚩尤冢、顓頊冢」三事俱題《冢墓記》。《(太平)寰宇記》引「龐涓與孫臏相持處、姜嫄所履處、孔子冢、黃帝橋山、蚩尤冢」俱題《冢墓記》名。)知此與《逸禮》並《皇覽》分篇。裴駰、劉昭、酈道元等注書雖未標題《冢墓記》名，然其所引確爲一篇中語，故依類編之。

漢家之葬：方中百步，已穿鑿爲方城。其中開四門，四通足放六馬，然後錯渾雜物，扞漆、繪綺、金寶、米穀及埋車、馬、虎、豹、禽獸。發近郡卒徒，置將軍尉侯，以後宮貴幸者，皆守園陵。元帝葬，乃不用車馬禽獸等物。(《續漢禮儀志補注》。)

按：此疑亦當在《冢墓記》篇，以劉昭徵引祇題《皇覽》，未標篇名，故別編於篇末。

計然者，濮上人也。博學無所不通，尤善計算。嘗南遊越，范蠡卑身事之。其書則有《萬物錄》，著五方所出，皆直述之事。(《漢書貨殖傳注》。)

記陰謀。黃帝金人器銘曰：「武王問尚父曰：『五帝之誡，可得聞乎？』尚父曰：『黃帝之誡曰：「吾之居民上也搖搖，恐夕不至朝，故爲金人，三封其口，曰：『古之慎言。』」

之慎言。』」堯之居民上也振振，如臨深淵。舜之居民上也慄慄，恐夕不旦。」』武王曰：『吾並殷民，居其上也翼翼，懼不敢息。』尚父曰：『德盛者守之以謙，守之以恭。』武王曰：『如欲尚父言，吾因是爲誠隨之身。』」（《太平御覽》卷五百九十《文部》）。）	堯之居民上也振振，如臨深淵；舜之居民上也慄慄，恐夕不旦。」』武王曰：『吾並殷民，居其上也翼翼，懼不敢息。』尚父曰：『德盛者守之以謙，守之以恭。』武王曰：『如欲尚父言，吾因是爲誠隨之身。』」（《太平御覽》卷五百九十《文部》。）
已上二事，不題篇名。《陰謀記》或是分篇，而他無考見，故附後考焉。	已上二事，不題篇名。《陰謀記》或是分篇，而他無考見，故附後考。

　　三家《皇覽》輯本共輯出《逸禮篇》和《冢墓記篇》，還附上二則殘文和《中霤禮》。三家輯本皆有註明這些殘文原本被引用於何處。現將三家輯佚所引用的文獻和相關參考的文獻列舉出來，包括「唐賈公彥《周禮疏》、南朝宋裴駰《史記集解》、唐司馬貞《史記索隱》、唐張守節《史記正義》、唐顏師古《漢書注》、南朝梁劉昭《續漢書志補注》、北魏酈道元《水經注》、宋樂史《太平寰宇記》、隋虞世南《北堂書鈔》、唐歐陽詢《藝文類聚》、宋李昉等《太平御覽》、南朝梁蕭統等《昭明文選》」共十二種。其中經書一種、史書七種、類書三種、總集一種，顯示《皇覽》殘文保存在史書裡的最多，其次是後代的類書，經部和集部書最少。

　　當年《皇覽》被編纂時，雖然號稱有數十部，八百餘萬字；但是流傳至今，惟有《逸禮篇》勉強可稱完整。三家輯本雖然皆有收錄，卻也有些許字數的增刪差異，而且也沒有確實的定案。《逸禮篇》內容與禮制有關，其源流應該與漢代魯恭王壞孔壁發現未遭秦火的經典有關。今日的《皇覽》輯本如果只是很小心地將古籍中明明白白寫著是出自「《皇覽》」的內容給輯佚出來的話，那麼有關《皇覽》的爭論與探討或許還不會很多；可是同時做爲輯佚者和早期的研究者，孫馮翼的輯本中卻分別在《逸禮》和《冢墓記》之後又加了些他認爲可能是出自《皇覽》但卻有疑的條文，在他的《輯序》中也說明「是以錄後存考，以俟識者」。這樣反而會遭遇到許多需要查考還有其實並不是與《皇覽》本書有關的各類問題得要一起處理的狀況。

　　孫馮翼和黃奭的輯本在《逸禮篇》之後附上六條事，前四事唯稱逸禮，後二事則謂《禮記逸禮》；在《冢墓記》後附上三條事，皆只稱《皇覽》而未

明言篇名。僅稱「《逸禮》」的四件事是：

1. 衛史鰌病且死，謂其子曰：「我死治喪於北堂。吾生不能進蘧伯玉而退彌子瑕，是不能正君也。生不能正君者，死不當成禮。死而置尸於北堂足矣。」(衛)靈公往弔問其故，其子以父言聞於靈公。公失容曰：「吾失矣！」立召蘧伯玉而貴之，召彌子瑕而退之。徙喪於堂，成禮而後去。(《藝文類聚》卷二十四《人部》。)

2. 天子之蓍九尺，諸侯七尺，大夫五尺，士三尺。蓍千歲三百莖，先知也。(《藝文類聚》卷八十二《艸部》。)

3. 太公爲太師，周公爲太傅，召公爲太保。(《太平御覽》卷二百六《職官部》。)

4. 天子龜尺二寸，諸侯八寸，大夫六寸，士民四寸。龜者，陰蟲之長也。龜三千歲上遊於卷耳上，老者先知。故君子舉事必考之。(《太平御覽》卷九百三十一《鱗介部》。)

孫馮翼認爲這可能是「傳寫脫字」的結果。

另外，謂《禮記逸禮》的兩件事則是：

1. 三皇禪云云，盛意也；五帝禪亭亭，特立於身也。(《太平御覽》卷五百三十六《禮儀部》。又，《北堂書鈔》卷九十一《禮儀部》祇引「禪云云、亭亭」二句而無「盛意、特立於身」二句。)

2. 王者必制巡狩之禮何？尊天重民也。所以五年一巡狩何？五歲再閏，天道大備，所以至四嶽者。盛德之山，四方之中，能興雲致雨也。巡狩者何？巡，循也；狩，牧也。爲天循行牧民也。〔《太平御覽》卷五百三十七《禮儀部》。又，《(昭明)文選》班孟堅《東都賦注》云：「王者以巡狩之禮，尊天重人也。巡狩者何？巡者，循也；狩，牧也。謂天子巡行守牧也。」〕

孫馮翼懷疑「禮記」是錯字，內容語氣又與《白虎通封禪巡狩篇》相似，可能是《皇覽》的編者群採用其中內容卻未題《皇覽》致使難以判定。

從《皇覽逸禮篇》的內容裡可以看出在禮制的歷史中，除了較常聽到的三禮之外還有「逸禮」的問題；它們爲何會散佚，如何被定位，如何被重建，或許可以當做一個可以思考的方向。

《皇覽》輯本的後半部是《冢墓記篇》。今日的《冢墓記篇》主要是介紹約自黃帝起至漢初帝王公侯將相的埋葬地位置。冢墓是人爲的，屬於人文地

理的範疇，可是逝者埋葬的位置應當是固定的；以冢墓爲定點，除了可以介紹墓主的生平簡歷，還能分析周遭的山川形勢，也可以當做測量距離的地標。人物事蹟和山川地理的確容易受到文人的注意，成爲文學創作的靈感來源，可是這也屬於史學的研究領域亦是無庸置疑的。《皇覽》是「集五經羣書」、「撰集經傳」合成的大書，從它的取材來源可以推知它應該取材自著作而非史料記錄，可是無論是《史記三家注》、《漢書》顏師古《注》、《續漢書志注》、《水經注》皆有引用《皇覽冢墓記篇》的記載，這是相當有意思的。換句話說，自裴駰以降到顏師古、司馬貞、張守節等諸位史家在爲史書進行註解時既然採用了《皇覽冢墓記篇》的內容，無疑承認《皇覽冢墓記篇》有其史料價值。由此可知《皇覽》在成書於南北朝、隋、唐之際的史學著作中也曾略盡綿薄，絕非僅止爲文學創作貢獻出力而已。

第三節　敦煌文獻類書中對隋代以前類書殘本之爭議

　　清德宗光緒二十六年（1900），正當中原面對八國聯軍的炮火時，有一居於敦煌莫高窟的道士王圓籙無意間發現有一石窟（今編號爲十七窟，簡稱「藏經洞」）內藏有大量的古代文書，他向地方官報告卻未受到重視。恰巧此時分別來自英、法兩國的探險者斯坦因（Mark Aurel Stein，1862～1943）和伯希和（Paul Pelliot，1878～1945）先後東行來華。當他們各自抵達敦煌時，見到各式珍奇藝術和文書視若瑰寶，不惜以各種偷盜欺騙的方式陸續竊走了許多文書。當伯希和向世人公布自敦煌取得的寫經古物時，清朝才恍然覺醒展開保護。由於伯希和後來曾將部分文物寫本影印寄給羅振玉等學者協助研究，使羅氏有機會多爭取些時間以瞭解部分文書的面貌並且加以保存：〔註23〕

　　　　（清宣統帝）宣統元年（戊申）（1909），羅振玉就伯希和所寄景本，
　　　寫爲《敦煌石室遺書》，排印行世，越一年，復印其景本，爲《石室
　　　祕寶》十五種，民國二年（癸丑）（1913）復刊行《鳴沙石室逸書》
　　　十八種，七年（戊午）（1918）刊行《鳴沙石室古籍叢殘》三十種，
　　　及《鳴沙石室佚書續編》四種，十年（辛酉）（1921）伯氏復以陸法
　　　言《切韻》三種景本，寄羅氏未及精印，而王國維先臨寫一本，石

〔註23〕　金毓黻，《中國史學史》，臺北市：鼎文書局，中華民國八十七年五月（1998.5）
　　　　八版，頁340。

印以行世，此皆巴黎所藏書也。

在伯希和寄來的文書中，有一現藏於法國國家圖書館內編號 2526 號者，首尾皆缺，僅存二百五十九行。經羅振玉的考訂後，命名為敦煌本（唐寫本）《修文殿御覽》殘卷，收錄於《鳴沙石室佚書》。現將羅振玉撰寫的《鳴沙石室佚書提要》中的《修文殿御覽》條部分文字錄出如下：〔註24〕

《修文殿御覽》

古類書殘卷，前後皆不完；不見書題、卷第及撰人姓氏。其存者鳥部鶴類四十四則、鴻類十八則、鵠類十四則、雉類四則，共七十九則。其體例頗似《太平御覽》而所引諸書至魏晉為止。宋陳（振孫）氏《直齋書錄解題》謂：「《太平御覽》以前代《修文御覽》、《藝文類聚》、《文思博要》及諸書參詳，條次修纂。」《玉海》卷五十六《太平御覽》條引《實錄》與陳氏說合。今檢宋代《（太平）御覽》鳥部，其采取此書者十五、六，而采取《（藝文）類聚》者十二、三。當日館臣任意刪節，復多譸奪而因襲之迹昭昭可見，則此殘卷即《修文殿御覽》殆無可疑。考《修文御覽》、《天水初紀》尚存而佚於有宋末季，然徵之前史，則其撰述之大署尚可考見。

……。

《玉海》同卷《修文殿御覽》條。引書目言《修文殿御覽》放天地之數為五十部，象乾坤之策成三百六十卷；又注采撮羣書，分二百四十條以集之。所謂五十部當指總部類而二百四十部殆謂各總部類中之分目，此全書部類之可考見者四也。

綜計此書之成極一時人物之選，蕭、顏撰例，諸賢秉筆；雖取材《偏略》，必非勦襲。蓋《偏略》為卷七百，此才得半，知何去取雖未可知而待詔諸人當無率爾。陳氏解題乃訑謨孝徵並及此：「毋乃亦盜《遍略》之舊以為己功。」可謂不得情實，輕於立言者矣。

至傳世類書向以虞（世南）氏《（北堂）書鈔》、歐陽（詢《藝文）類聚》為最古，何意數百年後乃得重覩文林鉅製？雖僅存二百五十

〔註24〕羅振玉，《鳴沙石室佚書提要》，收入黃永武主編，《敦煌叢刊初集》冊六：《敦煌石室遺書百廿種》，臺北市：新文豐出版公司，中華民國七十四年六月（1985.6），頁 398～402。

餘行，吉光片羽，彌可珍貴。且書迹爾雅，觀虎、民、治諸字缺筆，
而隆字則否；知其繕寫之歲尚在開（元）、天（寶）之前，爲唐寫本
中之佳者。予於宣統辛亥春既編寫此卷入佚籍叢殘中，據陳氏《太
平御覽》解題定爲「《修文殿御覽》」而未及詳考。茲補纂此書，撰
述源流於此，以諗讀是書者。

羅振玉以陳振孫氏《直齋書錄解題》的《修文殿御覽》提要爲基礎，輔以文
書中缺筆避諱的時間，再加上史籍的記載推斷該殘卷即爲《修文殿御覽》。此
說出，學者大抵跟從；直至中華民國二十一年（1932），洪業在燕京大學燕京
學報第十二期裡發表「所謂《修文殿御覽》者」一文後，始有異說。〔註 25〕
洪業先回顧羅振玉的研究及對整篇殘卷進行校對後，再將殘卷與史料做一對
照，認爲殘卷並非《修文殿御覽》並繼而提出應爲《華林遍略》的看法。

　　自洪業提出《華林遍略》的說法後，有關該殘卷究竟爲何書自然會產生
岐異。不過大部分後出的圖書目錄或是有關探討類書的文章裡對於此事多採
取兩案並陳的方式，先提羅振玉的《修文殿御覽》說，再以註解、小字或是
並列的方式介紹洪業的《華林遍略》說。〔註 26〕即使是在洪業發表《所謂修
文殿御覽者》的燕京大學裡，該校的圖書館在爲類書編目時也是兩說並陳，
沒有讓洪業的說法取羅振玉說而代之。

　　《燕京大學圖書館目錄初稿類書之部》一書裡將「《修文殿御覽》」隸屬
在類事門殘闕類書之屬裡，置於《皇覽》與《聖賢群輔錄》之後；有關介紹
該殘卷的提要是節錄自羅振玉的意見，文後再附上洪業的意見。因爲該部目
錄初版的時間距離洪業發表文章的時間很近，又是燕京大學圖書館出版，後
人處理處理此敦煌類書殘卷的態度與此目錄的差異不大，具有一定的代表
性。現將該段提要文字錄出如下：〔註27〕

《修文殿御覽》殘本1卷　（北齊）祖珽等奉敕撰　《鳴沙石室佚書》本　9100/6313 冊 4

〔註25〕洪業，《所謂修文殿御覽者》，《燕京學報》第十二期，北平市：燕京大學，中
　　　　華民國二十一年十二月（1932.12），頁 2499～2558。〔本文收入婁子匡編，《景
　　　　印中國期刊五十種》之六：《燕京大學燕京學報》，臺北市士林區：東方文化
　　　　書局據原版景印，中華民國六十一年（1972）。〕
〔註26〕比較明顯的例外是彭邦炯在《百川匯海——古代類書與叢書》裡採取贊成洪
　　　　業的說法。見《百川匯海——古代類書與叢書》，頁49～54。
〔註27〕鄧嗣禹編，《燕京大學圖書館目錄初稿——類書之部》，臺北市：大立出版社
　　　　據中華民國二十四年四月（1935.4）燕京大學圖書館版景印（更名爲《中國類
　　　　書目錄初稿》），中華民國七十一年（1982），頁 1～2。

後有羅振玉跋

此為敦煌出土之古類書殘卷，據羅振玉氏跋，謂「前後皆不全，不見書題卷第及撰人姓氏，其存者鳥部鶴類四十四則，鴻類十八則，鵠類十四則，雉類四則，總七十九則。其體例頗似《太平御覽》，而所引諸書至魏晉而止。宋陳氏《直齋書錄解題》，謂『《太平御覽》，以前代《修文御覽》，《藝文類聚》……及諸書參譯，條次修纂。』今檢宋代《御覽》鳥部，其采取此書者十五六，而采取類聚者十二三。當日館臣任意刪節，復多謬奪，而因襲之迹，昭昭可見。則此殘卷，即《修文殿御覽》，殆無可疑」云。

又一部　《龍谿精舍叢書》重刊上虞羅氏本　9100/0298　冊98～104

附《**所謂修文殿御覽者**》(民)洪業撰　民國二十年燕京學報第十二期單行本 R9310/3839
《修文殿御覽》殘卷，為羅氏審定之名。殘卷所引各條，尚多見於《藝文類聚》《太平御覽》諸書中。是文先將殘卷各條與諸書所引者一一比勘；復旁徵博引，細加考覈，結論知殘卷並非《修文殿御覽》，而可疑為《華林遍略》云。

從這樣的現象來觀察，洪業似乎沒有全贏，而羅振玉好像也沒有全輸；如果硬要說個高下，先研究的羅振玉似乎還是略占上風。從前章的探討可以發現有關《華林遍略》的史料不一定會少於《修文殿御覽》，可是內容架構的部分卻幾乎看不到什麼介紹。更何況《修文殿御覽》受到《華林遍略》的影響很大且不易區別，《華林遍略》又亡佚得早所以沒有留存殘文在現存圖書裡，要拿出確切的證據來推翻羅振玉的研究相當困難。隋代以前編成的類書最晚編成的可能是《修文殿御覽》或是《書圖泉海》，而《修文殿御覽》的記載又多於《書圖泉海》。就現在的情況看來命名為《修文殿御覽》殘卷似乎會比稱之為《華林遍略》要來得安心得多，畢竟它的資料最為豐富。在沒有更明確的壓倒性證據和史料出現之前，或許兩說並立或是沿用羅振玉說應是較能被接受的方式。

結　論

　　「類書」是一種無法只用單一定義就能縱貫古今而皆準的圖書，雖然它的取材來源眾多、內容全為鈔錄，可是想要瞭解它是什麼樣的文獻卻不一定會比瞭解具有深厚內涵的經、史、子、集、釋、道等等學術要來得容易。原因有三：一是內部各種體例的發展歷程不一且複雜，外部也不易與它種圖書文獻明確區分；二是因為歐陽修撰寫的《崇文總目敘釋》失傳，使得後人難以明瞭早期原意；三是因為在前述二點的情形之下，如果還是使用固定定義實在難以一體適用於所有的類書。因此今日許多有關類書的說法，可以當做一種初步的認識和原則；然而在此之下如果能考量時代背景和各部類書的不同再加以權變，或許能更有機會瞭解類書的意涵。

　　站在一個同是使用者的立場，如果要在今日已經邁向資訊化的社會裡向讀歷史的人們甚至是跨越更多領域的人們介紹什麼是類書的話，或許將之與「搜尋引擎」、「入口網站」和「電子資料庫」等相比擬可能會很快就能讓大家理解。因為類書和搜尋引擎同樣是分類查詢知識和資料的來源、會條列收集到的資料、會註明原資料的出處，即使原資料已經亡佚也能發揮保留部分內容的功能。如果要說它們有什麼不同，最基本的差異就是類書是紙上作業，搜尋引擎是電腦和網際網路的結合。古人在沒有現代科技的輔助下卻能夠創造出自己的一套方法來薈聚學術成果和常識經驗以供收藏、查詢之用，不得不佩服先人為更方便追求知識所作的不斷努力。

　　從觀察隋代以前諸部類書的傳世過程和現今可見的類書殘文內容裡可以知道這些類書的資料有取材自經、史、釋以及日常生活觀察所得等等時人珍視的知識，類書的出現代表中國各門學術已經龐大到圖書分類和人腦記憶均

無法全面涵蓋的程度，每部類書的纂成問世可被視爲是對前代學術發展的一次整理。

隋代以前的三國兩晉南北朝時期實無類書之名，只知道它從史部書移轉到子部書雜家類之下，到了唐玄宗開元年間才獨立成類；目前已知最早使用「類書」爲名者是北宋前期編訂的《崇文總目》，最早的定義也已亡佚。因此要界定隋代以前的類書究竟包括哪些得要將數部史志、官簿和私家藏書目錄相互交叉比對後才可以得出一個恰當的選擇。本文探討的十部類書可謂隋代以前類書的代表，藉由將這些類書從編纂、傳世到亡佚的過程盡力說得清楚些，相信是可以盡力讓類書發展過程中較晦暗不明的早期部分再顯明一些的。

本文列舉的十部代表性類書所佔篇幅不一，除了表示歷史記載的詳略有別外，也暗喻了類書在這段時期發展過程中的興衰。本文以《皇覽》爲首，因爲《隋書經籍志》、《舊唐書經籍志》、《新唐書藝文志》等史志相互比對均顯示《皇覽》爲類書之首，這是「史有明文」的。沒有列舉晉代的類書是因爲晉代有沒有繼《皇覽》之後編纂的圖書仍屬疑問，晉代不但不能確定有沒有新的類書被編纂，就連《皇覽》在荀勗的《中經新簿》編成後也在歷史上消失，直到南朝宋裴松之注《三國志》時才又出現相關記載，晉代是早期類書發展過程中的一段缺口。

南北朝出現喜徵事、論文史的風氣，朝堂中人頗以此爲樂；如果善加表現，或許還能幫助自己的官場生涯更加順利。可是因爲從觀察日常生活中得來的常識以及學術發展的成果都不斷地在累積，不管是爲徵事競賽需要、是爲文學創作需要還是有其它的原因；除了紮實地閱讀、觀察外，如果有能更快速地擷取這些知識的管道的話，對當時的人們而言應當會有相當地幫助。像劉峻的《類苑》還沒成書就已經在社會上流傳，雖然史書沒有明言爲什麼會出現這種情況；但是如果解釋成對劉峻名聲的仰慕或是需要閱讀《類苑》以增加自己的博物學識的話或許是可以成立的。在學術、政治等多重因素的影響下，上至皇帝下至個人都致力於類書的編纂，對於搜羅聚集常識和知識內容的熱衷由此可見。

侯景之亂摧毀了古都建康，不僅是對南朝國力的破壞，在人、風氣、制度、圖書等俱毀的情形下，各項學術發展都遭到打擊，對於需要材料才能編纂的類書而言也遭到重大的影響。到了梁元帝焚書江陵時不但是對圖書文獻的又一摧殘，梁元帝對摧毀文化的惡行不但毫無悔意還口出狂言，更是讓人讀來痛心疾首！相較於第貳章列舉的代表性類書皆事有可稱，南朝陳編纂的

《書圖泉海》則幾乎找不到相關史料加以查考，其因與侯景之亂和梁元帝焚書相信是有所關聯的。

　　《皇覽》和《修文殿御覽》是本文列舉的十部類書中唯二還有殘文內容留存至今的，相較於其它八部書而言顯然幸運許多。《皇覽》是由清代學者王謨、孫馮翼、黃奭分別輯佚出來的，《修文殿御覽》則有歷代傳鈔的殘文和自敦煌文獻裡找到的殘卷。在探查過相關人士背景後發現兩部書的傳世過程裡都有治史經驗的人參與傳鈔或是編纂的行列。比如《皇覽》有何承天、徐爰等人做鈔錄，陽休之、魏收則是與《修文殿御覽》有關。這不禁又讓人想起《皇覽》的全書或是一部分原本被劃入荀勗《中經新簿》丙部（史部）的事情，《中經新簿》和《隋書經籍志》不同的分類方式，可能代表者隋代以前類書發展的過程可能是一個從「史書」走向「子書」的過程。

　　類書的出現有其時代背景，其與政治、學術風氣等等都有關係，應當是許多因素互相激盪而生的結果。文學上的需要當然不能磨滅，但如能再從其它的角度考慮，相信可以對類書的認識更加地全面化。比如史學當時亦很盛行，與類書間應當也有相互影響的關係存在。它既然能夠橫跨古代各個學界，如果將之視為某一領域的禁臠，只限定類書僅有特定的用途似乎就有點不恰當了。〔註1〕

　　由於過往討論隋代以前的「類書」這種文獻的部分比較少，因此花了不少時間在重新考察各書的來歷以建立本文的骨架和血肉；然而在研讀相關史料時，看到時人對於學術、經史等等如此熱烈地討論、互動，不覺有些心神嚮往。「魏晉南北朝雖是一個衰亂的時代，卻是一個史學極盛的時代。」〔註2〕長期以來如果將類書與歷史（或史學）相提並論時，往往提及類書有輯佚、

〔註 1〕　方師鐸認為：
　　　　類書的唯一用途，就在供詞章家獵取辭藻之用；至於「古籍失亡，十不存一；遺文舊事，往往賴此以傳。」那止不過是他的意外用途而已。一部類書，無論他編得多麼好，收羅得多麼廣，遺文舊事保存得多麼多；充其量，他止不過是一本「兔園冊子」罷了。
　　　　方氏的著作名稱是「《傳統文學與類書之關係》」，因此以文學的角度出發來推崇類書的用途和功能等等方面當然是無可厚非的。不過是否有必要來相對採取貶低類書可能在史學或是其它學術方面地位的方式，藉以達到提高文學在類書裡具有重要價值的目的則似乎還有待考量。見《傳統文學與類書之關係》，頁5。
〔註 2〕　杜維運，《中國史學史》第二冊，臺北市：自版，中華民國八十七年一月（1998.1），頁3。

校勘、查詢的功能，這些可協助史家對許多課題進行進一步的探討研究。然而這樣的說法較偏向於類書對史家或史學的協助，可是類書為什麼能進行這樣協助的原因並不明瞭，史家或史學和類書這種文獻有什麼關聯也不是很清楚，整體而言較傾向是單向的。雖然隋代以後的情況不在本文討論的範圍之內，不能妄加揣測；但從探查隋代以前部分具代表性的類書編纂和傳世過程來看，具有治史背景的人加入編纂、修訂類書行列應當是原因之一。對於一個讀歷史的人而言，從探查一種今日已不屬於史部書籍的文獻入手卻也能多多少少覺察出當時史學的興盛以及歷史與類書之間不是絕無關係時，這樣的興奮之情是難以言喻的！

徵引文獻目次

第一部分　圖書文獻

壹、編纂於隋代以前的類書——《皇覽》〔三國魏·劉劭（邵）、桓範、王象、韋誕、繆襲原編〕：

1. 清·王謨輯佚，《皇覽逸禮附中雷禮》，收入《漢魏遺書鈔》，臺北市：藝文印書館據清仁宗嘉慶三年（1798）刊本景印（收入《叢書集成續編》），中華民國五十九年四月（1970.4）。

2. 清·孫馮翼輯佚，《皇覽》，收入《問經堂叢書》，臺北市：藝文印書館據清仁宗嘉慶七年（1802）刊本景印（收入《百部叢書集成》），中華民國五十七年（1968）。

3. 清·黃奭輯佚，《魏皇覽》，收入《黃氏逸書考（子史鉤沈）》，臺北市：藝文印書館據清宣宗道光年間黃氏刊、中華民國十四年（1925）王鑒修補印本景印（收入《叢書集成三編》），中華民國六十一年六月（1972.6）。

貳、參考工具圖書

一、字　典

1. 中國大陸·漢語大字典編輯委員會，《漢語大字典》，湖北省、四川省：辭書出版社，中華民國七十九年五月（1990.5）。

2. 中國大陸·王力主編，《王力古漢語字典》，北平（京）市：中華書局，中華民國八十九年六月（2000.6）。

3. 高樹藩編，《國民常用標準字典》，臺灣省臺北縣新店市：正中書局修訂版，中華民國九十年十一月（2001.11）。

二、辭　典

1. 張其昀監修，《中文大辭典》，臺北市：中國文化學院出版部，中華民國五十七年八月（1968.8）。

2. 三民書局大辭典編纂委員會，《大辭典》，臺北市：三民書局，中華民國七十四年八月（1985.8）。

3. 臺灣商務印書館編審委員會編，《辭源》，臺北市：商務印書館，中華民國八十年六月（1991.6）臺增修九版。

4. 中國大陸・漢語大詞典編輯委員會、漢語大詞典編纂處編，《漢語大詞典》，上海市：漢語大詞典出版社，中華民國八十二年十一月（1993.11）。

5. 臺灣中華書局辭海編輯委員會編，《辭海》，臺北市：中華書局最新增訂本，中華民國八十七年五月（1998.5）九版。

三、百科全書

1. 《21 世紀世界彩色百科全書》，臺北市：百科文化事業股份有限公司國際中文二版，中華民國七十年十一月（1981.11）。

2. 張其昀監修，《中華百科全書》，臺北市：中國文化大學出版部，中華民國七十二年三月（1983.3）首刊紀念版。

3. 張之傑主編，《環華百科全書》，臺北市：環華出版事業股份有限公司出版部，中華民國七十二年十月（1983.10）。

4. 臺灣中華書局股份有限公司、美國大英百科全書公司編譯，《簡明大英百科全書》第十五版，臺北市：中華書局中文版，中華民國七十七年八月（1988.8）。

5. 中國大陸・中國大百科全書出版社上海分社辭書編輯部編，《百科知識辭典》，北平（京）市：中國大百科全書出版社，中華民國七十八年十二月（1989.12）。

6. 中國大陸・梅益總編輯，《中國大百科全書》（《新聞》、《出版》），臺北市：錦繡出版事業股份有限公司正體字版，中華民國八十二年四月（1993.4）。

7. 中國大陸・梅益總編輯，《中國大百科全書》（《圖書館學》、《情報學》、《檔案學》），臺北市：錦繡出版事業股份有限公司正體字版，中華民國八十二年十月（1993.10）。

8. 中國大陸・徐惟誠總編輯，《中國百科大辭典》，北平（京）市：中國大百科全書出版社，中華民國八十八年九月（1999.9）。

四、專門辭典

1. 謝壽昌等編，《中國古今地名大辭典》，臺北市：商務印書館，中華民國四十九年四月（1960.4）增續編版。

2. 中國大陸・張政烺，《中國古代職官大辭典》，河南省：人民出版社，中

華民國七十九年十月（1990.10）。

3. 中國大陸・呂宗力主編，《中國歷代官制大辭典》，北平（京）市：北京出版社，中華民國八十三年一月（1994.1）。

4. 胡述兆總編輯，《圖書館學與資訊科學大辭典》，臺北市：漢美圖書有限公司，中華民國八十四年十二月（1995.12）。

5. 中國大陸・徐連達主編，《中國歷代官制大辭典》，廣州市：廣東教育出版社，中華民國九十一年十二月（2002.12）。

五、圖書分類法

1. 劉國鈞原著、賴永祥編訂，《中國圖書分類法》，臺北市：文華圖書館管理資訊股份有限公司，中華民國九十年九月（2001.9）增訂八版。

六、索　引

1. 范允安、林玲編，《中國大陸地理名辭索引》，臺北市：商務印書館，中華民國七十八年三月（1989.3）。

2. 石再添主持，《中華民國行政區劃與目前大陸地區行政區劃對照研究報告》，臺北市：行政院內政部，中華民國八十一年十一月（1992.11）。

參、以四部法分類的圖書文獻

一、經　部

（一）詩　類

1. 漢・毛亨傳、鄭玄箋、唐・孔穎達正義，《毛詩正義》，臺北市：新文豐出版公司（收入國立編譯館主編《中華叢書十三經注疏分段標點毛詩正義》冊4），中華民國九十年六月（2001.6）。

2. 滕志賢注釋，《新譯詩經讀本》（下），臺北市：三民書局，中華民國八十九年一月（2000.1）。

（二）小學類

1. 漢・許慎，清・段玉裁注，《說文解字注》，臺北市：黎明文化事業股份有限公司據經韵樓藏版影印，中華民國七十八年十月（1989.10）增訂五版。

2. 清・凌紹雯等纂修、中華民國・高樹藩重修，《康熙字典》，臺北市：啓業書局，中華民國六十八年十一月（1979.11）再版。

二、史　部

（一）正史類

1. 漢・司馬遷、南朝宋・裴駰集解、唐・司馬貞索隱、張守節正義，《史記》（《太史公書》），臺北市：鼎文書局新校本，中華民國八十四年十月

（1995.10）九版。

2. 唐・顏師古，宋・宋祁參校，《漢書敘例》，臺北市：商務印書館據上海涵芬樓借常熟瞿氏鐵琴銅劍樓藏宋仁宗景祐年間（1034～1037）刊本景印（收入《百衲本二十四史》冊4），中華民國八十五年十二月（1996.12）臺一版第七次印刷。

3. 漢～晉・陳壽、晉～南朝宋・裴松之注，《三國志》，臺北市：鼎文書局新校本，中華民國八十四年六月（1995.6）八版。

4. 清・姚振宗，《三國藝文志》，上海市：上海古籍出版社據中華民國五年（1916）張氏刻《適園叢書》本景印（收入《續修四庫全書》冊914）。

5. 唐・房玄齡等，《晉書》，臺北市：鼎文書局新校本，中華民國八十四年六月（1995.6）八版。

5. 南朝齊～梁・沈約，《宋書》，臺北市：鼎文書局新校本，中華民國八十七年七月（1998.7）九版。

6. 南朝齊～梁・齊子顯，《南齊書》，臺北市：鼎文書局新校本，中華民國八十七年十一月（1998.11）二版。

7. 南朝陳～隋・姚察、唐・姚思廉，《梁書》，臺北市：鼎文書局新校本，中華民國八十八年五月（1999.5）二版。

8. 南朝陳～隋・姚察、唐・姚思廉，《陳書》，臺北市：鼎文書局新校本，中華民國八十七年十月（1999.5）九版。

9. 北朝魏～齊・魏收，《魏書》，臺北市：鼎文書局新校本，中華民國八十七年九月（1998.9）九版。

10. 唐・李百藥，《北齊書》，臺北市：鼎文書局新校本，中華民國八十五年十一月（1996.11）八版。

11. 北朝周～唐・令狐德棻，《周書》，臺北市：鼎文書局新校本，中華民國八十七年七月（1998.7）九版。

12. 唐・李延壽，《南史》，臺北市：鼎文書局新校本，中華民國八十七年十一月（1998.2）二版。

13. 唐・李延壽，《北史》，臺北市：鼎文書局新校本，中華民國八十三年九月（1994.9）八版。

14. 唐・魏徵等，《隋書》，臺北市：鼎文書局新校本，中華民國八十六年十月（1997.10）九版。

15. 清・姚振宗，《隋書經籍志考證》，臺北市：開明書店鉛字版（收入《二十五史補編》第四冊），中華民國四十八年（1959）。

16. 五代後晉・劉昫等，《（舊）唐書》，臺北市：鼎文書局新校本，中華民國七十四年三月（1985.3）四版。

17. 宋・歐陽修、宋祁，《（新）唐書》，臺北市：鼎文書局新校本，中華民國

七十四年二月（1985.2）四版。

（二）編年類

1. 唐・丘悅原著，中國大陸・趙超、大不列顛及北愛爾蘭聯合王國・杜德橋（Glen Dudbridge）輯校，《三國典略輯校》，臺北市：東大圖書，中華民國八十七年十一月（1998.11）。

2. 宋・司馬光，《資治通鑑》，臺北市：世界書局新校本，中華民國七十六年一月（1987.1）十版。

（三）雜史類

1. 唐・杜寶，《大業雜記》，臺北市：藝文印書館據清宣宗道光年間（1821～1850）錢熙祚校刊，子培讓、培杰續刊《指海叢書》第三集景印（收入《百部叢書集成》初編之五十四），中華民國五十六年（1967）。

（四）地理類

總志之屬：

1. 宋・樂史，《太平寰宇記》，臺灣省臺北縣永和鎮（市）：文海出版社，出版日期、據何板景印皆未詳。

2. 宋・祝穆，（宋本）《方輿勝覽》，上海市：上海古籍出版社，中華民國八十年十二月（1991.12）。

3. 明・李賢等奉敕撰，《大明一統志》，臺北市：文海出版社據國立中央（國家）圖書館藏本景印，中華民國五十四年八月（1965.8）。

4. 清・和珅等奉敕撰，《欽定大清一統志》，臺北市：商務印書館據國立故宮博物院藏文淵閣寫本《四庫全書》景印（收入《四庫全書》冊479），中華民國七十二年（1983）。

都會郡縣之屬：

1. 宋・周應合，《景定建康志》，臺北市：商務印書館據國立故宮博物院藏清文淵閣鈔本《四庫全書》景印（收入《四庫全書珍本九集》冊148），中華民國六十八年（1979）。

2. 明・朱之蕃，《金陵圖詠》，收入《中國方志叢書》（《華中地方第439號》），臺北市：成文出版社據明熹宗天啟三年（1623）刊本景印，中華民國七十二年三月（1983.3）。

3. 明・陳沂，《金陵古今圖考》，收入《中國方志叢書》（《華中地方第439號》），臺北市：成文出版社據明熹宗天啟四年（1624）刊本景印，中華民國七十二年三月（1983.3）。

4. 清・黃之雋等，《江南通志》，臺北市：京華書局據清高宗乾隆二年（1737）重修本景印，中華民國五十六年八月（1967年8月）。

5. 中華民國・柳詒徵等編,《首都志》,收入《中國方志叢書》(《華中地方第 428 號》),臺北市:成文出版社據中華民國廿四年(1935)刊本景印,中華民國七十二年三月(1983.3)。

6. 中國大陸・河北省臨漳縣志編纂委員會編,《臨漳縣志》,北平(京)市:中華書局,中華民國八十八年十一月(1999.11)。

雜記之屬

1. 宋・張敦頤,《六朝事迹編類》,臺北市:藝文印書館據明・吳琯校刊《古今逸史》本景印(收入《百部叢書集成》第九部第十六本),中華民國五十五年(1966)。

（五）職官類

1. 唐・唐玄宗李隆基御撰,李林甫等奉敕注,《大唐六典》,臺北市:文海出版社景印,中華民國五十七年九月(1968.9)三版。

2. 清・愛新覺羅永瑢、紀昀等修纂,《歷代職官表》,臺北市:商務印書館句讀本(收入《國學基本叢書》),中華民國五十七年三月(1968.3)。

（六）政書類

1. 宋〜元・馬端臨,《文獻通考》,臺北市:新興書局據清朝武英殿本景印,中華民國五十二年十月(1963.10)。

（七）目錄類

1. 宋・王堯臣、王洙、歐陽修,《崇文總目》,臺北市:商務印書館據國立故宮博物院藏清文淵閣本《四庫全書》景印(收入《四庫全書珍本別輯》148),中華民國六十四年(1975);又一部,臺北市:商務印書館據國立故宮博物院藏文淵閣本《四庫全書》景印(收入《景印文淵閣四庫全書》冊 674),中華民國七十二年(1983);又一部,清・錢東垣輯釋,《崇文總目》(上冊),臺北市:商務印書館句讀本(收入《人人文庫》特號 597),中華民國六十七年七月(1978.7)臺一版。

2. 宋・尤袤,《遂初堂書目》,臺北市:廣文書局據明陶宗儀《說郛》本景印,中華民國五十七年三月(1968.3)。

3. 宋・陳振孫,《直齋書錄解題》,臺北市:商務印書館句讀本(收入《人人文庫》特號 582),中華民國六十七年五月(1978.5)。

4. 明・楊士奇等,《文淵閣書目》,臺北市:商務印書館句讀本(收入《叢書集成簡編》冊 21),中華民國五十五年三月(1966.3)。

5. 明・錢溥,《祕閣書目》,收入中國大陸・馮惠民、李萬健選編,《明代書目題跋叢刊》,北平(京)市:書目文獻出版社,中華民國八十三年一月(1994.1)。

6. 明・未著撰人,《近古堂書目》,收入中國大陸・馮惠民、李萬健選編,《明

代書目題跋叢刊》，北平（京）市：書目文獻出版社，中華民國八十三年
一月（1994.1）。

7. 清・朱彝尊，《經義考》，臺北市南港區：中央研究院中國文哲研究所籌
備處點校補正本，中華民國八十八年四月（1999.4）。

8. 世界書局編輯部編，《欽定四庫全書薈要目錄》，臺北市：世界書局（收
入據國立故宮博物院藏摛藻堂《欽定四庫全書薈要》原本景印第一冊），
中華民國七十四年八月（1985.8）。

9. 清・愛新覺羅永瑢、紀昀等，《欽定四庫全書總目》，臺北市：商務印書
館據國立故宮博物院藏清武英殿本景印，中華民國七十二年十月
（1983.10）。

三、子　部
（一）藝術類

1. 唐・張彥遠，《歷代名畫記》，臺北市：藝文印書館據清人張海鵬輯刊《學
津討原》叢書景印（收入《百部叢書集成》之四十六），中華民國五十四
年（1965）。

2. 明・《歷代古人像贊》，收入中國大陸・鄭振鐸編，《中國古代版畫叢刊》
第一冊，上海市：古籍出版社據明憲宗成化十一年（1475）刊本景印，
中華民國七十七年八月（1988.8）。

（二）雜家類

1. 明・方以智，《通雅》，北平（京）市：中國書店據清聖祖康熙年間姚文
燮浮山此藏軒刻本景印，中華民國七十九年二月（1990.2）。

2. 明・胡應麟，《少室山房筆叢》，臺北市：商務印書館據國立故宮博物院
藏文淵閣本《四庫全書》景印（收入《景印文淵閣四庫全書》冊 886），
中華民國七十二年（1983）。

（三）類書類

1. 唐・歐陽詢，《藝文類聚》，臺北市：新興書局據宋刻本景印，中華民國
五十八年十一月（1969.11）。

2. 宋・李昉等奉敕撰，《太平御覽》，臺北市：商務印書館據上海涵芬樓影
印中華學藝社借照日本帝室圖書寮、京都東福寺、東京岩崎氏靜嘉堂文
庫（即原陸心源皕宋樓）藏宋（蜀）刊本景印，中華民國五十六年十一
月（1967.11）臺一版。

3. 宋・王欽若、楊億等奉敕撰，《冊府元龜》，臺北市：中華書局據明刻初
印本景印，中華民國五十六年五月（1967.5）。

4. 宋・王應麟，《玉海》，臺北市：華聯出版社據國立中央（國家）圖書館
藏元惠宗（順帝）至元三年（1337）慶元路儒學刊本景印，中華民國五

十三年一月（1964.1）。

（四）釋家類

1. 唐・釋道宣，《廣弘明集》，臺北市：商務印書館縮印明刊本（收入《四部叢刊初編》子部冊 28），中華民國五十四年（1965）；又一部，臺北市：中華書局據常州天甯寺本校刊（收入《四部備要》子部冊 133），中華民國五十四年（1965）。

2. 唐・釋道世，《法苑珠林》，臺北市：商務印書館縮印明刊本（收入《四部叢刊初編》子部冊 30），中華民國五十四年（1965）。

3. 唐・釋智昇，《開元釋教錄》，臺北市：商務印書館據國立故宮博物院藏文淵閣本《四庫全書》景印（收入《四庫全書珍本》六集冊 236），中華民國六十五年（1976）。

4. 宋・通慧，《宋高僧傳》，臺北市：文殊出版社，中華民國七十七年九月（1988.9）。

5. 元・釋覺岸，《釋氏稽古略》，臺北市：商務印書館據國立故宮博物院藏文淵閣本《四庫全書》景印（收入《四庫全書珍本》三集冊 223），中華民國六十一年（1972）。

四、集　部

（一）別集類

1. 南朝宋～梁・劉峻，中國大陸・羅國威校注，《劉孝標集校注》，北平（京）市：學苑出版社修訂本，中華民國九十二年六月（2003.6）。

2. 南朝梁～陳・徐陵，清・吳兆宜箋註，《徐孝穆全集》，臺北市：世界書局，中華民國五十三年（1964）。

3. 唐・顏真卿，《顏魯公集》，臺北市：中華書局據《三長物齋叢書》本校刊（收入《四部備要集部》），中華民國五十四年（1965）。

（二）總集類

1. 宋・李昉等奉敕編，《文苑英華》，臺北市：華聯出版社據國立中央（國家）圖書館及國立臺灣大學圖書館藏明穆宗隆慶年間（1567～1572）刻本景印。

2. 宋・蒲積中編，《歲時雜詠》，臺北市：商務印書館據國立故宮博物院藏文淵閣本《四庫全書》景印（收入《四庫全書珍本》三集冊 380、381），中華民國六十一年（1972）。

3. 明・馮惟訥編，《古詩紀》，臺北市：商務印書館據國立故宮博物院藏文淵閣本《四庫全書》景印（收入《四庫全書珍本》十集冊 295），中華民國六十九年（1980）。

4. 明・張溥，《漢魏六朝百三名家集》，臺北市：文津出版社，中華民國六

十八年（1979）。

肆、研究專著

一、類　書

1. 張滌華，《類書流別》，臺北市：大立出版社據重慶市商務印書館中華民國卅二年十二月（1943.12）版景印，中華民國七十四年四月（1985.4）；又一部，北平（京）市，商務印書館，中華民國七十四年九月（1985.9）修訂本。

2. 方師鐸，《傳統文學與類書之關係》，臺灣省臺中市：私立東海大學，中華民國六十年八月（1971.8）。

3. 中國大陸・戴克瑜、唐建華主編，《類書的沿革》，四川省：四川省圖書館學會，中華民國七十年（1981）。

4. 中國大陸・胡道靜，《中國古代的類書》，北平（京）市：中華書局，中華民國七十一年二月（1982.2）。

5. 中國大陸・戚志芬，《中國的類書、政書與叢書》，臺北市：商務印書館（收入《中國文化史知識叢書》86），中華民國八十三年九月（1994.9）。

6. 中國大陸・彭邦炯，《百川匯海──古代類書與叢書》，臺北市：萬卷樓圖書有限公司（收入《中華文化寶庫學術思想類》30），中華民國九十年四月（2001.4）。

二、歷史學

1. 金毓黻，《中國史學史》，臺北市：鼎文書局，中華民國八十七年五月（1998.5）臺八版。

2. 杜維運，《中國史學史》第二冊，臺北市：自版，中華民國八十七年一月（1998.1）。

3. 吳蕙芳，《萬寶全書：明清時期的民間生活實錄》，臺北市：國立政治大學歷史學系（收入《政治大學史學叢書》6），中華民國九十年七月（2001.7）。

三、古器物；考古學──中國古物志──敦煌學（Tun-Huang Studies）

1. 羅振玉，《鳴沙石室佚書提要》，收入黃永武主編，《敦煌叢刊初集》冊六：《敦煌石室遺書百廿種》，臺北市：新文豐出版公司，中華民國七十四年六月（1985.6）。

2. 中華民國・王三慶，《敦煌類書》，高雄市：麗文文化事業出版公司，中華民國八十二年（1993）。

四、校讎學、目錄學、文獻學：

1. 姚名達，《中國目錄學史》，臺北市：商務印書館，中華民國七十七年二月（1988.2）臺九版。

2. 鄧嗣禹編，《燕京大學圖書館目錄初稿──類書之部》，臺北市：大立出版社據中華民國二十四年四月（1935.4）燕京大學圖書館版景印（更名為《中國類書目錄初稿》），中華民國七十一年（1982）。

3. 昌彼得、潘美月，《中國目錄學》，臺北市：文史哲出版社，中華民國七十五年九月（1986.9）。

五、教育學

1. 楊吉仁，《三國兩晉學校教育與選士制度》，臺北市：正中書局，中華民國五十九年五月（1970.5）二版。

2. 中國大陸・毛禮銳、邵鶴亭、瞿菊農，《中國教育史》，臺北市：五南圖書出版公司，中華民國七十八年十月（1989.10）。

六、藝術

1. 國立故宮博物院編，《故宮圖像選萃》，臺北市士林區：國立故宮博物院，中華民國六十年十二月（1971.12）。

2. 董鑒泓等編，《中國城市建設發展史》，臺北市：明文書局，中華民國七十七年三月三十日（1988.3.30）再版。

伍、研究論文

一、論文集

1. 中國大陸・劉葉秋，《類書簡說》，收入王國良、王秋桂主編，《中國圖書文獻學論集》，臺北市：明文書局，中華民國七十五年十一月（1986.11）增訂新版。

二、學位論文

1. 楊位先，《劉孝標研究》，臺北市：國立臺灣大學中國文學研究所碩士論文，中華民國六十年六月（1971.6）。

2. 葉怡君，《類書之目錄部居探原》，臺灣省臺北縣新莊市：私立天主教輔仁大學，私立天主教輔仁大學圖書資訊學系碩士班學位論文，中華民國八十六年七月（1997.7）。

三、期刊論文：

1. 洪業，《所謂修文殿御覽者》，《燕京學報》第十二期，北平市：燕京大學，中華民國二十一年十二月（1932.12），頁 2499～2558。〔本文收入婁子匡編，《景印中國期刊五十種》之六：《燕京大學燕京學報》，臺北市士林區：東方文化書局據原版景印，中華民國六十一年（1972）。〕

第二部分　非書文獻

壹、電子資料庫

1. 國立中央（國家）圖書館，中華民國期刊論文索引系統 WWW 版，http://163.13.35.22/ncl-cgi/ncl3query.exe。

2. 中國大陸・中國期刊網，http://cnki.csis.com.tw:8080/index.jsp。

3. 中央研究院計算中心製作，中西曆轉換工具，

   http://www.sinica.edu.tw/~tdbproj/sinocal/luso.html。

參考文獻目次

壹、研究專著

1. 王勝昌，《類書源流研究》，臺北市：石門圖書公司，中華民國七十年六月（1981.6）（原書藏於國立教育資料館）。

2. 中國大陸‧夏南強，《類書通論》，武漢三鎮（市）：湖北人民出版社，中華民國九十年十二月（2001.12）。

貳、研究論文

一、學位論文

1. 中華民國‧徐傳雄，〈唐人類書引說文考〉，臺北縣新莊市：私立天主教輔仁大學中國文學研究所碩士論文，中華民國五十九年（1970）。

2. 中華民國‧閻琴南，〈初學記研究〉，臺北市：私立中國文化大學中國文學研究所博士論文，中華民國七十年十二月（1981.12）。

3. 中國大陸‧馬明波，〈類書與中國文化〉，武漢三鎮（市）：武漢大學圖書情報學院碩士論文，中華民國七十七年（1988）。〔該本學位論文未曾親見，其論文摘要收錄於圖書情報知識編輯部編，〈圖書情報知識〉1988年3期（總第31期），武漢三鎮（市）：武漢大學圖書情報學院，中華民國七十七年九月十日（1988.9.10），頁48。〕

4. 中華民國‧林威妏，〈「雲笈七籤」文獻學研究〉，私立天主教輔仁大學宗教學系碩士論文，中華民國九十年（2001）。

5. 中國大陸‧劉剛，〈隋唐時期類書的編纂及分類思想研究〉，東北師範大學古籍所碩士論文，中華民國九十三年五月一日（2004.5.1）。

二、期刊論文

1. 阮廷卓，〈修文殿御覽考〉，收入《大陸雜誌》第三十二卷第一期，臺北市：大陸雜誌社，中華民國五十五年一月十五日（1966.1.15），頁 26～28。

2. 中華民國・陳香，〈萬卷類書「古今圖書集成」〉，《中華文化復興月刊》18 卷 10 期（211 期），中華民國七十四年十月（1985.10），頁 67～71。

3. 中華民國・唐素珍，〈中國兩大類書「永樂大典」及「古今圖書集成」的四個論題〉，《輔大中研所學刊》4 期，中華民國八十四年三月（1995.3），頁 61～79。

4. 中國大陸・傅梅嶺，〈我國最大的寫本類書——永樂大典〉，《淮北煤師院學報》（社會科學版）1995 年 2 期，中華民國八十四年（1995），頁 152 ～154。

5. 中國大陸・張天俊，〈論類書之祖——皇覽〉，《南通師範學院學報》（哲學社會科學版）11 卷 4 期，中華民國八十四年十二月（1995.12），頁 98 ～101。

6. 中華民國・吳青，〈論虞世南「北堂書鈔」〉，《中國書目季刊》31 卷 1 期，中華民國八十六年六月（1997.6），頁 51～59。

7. 中華民國・吳蕙芳，〈民間日用類書的內容與運用——以明代「三臺萬用正宗」為例〉，《明代研究通訊 3 期》，中華民國八十九年十月（2000.10），頁 45～56。

8. 中華民國・黃兆強，〈「冊府元龜・國史部」研究〉，《東吳歷史學報》7 期，中華民國九十年三月（2001.3），頁 19～51。

9. 中華民國・陳信利，〈「藝文類聚」研究〉，臺北縣新莊市：私立天主教輔仁大學圖書資訊學系碩士論文，中華民國九十一年（2002）。

10. 中華民國・趙麗莎，〈「古今圖書集成」評介〉，《景女學報》4 期，中華民國九十三年一月（2004.1），頁 33～49。

三、講演記錄

1. 潘重規講演、陳紹棠記錄，〈聖賢羣輔錄真偽辨〉，中華民國五十二年三月二十九日（1963.3.29）講演於香港新亞研究所第四十次學術演講討論會，收入《新亞生活雙周刊》第七卷第十期，香港九龍：新亞研究所，中華民國五十三年十一月二十日（1964.11.20），頁 4～6。

四、地　圖

1. 中華民國・程光裕、徐聖謨主編，〈中國歷史地圖〉，臺北市士林區：中國文化大學出版部，中華民國七十三年十月（1984.10）。

2. 中國大陸・譚其驤主編，〈中國歷史地圖集〉，臺北市：曉園出版社獲中國地圖出版社授權正體字版，中華民國八十年十月（1991.10）。

五、網際網路與網站

1. 美國　波士頓美術館（Museum of Fine Arts, Boston, USA）（歷代帝王圖之介紹網頁），
   http://www.mfa.org/collections/search_art.asp?recview=true&id
   =29071&coll_keywords=&coll_accession=&coll_name=&coll_artist=&coll_
   place=&coll_medium=&coll_culture=&coll_classification=&coll_credit=&c
   oll_provenance=&coll_location=&coll_has_images=&coll_on_view=&coll_
   sort=0&coll_sort_order=0&coll_view=0&coll_package=26205&coll_start=2
   1，中華民國九十九年七月五日星期一（2010.7.5, Monday）參考。

跋

　　《隋代以前類書之研究》是筆者就讀東吳大學歷史研究所時撰寫的學位論文。隨著畢業之後忙於為自己的生活負責任，完全沒有想過這本論文會有面世出版的一日；在此最先要感謝的就是指導老師黃兆強老師在生活上的幫助、論文方面的指導與此次的舉薦、口試委員蔣武雄老師和陳仕華老師提出的批評與應注意、修改之相關建議，以及花木蘭文化出版社杜潔祥先生、高小娟小姐的協助。

　　當初筆者在撰寫論文時，就以從介紹類書是什麼開始，接著查考所舉十部類書的來歷，再展開相關議題探討做為全部的章節安排。不意在下筆之後發現連「什麼是類書」都是件難以理解的事。剛開始在閱讀收集來的資料時還難以分辨箇中歧異；因為筆者對於其他學界提出之質疑與爭論一時之間還不甚明瞭，在多讀幾遍後才終於慢慢地釐清頭緒並以一個歷史研究所學生的角度提出己見。除此之外，筆者在敘述的過程中盡力避開任何可能的「術語」，因為筆者不希望用過於艱澀的用字讓讀者覺得很難讀；況且筆者自身也在學習當中，更應將心比心才能試著介紹筆者想要傳達的主題。尤其對歷史學系和研究所的同學們而言，類書可能不是常接觸的文獻，用較淺顯的方式說明的確是有其必要的。

　　接著在撰寫十部類書的相關史事時也耗費了許多功夫，畢竟過往大家在探討類書的時候很少以它們為主角，無論是書的本身、編纂者的生平等等都著墨得不多，所以也花上不少時間考查。雖然筆者對於有發揮的餘地感到開心，只是在這些部分都勾勒出輪廓後，接下來的時間就相對變得緊迫；再加以筆者學力有限，所以原本有許多應該探討的地方暫時只能點到為止。

　　此次筆者修改論文的重點偏重於序言至第參章，第肆章與餘論部分則僅以校正錯字為主。筆者原希望僅校訂全文錯別字即可，但在校讎時察覺到各節類書編者之繫年簡表格式不一。在紙本論文中部分表格曾使用箭號以試圖界定各件史事發生之可能時間範圍，但在轉換成可攜式文件格式（Portable Document Format, PDF）之電子檔後，這些箭號都偏離原來的位置而失卻筆者想探討各編者生平事蹟之原意。加上筆者考量到格式不一除了看起來會覺得有些混亂之外，內容也可能會潛藏著錯漏之處。因此筆者再次重新製表，以儘量劃一表格格式及重新考訂檢查各項史事先後順序為先，且試圖加強各書各節間之關聯性。比如各表中有齊武帝永明五年欄者就補入編四部要略事，有梁武帝天監十五年欄者就補入開始編纂華林遍略事等。也因為重新修表及閱讀史料的緣故，使筆者重新審視過去寫作時所持的觀點是否有需要更動修改的地方。像是壽光書苑的部分筆者原亦支持梁武帝天監前期成書的說法，但在再次閱讀史料後改變了想法，以為它成書的年代可能但不僅限於天監前期即是一例。既然仍有可能在天監年間，自然就不需要更動順序，只是相關的敘述仍應要檢查修改為宜。因此第貳、參章的標題就從天監前後期改為梁武帝在位的前期和中期了。

　　在修訂時間有限的情況下，筆者選擇以豐富及考查史料的基礎工作為優先，先以尋求「正確」為目標。至於後續論點之擴張與修改等則維持關注，但在史料及近現代學者觀點尚未搜羅完備，以及自身心境經歷更加成長之前則暫時維持現有內容。原本筆者已補入地圖（包括三國和南北朝疆域等相關地圖，洛陽、建康和鄴城等平面圖、侯景之亂圖等）、國畫（魏文帝曹丕像、梁武帝蕭衍像、北齊校書圖等）、版畫（齊高帝蕭道成像、雞籠山景等），希望使本文成為圖、文、表可互相參酌的文章；但後來察覺到或許有使用權利方面的問題，在最後一刻只得主動撤下。希望日後能有再補入的機會。

　　筆者的學位論文及今日的修改出版版本之所以能夠面世，真的要感謝許許多多的親友師長對筆者的幫助。首先要感謝筆者的家人對筆者的支持與鼓勵，尤其是先父　雷紫亭先生與先母　雷徐春錦女士，他們生前非常希望筆者在學業上有所發展，但卻分別在筆者就讀研究所二年級、大學一年級時辭世。筆者只能在祭拜時，邊將論文併同紙錢擲入爐中焚燒邊放聲大哭；未能讓父母親見筆者穿上學位服的模樣，是筆者終生最大的遺憾。

　　隨著雙親先後辭世，筆者在就讀研究所的時候有段時期相當窮困潦倒。

在這裡要感謝小學恩師何怡君何老師、小學同學楊忄胥同學、大學同學李鎧光同學、東吳大學歷史研究所所有的師長與祕書溫秀芬學姊、助教陳逸雯學姊給筆者生活上的援助。感謝大學學弟張志強同學介紹住所，使筆者能有暫時棲身之地安居並進而尋找工作機會和完成論文。感謝大學的老師楊育鎂老師、林呈蓉老師、黃慧鳳學姊、蕭世鴻同學等師長同學引介工讀工作。感謝國立臺北藝術大學科技藝術研究中心（今名藝術與科技中心）的許素朱老師願意給筆者一個約僱工作機會，還有吳昌哲先生、陳家文先生、黃裕雄先生、黃國坤先生、李嘉琪小姐、林雅芳小姐等給筆者在工作方面的照顧。感謝高中時就認識的好友吳宗儒學長、大學的老師劉世安老師、徐志豪學長、李其霖同學、陳省身學弟、莊宇清學弟等諸多親朋好友，對困頓、悲觀的筆者多所包容和鼓勵。在這裡雖然不克一一列名，但不管是對論文內容的建議、心情的交流、資料的留意，甚至是「一飯之恩」，筆者都衷心感謝。因為如果沒有各位，當年筆者根本沒有機會咬牙堅持完成學業。

當初在撰寫論文前後，筆者曾對如何將「類書」與當代生活中常見的事物相比擬以便介紹給大家有些猶豫；畢竟浸淫在圖書古籍已久之後對於現今的科技就相較陌生，感謝熟稔此道的高中學長鄒植汎學長提供寶貴意見使筆者有所啟發。筆者畢業之後展開教育實習的生活，曾將前人對類書的定義和類書好比是中國古代搜尋引擎的說法同時介紹給實習夥伴，以試著瞭解他們的反應。筆者發現從未接觸過類書甚至不是文史相關科系的夥伴們都還能接受筆者的介紹，使筆者增進了自身觀點的信心。在此感謝鄭旭峰老師、林坤男老師、謝孟芫老師提供的意見。

筆者在求學過程中，受到許多師長的照顧。在淡江大學歷史學系就讀期間加入姚秀彥老師指導的史記導讀學會，使筆者獲得許多做學問與做人做事方面的道理；可惜姚秀彥老師已於中華民國九十九年四月十六日病逝於臺北，筆者原希望本文出版後能致送一本給老師表示謝意也隨之落了空。只能以此段短文表達筆者的感謝。

在東吳大學歷史研究所就讀期間，很感謝杜維運老師、王德毅老師、黃寬重老師、劉靜貞老師、卓遵宏老師、莊樹華老師、甘懷眞老師等師長們在課堂上的教導，以及獲得昌彼得老師同意筆者可以旁聽關於文獻方面的課程，使筆者得以大開眼界；不但從中領略到前輩學者們的風範，也瞭解許多在研究和探討題目時應注意的事項，覺得獲益良多。由於筆者是第一屆入學

的學生，上面沒有學長姊，所以同學們的情誼更加珍貴。很懷念與侯淇晨、周文惠、鐘千琪、林懷慈、包暐稜、古欣芸、鄭勝雄等同班同學們，還有與第二、三、四屆的學弟妹們一起併肩努力的美好時光。很感謝大家的照顧，也祝福每個人都有不錯的好發展，踏上光明的人生坦途。

　　此次修改論文的過程當中，感謝大學學弟徐夢陽同學不斷詢問筆者有關論文內容的各項問題並提供修改意見，讓筆者有機會重新審視自己的想法、省思修改的方向。還要感謝現在的工作夥伴楊士朋學長和徐國暘同學，因為有他們的寬容與協助，筆者才能在截稿前的最後關頭在修改文章上專心努力。

　　再次感謝所有幫助過筆者的各位！感謝大家！感謝！

　　這是一段「現在的我」和「五年前的我」之間的對話過程。這幾年為了要負起自己生活的重擔，也要盡過去求學時代未完成的責任，因而暫時將論文放在一邊沒有繼續給予太多的關注。五年後重拾起文章，彷彿一切又回到了研究所的時光；只是覺得原來想到什麼、知道些什麼卻又說不出、道不盡的，這次好像可以試著順暢地說出來了，一切好像在準備第二次畢業似的。即使擁有的時光那樣地短促，依然沒有辦法將該寫的全部寫完，不過心中似乎已感到有什麼不大一樣了。只是本文內容當中還有許多缺點和不足之處，這都是因為筆者努力尚屬不夠所致。還請各位讀者們批評指正。謝謝您！

雷敦淵

中華民國九十九年七月十一日　星期日
（2010/7/11, Sunday）
筆於淡水家中

－328－